DAMNÉ

Tome 2
Le Fardeau de Lucifer

DU MÊME AUTEUR

Série LE TALISMAN DE NERGAL

Tome 1, *L'Élu de Babylone*, Montréal, Hurtubise, 2008

Tome 2, *Le Trésor de Salomon*, Montréal, Hurtubise, 2008

Tome 3, *Le Secret de la Vierge*, Montréal, Hurtubise, 2008

Tome 4, *La Clé de Satan*, Montréal, Hurtubise, 2009

Tome 5, *La Cité d'Ishtar*, Montréal, Hurtubise, 2009

Tome 6, *La Révélation du Centre*, Montréal, Hurtubise, 2009

Série DAMNÉ

Tome 1, *L'Héritage des cathares*, Montréal, Hurtubise, 2010

Tome 2, *Le Fardeau de Lucifer*, Montréal, Hurtubise, 2010

Tome 3, *L'Étoffe du Juste*, Montréal, Hurtubise, 2011

Tome 4, *Le Baptême de Judas*, Montréal, Hurtubise, 2011

Autres titres chez Hurtubise

Complot au musée, Montréal, Hurtubise, 2006

Spécimens, Montréal, Hurtubise, 2006

Fils de sorcière, Montréal, Hurtubise, 2004

Au royaume de Thinarath, Montréal, Hurtubise, 2003

Chez d'autres éditeurs

Complot au musée, Archambault, Montréal, 2008

Cap-aux-Esprits, Gatineau, Vents d'Ouest, 2007

2 heures du matin, rue de la Commune. Une enquête de Philémon Dandrejean, détective privé, Sherbrooke, GGC Éditions, 2002 (avec Thomas Kirkman-Gagnon)

Le mystère du manoir de Glandicourt. Une enquête de Philémon Dandrejean, détective privé, Sherbrooke, GGC Éditions, 2001 (avec Thomas Kirkman-Gagnon)

Le fantôme de Coteau-Boisé, Sherbrooke, GGC Éditions, 2000

Gibus, maître du temps, Sherbrooke, GGC Éditions, 2000

L'étrange Monsieur Fernand, Sherbrooke, GGC Éditions, 2000 (avec Thomas Kirkman-Gagnon)

HERVÉ GAGNON

DAMNÉ

Tome 2
Le Fardeau de Lucifer

Hurtubise

Catalogage avant publication de Bibliothèque et Archives nationales du Québec
et Bibliothèque et Archives Canada

Gagnon, Hervé, 1963-

Damné

Sommaire: t. 1. L'Héritage des cathares – t. 2. Le Fardeau de Lucifer.

ISBN 978-2-89647-253-6 (v. 1)
ISBN 978-2-89647-295-6 (v. 2)

1. Cathares – Romans, nouvelles, etc. I. Titre. II. Titre: L'Héritage des cathares.
III. Titre: Le Fardeau de Lucifer.

PS8563.A327D35 2010   C843'.6   C2010-941587-6
PS9563.A327D35 2010

Les Éditions Hurtubise bénéficient du soutien financier des institutions suivantes pour leurs
activités d'édition:

- Conseil des Arts du Canada;
- Gouvernement du Canada par l'entremise du Programme d'aide au développement de l'indus-
  trie de l'édition (PADIÉ);
- Société de développement des entreprises culturelles du Québec (SODEC);
- Gouvernement du Québec par l'entremise du programme de crédit d'impôt pour l'édition de
  livres.

Éditrice: Pascale Morin
Maquette de la couverture: René St-Amand
Illustration de la couverture: Éric Robillard (Kinos)
Maquette intérieure et mise en pages: Martel en-tête

Copyright © 2010, Éditions Hurtubise

ISBN 978-2-89647-295-6

Dépôt légal / 4ᵉ trimestre 2010
Bibliothèque et Archives nationales du Québec
Bibliothèque et Archives Canada

Diffusion-distribution au Canada:
Distribution HMH
1815, avenue De Lorimier,
Montréal (Québec) H2K 3W6
Téléphone: 514 523-1523
Télécopieur: 514 523-9969
www.distributionhmh.com

Imprimé au Canada
www.editionshurtubise.com

Car mon péché, moi, je le connais, ma faute est devant moi
sans relâche; contre toi, toi seul, j'ai péché, ce qui est
coupable à tes yeux, je l'ai fait. Pour que tu montres ta justice
quand tu parles et que paraisse ta victoire quand tu juges.
Vois: mauvais je suis né, pécheur ma mère m'a conçu.

PSAUMES 51,4-6

LE PAYS CATHARE AU DÉBUT DU 13ᵉ SIÈCLE

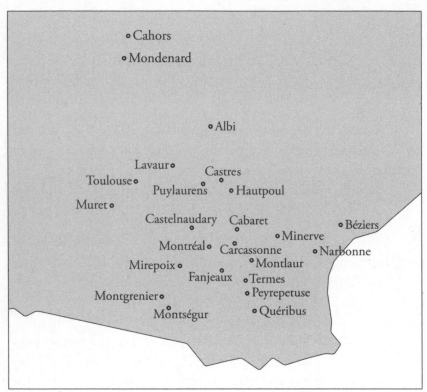

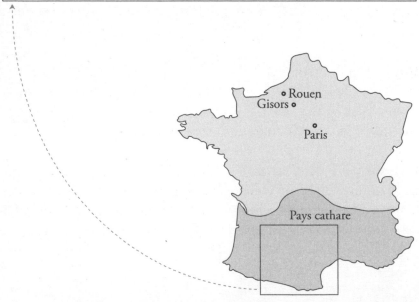

Les personnages historiques

Arnaud Amaury (?-1225) : Moine cistercien, abbé de Cîteaux (1200-1212), il est légat du pape Innocent III durant la croisade contre les cathares.

Cécile de Foix (?-1270) : Fille de Raymond Roger V de Foix et sœur de Roger Bernard II, elle épouse Bernard V, comte de Comminges, vers 1224. Elle aura un fils, Bernard VI.

Esclarmonde de Foix (v. 1151-1215) : Une des cathares les plus célèbres, elle est la fille de Bernard 1er, comte de Foix, et Cécile Trencavel, et la sœur du comte Raymond Roger V de Foix. En plus de prêcher, elle finance la reconstruction de la forteresse de Montségur.

Innocent III (1160-1216) : De 1198 à 1216, Giovanni Lotario est le pape le plus puissant du Moyen Âge. Il établit la suprématie du Saint-Siège sur les souverains, ordonne la quatrième croisade ainsi que la croisade contre les cathares.

Raymond VI de Toulouse (1156-1222) : Comte de Melgeuil, de Toulouse, de Saint-Gilles et de Rouergue, duc de Narbonne, marquis de Gothie et de Provence, il est le neveu du roi Louis VII de France. Il passa d'un camp à l'autre au cours de la croisade.

Raymond Roger V de Foix (?-1223) : Cinquième comte de Foix, il est le père de Roger Bernard II. Allié au comte de Toulouse, il était renommé pour ses qualités de meneur d'hommes et de soldat. Il n'est pas certain qu'il ait été cathare, mais sa sœur, Esclarmonde, l'était, ainsi que plusieurs membres de sa famille.

Robert de Sablé (?-1193) : Élu maître de l'Ordre du Temple en 1189. Son magistère est une suite épuisante de combats en Terre sainte. Il contribue à la reprise de Saint-Jean-d'Acre en 1191.

Roger Bernard II de Foix (v. 1195-1241) : Sixième comte de Foix de 1223 à sa mort, il est le fils de Raymond Roger V. Il se distingue dans la défense de Toulouse et participe à de nombreuses batailles contre les croisés.

Simon IV de Montfort (v. 1150-1218) : Comte de Montfort, il participe à la cinquième croisade en 1202 puis à la croisade contre les cathares à compter de 1209. Un des chefs militaires les plus craints, il devient vicomte de Béziers et de Carcassonne.

PREMIÈRE PARTIE

Montségur

CHAPITRE I

Incertitudes

Nolite iudicare, ut non iudice mini ; in quo enim iudicio iudi caveritis, iudicabimini, et in qua mensura mensi fueritis, metietur vobis[1]. À l'époque où le père Prelou me faisait lire la Bible, je ne réalisais pas le sens de ces paroles. Dieu a voulu qu'à travers moi les Ténèbres servent la cause de la Lumière. Non content d'être un tortionnaire et un assassin, j'ai poussé l'orgueil jusqu'à l'apostasie. J'ai renié mon Créateur et il me l'a fait payer chèrement. Je suis allé en enfer et j'en suis revenu pour protéger une Vérité que j'ai trouvée le deuxième jour de septembre de l'An du martyre de Jésus 1210 dans le temple de l'Ordre des Neuf, à Montségur. Ce que j'y ai appris était terrible et j'en fus profondément troublé. Les fondations de ma vie s'étaient brusquement dérobées sous mes pieds, ne laissant qu'un vide profond et sombre qui menaçait de m'engouffrer. Je n'étais ni docteur de l'Église ni même érudit, mais un soldat modérément lettré. Les ramifications de ce qui m'arrivait étaient trop vastes pour moi.

Je passai moult nuits accoudé sur la muraille de Montségur, incapable de trouver le sommeil, mon regard errant sur la magnifique voûte étoilée que, depuis cette hauteur, j'avais l'impression de pouvoir toucher du bout des doigts. Je ne devais pas

---

1. Ne jugez point, afin que vous ne soyez point jugés. Car on vous jugera du jugement dont vous jugez, et l'on vous mesurera avec la mesure dont vous mesurez. Matthieu 7,1-2.

me trouver là, mais on me tolérait. Je ruminais, replié sur moi-même, l'âme prostrée et dolente. Seuls les pas des sentinelles qui faisaient leurs rondes rompaient parfois le silence dans lequel je me réfugiais. Septembre laissa la place à octobre sans que mon tourment ne s'atténue. Parfois, dans la cour, je croisais Ravier, Jaume, Eudes, Daufina, Raynal, Peirina ou Véran. Nous échangions la salutation lourde des sous-entendus de ceux qui partagent un grave secret. Je n'éprouvais aucun désir d'en faire davantage.

Les rares certitudes qui me restaient encore étaient liées à ceux qui m'entouraient : la loyauté, exigeante et remplie de reproches mérités de Bertrand de Montbard ; l'amitié, profonde et inconditionnelle de Pernelle, que la vie avait ramenée sur ma route. J'aurais tant voulu trouver le réconfort auprès d'eux, mais j'avais besoin d'espace et de silence. De temps aussi. Je me tins donc à l'écart de mon maître et de mon amie. Montbard connaissait le secret des Neuf, mais il ignorait le lien métaphysique qui m'y unissait et qui transcendait la mort elle-même. Heureusement pour moi, une épidémie de fluxion de poitrine s'était déclarée dans la forteresse et des dizaines de patients qui crachaient presque leurs poumons tenaient Pernelle fort occupée, de sorte qu'elle se consacra à eux jour et nuit. J'eus donc la tranquillité que je cherchais.

Je réalisais que, malgré mes relatifs succès, ma quête était loin d'être terminée. J'avais pleinement conscience du fait que la protection de la Vérité était la seule raison pour laquelle je vivais au lieu d'être dans les tourments éternels de l'enfer. Je n'avais de valeur que dans la mesure où je continuais à avancer. Je n'étais rien.

Je mentirais si je prétendais que le fait d'avoir retrouvé la Vérité fut pour moi une victoire. Certes, j'en éprouvais du soulagement, puisque j'avais fait des progrès tangibles, mais elle s'était posée sur mes épaules comme une chape de plomb et était aussitôt devenue un terrible fardeau que je devrais porter en surplus de ma propre damnation. J'aurais préféré l'avoir entendue de la bouche de quelqu'un pour pouvoir choisir de ne pas y croire, mais j'en avais tenu les preuves irréfutables dans mes mains tremblantes. Bien entendu, les autres membres de l'Ordre des Neuf partageaient cette responsabilité avec moi. Comme moi, ils avaient fait serment de consacrer leur vie à la protection du secret. Mais même en échouant, ils trouveraient sans doute le salut. Leur mission leur venait d'hommes de chair et de sang, motivés par un noble sentiment, qui avaient jugé que ce qu'ils savaient devait être préservé. La mienne m'était impartie par mon Créateur lui-même et le salut de mon âme en dépendait. Malgré Bertrand de Montbard, malgré Pernelle, j'étais seul et je le resterais jusqu'au terme de la vie qu'on m'avait rendue.

Les choses les plus simples sont souvent les plus terribles. Or, la Vérité était déconcertante de simplicité: Jésus n'avait été qu'un homme. Non seulement il n'était pas mort pour racheter les péchés des hommes, mais il n'était pas mort du tout. Il avait été martyrisé, certes, mais descendu de la croix, bien vivant. Cela, j'en détenais maintenant l'absolue certitude. Partant, le dogme de la résurrection des justes à la fin des temps, sur lequel avait été érigé tout l'édifice de l'*Ecclesia catolica*[1], n'était qu'une supercherie aux dimensions inconcevables. Une honteuse mystification. Un vulgaire canular sur lequel on avait construit un pouvoir spirituel et temporel si grand qu'il dominait l'Occident tout entier. La promesse de résurrection de la chair faite aux croyants ne se réaliserait jamais, quoi qu'en disent les prêtres. Leur corps ne se relèverait pas d'entre les morts. Pas plus que celui du Christ en qui ils plaçaient leur foi et leur espérance. Ce qui était mort resterait mort. Leur âme serait jugée, en effet, mais à la fin de leur vie, et selon les actes qu'ils auraient commis; pas parce que le Fils de Dieu, tel un agneau, s'était sacrifié pour eux. Une religion entière et un millénaire d'histoire n'étaient qu'une vaste imposture. Cette Vérité, à la fois simple et inimaginable pour les chrétiens, était devenue une menace pour le pape et ses

---

1. L'Église universelle.

sbires, qui ne cherchaient plus maintenant qu'à préserver leur pouvoir.

L'Église utilisait cette fausse doctrine comme une arme pour terroriser les fidèles ignorants et naïfs auxquels elle interdisait de penser, liant leur salut à leur soumission. Quiconque s'avisait d'en mettre en doute la légitimité était voué à la Géhenne. La petite prêtraille, qui ignorait sans doute tout de la supercherie et agissait de bonne foi, contrôlait les corps et les âmes. Mais le pape, lui, savait tout. Il pliait les souverains à ses désirs. Les hérétiques étaient anéantis dans le sang. La volonté de Dieu, dont le Saint-Père était l'interprète jaloux, autorisait, semblait-il, toutes les atrocités. L'obscénité résidait dans le fait que l'Église chrétienne ait commis tous les péchés qu'elle reprochait à ses fidèles. Que la charité chrétienne ne s'étende qu'aux chrétiens, au détriment de tous les autres. Qu'en vertu d'un mensonge, on se fasse la guerre pour établir qui détenait la vraie parole divine. Que la chrétienté ait mobilisé des moyens titanesques pour aller imposer par la force ses prétentions en Orient, où l'on massacrait allègrement les Sarrasins dont la seule faute était d'être d'opinion différente. Qu'on en fasse autant dans le Sud, où la croisade s'était transformée en une vulgaire chasse aux hérétiques. C'était une civilisation entière que l'on détruisait méthodiquement et patiemment. En vérité, l'Église ne se contentait pas de dominer l'au-delà. Elle voulait le Paradis sur Terre – pour Elle seule.

Sur la muraille, je tentais, nuit après nuit, de faire le bilan de ma situation, espérant découvrir une piste qui me mènerait vers l'aboutissement de ma mission. Je détenais maintenant une partie de la Vérité. J'allais devoir faire en sorte que les documents conservés à Montségur ne tombent pas entre les mains des croisés. Cela était clair. J'avais déjà eu la preuve qu'Arnaud Amaury, le légat d'Innocent III, en connaissait l'existence et était prêt à tout pour s'en emparer. Pour y arriver, je pourrais compter sur l'Ordre des Neuf, mais, au bout du compte, cette responsabilité serait la mienne. Dieu l'avait voulu ainsi. Devais-je partir à la recherche de l'autre partie de la Vérité, qui avait été envoyée nul ne savait où par Robert de Sablé avant la prise de Jérusalem ? Si oui, par où commencer et que chercher ? Et même si je parvenais à retrouver ce qui était sans doute bien caché et à réunir les deux parts de la Vérité, qu'en ferais-je ensuite ? La conserver à Montségur ou ailleurs et veiller sur elle pour le reste de mon existence ?

Même si la Vérité éclatait jamais au grand jour, je doutais fort qu'elle soit accueillie avec enthousiasme. La première réaction des fidèles, guidés par leurs prêtres, serait de la rejeter. *Tu devras protéger la Vérité et l'empêcher d'être détruite par ses ennemis jusqu'au moment où l'humanité sera prête à la recevoir*, m'avait déclaré Métatron. J'ignorais si cela se ferait de mon vivant, mais je ne croyais pas être celui qui en ferait l'annonce. Je n'avais pas l'envergure requise. Ni la foi. Mon rôle était d'empêcher qu'elle soit perdue. Rien de plus.

———

Il y avait un bon mois que s'était déroulée la cérémonie, mais j'étais toujours aussi désorienté. Cette nuit-là encore, je me tenais seul au coin nord-est du sommet de la muraille, derrière la citerne et le donjon. Les quelques lumières du village, au pied du pic rocheux sur lequel Montségur était perchée, se mêlaient aux étoiles. J'avais fait de cet endroit mon refuge. Sans m'en rendre compte, j'évitais autant que possible l'habitation où tout avait commencé. J'y avais à peine remis les pieds depuis ce soir fatidique où je m'étais réveillé attaché et bâillonné, me contentant d'y mal dormir quelques heures pour en sortir dès l'aube.

J'étais si profondément perdu dans mes réflexions et mes tourments que je n'entendis pas Montbard s'approcher. Le diable d'homme m'avait maintes fois démontré sa faculté de se déplacer comme un chat, mais il arrivait encore à me surprendre. Je sursautai et forçai un sourire lorsque je le reconnus. Dans la lumière de la lune, les rides sur son visage semblaient s'être creusées. De toute évidence, il était aussi tourmenté que moi.

— Je ne m'habituerai jamais à cette façon que vous avez d'apparaître sans bruit. Vous seriez un esprit malin que je ne serais pas étonné.

— Parfois, je me le demande moi-même, jouvenceau…

Mon maître soupira, s'accouda au rempart à ma droite et me tendit une bouteille d'eau-de-vie qu'il avait apportée. J'en pris quelques bonnes lampées et la lui rendit. La brûlure de l'alcool dans ma gorge puis dans mon estomac me réconforta un peu. Il s'abreuva à son tour et grimaça en secouant la tête sous la puissance du breuvage.

— Mordiable, voilà une boisson pour homme. Tout cela est bien difficile à accepter, non ? soupira-t-il en regardant droit devant lui.

— Disons qu'il me reste bien peu de certitudes. Je n'avais jamais réalisé à quel point j'y tenais jusqu'à ce qu'elles disparaissent d'un coup, dans le temple.

Un long silence suivit, pendant lequel nous bûmes, songeurs. Je me doutais bien de ce qui préoccupait mon maître.

— Je n'ai jamais été porté sur la philosophie, reprit Montbard. Je laisse cela à ceux qui font œuvre de penser et ils sont déjà trop nombreux à mon goût. Je ne suis qu'un homme de guerre. Si j'ai joint l'Ordre du Temple, encore tout jeunot, c'est que je croyais sincèrement qu'il existait une seule vraie foi et qu'elle devait conquérir la Terre sainte pour sauver l'âme des infidèles. Je n'ai jamais remis en question mes convictions. Pourquoi l'aurais-je fait ? Le pape en personne affirmait que Dieu le voulait.

— Au moins, vous en aviez, des convictions. Vous tentiez de faire le Bien tel qu'on vous le présentait.

— Mais tout n'était que mensonge, ragea-t-il en abattant son poing sur la pierre de la muraille. Ma vie entière n'a été qu'un mensonge !

Devant le désarroi évident d'un homme si solide, je ne sus que dire. Je me contentai de hocher la tête. Je le comprenais.

— Le pire, reprit-il, c'est que, cette nuit-là, à Quéribus, lorsqu'on m'a révélé la Vérité, on m'a appris que j'y avais droit depuis longtemps. Avant même d'arriver en Terre sainte, j'avais été identifié comme un futur membre des Neuf et mon initiation était imminente. Quelques jours de plus et j'aurais connu le secret avant que Robert de Sablé ne me confie la cassette. J'aurais pu comprendre au lieu d'obéir aveuglément. J'aurais su pourquoi je devais quitter l'Ordre et errer comme un manant. Je ne me serais pas senti malheureux comme les pierres du chemin pendant toutes ces années.

Il but une grande gorgée d'eau-de-vie et reprit.

— J'ai beaucoup réfléchi. J'ai tenté d'imaginer la vie qui aurait été la mienne si j'avais su ce que je transportais vers le Sud.

— Et ?

Montbard me tendit la bouteille.

— Morbleu, je n'en sais trop rien, dit-il en secouant la tête, désabusé. Aussi bien déterminer le sexe des anges. Mais comment aurais-je pu combattre auprès de mes frères si j'avais su ce que je sais maintenant ? Comment prétendre être un défenseur de ce que je savais être un mensonge ? Au combat, le doute tue, mon garçon. Je me dis que j'aurais sans doute fini par quitter l'Ordre.

Nous partageâmes la bouteille. Le fait de boire ainsi avec mon maître me procurait une certaine sérénité.

— Et maintenant ? demandai-je.

— Maintenant, je sais. Cela change tout.

J'arquai le sourcil dans une interrogation silencieuse.

— Comme toi, j'ai fait le serment de protéger la Vérité et, par le cul du diable, je le ferai. Elle vaut infiniment plus que ma misérable vie et ma parole est ma seule richesse. Mais j'ai l'impression d'être une cruche qu'on a vidée. D'avoir vécu pour rien. Tout était... faux. Ma vie n'a été qu'un rendez-vous raté.

— Croyez-m'en, je ressens la même chose. Pourtant, si personne ne s'assure que la Vérité survive, le mensonge continuera de grandir. Quelqu'un, quelque part, doit entretenir la flamme, ne croyez-vous pas ? N'est-ce pas suffisant pour donner un sens à la vie ?

— Un sens, oui. Et aussi la certitude que nous serons traqués comme des bêtes jusqu'à notre mort. L'Église ne cessera jamais de chercher les documents. Belle vie en perspective… Heureusement, il me reste moins d'années que toi.

— Beaucoup moins…

Mon maître me fourra son coude dans les côtes. Le rire triste qui nous enveloppa nous fit un peu de bien.

— Le mensonge domine l'Occident tout entier. Il essaie même de s'étendre en Orient. Que peuvent faire neuf individus pour l'empêcher ?

— Pas grand-chose. Mais devons-nous nécessairement affronter l'Église ? m'enquis-je.

— Une part de moi le souhaite, ne serait-ce que pour tanner les fesses de celui qui est assis bien tranquille sur le trône de saint Pierre.

Nous fûmes tous deux surpris de trouver dame Esclarmonde derrière nous.

— Pardonnez-moi. Je ne voulais pas vous épier.

Avec naturel, la Parfaite se fraya une place entre Montbard et moi. Ses longs cheveux noirs striés de blanc flottaient dans la brise et elle ramena distraitement une mèche derrière son oreille. Je ne pus m'empêcher de constater encore une fois que cette femme entre deux âges était d'une grande beauté. Elle dégageait une sérénité contagieuse qui m'apaisa un peu. Elle nous toisa à tour de rôle de son regard pénétrant et nous adressa un sourire compréhensif en voyant la bouteille bien entamée. Puis elle parut admirer les étoiles.

— La Création est une chose fort belle quand elle n'est pas avilie par l'homme, remarqua-t-elle d'un ton rêveur. Ne trouvez-vous pas ? Il suffit de regarder la voûte céleste pour constater que nous sommes bien peu de chose.

Ni Montbard ni moi ne répondîmes. Nos préoccupations étaient bien plus terre à terre que la Création. Elle parut le sentir et posa une main sur la mienne. Elle fit de même avec mon maître.

— Mes frères, vous êtes chrétiens, dit-elle. La Vérité bouscule toutes les assurances qu'on vous a mises en tête depuis le jour de votre baptême. Elle est certes plus difficile à accepter pour vous que pour des cathares. Vous devez vous sentir bien perdus. Floués, aussi.

Elle nous serra les mains et nous hochâmes tous deux la tête. Avec sa clairvoyance habituelle, Esclarmonde avait parfaitement saisi notre sentiment.

— Si cela peut mettre un peu de baume sur vos plaies, tout ce que les prêtres vous ont enseigné n'est pas faux.

— Ah non? rétorquai-je d'un ton ironique. Vous m'en direz tant.

— Allons, ne sois pas amer, Gondemar. Jésus n'était peut-être pas le Fils de Dieu ressuscité le troisième jour pour racheter les péchés du monde, comme on le prétend, mais il n'en était pas moins un homme de bien. Si son message a été usurpé par l'Église chrétienne, il était néanmoins porteur de la vérité toute simple qui doit guider la vie de l'homme. *Diliges proximum tuum tamquam teipsum*[1]. Quiconque suit fidèlement cette voie sera sauvé. Ne confonds pas le mensonge des hommes et les paroles de celui dont ils se réclament. L'Église est une chose et la foi en Dieu en est une autre. Jésus ne doit pas être renié parce qu'il était un homme. Au contraire, admire-Le et respecte-Le précisément pour cela. Suis ses enseignements. Le Paradis sur Terre est chose possible si les hommes lui sont fidèles, sans égard à leur religion.

Je fis la moue, peu disposé à accepter ses arguments. Pour retrouver la Vérité, j'avais été témoin des pires horreurs dont l'être humain était capable. J'avais vu les croisés se permettre les

---

1. Tu aimeras ton prochain comme toi-même. Marc 12,31.

plus viles bassesses au nom de Dieu. J'avais été un des leurs. Une fois passé du côté des hérétiques, je n'avais pas fait mieux, motivé, cette fois, par le sentiment de progresser vers la cause de ma résurrection. La Vérité avait exigé de moi le meurtre, la trahison et le déshonneur. Elle n'avait fait que confirmer ce que j'étais – ce qui m'avait mené en enfer et m'en avait ramené. Et cette femme avait l'audace d'affirmer sa confiance en l'homme ? Cela me donnait la nausée.

— Vous croyez vraiment cela ? dis-je avec lassitude. Avez-vous regardé autour de vous ? L'homme s'enfonce toujours plus profondément dans le stupre, la violence et la haine, sans que la foi y change quoi que ce soit. Il tue, viole, pille et estropie. Il n'est qu'un animal sur deux pattes. Pendant ce temps, Dieu semble se croiser les bras, indifférent.

— Les Églises sont des créations humaines. Elles sont donc faillibles, répondit-elle avec douceur. C'est pourquoi les âmes s'incarnent autant de fois qu'il le faut pour atteindre la perfection. Toutes ne le font pas au même rythme. Si Dieu intervenait dans notre vie, pourrions-nous faire nos propres choix et nous améliorer ?

— Et cela rend acceptable la transgression de la morale divine ? intervint Montbard, aussi amer que moi.

— Bien sûr que non. Le péché est le péché et l'ignorance n'est pas une excuse. Mais cela fait partie de l'apprentissage nécessaire. Sans la chance de comprendre peu à peu la nature de nos fautes, nous finirions tous en enfer. La possibilité de la rédemption doit exister, sinon la vie n'aurait pas de sens. Sauf que les pauvres chrétiens croient qu'ils n'ont qu'une seule vie et, partant, une seule chance d'atteindre le Paradis.

À ces mots, un frisson me parcourut le dos. Elle ne pouvait savoir à quel point elle voyait juste. Mon existence était définie tout entière par l'espoir de la rédemption.

— C'est pour cette raison que la Vérité a une telle importance, mes frères, dit la Parfaite. Elle doit être préservée à tout prix car, le jour où Dieu le jugera bon, elle permettra à chaque homme de comprendre qu'il est l'unique responsable de son salut, sans que les prêtres s'en mêlent. L'Église deviendra obsolète.

Elle se redressa et posa une main sur nos épaules.

— Cessez de vous torturer ainsi, mes amis, dit-elle avec ce sourire serein qui rendait tout ce qu'elle disait si évident. L'apitoiement est une fort mauvaise chose pour des hommes tels que vous. Trop de questions finiront par vous faire perdre l'esprit. Vous êtes faits pour l'action et non pour la réflexion.

Elle désigna de la tête la cour centrale, en bas de la muraille.

— Allez dormir. Vous en avez bien besoin. Vous vous torturez et vous avez trop bu. Demain, joignez-vous aux troupes et exercez-vous. Retrouvez le plaisir de vivre. L'Ordre des Neuf et Montségur ont besoin de vous. Et peu importe l'ampleur de vos tourments, ayez confiance. Dieu vous guidera.

Elle me toisa d'un regard pénétrant.

— Quant à toi, sire Gondemar, ne néglige pas tes amitiés. Dame Pernelle est peut-être tenue occupée par ses malades, mais elle pense beaucoup à toi. Ton silence l'inquiète.

Elle inclina gravement la tête.

— Dieu vous bénisse et vous mène à bonne fin, mes frères.

Un éclair de douleur dans ma cicatrice et un serrement dans ma gorge me rappelèrent que les prières, même bien intentionnées, ne faisaient que me ramener à ma condition de damné. Puis, Esclarmonde s'éloigna et la nuit l'enveloppa. Montbard et moi nous regardâmes et le vieux diable esquissa un sourire. Sans un mot, mais un peu plus sereins, nous restâmes sur la muraille et terminâmes la bouteille. *Ayez confiance. Dieu vous guidera…* J'espérais de tout mon cœur qu'Esclarmonde ait raison. J'en avais grand besoin, plus que quiconque.

Nous nous engageâmes d'un pas fort mal assuré dans l'escalier, le cœur un peu plus léger qu'au début de la nuit. Nous n'avions descendu que quelques marches lorsqu'un objet froid fut plaqué contre ma gorge. Même ralenti par l'ivresse, je reconnus sans peine la lame d'un poignard. La pression qu'appliquait celui qui se tenait derrière moi me fit comprendre qu'il n'entendait pas à discuter. Pour éviter d'être égorgé sur-le-champ, je passai les doigts sous l'avant-bras de mon agresseur et le repoussai vers l'extérieur. Faute de parade plus élégante, j'y plantai les dents. Je les sentis percer la chair et l'autre hurla de douleur. Puis je donnai un coup de tête par l'arrière et mon crâne lui écrasa le nez. Profitant de l'étourdissement qui lui avait fait lâcher prise, je me retournai vivement, lui tordis le poignet jusqu'à en tirer un craquement, lui arrachai son arme et la jetai au sol. Quelques coups de poing suffirent ensuite pour l'assommer.

Je me retournai vers Montbard, prêt à me porter à sa défense, mais constatai que le vieux diable n'avait nullement besoin de mon aide. Il avait dû projeter son agresseur par-dessus son épaule, car l'homme était maintenant assis devant lui. Mon maître lui empoigna la tête à deux mains et d'un coup sec, lui fit faire un demi-tour. Le bruit des vertèbres qui cédaient retentit dans la nuit et l'homme s'affaissa sur le côté. Montbard et moi nous regardâmes, stupéfaits et maintenant tout à fait dégrisés.

— Par la barbiche de Satan, on dirait presque que quelqu'un nous veut du mal, gronda-t-il, un sourire amusé sur les lèvres.

— Vous auriez été mieux avisé de ne pas l'occire, lui reprochai-je en désignant le cadavre qui gisait à ses pieds. Vous m'avez souvent dit qu'un homme mort ne parle pas.

— Bah! fit-il en écartant mon commentaire du revers de la main. Tu avais déjà ménagé le tien. Un seul suffira bien!

Sur l'entrefaite, deux sentinelles, alertées par le bruit, surgirent dans l'escalier, l'arme au poing. Quelques minutes plus tard, sire Ravier accourut à son tour, accompagné d'un des gardes. Il avisa l'homme inconscient et l'autre, dont le visage était retourné presque entre ses omoplates. Il comprit aussitôt ce qui s'était passé.

— Celui-ci est vivant, l'informai-je.

— Bien, emmenez-le à l'étage du donjon, ordonna-t-il aux deux hommes. Qu'on double la garde. Gondemar, Bertrand, avec moi.

En silence, nous nous mîmes en chemin. Cet homme avait voulu ma mort et j'étais bien décidé à lui rendre la pareille, mais pas avant d'en savoir davantage sur ses motivations.

———

Si j'avais été emmené dans ses caves pour y être initié à l'Ordre des Neuf, je n'avais encore jamais visité l'étage du donjon. Nous y accédâmes par un étroit escalier en colimaçon. Les gardes ouvrirent la lourde porte bardée de fer et allumèrent des torches. La pièce illuminée s'avéra fort différente de ce que j'anticipais. Il s'y trouvait une longue table de bois munie de solides bracelets de fer aux quatre coins. Des pinces tranchantes de longueurs variées, des couteaux et quelques barres de fer étaient suspendues au mur de pierre. Sur une tablette, un maillet de bois et de longs clous de charpentier acérés étaient posés. Un brasero rempli de braises rouges chauffait l'endroit. Je reconnus sans mal une salle de torture et je montrai à Ravier un visage étonné.

— À la guerre comme à la guerre, fit-il en haussant les épaules.

— Mais vous êtes cathare… dis-je bêtement.

— Je suis aussi soldat, répliqua le *Magister* des Neuf, un peu piqué. La fin justifie les moyens.

— Ne prends pas un air de vierge effarouchée, jouvenceau, rétorqua Montbard à son tour. Tu as fait bien pire et tu le sais !

Doublement rabroué, je me tus. Qui étais-je, en effet, pour m'offenser ainsi ? La conscience me venait bien tard. Les deux gardes, visiblement au courant de ce qu'ils devaient faire, étendirent le prisonnier inconscient sur la table et lui immobilisèrent les poignets et les chevilles.

— Tu l'as bien assommé, le bougre, remarqua Montbard, admiratif, en observant le nez de l'homme, qui tirait distinctement sur la droite.

Ravier s'en approcha, l'observa un moment puis interrogea les soldats.

— Vous le connaissez?

— Un peu, répondit l'un d'eux. J'étais de garde lorsqu'il est arrivé, voilà peut-être un mois. Quelque temps avant leur apparition, à eux, ajouta-t-il en nous désignant, Montbard et moi. Il disait venir de Minerve et a demandé asile.

— Bien. Raymond de Péreille pourra peut-être m'en dire davantage. Montez la garde à l'extérieur et ne laissez entrer personne.

Les hommes sortirent et Ravier verrouilla derrière eux. L'air soucieux, il dévisagea à nouveau le prisonnier.

— Et vous, vous ne le connaissez pas, évidemment.

J'observai attentivement l'inconnu. Il était d'âge moyen et son visage, que j'avais passablement remanié, était piqué de vérole. Je pouvais aussi y apercevoir plusieurs vieilles cicatrices sans doute acquises au cours de rixes ou de batailles. Sa poitrine et ses épaules étaient massives, ses bras et ses mains tout autant.

— Non, dis-je. Mais nous n'avons pas affaire à un vulgaire coupe-jarrets. Cet homme est un soldat.

— M'est avis que le temps est venu d'avoir une petite conversation, déclara Montbard en faisant craquer ses doigts.

Il s'approcha de l'homme et lui administra une retentissante gifle. L'inconnu revint à lui, tenta de se lever et constata qu'il était attaché. Réalisant la précarité de sa situation, il écarquilla les yeux et devint blême. Mon maître tira sa dague de sa ceinture et, avec des gestes d'une lenteur calculée, fendit la chemise puis les braies du prisonnier qui se retrouva bientôt nu comme Dieu l'avait créé.

— Avec ta permission, sire Ravier?

Le *Magister* hocha la tête. Montbard posa la lame de son couteau sur le ventre de l'inconnu et la fit lentement glisser vers le haut, jusqu'au creux de son menton.

— Qui es-tu? s'enquit-il en appuyant un peu plus fort.

L'inconnu se contenta de serrer la mâchoire et de jeter à mon maître un regard noir. Celui-ci le dévisagea froidement et lui administra deux violents coups de poing qui lui fendirent les lèvres, sans pour autant lui desceller la mâchoire.

— Pourquoi ton complice et toi nous avez-vous attaqués?

Une fois de plus, l'homme resta coi. Montbard l'empoigna par la chevelure et lui frappa violemment la tête contre la table à plusieurs reprises. L'homme se contenta de lui adresser un sourire ensanglanté.

— Tu vas parler, bougre? s'impatienta mon maître. Qui vous a envoyés?

Il lui saisit une oreille et la tordit tant et si bien qu'elle se détacha à moitié. Cette fois, l'homme ouvrit la bouche. D'abord pour hurler de douleur, puis pour narguer le templier.

— Fais-moi ce que tu voudras, cracha-t-il, pantelant. Le Paradis m'attend alors que toi, hérétique, tu brûleras en enfer!

— Tiens, un chrétien, roucoula Montbard. Nous faisons enfin du progrès.

Il empoigna de nouveau l'inconnu par son épaisse chevelure noire, lui tira la tête vers l'arrière et appuya la pointe de son poignard sous son œil gauche.

— Je te jure sur les mamelles de la Vierge que si tu ne parles pas bientôt, tes yeux ne le verront pas, ton paradis, gronda-t-il.

Je m'approchai et lui saisis le bras.

— Laissez-moi faire, dis-je.

Mon maître me dévisagea et haussa un sourcil.

— Pour interroger, il faut savoir garder la tête froide, grommela-t-il.

— Justement, la vôtre, de tête, me semble un peu échauffée.

— Comme tu veux, maugréa-t-il en s'écartant.

L'expérience m'avait maintes fois démontré qu'un homme se met à chanter comme un canari dès que sa virilité est en jeu. J'allai donc quérir le maillet et deux clous, puis me dirigeai vers l'entêté. Je lui saisis les bourses, les étirai cruellement et les maintins en place en y appuyant un clou. Il se mit à gémir de terreur et aurait sans doute vendu sa mère à vil prix si je le lui avais demandé, mais je jugeai mieux avisé d'assurer son entière collaboration en démontrant le sérieux de mes intentions. D'un coup sec, je transperçai une de ses génitoires et la fixai à la table. Le corps de l'infortuné s'arqua de manière grotesque. Il hurla à mort et ses yeux s'exorbitèrent. Satisfait, j'approchai mon visage du sien. Les joues mouillées de larmes, il haletait et gémissait tout à la fois, à demi fou entre douleur et désespoir.

— Il te reste encore une couille, dis-je froidement. À toi de décider si tu préfères avoir une descendance.

Pour toute réponse, il me cracha au visage. Je m'essuyai du revers de la main.

— Bon, comme tu veux.

J'appuyai l'autre clou sur sa génitoire encore intacte. Ses lèvres se mirent à trembler, l'écume sortant à chaque expiration. Pour bien marquer mon intention, je levai le maillet bien haut. Ses yeux devinrent ronds et il se mit à pleurer comme une Madeleine.

J'abattis le maillet.

— Nooooon! hurla-t-il à pleins poumons.

J'interrompis mon geste, l'arme s'arrêtant à un doigt du clou.

— Te voilà plus bavard?

L'homme ne dit rien, mais hocha énergiquement la tête. La haine qui remplissait ses yeux était palpable.

— Pourquoi voulais-tu nous tuer? demandai-je.

— Arnaud Amaury! hurla le torturé. C'est lui qui nous a envoyés ici. Il a dit qu'il avait fait en sorte que la Vérité n'atteigne jamais Montségur, et que toi, tu devais mourir! Dieu m'en est témoin, c'est tout ce que je sais. Je le jure!

— Dieu a le dos bien large, ces temps-ci… Que t'a-t-il offert pour ce louable travail?

— Vingt pièces d'or, des terres une fois la conquête achevée et la remise de mes péchés!

— Tu dis vrai ? demandai-je doucement en serrant sa génitoire entre mes doigts.

— Oui, oui ! Je ne sais rien de plus ! De grâce, pas l'autre couille, je t'en supplie…

Puis, il se mit à pleurer piteusement, brisé.

— Fort bien, puisque tu insistes.

Je tirai ma dague et la lui enfouis dans la poitrine, transperçant le cœur, qui cessa aussitôt de battre. Montbard me regarda, stupéfait.

— Ne craignez rien, dis-je, en la retirant pour l'essuyer sur mes braies. J'ai la tête bien froide.

— Morbleu… Je ne sais si je devrais m'en réjouir ou m'en blâmer.

— Un peu des deux, sans doute.

Ravier contempla brièvement mon travail puis se détourna du cadavre.

— Quelles conclusions en tirez-vous ? demanda-t-il.

— Amaury semble avoir envoyé ces deux hommes à Montségur en même temps qu'il a délégué Evrart pour nous tendre un guet-apens après notre départ de Quéribus, répondis-je. Il ne se doutait pas qu'Ugolin et moi tomberions sur ses hommes et sauverions la cassette.

— Alors pourquoi voudrait-il ta mort ? demanda Ravier.

— Non seulement Gondemar a-t-il trahi la cause des croisés, ce qui, en soi, est plus que suffisant pour encourir le ressentiment du bon légat, mais il est devenu un des champions de la cause cathare, expliqua Montbard. Depuis Cabaret, il a fait beaucoup de dommages, ce qui a dû agacer grandement le saint homme. Or, de ce que j'ai pu voir de lui, il est fort rancunier. Montfort et lui auront voulu saisir l'occasion d'en finir avec lui.

Mon maître se retourna vers moi, la mine réjouie, et me donna une claque dans le dos.

— Ta réputation est plus grande que tu ne le crois, jouvenceau. Voilà ta tête mise à prix. Il n'y a pas meilleur jugement de ta valeur ! Sois-en fier !

— Alors pourquoi l'idée me fait-elle dresser les poils sur la nuque?

— Peut-être parce qu'il est moins confortable d'être le gibier que le chasseur. Juste retour des choses, non?

Ravier sembla sentir les non-dits qui passaient entre nous et choisit ce moment pour intervenir.

— Nous savons maintenant que même Montségur n'est pas sûre. Tenons-nous-le pour dit. La pire erreur que pourrait commettre l'Ordre des Neuf serait de baisser sa garde.

Il se déplaça vers la porte et allait la déverrouiller lorsque Montbard l'arrêta.

— Et ces gardes? Que leur direz-vous?

— En ce qui les concerne, nous avons interrogé un espion qui avait infiltré Montségur. Rien de plus.

— Qui nous dit qu'ils ne sont pas de connivence avec les croisés?

— Rien, j'en ai bien peur.

Il ouvrit et appela les gardes.

— Ramassez-moi ça, ordonna-t-il en désignant le cadavre. Jetez-le aux ordures. Cette immondice chrétienne ne mérite pas de sépulture.

Lorsque je quittai le donjon, j'éprouvais un étrange malaise. Ma conscience se manifestait, et je n'en aimais guère la sensation.

CHAPITRE 2

Frères d'armes

Le lendemain, je m'éveillai à l'aube, étonné d'avoir réussi à fermer l'œil. J'avais dormi comme un enfançon. Était-ce la fatigue accumulée au fil des nuits d'insomnie, l'effet de l'eau-de-vie, les paroles de dame Esclarmonde qui m'avaient apporté un peu de sérénité ou le choc de l'attentat ? Toujours est-il que, pour la première fois depuis Quéribus, je me sentais reposé. Je m'assis sur le bord de la vilaine paillasse et observai ma chambre en frottant mes yeux bouffis de sommeil.

J'avais considérablement négligé ma personne depuis un mois, ne voyant pas l'intérêt de m'entretenir dans un monde qui n'avait plus de sens. En passant mes mains sur mes joues, je notai que ma barbe devait être rasée. Je me levai et me dirigeai vers la petite table bancale qui, outre le tabouret et le lit, formait tout l'ameublement. Je pris la cruche de terre cuite qui s'y trouvait et versai un peu d'eau fraîche dans le bassin qui lui était adjoint. Je me dévêtis et me lavai de pied en cap. Ne trouvant rien pour m'éponger, j'utilisai ma chemise. Elle empestait et avait un urgent besoin d'être changée, mais pour l'instant elle était le seul vêtement que je possédais et elle ferait l'affaire.

Sur le coin de la table, quelqu'un avait laissé un oignon, un bout de fromage, un peu de lard et un morceau de pain dans une assiette en bois. Je tâtai les denrées et, n'arrivant pas à me rappeler la dernière fois que j'avais mangé, je déterminai qu'elles dataient de quelques jours. On aurait pu assommer quelqu'un avec le quignon, mais il était vaguement comestible. Je dévorai le tout avec un gobelet d'eau. Satisfait et repu, je laissai échapper un rot sonore.

Je me sentais bien et décidai de mettre à profit le conseil d'Esclarmonde. Les jérémiades ne m'aideraient en rien à protéger la Vérité, si traumatisante soit-elle. Plus encore, je savais maintenant que ma vie était en danger. Ce n'était pas en m'apitoyant sur mon sort au lieu de garder mes réflexes aiguisés que j'augmenterais mes chances d'échapper à un autre attentat. Pour sauver mon âme, il me fallait vivre. Si les choses devaient se préciser, elles le feraient en temps et lieu.

J'empoignai mon ceinturon. Je le passai à ma taille et le bouclai, puis y glissai ma dague. D'un pas décidé, je sortis et me dirigeai vers la cour, qui se trouvait à l'autre extrémité de la forteresse. J'étais à mi-chemin lorsque ma conscience me fit bifurquer vers la gauche. Je me rendis à l'habitation qui tenait lieu d'infirmerie. La contagion étant une chose fort mystérieuse, j'hésitai à y entrer, craignant d'être frappé à mon tour par le mal. Dieu semblait ne pas vouloir me permettre de mourir dans l'immédiat, mais je n'étais certes pas plus immunisé contre la maladie que contre les blessures. J'allais finalement frapper lorsque la porte s'ouvrit. En m'apercevant, Pernelle écarquilla les yeux de surprise. Elle baissa le chiffon qui lui couvrait le nez et la bouche et son visage s'éclaira du franc sourire que je lui connaissais depuis qu'elle était encore fillette. Elle me sauta au cou et me serra très fort. J'en fus si surpris que je dus faire un effort pour ne pas tomber à la renverse. Puis, mes bras l'enserrèrent et je lui rendis son affection.

— Attention, petite furie! Tu vas me casser les vertèbres! ricanai-je.

— Te voilà enfin! s'exclama-t-elle en me libérant de son étreinte. Où donc étais-tu passé depuis des semaines? Je m'inquiétais pour toi.

— Avec l'épidémie, tu étais très prise, mentis-je, un peu embarrassé. Et puis…

Ma douce amie me regarda avec une tendresse que je savais ne pas mériter et posa ses doigts sur mes lèvres.

— Ne dis rien, Gondemar. Tu es préoccupé. Je vois bien que sire Bertrand l'est aussi. Tu n'as pas à t'expliquer. Certaines choses ne regardent que toi. Mais sache que tu n'es pas seul. Je suis là.

— D'accord, répondis-je en souriant, mal à l'aise.

Elle avisa mon épée.

— Tu vas t'entraîner?

— Oui, il est plus que temps. Sinon, je vais finir gringalet.

— C'est Ugolin qui sera content. Sans toi, il a l'air d'un chaton égaré.

À la mention du fidèle géant de Minerve, j'eus l'impression d'émerger d'un rêve. Je n'avais même pas pensé à lui depuis les événements du temple. J'en ressentis une profonde honte.

— Allez, va jouer au soldat avec tes petits amis, brute. J'ai mes cataplasmes à poser sur des fluxions.

Elle allait rentrer lorsqu'elle se retourna.

— Gondemar?

— Quoi?

— Tu ne vas pas disparaître encore une fois? demanda-t-elle, inquiète.

— Non, je te le promets.

— Bien.

Elle remonta le linge sur son visage et rentra. Le cœur plus léger, je repris mon chemin. Bientôt, l'écho du choc des armes me parvint aux oreilles. Lorsque j'arrivai dans la cour, elle était remplie d'hommes en sueur qui s'entraînaient avec un admirable sérieux. Les plus jeunes avaient à peine du poil au menton. Les plus vieux l'avaient déjà plus blanc que noir. Tous étaient fort compétents et, visiblement, il ne s'agissait pas de paysans convertis à l'art de la guerre, mais de soldats. Montségur n'était pas seulement imprenable, elle était aussi bien défendue.

Le plus vieux des combattants était sire Ravier lui-même. Curieux, je l'observai et j'en conçus une grande admiration. Ses meilleures années étaient derrière lui depuis longtemps déjà, mais il se tirait encore fort bien d'affaire, compensant par l'expérience la décrépitude de son corps. Face à un homme qui avait le tiers de son âge, ses coups étaient lourds, vifs et précis.

Je repérai aisément les autres membres des Neuf. Jaume, Eudes, Raynal et Véran étaient de redoutables combattants. Pour les avoir vus affronter les hommes d'Evrart de Nanteroi, je savais déjà qu'Eudes et Raynal étaient tout en force. Plus petits, Jaume et Véran virevoltaient plutôt avec fluidité. Je reconnus sans difficulté le style des Sarrasins, que Montbard m'avait enseigné jadis, et compris que les deux avaient fait un long séjour en Terre sainte. Je réalisai que l'Ordre des Neuf n'acceptait en son sein que les meilleurs. Leur mission sacrée n'exigeait rien de moins. S'ils juraient de mourir pour protéger la Vérité, ils devaient surtout avoir toutes les chances de survivre. Je ressentis une grande fierté à l'idée que j'en faisais maintenant partie.

Au milieu de la cour, un homme dépassait tous les autres d'une tête. Dans sa main droite, son épée volait tel un éclair, écartant celles des adversaires qui se dressaient devant lui. Son poing gauche semblait animé d'une volonté propre et frappait allègrement tous ceux qui se trouvaient sur sa trajectoire. Je m'esclaffai. Ugolin ressemblait à un petit garçon en plein jeu. Il n'était jamais plus heureux que lorsqu'il avait des adversaires à malementer et sa joie se mesurait à l'ampleur des dégâts qu'il causait.

Une main se posa sur mon épaule gauche et la serra. Je me retournai, sachant déjà qu'elle appartenait au seul homme que je n'avais pas encore repéré parmi les combattants. Bertrand de Montbard souriant à pleines dents, son œil valide brillant d'envie de se lancer dans la mêlée.

— Ha! Voilà ce que j'appelle un entraînement! s'écria-t-il. Par les cornes du diable, on va s'amuser! Ugolin doit bien avoir laissé quelques hommes intacts!

Il tira son épée avec enthousiasme et s'avança vers les combattants. J'allais le suivre lorsqu'un cri puissant retentit.

— Halte!

Sire Ravier se détacha du lot et s'approcha. Le visage en sueur, la chevelure pêle-mêle, il était fatigué, mais tout sourire. Il s'inclina légèrement. Eudes, Raynal, Véran et Jaume quittèrent l'entraînement pour le rejoindre et nous saluèrent de la tête.

— Beaux frères, dit le *Magister* d'une voix juste assez forte pour que nous l'entendions, je suis heureux de vous voir enfin parmi nous. La Vérité peut ébranler les plus forts d'entre nous. Vous vous sentez mieux?

— Autant que faire se peut, répondis-je en haussant les sourcils.

— Le temps arrange les choses. Soyez patients.

Au même moment, un grand vacarme retentit derrière les templiers.

— Gondemar! s'écria Ugolin, souriant comme un enfant devant un biscuit, en se frayant un chemin parmi les combattants. Te voilà enfin!

Il écarta Eudes de son chemin comme s'il s'était agi d'un vulgaire fétu de paille, me saisit dans ses bras puissants, me souleva et m'écrasa contre lui. Il me reposa enfin, sous les regards ahuris des templiers, et me saisit par les épaules.

— Mais où donc étais-tu passé?

— J'étais… pris ailleurs, répondis-je en retrouvant mon souffle.

Je brandis mon épée en souriant.

— Mais je suis là maintenant! Tu veux te joindre à nous?

— Avec plaisir! Mes partenaires ne semblent pas très enthousiastes.

Je me mis en garde devant Véran. Je désirais me mesurer à ce type d'adversaire qui m'était moins familier. Montbard, qui aimait les corps à corps virils et brutaux, choisit Raynal. Ugolin, lui, se retrouva devant Eudes, qui semblait impatient de venger l'affront que le géant lui avait involontairement fait subir en l'envoyant choir sur le derrière sans effort.

Tel que je l'avais anticipé, Véran s'avéra agile comme un chat, rapide et persistant. Nous nous affrontâmes une trentaine de minutes sans faire de maître. À la fin, je fus surpris de constater que je soufflais comme un taureau. Mon cœur battait dans ma poitrine et dans mes oreilles. Mon corps me rappelait que je l'avais négligé depuis un mois. Lorsque nous nous interrompîmes enfin, d'un commun accord, réjouis et en sueur, je ne pus m'empêcher de lui donner une claque amicale sur l'épaule.

— Tudieu, tu as affronté des Sarrasins, toi. Tu bouges comme un épervier, dis-je avec admiration.

— Et toi comme un ours. Tu es aussi pénible à endurer que ce gros-là, dit-il en désignant Ugolin.

Le colosse de Minerve semblait avoir trouvé chaussure à son pied. Pestant comme un démon devant l'hostie, il tentait sans succès de percer la défensive d'Eudes avec des coups d'épée qui en auraient projeté plus d'un sur son séant. Le templier n'avait pas davantage de succès, Ugolin résistant à toutes ses charges avec cette agilité si étonnante pour un homme de son gabarit. Les deux finirent par se regarder avec un respect mutuel et déclarèrent le combat nul.

Un peu plus loin, Montbard et Raynal étaient engagés dans un choc de titans. Les deux étaient aussi compétents qu'orgueilleux. Ni l'un ni l'autre n'était homme à faire des compromis quand il était question de combat. Les épées se fracassaient violemment l'une contre l'autre. J'étais témoin d'un combat entre templiers, les guerriers les plus terrifiants de la chrétienté. Fasciné, j'observai attentivement, conscient que je ne pouvais qu'apprendre quelque chose.

Les mouvements des deux adversaires se faisaient plus lents, mais aucun n'acceptait de baisser les bras. Soudain, Montbard pivota sur lui-même en déployant le tranchant de sa lame. Il utilisait cette feinte qu'il m'avait si souvent servie. Le coup vint si vite vers la tempe gauche de Raynal que je craignis qu'il soit raccourci sur-le-champ. À mon étonnement, il leva son épée au dernier moment et para avant de contre-attaquer d'une furieuse série de passes que mon maître eut tout le mal du monde à repousser. Raynal abattit son poing dans le ventre de mon maître, qui grimaça de douleur et fut contraint de reculer de quelques pas. Dans le regard de Montbard, je reconnus cette colère qui décuplait ses forces. Il se relança à l'attaque et son épée se mit à virevolter à une telle vitesse que Raynal fut débordé. D'un geste désespéré, il écarta l'arme de Montbard avec la sienne et la pointe atteignit accidentellement le genou gauche de mon maître. Je sus alors que le temps était venu d'interrompre la séance avant qu'ils ne s'entretuent.

— Suffit! s'écria sire Ravier, qui en était arrivé à la même conclusion que moi.

Pendant un instant, les deux adversaires se dévisagèrent, les lèvres retroussées, le feu dans les yeux. Puis la luxure du combat les quitta. Ils abaissèrent leurs armes et éclatèrent d'un grand rire.

— J'aurais fini par venir à bout de toi, nourrisson, tonna Montbard.

— Ha! Tu étais sur le point de t'effondrer d'épuisement, vieillard!

— Tu crois? Recommençons et je botterai la peau encore rose de ton gros cul!

— Venez, interrompit le *Magister* en ricanant. Allons boire un coup et nous calmer les sangs. Et il est plus que temps que nous nous connaissions un peu mieux.

Nous nous dirigeâmes tous vers une habitation qui tenait lieu d'auberge, non loin de celle où se trouvait ma chambre. Je notai que mon maître, qui tenait la main sur son ventre meurtri, boitait un peu.

— Votre genou… dis-je en avisant la tache de sang qui maculait ses braies. Vous devriez le montrer à Pernelle.

— Bah! Ce n'est qu'une égratignure. En Terre sainte, si j'avais couru me faire dorloter chaque fois que je saignais un peu…

En chemin, j'observai les alentours et me fis la remarque que les places fortes cathares différaient grandement des camps croisés. À Montségur, point de prostituées et de sodomites, de mendiants ou d'ivrognes. Point de rixes ni de violence, non plus. L'ordre régnait partout. Hommes, femmes et enfants vaquaient à leurs tâches avec sérénité. Je n'étais pas assez naïf pour croire que tous étaient satisfaits de leur sort, ou même qu'ils croyaient réellement avoir des chances de sortir vainqueurs de l'affrontement avec les croisés, mais j'admirais la force tranquille que leur procurait leur foi. La conviction d'être dans leur bon droit y était sans doute pour beaucoup et je leur enviais cette certitude. Je savais qu'ils avaient raison. La Vérité leur appartenait et, un jour, si Dieu le voulait, elle éclaterait à la face du monde et les cathares seraient vengés. Ils cesseraient d'être des hérétiques et seraient reconnus pour ce qu'ils étaient vraiment.

J'avais par contre grand mal à me faire à la présence des templiers, qui circulaient librement parmi les hérétiques qu'ils auraient dû combattre. Seulement cinq d'entre eux connaissaient l'existence de la Vérité. Les autres avaient fait vœu d'obéissance au pape et arboraient la croix qui les distinguait entre tous. Leur place était dans l'autre camp, et pourtant ils étaient là. Tous les templiers postés dans le Sud étaient-ils implicitement sympathiques à la cause cathare? Il semblait bien que oui. Peut-être même descendaient-ils tous d'hérétiques. Ou peut-être l'hérésie était-elle chose normale pour eux? Je savais, par Ravier, que les commanderies du Sud avaient invoqué toutes sortes de prétextes pour éviter de s'impliquer dans la croisade. Malgré les appels répétés, l'Ordre était resté à l'écart des combats, au grand dam d'Amaury et, sans doute, du pape. Aucun templier n'avait levé la main contre un cathare, ni même cautionné les exactions dont ils étaient victimes. Mieux, chaque fois qu'ils en avaient eu la chance, ils les avaient hébergés et cachés. Mais que savaient exactement les cathares, qui semblaient accepter si naturellement leur présence? Tout cela restait mystérieux pour moi et je me promis de questionner Ravier à la première occasion.

Nous avions à peine pris place autour d'une table ronde qu'une femme y déposa un pichet de vin, des gobelets, un poulet rôti et des assiettes. Nous bûmes et mangeâmes en discutant combat. Mon maître et les cinq templiers de Montségur rivalisaient d'anecdotes sur la Terre sainte. À les entendre, chacun d'eux avait occis à lui seul une centaine de Sarrasins par bataille et autant de chameaux.

Assis entre Eudes et Raynal, j'appris que les deux colosses se connaissaient depuis leur tendre enfance et avaient toujours été comme cul et chemise. Issus de familles cathares, ils s'étaient entraînés ensemble dès qu'ils avaient été assez forts pour tenir l'épée. C'est côte à côte qu'ils avaient quitté leur petit village du Sud pour se rendre à la commanderie la plus proche et demander leur admission parmi les Templiers. À leur grande surprise, ils avaient été initiés le même soir, l'un à la suite de l'autre, et, après quelques semaines d'entraînement, ils avaient pris la direction de la Terre sainte. Là, ils étaient restés en Orient quelques années, stationnés à la forteresse de Tortose, en Syrie, avant d'être renvoyés dans le Sud deux ans plus tôt. C'était à Montségur que les Neuf les avaient reçus pour prendre la place de deux membres aînés qui étaient retournés à la Lumière. À peine plus âgés que moi, ils m'avouèrent être encore stupéfaits de l'existence même de l'Ordre. Eudes, particulièrement, avait les yeux brillants d'enthousiasme et de ferveur en évoquant à mots couverts la mission qui lui était désormais impartie. Raynal, lui, était plus réservé, mais son visage prenait une expression grave à l'évocation de son obligation. Son air calme et déterminé en faisait, à mes yeux, le plus dangereux des deux.

Jaume et Véran, eux, plus âgés, semblaient parfaitement à l'aise avec la situation. Venus du Sud, ils avaient été stationnés à la forteresse de Safed, dans le royaume de Jérusalem, dont on venait tout juste d'apprendre qu'elle était tombée aux mains de Saladin, ce qui les attristait grandement. Ils avaient connu le combat, mais aussi la cohabitation avec les Sarrasins, avec lesquels l'Ordre entretenait des relations discrètes malgré la guerre, n'hésitant pas à conclure des traités de collaboration lorsque cela était justifié. C'était au contact de certains d'entre eux, qui formaient une secte musulmane spécialisée dans l'assassinat et qu'on appelait Ismaélites ou Assassins, qu'ils avaient appris à combattre différemment. Au corps à corps, les Occidentaux s'avéraient souvent trop lourdement équipés, ce qui affectait leur agilité. Les deux s'entendaient pour dire que combattre différemment leur avait plus d'une fois sauvé la vie. Ils étaient à Montségur depuis 1202 et avaient travaillé à la fortifier. Hormis leur escapade vers Quéribus, ils en étaient rarement sortis, veillant sur la Vérité.

La rencontre, abondamment arrosée, s'étira jusqu'aux petites heures. Lorsqu'elle prit fin, nous sortîmes tous ensemble et nous quittâmes, chacun se dirigeant vers sa paillasse. En chemin, Montbard laissa échapper quelques rots et grimaça.

— Par le poil du cul de Satan… grogna-t-il en se tenant le ventre. J'ai des coliques de nourrisson. On dirait que j'ai trop mangé.

— Ou trop bu, relevai-je.

— Il est impossible de trop boire, gamin, ricana-t-il. Le vin est un nectar donné à l'homme par Dieu pour apaiser son âme.

La semaine suivante, je me présentai à l'entraînement chaque matin avec un enthousiasme renouvelé. Je notai distraitement que, depuis son combat avec Raynal, Montbard semblait bouger plus lourdement et qu'il se fatiguait vite, mais j'attribuai le tout à son âge et à sa blessure au genou. Puis, un matin, je ne le vis nulle part. La veille, il avait été défait par Jaume, qui l'avait pris de vitesse pour attaquer son côté aveugle. Je me demandai si mon maître ne s'en était pas un peu vexé.

— Tu sais où est sire Bertrand? m'enquis-je auprès d'Ugolin.

— Non. Toi?

Ensemble, nous quittâmes la cour et retournâmes au corps de logis où Montbard et moi habitions. Nous filâmes droit vers sa chambre. Je frappai, mais n'obtins aucune réponse. Perplexe, je frappai plus fort, sans plus de succès. J'allais tourner les talons et chercher ailleurs lorsqu'il me sembla entendre un gémissement étouffé. Je testai la porte. Elle n'était pas verrouillée. Sans hésiter, j'ouvris.

Montbard gisait sur une paillasse qui ne valait guère mieux que la mienne. Recroquevillé sur le côté comme un petit enfant, les mains plaquées contre son ventre, il était blême comme la mort. Ses yeux étaient cernés de bleu, sa bouche entrouverte et une tache de sang maculait sa barbe et le tissu sous sa tête.

— Nom de Dieu! m'exclamai-je en me précipitant vers lui. Qu'avez-vous?

Je m'agenouillai près de lui, lui touchai le front et constatai avec consternation qu'il était brûlant. Au contact de ma main, son regard se focalisa et il me regarda. Il essaya de parler, mais ne réussit qu'à émettre un râle. Son haleine empestait la carcasse. Sans trop savoir ce que je faisais, je me mis à l'examiner, à la recherche d'une blessure. Lorsque j'écartai ses mains et que mes doigts tâtèrent son abdomen, il gémit comme un bébé. Je déchirai sa chemise d'un geste brusque et eus un mouvement de recul. Son ventre était gonflé comme une outre et la peau tendue avait une vilaine teinte bleutée. Soudain, il se crispa à un point tel que les muscles de sa gorge saillirent sous la peau. Il serra les dents et vomit un flot de sang noir et puant qui m'aspergea. Puis il retomba, prostré, sur sa paillasse, le regard hagard et le souffle court.

Paniqué, je me retournai vers Ugolin. Le géant chancelait sur ses pieds. Une fois de plus, il allait tourner de l'œil à la vue du sang.

— Ugolin, morbleu, le moment est mal choisi! m'écriai-je. Aide-moi plutôt à le mener à dame Pernelle. Vite!

Rien n'y fit. Le Minervois s'écroula lourdement, comme frappé au front par une masse d'armes. Je l'enjambai et me précipitai à l'extérieur, laissant là mon maître, dont je ne doutais pas que la vie ne tenait qu'à un fil. Je courus comme un dément jusqu'à l'infirmerie et ouvris la porte avec fracas.

— Pernelle! hurlai-je. Pernelle! Où es-tu?

Au fond de la pièce, mon amie, accroupie près d'un malade, se retourna vivement, l'air désapprobateur. Lorsqu'elle vit mon expression, elle changea d'attitude, murmura quelque chose à son patient et accourut vers moi.

— Qu'y a-t-il?

— C'est Montbard. Il crache le sang et son ventre est rond comme une outre et tout bleu. Viens! Vite!

Elle courut dans un coin ramasser son coffre en bois et me le jeta dans les bras. Puis elle retira le chiffon qui lui couvrait le nez et la bouche.

— Où est-il? demanda-t-elle.

— Dans sa chambre.

— Allons-y.

Nous fîmes le chemin inverse aussi vite que le permettait le pas de Pernelle. Lorsque nous surgîmes dans la chambre, Ugolin était assis par terre et secouait la tête, blême et hagard. Nous le contournâmes sans nous arrêter et nous dirigeâmes vers le lit, où Montbard gisait toujours. Pendant que je posais le coffre sur le sol, Pernelle s'agenouilla et le retourna doucement sur le dos. Elle haussa les sourcils de surprise en voyant son ventre ballonné. Elle fouilla dans son coffre, y trouva une chandelle et me la lança.

— Allume ça, ordonna-t-elle.

J'avisai l'âtre froid de la chambrette et hésitai. Où trouver une braise? Une grosse main m'arracha la chandelle.

— Donne, fit Ugolin.

Le géant, remis de son évanouissement, désirait manifestement se racheter en se rendant utile. Il fouilla dans sa poche et en sortit deux pierres à feu, puis déchira la paillasse afin de prendre quelques brindilles sèches. Les étincelles produites par ses pierres eurent tôt fait d'allumer la paille et il mit la mèche dans les flammes.

— Ta dague, dit sèchement Pernelle sans cesser de tâter l'abdomen de Montbard. Elle est bien effilée?

— Bien sûr... Pourquoi...?

— Passe-la dans la flamme et donne-la-moi. Fais vite, pour l'amour de Dieu.

J'obtempérai et lui tendis l'arme, qu'elle prit par le manche.

— Des linges. Il y en a dans mon coffre.

Je fouillai et les trouvai.

— Ugolin, dit Pernelle, si tu ne veux pas tomber à nouveau dans les pommes, tu ferais mieux de sortir.

Comprenant ce qu'elle entendait faire, le géant, embarrassé, sortit à reculons.

— Va quérir sire Ravier et explique-lui ce qui se passe, ordonnai-je.

— B… bien.

J'entendis Ugolin s'éloigner au pas de course.

— Prépare-toi à éponger, maugréa Pernelle. Il va pisser le sang comme une fontaine.

— Qu'a-t-il ? m'enquis-je.

— Tais-toi et éponge.

Elle appliqua la lame sur la peau et, d'un petit coup sec, y enfonça la pointe. Aussitôt, un jet de sang s'en échappa, lui éclaboussant le visage et mouillant sa robe noire. Indifférente, elle posa la dague sur la paillasse, appliqua les mains de chaque côté de la plaie et pressa, provoquant un nouveau jet et un grognement de douleur de son patient.

— Assèche, par Dieu, dit-elle. Je ne vois plus ce que je fais.

Je m'exécutai en essayant de contrôler le léger tremblement qui avait saisi mes mains, et les chiffons s'imbibèrent de sang. Je les jetai sur le sol, en pris d'autres dans la trousse et recommençai plusieurs fois.

— Mais qu'est-ce qu'il a ? bredouillai-je.

— A-t-il reçu un coup au ventre récemment ?

Je réfléchis un peu, repassant dans ma tête les événements récents. Je me rappelai soudain le coup de poing que Raynal lui avait administré la semaine précédente, pendant l'entraînement. Je revis la grimace de douleur qui avait traversé son visage. Je sentis une main glacée m'envelopper le cœur et le serrer.

— Oui, voilà un peu plus d'une semaine, à l'entraînement. Un coup de poing de Raynal. Juste là où tu lui as recousu les tripes. Il a semblé avoir mal, mais…

— La blessure s'est rouverte. Il saigne de l'intérieur. Le vieux bougre est bien trop orgueilleux pour se plaindre. Il a enduré jusqu'à ce que sa panse soit remplie. Et maintenant, regarde-moi ce gâchis…

Elle continua à presser autour de l'ouverture qu'elle avait pratiquée jusqu'à ce que le flot de sang se réduise à un entrefilet.

— Bon… Il est vidé. C'est déjà ça…

— C'est… c'est grave?

— Oui, il risque de mourir au bout de son sang. Approche la chandelle.

Elle ramassa la dague et, d'une main sûre, agrandit la plaie. Puis elle se mit à y fouiller comme la fois précédente et en sortit un boyau ensanglanté qu'elle examina d'un œil critique. Puis elle grimaça.

— Il a la tripe en charpie. Elle s'est déchirée de chaque côté de l'endroit où je l'ai cousue.

— Recouds-la encore, suggérai-je.

— Je dois tout d'abord couper ce qui est endommagé et ensuite rabouter.

— Ça se fait?

— Nous le saurons bientôt.

L'intervention fut longue. Dans la petite chambrette, la tension était extrême. Sire Ravier, qu'Ugolin avait ramené entre-temps, y assista et, comme moi, aida Pernelle de son mieux, versant à sa demande de l'eau-de-vie dans la plaie pour la laver et lui passant ce qu'elle requérait pendant que j'épongeais le sang qui coulait sans cesse. Ponctuellement, nous abreuvions Montbard copieusement d'alcool pour qu'il demeure inconscient.

Lorsque tout fut terminé, un morceau de tripe long comme mon pied gisait sur le sol. Pernelle avait réussi à coudre les deux bouts et avait replacé le tout dans le ventre de mon maître avant de le refermer et de le panser. Il était maintenant sur le dos, le visage contracté par la douleur.

— Alors ? s'enquit Ravier, le visage ravagé de fatigue en essuyant la sueur sur son front.

Mon amie fit une moue dubitative qui ne me dit rien de bon et dévisagea le vieux *Magister*.

— Ce que je viens de faire tient plus de la cordonnerie que de la médecine. Il ne saigne plus, mais rien ne dit que les bouts de tripe tiendront. S'il s'en sort, c'est que je suis magicienne ou qu'il est fait de roc.

Ravier pâlit et m'adressa un regard désespéré.

— Attendre tout ce temps pour qu'une injustice soit réparée et mourir quelques jours après… murmura-t-il avec lassitude. Ce serait vraiment trop bête.

Je savais à quoi il faisait allusion, mais pas Pernelle.

— Il s'en sortira, vous verrez, affirmai-je avec plus de conviction que je n'en ressentais réellement. Ce bougre ferait peur à la mort elle-même. Et puis, si quelqu'un peut lui sauver la vie, c'est Pernelle.

— Bon, coupa mon amie. Nous ne pouvons pas le laisser ici. Ugolin !

Le géant passa la tête dans l'embrasure de la porte, derrière laquelle il était resté tout ce temps.

— Oui ?

— Cours à l'infirmerie et ramène un brancard.

— Tout de suite, dame Pernelle.

Il sortit et faillit entrer en collision avec Esclarmonde, qui arrivait sur l'entrefaite, une bible dans les mains. Elle pénétra dans la pièce et s'approcha de Montbard.

— J'ai appris la nouvelle. C'est grave ?

Pernelle lui fit un résumé. L'autre Parfaite sembla évaluer la situation puis prendre une décision. Elle s'agenouilla, posa la bible sur le cœur de Montbard et une main sur son front brûlant.

— Il n'est pas des vôtres, lui rappelai-je en saisissant ce qu'elle entendait faire.

— Et après? Vois-tu un prêtre chrétien quelque part?

Elle avait raison. Le salut était le salut, peu importe le chemin par lequel on y arrivait. Montbard méritait cette chance.

— Que le Père saint, juste, véridique et miséricordieux, qui a le pouvoir dans le ciel et sur la terre de remettre les péchés, vous remette et vous pardonne vos péchés en ce monde, et vous fasse miséricorde dans le monde futur, récita Esclarmonde avec ferveur.

Aussitôt, ma gorge se serra et l'air cessa d'y passer. Un étau invisible m'écrasa le cou et je m'éloignai jusqu'au coin le plus éloigné de la pièce. Ugolin revint bientôt avec un brancard et Montbard y fut déposé avec toutes les précautions du monde. Le souffle me revenant peu à peu, nous le transportâmes à l'infirmerie sous les regards inquiets de Pernelle, d'Esclarmonde, de Ravier et de tous ceux que nous croisâmes. Lorsque nous l'eûmes installé dans un coin à l'écart des contagieux, plusieurs Parfaits arrivèrent, parmi lesquels se trouvaient Daufina et Peirina. Ils s'agenouillèrent autour du malade, Pernelle avec eux. Alors que Ravier s'agenouillait à son tour, Esclarmonde me dévisagea.

— Gondemar, ne prieras-tu pas avec nous pour ton maître d'armes? s'enquit-elle.

Je restai là un moment, interdit. L'homme inconscient sur le lit était bien plus qu'un maître d'armes. Il était à la fois mon ami, mon mentor, mon père et ma conscience. Il méritait amplement mes prières et je souhaitais de toutes mes forces qu'il vive. Mais un damné n'a pas pouvoir d'intercession. De tous les pécheurs, il est sans doute le seul auquel Dieu n'accorde aucune pitié. Mes suppliques ne pouvaient que nuire à mon Montbard. Atterré, je fis non de la tête et sortis, avant que le souffle ne me manque à nouveau et que ma cicatrice ne s'enflamme pour me rappeler ma condition.

CHAPITRE 3
Tribut

Pendant douze jours et douze nuits, après l'intervention désespérée de Pernelle, je veillai Montbard sans quitter son chevet, guettant en vain la moindre amélioration de son état. Certes, après deux jours, il avait cessé de vomir et son ventre ne gonflait plus, mais il n'avait pas repris connaissance. Il gisait sur le dos, ne bougeant que lorsqu'une crampe le prenait et le faisait gémir. Heureusement, celles-ci se faisaient plus rares. Malgré tout, son visage luisait d'une sueur à l'odeur âcre et son corps s'émaciait à vue d'œil. Je craignais sincèrement pour sa vie tout en me refusant à l'admettre. J'avais encore plus peur, je crois, qu'il ne puisse plus jamais être le même s'il survivait. Bertrand de Montbard n'était pas homme à accepter d'être diminué.

Pernelle essayait bien de me convaincre qu'il ne servait à rien de rester là, qu'elle m'avertirait dès qu'il se produirait quelque chose, mais je refusais obstinément de bouger. J'avais peur que Montbard meure sans moi. Je craignais plus que tout de ne jamais pouvoir lui reparler, ne fût-ce que pour lui faire les adieux qu'il méritait et lui dire à quel point il me manquerait. Je l'avais profondément déçu, jadis, et il m'en tenait encore rigueur. Il n'était pas question que je l'abandonne maintenant. Compatissante, mon amie me chargea donc de verser à intervalles réguliers un peu d'eau entre ses lèvres parcheminées et de lui servir des cuillérées de bouillon clair ou de miel pour le sustenter. L'eau, m'expliqua-t-elle, était encore plus importante que la nourriture pour maintenir la vie. Régulièrement, j'épongeais aussi son front avec un linge humide, mais il demeurait brûlant. À plusieurs reprises, je me surpris à tenir la grosse main qui m'avait si souvent frappé, enfant, comme si ce geste simple pouvait lui transmettre une partie de ma force vitale.

Un matin, à l'aube, je sentis un poids sur ma nuque. Comme cela s'était produit chaque nuit depuis l'opération, je m'étais endormi d'épuisement, le front contre la paillasse, tel un chien fidèle aux côtés de son maître. Je m'éveillai avec un soubresaut. Il me fallut un moment pour comprendre qu'il s'agissait de la main de mon maître. Le cœur battant, je relevai la tête et le vis qui me fixait de son œil valide.

— Jouvenceau... fit-il d'une voix à peine audible. Tu n'aurais pas... un peu d'eau... pour un vieil homme... mal en point?

— Maître... Vous êtes vivant, balbutiai-je bêtement.

— Comme tu vois... Mais pas pour... très longtemps... si tu me laisses mourir... de soif.

Je m'empressai de verser quelques gorgées d'eau dans un gobelet que je portai à ses lèvres en lui soutenant la tête. Il avala et ferma les yeux.

— Tudieu... Que m'est-il arrivé? demanda-t-il, le souffle faible mais régulier.

— Le coup de Raynal a rouvert votre blessure au ventre, expliquai-je. Vous aviez les tripes en charpie. Vous avez failli mourir.

— Le diable... n'a pas voulu de... moi, on dirait.

— Je vais aller chercher Pernelle. Ne bougez pas.

— Même si je le voulais... ricana-t-il avant de grimacer.

Je traversai l'infirmerie en trombe et faillis renverser dame Daufina, qui passait par là. La Parfaite, grande et mince, était une femme entre deux âges à l'air austère. Elle venait d'entrer, les bras chargés de draps. Elle posa sur moi deux petits yeux méfiants et aussi noirs que ses vêtements.

— Que se passe-t-il? demanda-t-elle.

— Montbard! m'exclamai-je sans chercher à cacher ma joie. Il vient de se réveiller!

Avec un calme méthodique, elle posa ses linges sur une petite table tout près de là.

— Je vais m'occuper de lui. Dame Pernelle était dans la cour voilà un instant. Va la chercher.

Je la remerciai et courus à l'extérieur, où je repérai mon amie dans la cour. Elle était en conversation avec quelques Parfaits. Je l'interrompis brusquement et bafouillai des explications qui suffirent à lui faire saisir la situation. Elle s'excusa auprès des autres et me raccompagna prestement à l'infirmerie. Nous trouvâmes Daufina affairée à faire boire Montbard. Pernelle sourit en le voyant.

— Alors, gros ours? s'écria-t-elle, ravie. Vous serez encore des nôtres pour un temps, on dirait!

— Sans moi… tu t'ennuierais, blagua mon maître malgré son état.

— Sans vous, je pourrais faire autre chose que recoudre des tripes! Votre vieux ventre ne vaut plus trois sous et il est grand temps que vous cessiez de le placer devant les coups.

Daufina se retourna et adressa un froncement de sourcils à Pernelle. Le sourire de mon amie s'effaça aussitôt et son visage prit une expression préoccupée. Elle s'approcha de mon maître et lui appliqua la main sur le front.

— Vous êtes encore brûlant, grommela-t-elle, visiblement agacée.

Elle se retourna vers Daufina.

— Il faut briser cette fièvre. Tu veux bien me préparer une décoction de feuilles de saule? demanda-t-elle. La plus puissante possible. Et rapporte aussi un peu de bouillie de blé tiède. Il doit manger avant de n'avoir que la peau sur les os. De surcroît, pendant qu'il aura la bouche pleine, il ne dira pas d'âneries.

L'autre Parfaite s'éloigna aussitôt. Pernelle rabattit le drap qui couvrait mon maître et défit délicatement le pansement qu'elle avait changé à plusieurs reprises depuis l'opération.

— Comment vous sentez-vous ? s'enquit-elle en travaillant.

— Faible… comme… un nourrisson.

— C'est normal. Vous n'avez mangé que du bouillon depuis presque deux semaines. Vous êtes déjà chanceux d'être encore en vie.

Lorsque les bandages furent retirés, Pernelle examina la plaie, puis tâta doucement le ventre de Montbard du bout des doigts.

— Hmmm… La blessure est bien refermée. Elle n'est même plus chaude. C'est bon signe.

Elle appuya un peu autour de la fente recousue et je vis que Montbard retenait une grimace.

— Vous avez mal ?

— Pas plus que… la première fois.

— Vous avez faim ?

— Euh… Ma foi, un peu…

— Voilà qui fait plaisir à entendre. Nous allons vous nourrir et voir comment ça passe.

Montbard se contenta de sourire faiblement pendant que Pernelle étendait sur sa plaie une couche d'onguent dont elle laissait en permanence un pot sur une petite table basse près du lit. Puis elle y appliqua un pansement propre.

— Reposez-vous, dit-elle. Daufina viendra s'occuper de vous dans un instant. Et promettez-moi d'avaler la décoction qu'elle vous donnera. C'est important.

— Mrmppph…

Elle se releva, s'approcha de moi et m'entraîna à l'écart.

— Alors ? m'enquis-je anxieusement. Il ira mieux ?

— Je crois, dit-elle d'une voix traînante, le regard perdu dans le vague.

— Que se passe-t-il ?

— Je n'en suis pas certaine. La plaie ne donne aucun signe de mortification. Elle est bien fermée et fraîche. Après qu'il aura mangé, on verra s'il évacue. Si oui, cela voudra dire que ses tripes ont bien repris. Mais…

— Mais quoi ?

— Il ne devrait plus avoir une telle fièvre. Cela m'inquiète. Il pourrait s'être gangrené de l'intérieur.

— Tu pourrais le guérir ?

Elle hocha solennellement la tête.

— J'ai fait tout ce que je pouvais, et même un peu plus. S'il se faisande en dedans, c'en est fini de lui. Je ne peux tout de même pas l'ouvrir pour lui rincer les entrailles.

À mon air éperdu, elle posa sa main sur mon bras.

— Ne perds pas espoir, Gondemar. Nous verrons si la décoction de saule a de l'effet. En attendant, laisse-nous travailler et va faire autre chose. Tu n'es pas utile ici. Prends l'air et essaie de dormir un peu. Je te tiendrai au courant. D'accord ?

— Bien, dis-je à contrecœur, sachant qu'il était inutile de s'opposer à la volonté de Pernelle lorsqu'il s'agissait d'un de ses patients. Mais s'il se passe quoi que ce soit, je tiens à en être averti immédiatement.

— Promis. Maintenant, ouste. Hors d'ici.

En m'éloignant, je croisai Daufina qui ramenait un bol en bois, une cuillère et un gobelet rempli d'un liquide verdâtre.

— Occupe-toi bien de lui, plaidai-je.

— Il est entre les mains de Dieu, rétorqua-t-elle.

***

L'état de Montbard ne fit qu'empirer. Six jours durant, je tentai de me raisonner en me répétant que Pernelle savait ce qu'elle faisait, mais mon amie en perdait son latin et se déclarait impuissante, tout en insistant pour me rappeler que son ventre guérissait. Je me contentais donc de visiter mon maître avant chaque entraînement, lui dont l'état s'aggravait de jour en jour. Chaque matin, en entrant dans la chambre du vieux templier, j'avais l'impression que l'odeur de la mort y était plus épaisse que la veille. Mon maître se mourait et je ne pouvais rien faire d'autre qu'assister, impuissant, à son agonie. J'aurais voulu prier, mais je n'en avais pas le droit.

Un matin, alors que je me dirigeais vers l'infirmerie, la tête basse, je faillis me cogner à Eudes, qui se tenait devant moi avec Jaume.

— Te voilà, dit le jeune templier.

— Comme tu vois, rétorquai-je.

Il porta son regard vers l'infirmerie, à quelques pas de là.

— Comment se porte sire Bertrand? J'entends dire qu'il est mal.

Je hochai tristement la tête.

— Son ventre semble bien guérir, mais il fait toujours de la fièvre.

— Dame Pernelle est très capable, dit Jaume en prenant un air rassurant. Ne te fais pas trop de mauvais sang.

Eudes m'enveloppa l'épaule de son bras et m'entraîna vers la cour.

— Allez, viens t'entraîner, mon frère. Cela te fera du bien.

— Mais… dis-je en regardant vers l'infirmerie.

— Viens, je te dis. Pernelle ramènerait un mort à la vie. Si Montbard a la moindre chance, elle saura la saisir. Sinon, son passage sur cette terre sera terminé et la Lumière divine l'attendra.

À court d'arguments, je suivis Eudes et Jaume. Nous traversâmes la forteresse vers la cour, où l'entraînement débutait.

— Quand tout sera terminé, attends-nous. Nous avons affaire à toi, dit Eudes.

— À quel sujet? m'enquis-je, un peu perplexe.

— Tu verras.

Je passai quelques heures à affronter des soldats au hasard, leur tenant tête sans trop de mal malgré la distraction qui m'assaillait. En réelle situation de combat, ce luxe m'aurait été fatal. Après l'entraînement, les deux templiers vinrent me rejoindre et m'entraînèrent avec eux à travers la forteresse. Au pied du mur, à l'ouest, se trouvait un bâtiment en planches. De l'intérieur provenaient des chocs métalliques que je reconnus aisément. Nous nous tenions devant la forge de Montségur. Eudes ouvrit la porte et s'écarta pour me laisser passer.

J'entrai, intrigué, et fus accueilli par des coups secs et puissants et des jets d'étincelles dans le noir. Il fallut quelques instants à mes yeux pour s'habituer à la pénombre. Lorsque je pus y voir quelque chose, j'aperçus sire Ravier. Le vieux templier portait un tablier de cuir par-dessus son torse nu luisant de sueur. Avec des pinces de métal, il tenait plaqué contre une enclume un long morceau d'acier rougi, qu'il frappait énergiquement à coups de marteau. La chaleur étouffante s'expliquait par le feu allumé dans l'âtre, que Raynal attisait à l'aide d'un grand soufflet. Véran, la chemise collée sur le dos par la sueur, le nourrissait de bûches.

Tous s'arrêtèrent et m'accueillirent d'un geste de la tête. De toute évidence, ils m'attendaient. Ravier souleva avec les pinces ce qui s'avéra être un embryon de lame d'épée, la tendit à bout de bras et l'examina d'un œil critique en levant le nez. Il la plongea dans les charbons ardents, que Raynal fit rougir de plus belle. Puis, il se tourna vers moi.

— Tu sais forger, sire Gondemar ? demanda-t-il à brûle-pourpoint.

— Euh… J'ai observé le forgeron de Rossal quand j'étais jeune, répondis-je, pris de court.

— Tu saurais y faire ?

— Je suppose.

Le *Magister* des Neuf soupesa pensivement son marteau.

— J'aime forger, dit-il. Il y a quelque chose de très satisfaisant à créer une arme à partir d'un morceau d'acier informe. À lui donner une personnalité, des caractéristiques, jusqu'à ce qu'elle soit parfaite. Une âme, presque. M'est avis que la forge tient davantage de l'art que du métier. Et puis, l'exercice répétitif clarifie l'esprit. De temps à autre, cela fait le plus grand bien, même si, à mon âge, j'en sors à bout de forces.

En souriant, Ravier me tendit l'outil.

— Tiens, essaie.

— Là ? Maintenant ?

— Pourquoi pas ? Tu as mieux à faire ?

— Euh… C'est que je prévoyais aller prendre des nouvelles de Montbard.

— Tu pourras le faire après. Allez, prends. Cela te fera du bien.

Interdit, j'acceptai le marteau. Ravier savait que j'étais inquiet et semblait m'offrir une façon de me calmer un peu. Qu'avais-je à perdre ? Je posai le marteau près de l'enclume, retirai ma chemise et le repris. Le *Magister* saisit les pinces, retourna près du feu, retira la lame encore embryonnaire des braises et la considéra à nouveau en relevant le sourcil.

— Parfait, dit-il, satisfait, en la déposant sur l'enclume. L'acier doit être rouge, mais jamais blanc car il deviendra cassant et l'épée sera gâchée.

Je pris les pinces, attrapai la lame et tendis le bras pour l'examiner à mon tour.

— Si elle était pour toi, tu la ferais comment ? s'enquit le vieux templier, à quoi je compris qu'il profitait d'une conversation anodine pour enseigner, comme Montbard l'avait toujours fait.

— Aussi épaisse, dis-je après quelques instants, en la faisant pivoter pour en examiner toutes les faces. Mais un peu plus étroite.

— Pourquoi donc ?

— Pour qu'elle soit plus légère sans perdre sa résistance. J'aime utiliser le pivot complet, et sa réussite dépend parfois de quelques grains[1] de moins. Et puis, quand la fatigue s'installe, la légèreté devient un avantage. Par contre, sa longueur me plaît. Elle n'est pas tout à fait templière, sans être courte pour autant.

Je continuai à examiner l'arme, essayant de percer le secret de ce qu'elle pouvait devenir.

— Je lui ajouterais surtout une pointe.

— Une pointe ?

— Je ne suis pas templier et je ne suis pas obligé d'utiliser une arme à bout arrondi qui, malgré ses qualités, impose des contraintes, expliquai-je. En limitant le combattant à trancher, il

---

1. Un grain vaut 0,05 gramme.

le rend trop prévisible. Je préfère de loin une épée qui me permet de changer d'approche au besoin et de piquer. J'ai grandi avec une épée semblable entre les mains.

— Je vois que sire Bertrand t'a donné un esprit critique. Terminons-la comme tu penses, alors. Qu'en dis-tu?

— Pourquoi pas? répondis-je en haussant les épaules, tout à coup enthousiasmé à l'idée de fabriquer une arme.

À ces mots, Eudes, Raynal, Jaume et Véran nous laissèrent seuls. Intrigué par ce comportement qui me semblait entendu, je me mis au travail, martelant d'abord avec une certaine hésitation. Sous les conseils de Ravier, je pris de l'assurance et me surpris bientôt à prendre plaisir à l'exercice. Mes épaules et mes bras finirent par brûler agréablement, d'autant plus que je sortais de plusieurs heures d'entraînement. À maintes reprises, je m'interrompis pour rougir l'acier au feu avant de recommencer à le marteler de plus belle, repliant les bords pour les aplatir à nouveau jusqu'à ce que les tranchants soient aussi denses et forts que possible afin qu'ils puissent résister aux coups sans subir d'encoches.

En travaillant, Ravier et moi discutions librement de la situation qui régnait dans le Sud. Le *Magister* me mit au courant des développements des dernières semaines.

— Pour le moment, tout est tranquille, m'apprit-il. Les seigneurs du Nord ont terminé leur quarantaine et sont retournés dans leurs terres. Mais dès le printemps, ils seront de retour et Montfort reprendra sa sale besogne.

— Au moins, les cathares ont un répit. Il faut en profiter pour s'organiser.

— Je ne vois pas ce qui peut être fait de plus. Les places fortes tiendront, certaines très longtemps, mais les bourgs et les villages sont vulnérables et seront pris sans coup férir. Et, en attendant le retour des croisés, l'évêque de Toulouse nous cause bien des soucis.

— Comment cela?

— Voilà deux ans, ce maudit de Folquet de Marseille a prêché la croisade en compagnie d'Arnaud Amaury. Ils ont passé une année entière à convaincre les rois et les nobles d'Europe de les appuyer.

— Un autre bel exemple de prêtraille…

— Je ne te le fais pas dire. Et voilà maintenant qu'il a eu l'idée de former une fraternité qu'il a appelée les Frères blancs. Il y a regroupé des chrétiens laïques particulièrement fervents et les a affublés d'une robe noire ornée d'une croix blanche. Ils marchent en procession dans les villes et s'attaquent indistinctement aux cathares et aux juifs. Ils incendient leurs maisons en priant et en chantant, souvent avec des familles entières qui brûlent à l'intérieur, comme s'il s'agissait d'une action de grâces. Les bonshommes se défendent comme ils peuvent, mais…

J'aurais voulu dire que cela était monstrueux, mais l'image de l'église de Rossal qui flambait m'en empêcha.

— Folquet aurait dû continuer à écrire des vers et à jouer au troubadour à la cour du comte Raymond, comme il le faisait dans sa jeunesse. Il était beaucoup plus doué pour louanger l'entrecuisse de ces dames que pour assurer le salut des âmes.

— Il a fait cela ? dis-je en m'esclaffant malgré moi.

— Oh oui ! Le principal fait d'armes du petit paillard a été de se faire chasser de la cour du vicomte de Barral après avoir adressé des vers coquins à la vicomtesse et à ses deux sœurs !

— On ne peut pas lui reprocher de ne pas être entreprenant ! Ou de ne pas avoir l'esprit de famille !

— Disons que si sa soutane était de bronze, il sonnerait fréquemment l'angélus, rétorqua le *Magister* en riant de bon cœur. Pour ma part, j'aurais préféré qu'il continue à s'échauffer les sangs en rêvant de lutiner de grandes dames. Au lieu de cela, il a réinvesti ses énergies dans le meurtre.

Sa bonne humeur l'abandonna. Il frappa un nouveau coup et inspira pour se calmer.

— Pardonne-moi, Gondemar. Je déteste me sentir impuissant. Si nous n'étions pas forcés de rester ici, il y a longtemps que je me serais lancé dans la bataille, même avec le peu de forces qu'il me reste.

— Je vous comprends. Croyez-moi, j'ai le même sentiment.

— La croisade a été bonne pour Innocent. Il est plus puissant que jamais. Il règne sur Rome comme un monarque. Il a purgé la curie de tous ceux qui s'opposaient à lui et ce qu'il en reste lui est entièrement soumis. Les rois lui obéissent aveuglément, de peur d'être excommuniés et d'y perdre leur salut. La chrétienté entière est à genoux devant lui. Si je n'étais pas bon chrétien, je courrais auprès d'un prêtre confesser la haine que j'éprouve pour lui…

— Et son légat ne vaut guère mieux.

— Sa Sainteté ne salit jamais ses précieuses mains ornées de bijoux. Il préfère lâcher des molosses comme Arnaud Amaury dont il absout à l'avance les crimes. Et les chiens aiment la viande fraîche.

— Et si jamais Montségur est assiégée? m'enquis-je. Que se passera-t-il alors? Y a-t-il quelque chose de prévu?

Ravier se retourna vers moi et ses yeux trouvèrent les miens.

— Tôt ou tard, elle le sera. Elle est puissante, mais tout finit par tomber si on insiste assez longtemps. Il faudra assurer la sécurité de la Vérité avant que cela ne se produise. L'important est qu'elle soit préservée, ici ou ailleurs. Ce sera à moi d'en décider. Ou à mon successeur.

— Vous avez encore bien des années devant vous, dis-je pour l'encourager.

— Je ne suis pas naïf, répondit-il avec sérénité. Je suis vieux et malade. Les jours me sont comptés. Et tant mieux. Je suis fatigué de lutter.

Nous continuâmes à travailler en silence. Au fil des heures, l'épée prit sa forme. Longue et un peu plus effilée qu'elle aurait dû, elle me plaisait beaucoup et je me surpris à envier celui qui la manierait. Il prendrait plaisir à la faire siffler sans effort. Elle deviendrait vite le prolongement naturel de son bras et il pourrait combattre longtemps.

Lorsque la lame fut à mon goût, je la plongeai, encore rouge, dans un bain d'eau fraîche pour la durcir. Une vapeur chaude monta et envahit la forge, nous faisant suer encore davantage. Puis, sur le conseil de Ravier, qui activait le soufflet, je la fis chauffer à une température inférieure pour la rendre encore plus résistante. Pendant qu'elle refroidissait près de l'enclume, nous bûmes un peu de vin coupé d'eau pour nous rafraîchir. Puis je me dirigeai vers une meule, activai la pédale de bois près du sol pour la faire tourner et me mis à affiler l'arme naissante. Perdu dans un nuage d'étincelles qui me piquaient le torse et les bras, je ne pus m'empêcher de reconnaître que le vieux templier avait raison : depuis des heures, je n'avais songé ni à Montbard ni à mon propre sort. Il me fallut une bonne heure pour obtenir le double tranchant que je souhaitais. Je le testai avec l'ongle du pouce et en fus satisfait. Elle était aussi effilée qu'un rasoir. Je tins la lame dans le plat de mes deux mains et l'élevai devant mes yeux, satisfait. Elle était la perfection même.

— Tu l'aimes ?

— Oh oui… C'est une merveille. J'envie celui qui la brandira.

— Elle n'est pas encore terminée, dit Ravier. Donne-la-moi et reste là.

Intrigué, je la lui tendis. Me tournant le dos, il se mit au travail sur l'enclume. Il s'activa plusieurs minutes, frappant de temps à autre à petits coups mesurés, puis se retourna et me tendit le produit fini.

— Voilà.

D'une main experte, il avait terminé l'assemblage de l'épée. Je la pris et l'examinai. Assez longue pour être saisie à deux mains, mais facilement maniable d'une seule s'il le fallait, la poignée était d'une rare beauté et merveilleusement ouvrée. Le pommeau était rond et plat, rappelant le bout de l'abacus du *Magister* des Neuf. La garde droite s'évasait à chaque extrémité, un peu comme les bras de la croix pattée. Au centre, sous la lame, se trouvait l'abréviation O IX finement ciselée, à peine visible. *Ordo Novem*. Perplexe, j'interrogeai Ravier du regard.

— Elle est à toi, mon frère, dit-il en souriant. La tradition veut que chaque combattant de l'Ordre des Neuf forge sa propre arme. J'aurais voulu que tu puisses le faire le lendemain de ton initiation, mais tu étais si troublé que j'ai préféré te laisser assimiler tout ce qui t'arrivait. Puis est venue la blessure de sire Bertrand. Mieux vaut tard que jamais. C'est fait maintenant.

— Je… je ne sais que dire, balbutiai-je en la tenant à bout de bras, admiratif.

Il posa la main sur mon épaule et me serra avec affection.

— Alors ne dis rien, Gondemar. Tu l'as forgée à la sueur de ton front et elle fait maintenant partie de toi. Souviens-toi de ce qu'elle signifie pour nous : tirée du feu, elle est la lumière et défend la Vérité. Uses-en à bon escient. Comment l'appelleras-tu ?

Je clignai des yeux, surpris. Jamais l'idée ne me serait venue de baptiser une arme.

— Une arme que l'on a forgée soi-même doit avoir un nom, dit Ravier. Quelque chose qui ait un sens pour celui qu'elle défend.

Je réfléchis un moment et la réponse me vint tout naturellement.

— *Memento Creatoris tui in diebus iuventutis tuae, antequam veniat tempus afflictionis, et appropinquent anni, de quibus dicas : «Non mihi placent»*[1]… Memento… dis-je d'une voix étranglée. Elle s'appellera Memento.

— Tu as la conscience lourde, on dirait, mon frère…

— Plus que vous ne pourrez jamais l'imaginer…

— Nous sommes tous imparfaits et chacun de nous porte sa part de péchés. Après tout, les membres combattants des Neuf ont été choisis parce qu'ils savaient exécuter les gestes nécessaires à leur charge…

---

1. Souviens-toi de ton créateur pendant les jours de ta jeunesse, avant que les jours mauvais arrivent et que les années s'approchent où tu diras : Je n'y prends point de plaisir. Ecclésiaste 12,1.

Je m'écartai un peu et fis siffler l'épée dans les airs, traçant les huit énergiques que Montbard m'avait appris. L'équilibre de Memento était la perfection même. J'avais l'impression de ne rien avoir dans la main et, pourtant, l'arme était là, agile et menaçante. Le *Magister* se dirigea vers un coin de la baraque. Une collection de fourreaux de bois recouverts de cuir étaient suspendus au mur. Il en choisit un et revint me l'offrir. J'y insérai Memento et constatai qu'il convenait parfaitement. Satisfait, il soupira et s'étira. Son dos émit un craquement sonore.

— Il se fait tard et je suis bien vieux pour de tels travaux. Sortons d'ici et allons nous reposer. Demain matin, tu testeras ton œuvre pendant l'exercice. Je me réserve tes premiers coups.

— D'accord, dis-je. Je vais passer voir comment se porte sire Bertrand. Ensuite, j'irai visiter Sauvage à l'écurie. Depuis le premier jour, nous avons rarement été séparés. La pauvre bête doit se demander ce qui m'arrive.

Nous repassâmes nos chemises sur nos corps mouillés de sueur et sortîmes. Dehors, le soleil couchant baignait la forteresse d'une lumière irisée de rose et de bleu. Je fus étonné que la journée entière se soit écoulée si vite. Tenant l'épée que je chérissais déjà autant qu'une amante, je me mis en marche vers l'infirmerie, le pas léger comme dans un rêve. Désormais, chaque fois que je frapperais avec Memento pour défendre la Vérité, elle me rappellerait les raisons pour lesquelles je me retrouvais dans cette position.

Tout à coup, Ugolin surgit en courant.

— Gondemar, Gondemar! appela-t-il en gesticulant.

Il arriva à ma hauteur.

— Dame Pernelle te demande. Vite!

— C'est Montbard? demandai-je d'une voix étranglée. Que se passe-t-il?

— Suis-moi, se contenta-t-il de dire.

Je fis irruption dans l'infirmerie, le sang tourné en glace dans les veines. Je soufflais comme un cheval après un long galop, non pas tant à cause de l'effort fourni, mais bien en raison de l'angoisse qui me tordait les entrailles. Ugolin s'immobilisa dans l'embrasure de la porte, le visage pâle.

— Vas-y, dit-il, livide. Je… je reste ici.

Je conçus de son attitude une inquiétude encore plus grande. Visiblement, quelque chose le terrorisait et je savais à quel point ce colosse avait peur du sang. Faisant fi des malades qui reposaient dans les lits alignés le long des murs, je traversai la pièce en coup de vent, renversant au passage quelques assiettes empilées sur une table et réveillant plus d'un patient. Je surgis dans le réduit où l'on gardait mon maître à l'écart, croisant Daufina dans la porte entrebâillée. Ravier arriva quelques instants plus tard.

— Que se passe-t-il? m'écriai-je dès que j'aperçus Pernelle accroupie auprès du lit. Est-il… ?

— Il est vivant, coupa-t-elle en se retournant vers moi. Mais…

Mon amie avait les traits tirés. Éperdu, j'avisai la scène autour de moi et tentai d'en comprendre le sens. Le plancher, les draps, les linges qui traînaient partout, tout était maculé de sang. Près du lit, deux Parfaits que je ne connaissais pas s'essuyaient les mains, ensanglantées elles aussi. Puis, je vis la jambe. Elle traînait sur le sol, coupée au milieu de la cuisse. J'eus l'impression que le plancher tanguait sous mes pieds et que le sang quittait ma cervelle. Pernelle se leva et vint me rejoindre en boitant.

— C'est ma faute, dit mon amie en ravalant un sanglot de peine et de colère. J'ai été si bête!

— Bordel de Dieu! Tu lui as coupé la jambe? explosai-je. Explique-toi! Que s'est-il passé?

Elle inspira profondément et se mit à se tordre les mains en regardant le sol.

— Son ventre était en bon état, bégaya-t-elle. La plaie était belle. Il n'avait ni douleur ni gonflement. La bouillie de blé avait bien passé. Tout semblait bien aller. Pourtant, sa fièvre ne tombait pas. Je n'y comprenais rien. Je me suis entêtée à lui donner sa décoction de saule, mais cela ne suffisait pas.

Elle releva vers moi des yeux désemparés et luisants de larmes.

— J'ai décidé de lui donner un bain froid. Lorsque je l'ai déshabillé, j'ai vu son genou… Personne ne m'avait dit qu'il avait été blessé! Le pauvre homme était trop mal en point pour se plaindre.

Je songeai immédiatement à la blessure que Raynal lui avait accidentellement infligée durant l'entraînement.

— L'entaille s'était corrompue et la chair était noire comme l'âme du diable. Sa jambe était gangrenée, termina Pernelle de peine et de misère. J'ai dû l'amputer avant que la corruption ne se répande.

Ses lèvres se mirent à trembler comme le faisaient celles de la petite fille que j'avais connue dans la forêt de Rossal. Malgré le mélange de colère et de découragement qui m'avait envahi, j'en fus attendri.

— Je… je suis désolée, bredouilla-t-elle. C'est de ma faute. J'aurais dû savoir… Je… je…

À court de mots pour exprimer son regret, elle se jeta contre moi et se mit à pleurer à chaudes larmes, le visage enfoui dans mon épaule et le corps secoué par les sanglots. Je la serrai fort en caressant sa nuque.

— Tu as fait de ton mieux, Pernelle, lui murmurai-je d'une voix que j'espérais réconfortante. Tu lui as déjà sauvé la vie deux fois en lui recousant les boyaux. Je suis certain que dès qu'il pourra parler, Montbard te dira qu'une jambe est un bien petit prix à payer.

— Il vivra? s'enquit Ravier, l'air hagard.

Mon amie se dégagea de mon étreinte, s'essuya les yeux et renifla comme la fillette qui me dévoilait ses pires secrets.

— Oui, ne craignez rien. Je l'ai amputé bien au-dessus de la corruption et tout est proprement cautérisé. J'ai conservé des rabats de peau que j'ai recousus par-dessus. Il n'aura qu'une cicatrice sur le moignon. Il s'en remettra. Je le veillerai jour et nuit s'il le faut.

Le templier toisa longuement la jambe inerte sur le sol, m'adressa un regard lourd de sens, tourna les talons et sortit. Je savais ce qu'il pensait. Les Neuf venaient de perdre un membre en état de protéger la Vérité. Ce que j'ignorais encore, c'était le sort que l'Ordre réservait à l'impotence.

À nouveau, je passai plusieurs nuits à veiller mon maître, rongé par l'inquiétude. Cette fois, Pernelle m'accompagna. Rien au monde n'aurait pu la convaincre d'abandonner le chevet de son patient. Un matin, après cinq ou six jours de veille, elle m'annonça triomphalement que la fièvre de Montbard était enfin tombée, ce qui signifiait qu'à moins d'un nouveau coup du destin, il était hors de danger. Il ne lui restait qu'à guérir et à réapprendre à vivre.

Quelques heures plus tard, le malade ouvrit les yeux et parcourut la pièce du regard, visiblement désorienté. Lorsqu'il fut revenu à lui, il parut surpris de nous voir là.

— Peste de Dieu… Vous avez des faces de mi-carême, tous les deux. Que se passe-t-il ? demanda-t-il faiblement. Ma panse s'est rouverte ?

Pernelle et moi nous regardâmes, indécis. Ni elle ni moi ne voulions lui annoncer que plus jamais il ne marcherait sur deux jambes comme un homme, comme un guerrier. Mon amie m'adressa un regard plein de détresse, plaidant silencieusement pour que je la dispense de cette responsabilité. Je soupirai, acceptant implicitement la pénible tâche. Pernelle m'adressa un sourire reconnaissant et quitta la pièce. Je m'agenouillai près de la paillasse et posai une main sur son avant-bras. Je pouvais y sentir l'os sous la peau, tant il avait maigri.

— Maître, commençai-je. Je… j'ai une terrible nouvelle à vous annoncer. Vous devez être courageux…

Je lui expliquai de mon mieux la situation. Montbard n'étant pas homme à endurer des faux-fuyants, je fus franc et direct. Il écouta sans montrer la moindre émotion, son œil valide fixé sur moi. Lorsque j'eus terminé, il se redressa péniblement dans le lit et étira le cou pour voir ses pieds, incrédule. Il n'aperçut que le droit.

Ce jour-là, je vis le terrible Bertrand de Montbard, l'homme qui m'avait enseigné la violence, mais aussi le courage et la droiture, pleurer à chaudes larmes. Instinctivement, je l'empoignai et le serrai contre moi, comme on réconforte un petit enfant vulnérable, le laissant mouiller ma chemise de ses larmes. Il finit par s'endormir dans mes bras, d'épuisement ou de désespoir, je ne saurais le dire. Je le reposai doucement sur sa paillasse et essuyai mes joues, qui s'étaient mouillées elles aussi, sans que je m'en rende compte. Je me relevai, profondément ébranlé. Pernelle était revenue et se tenait appuyée contre le chambranle de la porte.

— Prends-en bien soin, implorai-je d'une voix tremblante.

— Je te le promets.

Je sortis et filai droit à ma chambre. Je ne désirais que dormir et tout oublier pour quelques heures. Je me laissai tomber tout habillé sur ma couche et sombrai dans un sommeil aussi profond que la mort.

———

Les deux semaines qui suivirent furent pour moi une éternité dans laquelle je n'existai que dans un état second. Montbard n'émergea que ponctuellement de l'inconscience pour boire et manger un peu et satisfaire ses besoins naturels. Pernelle avait beau m'expliquer que le choc avait été grand et qu'à son âge il lui faudrait du temps pour récupérer, je n'avais de cesse de m'inquiéter. Je le voyais littéralement fondre sur sa couche, ses muscles jadis massifs maintenant émaciés lui donnant un air fragile. Mais il restait en vie et je m'accrochais à cet espoir.

Seule Memento dissipait temporairement mon tourment. Comme promis, j'avais réservé ses premiers coups à Ravier. Le templier avait souri en me voyant approcher et avait fait quelques pas pour venir à ma rencontre. Il tira aussitôt son arme et se mit en garde.

— Voyons ce que vaut cette lame qui nous a tant fait suer.

Je brandis Memento, trop heureux de la tester enfin. Il ne fallut que quelques coups et quelques parades pour confirmer mes espoirs. Elle était si parfaite que j'avais l'impression qu'elle était le prolongement naturel de mon bras et de ma main. Je bloquai avec aisance les coups de Ravier puis, lorsqu'il fut fatigué, ceux d'Eudes et, enfin, d'Ugolin. Malgré les semaines de mauvais sommeil, jamais mon bras ne me parut lourd. Lorsque nous eûmes terminé, le Minervois demanda à voir mon arme.

— Ce qu'elle est belle, s'exclama-t-il en la testant dans le vide. Où as-tu trouvé cette splendeur ?

— Je l'ai forgée moi-même, dis-je, non sans fierté.

— Vraiment ?

— Vraiment.

Il ne fallut pas longtemps pour que Memento gagne en réputation parmi les forces de Montségur – et moi aussi, par la même occasion. Ceux qui demandaient à m'affronter se multipliaient et ressortaient tous impressionnés. Après quelques jours, je fus amusé de voir apparaître des copies de mon épée.

À l'entraînement, je me faisais un devoir de me vider l'esprit. Un guerrier qui a la tête ailleurs est un mort ou un estropié en puissance, même quand le combat est fictif. Heureusement, mon épée se révéla à la hauteur de mes attentes et je ne pensai bientôt plus qu'à elle. Mon sentiment d'impuissance était profond et engendrait une colère et une hargne qui me rendaient encore plus redoutable. Involontairement, je fournis plusieurs patients à Pernelle, mais heureusement, seulement pour des blessures mineures. Mon amie finit par me rappeler à l'ordre, me laissant entendre qu'elle ne tenait pas à être occupée à ce point et me recommandant de modérer mes ardeurs.

L'espace de quelques jours, j'eus la naïveté de croire que le pire était passé. Mais ni Bertrand de Montbard ni moi n'étions au bout de nos peines.

CHAPITRE 4

Succession

Un matin, à l'aube, avant de me rendre à l'entraînement, je trouvai mon maître parfaitement éveillé. Je ne saurais décrire la joie et le soulagement qui m'envahirent, moi qui n'avais pourtant pas droit au bonheur. Je me fis violence pour ne pas m'élancer vers lui et le prendre dans mes bras, sachant à quel point cela lui serait inconfortable. Bertrand de Montbard n'était pas homme à se complaire dans les effusions.

Il était adossé contre quelques coussins et mangeait avec appétit une bouillie fumante de blé et de crème. Lorsqu'il me vit, il força un sourire qui ne me trompa pas. Il posa le bol sur la table près de lui.

— Approche, petit, dit-il.

J'attrapai un tabouret au passage et m'assis près de lui. Malgré moi, mon regard se porta sur le moignon bien enveloppé de pansements propres. J'essayai de ne pas penser au fait que c'était tout ce qui restait de la jambe gauche sur laquelle il avait presque dansé en m'enseignant l'art de la guerre.

— Maître… Je…

— Ne commence pas à pleurnicher, dit-il d'une voix dont la puissance me rassura beaucoup. *Ducunt volentem fata, nolentem trahunt*[1]. Ce qui est fait est fait. Je suis un vieil homme. J'ai passé ma vie le nez fourré dans des situations où j'aurais pu mourir

---

1. Les destins guident ceux qui acquiescent ; ils entraînent ceux qui résistent.

cent fois. Pourtant, j'ai survécu et tout ce qu'il me manque aujourd'hui, c'est une jambe. Au fond, c'est bien peu de chose. J'ai beaucoup plus de chance que plusieurs de mes frères d'armes, que les vers ont rongés depuis longtemps. Alors ne crains rien ; j'accepte mon sort. La seule chose qui m'attriste, c'est de savoir que je ne combattrai plus jamais. Ça me manquera davantage que je ne saurais l'exprimer.

Son regard s'égara dans le vague. J'allais protester qu'il porterait encore les armes, que nous trouverions un moyen, mais il m'arrêta d'un geste de la main.

— Je sais à quoi tu penses. Je pourrai toujours tenir une épée, c'est vrai, et je trouverai sans doute une façon de ne pas être tout à fait inutile, ne serait-ce que pour ne pas perdre la raison, mais rien ne sera plus comme avant. Au combat, je serai un poids pour les autres. C'est pourquoi j'aimerais que tu me fasses une promesse.

— Tout ce que vous voudrez, maître.

Il mit le bol sur la table, posa sa main sur la mienne et la serra très fort.

— Promets-moi que tu feras honneur à mon enseignement, Gondemar, dit-il avec intensité. Si tu n'y es pas arrivé avant, rappelle-toi désormais ton vieux maître et ses conseils. Chaque fois que tu frappes, *memento mei, discipulus*[1]. Car c'est à peu près tout ce qui reste de moi.

Memento… Le nom de mon arme prenait soudain encore plus de sens. Je la tirai de son fourreau et la lui tendis. Il la prit et la soupesa.

— C'est une vraie merveille, dit-il, admiratif. Où l'as-tu trouvée ?

— Je l'ai forgée moi-même, l'informai-je fièrement.

Je fermai la main sur la lame et serrai jusqu'à ce que ma peau s'ouvre un peu sur le tranchant. Un mince filet de sang coula lentement le long de l'acier.

---

1. Souviens-toi de moi, élève.

— Je vous ferai honneur de mon mieux, Bertrand de Montbard. Je le jure solennellement sur cette arme.

Montbard sourit tristement.

— Tu rends très heureux un vieil homme estropié, jouvenceau.

Il écrasa brusquement une larme dans le coin de son œil avant qu'elle ne lui fasse l'affront de couler, tout en continuant à contempler Memento.

— L'épée de l'Ordre des Neuf... dit-il, songeur. On m'a parlé de cette tradition. Je n'ai même pas eu le temps de forger la mienne, mais je l'aurais faite exactement comme celle-ci, je crois.

— Je vous en forgerai une moi-même, maître.

— Ne perds pas ton temps. Très bientôt, je ne serai plus membre de l'Ordre. La protection de la Vérité requiert des hommes valides. Ravier ne peut s'offrir le luxe d'un estropié, surtout avec les chacals d'Amaury qui rôdent.

Je savais qu'il avait raison. Je cherchai quelque chose à dire, mais rien ne me vint. Il se laissa retomber contre les coussins et ferma les yeux. Il était encore faible et cette brève conversation l'avait visiblement épuisé.

— Au moins, l'injustice que j'ai subie a été réparée, continua-t-il. Ce que je sais maintenant, personne ne pourra me l'enlever. Quant à toi, tu es un guerrier, pas une soubrette. Allez, va. Tu as une vie à vivre et elle a un sens. Il y a déjà bien assez de Parfaits qui bourdonnent autour de moi.

— À ce sujet...

— Quoi ?

— Lorsque vous sembliez à l'article de la mort après que Pernelle vous eut recousu les tripes, dame Esclarmonde a pris sur elle de vous conférer le *consolamentum*.

Montbard écarquilla les yeux.

— Elle... elle m'a... baptisé ? Par le cul du diable, me voilà cathare ?!

— J'en ai bien peur, oui. Le fait que vous étiez inconscient et incapable de manifester votre accord n'a pas semblé trop la préoccuper.

À ma grande surprise, Montbard éclata d'un grand rire semblable à ce grondement de tonnerre rauque que j'avais si souvent entendu. Interdit, je le laissai aller jusqu'à ce qu'il se calme.

— Ha! Elle est bien bonne, celle-là! Je suis un hérétique!

— Vous prenez fort bien la chose, remarquai-je, un peu stupéfait.

— La vie est drôlement faite, non? dit-il en reprenant son souffle. Je me retrouve d'abord membre de l'Ordre qui protège la Vérité. Et dès que je ferme un peu les yeux, la religion de mes ancêtres me retombe dessus. Au fond, c'est un juste retour des choses. Il faut croire que c'était ma destinée.

Je hochai la tête, songeur. Il semblait heureux de la tournure des choses et je m'en réjouissais. Quant à moi, la destinée était chose beaucoup moins simple.

———

La Noël passa sans être soulignée, les cathares refusant de célébrer l'incarnation d'une âme dans sa prison de chair, fût-elle celle du Christ. Je remplis les semaines en me gardant en forme, à nouveau enthousiaste maintenant que Montbard s'était mis en tête de guérir. Pernelle avait dû user de toute son autorité pour garder mon maître alité, mais il se remettait enfin. Sa carcasse émaciée avait repris un peu de sa viande d'antan et il gueulait de plus en plus souvent, ce qui était fort bon signe pour quiconque n'avait pas à le supporter au jour le jour.

Les nouvelles du Sud étaient mauvaises, comme je l'appris vers la fin de janvier 1211. Un messager était passé près de moi alors que je revenais de l'exercice, se dirigeant chez Raymond de Péreille. Quelques minutes plus tard, j'avais aperçu Ravier s'y rendre à son tour. Je me dis que, tôt ou tard, les nouvelles feraient le tour de la forteresse, mais j'étais impatient de les apprendre. Je résolus donc de les puiser à la source. Le soir de son arrivée, je retrouvai le messager assis seul à une table dans une maison qui servait de taverne, un pot de vin à peine entamé devant lui. L'endroit était désert à cette heure tardive. Je l'observai un moment avant de l'aborder. Il frôlait la trentaine, mais la calvitie hâtive qui dégageait son front lui donnait l'air plus vieux. Il était chétif à l'extrême et semblait mal en point. Il se dégageait de lui une vague tristesse. Je m'approchai en contournant les tables désertées.

— Bonsoir, mon ami. Puis-je m'asseoir ? demandai-je en désignant le banc qui lui faisait face.

— Bien sûr, dit-il. Un peu de compagnie me fera du bien.

— Je suis Gondemar de Rossal, dis-je en lui tendant la main.

— Le croisé qui a changé de camp et qui a défendu Cabaret ? fit-il en l'empoignant avec fermeté. J'ai beaucoup entendu parler de toi. Je m'appelle Eiquem de Castres.

De la main, il fit comprendre à la tavernière d'apporter un second gobelet, ce qu'elle fit aussitôt. Eiquem le remplit.

— Castres ? Tu as parcouru un long chemin pour arriver jusqu'à Montségur.

— C'est mon métier. Depuis que cette maudite croisade a débuté, j'ai abandonné la tonnellerie de mon père pour répandre les nouvelles. C'est ma façon à moi de combattre.

— Et quelles sont-elles, ces nouvelles ?

— Pas très bonnes. Le comte Raymond VI de Toulouse fait à nouveau des siennes.

Je savais déjà qu'en faisant assassiner Pierre de Castelnau, le légat du pape, deux ans et demi plus tôt, Raymond avait fourni à Innocent III le prétexte qu'il cherchait pour déclencher la croisade. Puis, pour sauver ses terres d'abord et son âme ensuite, il était passé dans le camp des croisés, faisant ainsi lever l'excommunication qui pesait sur lui. Il avait même accepté d'être fouetté en public par Arnaud Amaury, qui s'en était d'ailleurs vanté lorsque Evrart de Nanteroi, Montbard et moi-même nous étions présentés devant lui à Béziers.

Après deux verres, Eiquem se réchauffa petit à petit. Il m'apprit que le comte s'était retrouvé à nouveau excommunié après le massacre de Béziers. Il avait négocié en secret son retour au sein de l'Église, mais les conditions imposées par le pape frôlaient le délire. Il était exigé de lui qu'il abandonne le recours aux mercenaires, qu'il paye ses dus au clergé, qu'il ne lève plus de taxes, qu'il n'emploie plus de juifs, qu'il remette tous les hérétiques habitant ses terres entre les mains des croisés d'ici un an, qu'il fasse démolir tous ses châteaux du Languedoc, qu'il ne mange pas de viande plus que deux fois par semaine, ne porte qu'une bure brune comme un vulgaire moinillon, fasse pèlerinage en Palestine et y reste jusqu'à ce que l'Église juge bon de lui accorder son pardon. Les nobles de ses terres devaient quant à eux remettre toutes leurs propriétés aux croisés. Naturellement, le comte avait refusé net et son excommunication avait été confirmée.

— De sorte que, maintenant, ni les chrétiens ni les cathares ne veulent de ce sournois de Raymond, qui ne cesse de changer de camp, complétai-je.

— Un pestiféré aurait plus d'amis que lui. Et pourtant, la protection de Toulouse, la ville la plus importante de la région, dépend en partie de lui. Heureusement, le comte Raymond Roger de Foix et son fils, Roger Bernard, y sont stationnés. Ce sont eux qui mènent vraiment les troupes.

— Le comte de Toulouse ne doit pas apprécier, remarquai-je.

— Disons que, à ce qu'on entend, leurs relations sont tendues, confirma-t-il avec un sourire narquois qu'il cacha en avalant une gorgée de vin.

Tous savaient que, le printemps revenu, Simon de Montfort sortirait de Carcassonne comme une bête sauvage après l'hibernation et recommencerait à ravager le Sud. Quelque chose me disait qu'il ne perdrait pas de temps à profiter de la position de faiblesse de Raymond VI pour tenter de s'emparer de Toulouse. S'il y parvenait, ce serait sa prise la plus importante et une catastrophe pour les bons chrétiens. Heureusement, tant qu'il serait occupé dans ces contrées, il resterait loin de Montségur et de la Vérité.

— Et toi, Eiquem? m'enquis-je. As-tu une famille?

Une ombre traversa le visage de mon interlocuteur, mais elle se dissipa aussi vite qu'elle était apparue.

— Une femme, deux filles et un fils nouveau-né que je n'ai pas encore vu, répondit-il, attendri. Je ferai enfin sa connaissance à mon retour.

Il soupira, las.

— Il me tarde de les retrouver. Et toi?

— Célibataire et apatride, j'en ai peur.

Et damné, n'osai-je pas ajouter.

— En prenant notre parti, tu as fait un choix, comme chacun de nous. Certains sont plus difficiles que d'autres, dit Eiquem, songeur. Certains nous sont aussi imposés.

— Tu ne crois pas si bien dire.

Un indéfinissable malaise s'installa entre nous. Eiquem avala quelques gorgées de vin puis demeura silencieux. Je sentais chez lui une profonde tristesse et me demandai ce qui avait bien pu assombrir ainsi le caractère de cet homme encore jeune qui œuvrait pour une cause en laquelle il croyait. Par la suite, nous discutâmes de tout et de rien, sans vraiment aborder de sujets significatifs. L'homme était discret, mais pouvais-je le lui reprocher? C'était une qualité essentielle au métier qu'il pratiquait.

— Bon, je dois y aller, dis-je après un moment, en me levant. Je te remercie pour le vin et la conversation. Il est agréable d'avoir des nouvelles de l'extérieur, même si elles ne sont guère réjouissantes.

— Et moi pour ta compagnie, répondit-il en se levant à son tour. Elle se fait rare pour un messager.

Je notai qu'il grimaçait légèrement en se redressant. Il me serra la main et je pris congé de lui.

Dehors, le sol de Montségur, perchée sur son pic rocheux, était recouvert d'une fine couche de neige qui fondait chaque jour pour renaître durant la nuit. Marchant lentement, j'appréciais l'air frais de l'hiver en repassant dans ma tête la conversation que je venais d'avoir. Elle me confirmait que le sort du Sud était tout aussi précaire. J'envisageais avec bonheur l'écuelle de ragoût que des femmes cuisaient dans un grand chaudron en après-midi sur le côté de la place. Une portion m'attendrait certainement dans ma chambre. J'y étais presque lorsque la main de Jaume, que je n'avais pas vu approcher, se posa sur mon épaule. Je me retournai, surpris.

— *Secretum Templi*, dit-il. Ce soir, deux heures après minuit.

Il s'éloigna aussitôt.

Après avoir mangé, j'affilai Memento avec une pierre plate tout en songeant à Montbard et à la façon dont sa vie se retrouvait aujourd'hui transformée. Puis je sommeillai quelques heures.

Lorsque je m'éveillai, je passai à l'infirmerie, où je trouvai dame Peirina qui s'affairait auprès de mon maître endormi. Je pris des nouvelles de son patient et elles s'avérèrent bonnes. Le moignon était tout à fait cicatrisé et ne montrait aucun signe de corruption. Montbard mangeait bien et produisait des preuves du fonctionnement renouvelé de ses boyaux. Ne voulant pas le réveiller, je la remerciai et allais partir lorsqu'elle me prit le bras pour me retenir.

— N'oublie pas : *Secretum Templi*, chuchota-t-elle. Deux heures après minuit.

Ne sachant que faire pour tuer le temps en attendant la rencontre, je me rendis à l'étable. Sauvage était là, dans une stalle. Reconnaissant sans doute mon pas et mon odeur, il se mit à renâcler joyeusement dès que j'eus entrouvert la porte. Je m'approchai de lui et caressai avec bonheur son épaisse crinière noire pendant qu'il se tordait le cou pour enfouir ses naseaux dans le creux de mon épaule. Je me sentais coupable de négliger mon fidèle compagnon, que je ne voyais pas assez souvent à mon goût. Pour me faire pardonner, je le sortis et, ensemble, nous nous promenâmes au petit trot dans la nuit de Montségur pendant une bonne heure. Lorsque nous revînmes, je lui offris une portion de foin puis l'étrillai énergiquement pendant qu'il piaffait de plaisir. Bientôt, son pelage noir fut luisant comme l'eau d'un étang la nuit. En le quittant, je lui promis de revenir.

Enfin, les lumières finirent par s'éteindre dans les bâtiments et, hormis les sentinelles sur les remparts, la forteresse s'endormit. Au moment venu, je me dirigeai vers le donjon. La porte n'était pas gardée, mais elle était verrouillée. Je dus fouiller ma mémoire pour me rappeler qu'à mon arrivée on avait frappé trois coups. Saisissant le heurtoir, je fis de même. On tira aussitôt le verrou et la porte s'entrouvrit. Des petits yeux inquisiteurs que je reconnus comme étant ceux de Véran me toisèrent un instant et je fus admis. La porte fut refermée derrière moi et verrouillée.

— Bienvenue, mon frère, dit le templier.

Il se dirigea vers le fond de la pièce, tira son poignard, inséra la lame entre deux pierres et l'abaissa comme un levier. La porte secrète s'ébranla et pivota sur son centre.

— Les autres sont tous arrivés, m'informa Véran. Il ne manque que sire Ravier.

Je le remerciai et m'engageai dans l'escalier abrupt où je m'étais déjà presque rompu les os. Une fois en bas, dans l'antichambre du temple, je fus accueilli par une fresque peinte qui couvrait tout le mur du fond. Cinq personnages y étaient représentés debout, baignant dans une lumière diffuse dont ils se détachaient en partie comme des âmes évanescentes d'un nuage de brume. L'effet était surprenant et je ne pus qu'admirer le talent du peintre.

Intrigué, je m'approchai pour mieux voir la fresque dans la lumière de l'unique flambeau. Les volutes évanescentes semblaient si réelles que j'avais l'impression de pouvoir les toucher. Chacun des cinq individus portait une robe blanche immaculée et avait le même air androgyne et sans âge. Leurs cheveux blancs comme neige et droits se drapaient sur leurs épaules. Leur visage était dénué d'expression, mais leurs regards désincarnés brillaient d'une lumière surnaturelle. Un frisson de frayeur me parcourut le dos lorsque je détaillai celui qui se trouvait au milieu du groupe, dans une position d'autorité. Il tenait dans la main une crosse dorée et ses yeux me donnaient l'impression de ne regarder que moi, de me juger. *Je suis Métatron,* résonna une voix dans ma tête. *Je porte la voix de Dieu et j'annonce sa volonté aux hommes. Je gouverne la mort et le pardon.* La ressemblance était frappante et, malgré moi, j'eus l'impression d'être de retour en enfer, face à l'être qui m'avait fait si peur. Son index gauche était pointé vers celui qui regardait la fresque, vers moi.

Perturbé, j'allais m'arracher à ma contemplation pour rejoindre les autres membres de l'Ordre lorsque je notai, tout au bas de la fresque, une inscription. Je m'accroupis pour la lire : *fais maintenant ce que voudras avoir fait quand tu te mourras.*

Le message ne pouvait être plus clair. Métatron me rappelait la raison pour laquelle j'étais en vie. Ou m'accordais-je une importance que je n'avais pas ? J'ignorais qui avait peint cette fresque, mais assurément il avait vu les archanges en songe ou de ses propres yeux. Comment expliquer autrement la ressemblance ? Avait-il été un damné en sursis, comme moi, ou un messager élu de Dieu ? Son œuvre me confirmait en tout cas le lien entre Métatron, l'Ordre des Neuf, la Vérité et moi-même.

Je me fis violence pour m'arracher à la scène et me relevai. Je devais assister à l'assemblée. Sur le mur qui faisait face à l'escalier se trouvait une seconde porte. Sans parvenir à me débarrasser tout à fait de cette impression que le regard accusateur de Métatron pesait entre mes omoplates, je m'en approchai et frappai à nouveau trois coups. Elle fut aussitôt entrouverte. Dame Esclarmonde m'accueillit et me laissa entrer. Pour la première fois, je pénétrai dans le temple secret en tant que membre légitime de l'Ordre des Neuf.

Les parois de pierre grossière, les flambeaux qui l'illuminaient, le dallage noir et blanc du plancher, les fauteuils à haut dossier disposés sur le pourtour ; tout était tel que je m'en souvenais. Au centre trônait l'autel rectangulaire recouvert d'un linge blanc, sur lequel se trouvaient le crucifix que j'avais profané, le sceau et la cassette. À la vue de celle-ci, je tâtai malgré moi la clé qui ne quittait jamais mon cou depuis qu'on me l'avait confiée, et que j'avais passée dans le même lacet que la croix donnée jadis par Pernelle. Sur le mur du fond, derrière le fauteuil du *Magister*, étaient suspendus l'écu et l'épée. De chaque côté du fauteuil, plantés dans un socle de pierre, le baucent et l'abacus semblaient attendre leur maître.

Les membres avaient déjà pris place, chacun drapé dans son manteau blanc, ceux des templiers arboraient la croix pattée rouge, les autres étaient immaculés. Je les saluai de la tête et me rendis à mon fauteuil sur lequel mon propre manteau, dénué de décoration, se trouvait. Je le revêtis et m'assis à mon tour.

Après quelques minutes, sire Ravier fit son apparition en compagnie de Véran. L'air tourmenté et malade, il traversa le temple et se dirigea vers son fauteuil d'un pas incertain. En l'absence de Montbard, l'Ordre était aussi complet qu'il pouvait l'être, avec son maître et huit membres. La cérémonie allait débuter et je réalisai soudain que je n'avais aucune idée de ce que je devais faire. Comme s'il lisait dans mes pensées, le *Magister* se pencha vers moi.

— Imite les autres, me chuchota-t-il. Tout ira bien. Nous avons tous vécu une première rencontre.

Il toisa un moment l'assemblée, saisit son maillet et frappa un coup sec sur le plateau posé à droite de son siège. Tous les membres se levèrent d'un coup et se mirent à l'ordre, la main sur le cœur. Je fis comme eux. Puis, le rituel centenaire s'enclencha. Ravier s'adressa d'abord à dame Esclarmonde.

— Le temple est-il bien couvert ?

— Il l'est, *Magister*.

Il s'adressa ensuite à Eudes, qui lui faisait face de l'autre côté de la pièce.

— Sire Eudes, quel est notre devoir ?

— Nous avons juré de protéger la Vérité, *Magister*.

Ravier regarda Jaume, qui était assis devant le mur à sa gauche.

— Quel prix acceptons-nous de payer s'il le faut ?

— Celui de notre vie, sachant qu'en la sacrifiant, nous retournerons vers la Lumière divine, *Magister*.

Le vieux templier se leva à son tour et frappa un nouveau coup de maillet.

— Mes sœurs et frères, notre mission sacrée nous étant ainsi rappelée, répétons ensemble l'obligation que nous avons prise afin qu'elle soit toujours fraîche à notre mémoire et qu'elle guide nos actions.

Il tira son épée et la brandit, le bras tendu devant lui. Tous les frères combattants l'imitèrent, les Parfaites gardant la main sur le cœur. Je dégainai fièrement Memento. Tous récitèrent en chœur l'engagement qu'ils avaient pris lors de leur acceptation dans l'Ordre. Je fis de mon mieux pour me rappeler chaque mot, mais n'arrivai qu'à bafouiller.

— Je promets et je jure sur mon honneur et sur ma conscience de garder les secrets de l'Ordre des Neuf. Je m'engage à ne les point révéler et à empêcher tout frère ou sœur de le faire, y compris le *Magister* de l'Ordre, s'il est en mon pouvoir de l'en empêcher, et en le tuant s'il le faut. Je m'engage en outre à les défendre au prix de ma vie, à leur consacrer mon existence entière et à les emporter dans la tombe. Je jure enfin d'obéir en tout au *Magister* de l'Ordre, sans jamais contester les ordres donnés sous l'abacus, et de ne sortir de Montségur que sur son ordre exprès ou si l'urgence de la situation le justifie.

Ravier remit son arme au fourreau, se rassit et frappa un coup de maillet. Les autres l'imitèrent. Lorsque tous furent en place, le *Magister* empoigna l'abacus et reprit la parole.

— Mes frères, mes sœurs, nous sommes réunis ce soir, car une triste circonstance exige une réponse immédiate de notre part. Comme vous le savez tous, depuis sa fondation par notre frère Hugues de Payns, notre Ordre se compose de neuf membres commandés par un *Magister*. Une seule fois avons-nous accepté de n'être que huit, et c'était uniquement dans l'espoir de réparer l'injustice subie par notre frère Bertrand de Montbard.

Ravier fit une pause et inspira profondément, visiblement torturé. Il frotta son visage raviné et lissa sa barbe.

— Par contre, jamais n'avons-nous gardé en notre sein un éclopé, reprit-il d'un ton désolé. Notre mission est plus importante que chacun d'entre nous et celui qui n'est plus en mesure de défendre la Vérité doit céder sa place, quelle que soit sa valeur. Or, Dieu a voulu que notre frère Bertrand perde une jambe voilà quelques semaines. Aussi triste que cela soit, il se trouve désormais incapable de remplir sa tâche. Plus que jamais en ces temps de grand péril, il doit donc être remplacé dans le respect de notre coutume.

Avec tristesse, je lorgnai le fauteuil vide qu'aurait dû occuper Bertrand de Montbard, dont le manteau était resté drapé sur le dossier. Ravier ferma les yeux, visiblement torturé, lui aussi. Je connaissais assez cet homme pour savoir qu'il n'envisageait pas ce qu'il venait de dire avec le cœur léger.

— Je propose que lui soit substitué dès ce soir un homme valide. Manifestez votre accord ou votre désaccord de la manière traditionnelle.

Il fit un signe de tête à Daufina, qui se leva et prit une petite boîte. La Parfaite fit solennellement le tour du temple et distribua à chacun d'entre nous deux billes en bois : une blanche et une noire.

— La règle est claire, déclara Ravier : la Lumière accepte et les Ténèbres rejettent. Une bille noire suffit à refuser la proposition.

Daufina refit le tour du temple en tendant la boîte et chaque membre y déposa une bille. Lorsque mon tour arriva, j'y laissai tomber à regret la blanche, sachant que la chose devait être faite et que Montbard lui-même en avait conscience. J'avais l'âme en miettes de remplacer mon maître, admettant ainsi qu'il était devenu inutile, mais je me raisonnais en me disant qu'il aurait fait de même sans hésitation.

Le *Magister* vota en dernier, puis dépouilla le scrutin. Lorsqu'il eut terminé, il remit la boîte à Daufina, qui fit une dernière fois le tour pour récupérer la bille non utilisée par chacun de nous.

— Je note que tous ont déposé leur bille blanche. Le vote étant unanime, déclara-t-il avec une immense lassitude, Bertrand de Montbard sera remplacé.

Il se leva et nous en fîmes autant.

— Mes frères, mes sœurs, la coutume veut que notre Ordre soit composé de membres des familles qui le fondèrent. Bien qu'il soit permis d'y déroger, comme nous l'avons fait dans le cas de sire Gondemar en raison des actes qu'il a accomplis, la chose reste préférable. Or, il se trouve à Montségur un membre d'une de ces familles. Comme le veut la prérogative propre à l'office que j'occupe, je le désigne dès à présent pour siéger parmi nous, de plein droit, à la place de Bertrand de Montbard. Eudes, Jaume, allez chercher le candidat, préparez-le de la manière traditionnelle et ramenez-le parmi nous.

Les deux templiers se levèrent, s'arrêtèrent devant l'autel pour saluer Ravier en inclinant le torse, la main sur le cœur, puis sortirent dès que dame Esclarmonde leur ouvrit.

L'attente se déroula dans un silence lourd et malaisé, parsemé de froissements de vêtements, de soupirs et de raclements de gorge. Tout à coup, un grand vacarme retentit derrière la porte, suivi d'un grognement et d'exclamations de colère. Je sus alors que, comme j'y avais moi-même été contraint, le candidat venait d'atterrir au pied de l'escalier.

Trois coups secs retentirent à la porte. Esclarmonde se leva et l'entrebâilla, vérifia l'identité de ceux qui se tenaient de l'autre côté puis l'ouvrit toute grande. Sans ménagement, le candidat fut poussé à l'intérieur, bâillonné, ligoté, les yeux bandés et la corde au cou. Volontairement, il fut laissé dans la pénombre de l'entrée, où l'on ne pouvait apercevoir que sa silhouette. Il était gigantesque.

La Parfaite prit en charge le nouveau venu, comme elle l'avait fait pour moi. Eudes referma doucement la porte derrière lui et retourna silencieusement à sa place, de même que Jaume. Esclarmonde avança d'un pas et le candidat fut illuminé par les flambeaux. J'eus le souffle coupé. Celui qui remplacerait Montbard était Ugolin.

Le colosse de Minerve avait l'air perdu, et je pouvais aisément le comprendre. Je me rappelais à quel point cette procédure pouvait désorienter celui qui en faisait l'objet. Je ne pus m'empêcher de me demander si tout cela était bien nécessaire. Mais il s'agissait de la tradition de l'Ordre et qui étais-je pour en juger?

Dame Esclarmonde saisit le bras d'Ugolin et le dirigea vers l'avant, puis le fit tourner à quatre-vingt-dix degrés vers la droite. À la fois sonné et fasciné, j'observais la scène que j'avais vécue quelques mois plus tôt, craignant à tout moment qu'Ugolin ne se mette en colère et décide d'interrompre la cérémonie.

Lorsqu'il passa devant Ravier, celui-ci frappa un coup de maillet.

— Qui est cet homme? demanda-t-il de ce ton ferme qui m'avait impressionné lorsque j'avais moi-même été dans la position de mon ami.

— Ugolin de Bisor, répondit Esclarmonde.

J'en fus quitte pour un second choc. Bisor… Montbard m'avait mentionné ce nom en route vers Béziers. Avec Hugues de Payns, Geoffroi de Saint-Omer, Payen de Montdidier, Archambaud de Saint-Agnan, André de Montbard et quelques autres, Geoffroy de Bisor avait été un des fondateurs de l'Ordre du Temple. Je réalisai avec étonnement que jamais je n'avais su le patronyme de celui qui, petit à petit, était devenu mon ami loyal et que, tout compte fait, malgré les aventures et les risques partagés, je savais bien peu de choses sur lui. Je me demandai quelles autres surprises me réservait encore le monde des bons chrétiens, où tout semblait lié et où les choses semblaient n'être jamais tout à fait ce qu'elles paraissaient.

Ugolin entreprit son premier tour du temple, puis un deuxième et un troisième, tous ponctués des questions rituelles qui avaient rythmé ma propre initiation. Il fut ensuite conduit à l'autel, prêta serment, cracha sans le savoir sur le crucifix et scella le tout de quelques gouttes de son sang. Lorsque cela fut fait, la lumière lui fut rendue. En retrouvant la vue, il laissa son regard errer sur le temple et sur ses occupants, comme je l'avais moi-même fait. Quand il m'aperçut, ses yeux s'écarquillèrent d'étonnement et sa bouche s'ouvrit toute grande. J'inclinai légèrement la tête et lui adressai un sourire un peu embarrassé que je voulais rassurant. Il en parut soulagé. On lui retira ses liens et il fut présenté en procession solennelle à chacun de ses nouveaux frères et sœurs.

— Je suis Gondemar, seigneur de Rossal, dis-je lorsqu'il fut devant moi, en prenant conscience que c'était là le seul titre auquel je pouvais prétendre, n'étant ni templier, ni cathare et encore moins descendant d'une des familles fondatrices. Beau frère, je te reçois parmi les Neuf.

— Mes frères et sœurs, acclamons notre nouveau frère ! s'écria le *Magister* après qu'Ugolin lui eut été présenté.

— *Non nobis, domine ! Non nobis, sed nomini tuo da gloriam*[1] ! répondîmes-nous à l'unisson. Baucent ! Baucent ! Baucent !

L'histoire de l'Ordre lui fut résumée par Ravier, du premier voyage en Terre sainte d'Hugues de Payns et de ses compagnons jusqu'à la fondation de l'Ordre du Temple, au cœur duquel l'Ordre des Neuf avait été enfoui. J'écoutai attentivement, l'émoi de l'initiation m'ayant privé de moult détails. Le sens caché de l'épée, de l'écu, du baucent, de l'abacus et du sceau lui fut expliqué. Puis arriva l'apothéose dramatique de la cérémonie. La Vérité allait lui être révélée.

---

1. Non pour nous, Seigneur, non pour nous mais pour que ton nom en ait la gloire.

— Tu te retrouves aujourd'hui parmi nous en remplacement de sire Bertrand de Montbard qui est incapable de remplir sa fonction, lui expliqua le *Magister*. Tu n'es pas templier, mais tu es bon chrétien. À ce titre, tu porteras désormais le manteau immaculé qui symbolise ta foi. Revêts la couleur de la pureté et de l'innocence pour prendre connaissance de la Vérité.

Eudes se leva et apporta un manteau blanc, sans croix, qu'il posa sur les larges épaules du colosse. Puis le Minervois fut conduit à l'autel, où trônait la cassette. Je vis dans son visage qu'il l'avait reconnue. Tous se levèrent, s'approchèrent de l'autel à leur tour pour former un cercle et posèrent la main sur leur cœur.

— Depuis notre maître Hugues de Payns, expliqua le *Magister*, trois des nôtres conservent en permanence les clés qui mènent à la Vérité. Pour l'instant, Eudes, Raynal et Gondemar portent ce fardeau au nom de l'Ordre.

— Ensemble, libérez la Lumière, ordonna Ravier en nous adressant un signe de la tête.

Eudes, Raynal et moi sortîmes les clés que nous portions au cou. Nous en insérâmes chacun une dans la serrure appropriée, puis les fîmes tourner. Je me sentais partagé entre la peur de revoir les manuscrits qui avaient fait s'écrouler les fondations de ma vie et le besoin de confirmer qu'ils existaient bel et bien, que tous mes tourments n'avaient pas été qu'un rêve cruel.

— *Nolite arbitrari quia venerim mittere pacem in terram; non veni pacem mittere sed gladium*[1]! s'écrièrent en chœur les autres membres de l'Ordre.

Ainsi qu'il l'avait fait devant moi, sire Ravier posa la main sur le couvercle de la cassette. Je savais à quel point Ugolin se sentait nerveux et j'anticipais le moment où il prendrait connaissance du contenu des parchemins. Pour le cathare qu'il était, la révélation serait certes plus facile à accepter, car elle confirmerait le

---

1. Ne croyez pas que je sois venu apporter la paix sur la Terre; je ne suis pas venu apporter la paix, mais l'épée. Matthieu 10,34.

bien-fondé de sa foi, alors qu'elle avait complètement détruit la mienne. Mais je ne doutais pas qu'il serait ébranlé. Il était impensable qu'il en aille autrement.

D'un geste dramatique, Ravier fit pivoter le couvercle de la cassette sur ses charnières. Son visage prit une expression d'incrédulité puis blanchit ; je crus que le vieux templier allait s'effondrer sur le sol, raide mort. Il vacilla et, faisant fi du décorum, je tendis les bras pour le soutenir. En même temps, je suivis son regard éperdu, qui n'avait pas quitté la cassette.

Elle était vide.

DEUXIÈME PARTIE

Péril en la demeure

CHAPITRE 5

Soupçons

Tous les membres de l'Ordre des Neuf, anciens et nouveaux, restèrent figés devant la cassette vide, la mine stupéfaite. Les documents contenus dans la cassette étaient la raison même de l'existence de l'Ordre. Sans eux, il n'était rien d'autre qu'une coquille vide. Ce temple secret avait été aménagé pour assurer leur sécurité. Ils ne pouvaient pas ne pas être là. Sans la preuve irréfutable qu'ils constituaient, le mensonge érigé depuis mille ans par l'Église devenait vérité. Leur disparition était inconcevable.

Mais cela n'était rien en comparaison de mon propre sentiment. J'avais été ramené de l'enfer pour une seule et unique raison : protéger la Vérité. Sans elle, ma damnation était inévitable. Et imminente, sans doute. Le sentiment de désespoir profond qui m'avait envahi pendant mon séjour chez les damnés revint avec presque autant d'intensité. Ma bouche se dessécha et j'essayai sans succès de déglutir. Mon cœur s'emporta, ma respiration s'accéléra et je sentis une terrible panique monter en moi. Après tant d'efforts et de tourments, tant de pertes et de sacrifices, mon âme était perdue. *Tu devras protéger la Vérité et l'empêcher d'être détruite par ses ennemis jusqu'au moment où l'humanité sera prête à la recevoir,* avait déclaré Métatron. J'avais échoué. La cassette vide sur l'autel en était la preuve cruelle et irréfutable. Je m'attendais à être projeté d'un instant à l'autre dans la désolation infinie et glaciale, seul avec mon désespoir, pour y passer l'éternité.

Ravier fut le premier à réagir et cela était tout à son honneur. Il se dégagea de mon étreinte, saisit la cassette, la retourna et la secoua énergiquement, comme si ce geste futile avait pu en faire se matérialiser le contenu disparu. Puis, résigné, il la reposa doucement sur l'autel, les mains agitées par un violent tremblement. Médusé, Ugolin regardait les autres à tour de rôle sans comprendre la nature du drame qui se déroulait sous ses yeux.

Ébranlé, le *Magister* retourna vers son fauteuil d'un pas hésitant et s'y laissa tomber, le visage défait et le regard perdu. Nous en fîmes autant, Eudes secouant sa torpeur pour reconduire Ugolin à l'ancienne place de Montbard, qui était maintenant la sienne. Le géant s'assit et Ravier le toisa.

— Mon frère, dit-il, atterré, pour la première fois depuis que notre Ordre existe, j'ai bien peur qu'une initiation doive être interrompue. Je t'en demande pardon.

Il porta les yeux sur le reste de l'assistance et inspira profondément pour reprendre la maîtrise de lui-même.

— Mes frères et sœurs, s'écria-t-il d'une voix qui avait retrouvé un peu de sa force et de son autorité, il y a alarme dans le temple! La Vérité nous a été volée.

Eudes parla le premier.

— Comment est-ce possible? s'interrogea-t-il à haute voix. Nous seuls connaissons l'existence du temple.

— Alors, il se trouve forcément un traître parmi nous, affirma Jaume en promenant son regard sur l'assistance.

— Tu sais comme moi qu'il est formellement interdit de pénétrer dans le temple sans que le *Magister* ait convoqué une assemblée. Tu connais aussi la pénalité pour toute transgression.

Embarrassé, je levai la main pour attirer l'attention. De la tête, Ravier me donna la parole.

— De quelle pénalité parle-t-on? intervins-je.

— Tu ne peux être blâmé de ton ignorance. Tu n'es pas encore familier avec tous nos us, déclara-t-il. Sache donc que seul le *Magister* est autorisé à se trouver seul en présence de la Vérité.

L'infiltration de l'Ordre par un espion étant toujours chose possible malgré nos précautions, c'est l'unique manière d'assurer son entière sécurité. Souviens-toi de ton obligation, sire Gondemar : *Je m'engage à ne les point révéler et à empêcher tout frère ou sœur de le faire, y compris le MAGISTER de l'Ordre, s'il est en mon pouvoir de l'en empêcher, et en le tuant s'il le faut.* Il en découle que toute transgression à cette règle est punie par la mort.

Je demeurai sans voix, réalisant soudain à quel point la défense de la Vérité était chose sérieuse. Chacun des Neuf était prêt à donner sa vie pour elle. Mieux encore : l'Ordre était structuré de telle façon que chaque membre était sous la surveillance permanente des autres et que le *Magister* avait droit de vie ou de mort sur tous. La transgression était inconcevable. Et pourtant, les parchemins avaient disparu. Celui qui les avait pris connaissait pertinemment le risque qu'il courait. Les raisons de s'en emparer devaient donc être à la hauteur du péril encouru.

— Il faut trois clés pour ouvrir la cassette, fis-je remarquer. Une seule ne suffit pas. Comme Eudes, Raynal et moi en détenons chacun une, aussi bien dire que nous nous sommes ligués pour voler la Vérité. Or, nous ne nous connaissons que depuis peu, et fort mal au demeurant. Voilà de bien mauvaises conditions pour conspirer.

Ravier se leva et retourna vers l'autel. Il saisit la cassette, la retourna et la déposa cul par-dessus tête. Puis il se pencha jusqu'à ce que son nez touche presque le bois dont elle était faite et l'examina longuement en laissant ses doigts courir sur les joints. Finalement, il la remit en place.

— Elle n'a pas été forcée, annonça-t-il en se redressant.

— Le voleur possédait donc les clés, déclara Eudes, un peu sur la défensive.

— Pendant un temps, Eudes en a détenu deux : la sienne et celle de Drogon, qui est maintenant détenue par Gondemar, suggéra Jaume, en adressant à Eudes un regard désolé. Il aurait eu le temps d'en fabriquer un double.

— Mais il n'aurait pas pour autant possédé celle de Raynal, rétorquai-je.

— Vrai, dit Jaume, visiblement soulagé que son argument soit si facilement démonté.

— Mais si quelqu'un est parvenu à s'introduire dans le temple, pourquoi n'a-t-il pas volé la cassette, tout simplement? demanda Véran.

— Il est certes plus facile de dissimuler des parchemins seuls sans avoir à s'encombrer d'un objet que chacun de nous pourrait reconnaître, songea Ravier à haute voix. Et puis, en la laissant ici, il maintenait l'illusion que rien n'avait disparu. Cela lui faisait sans doute gagner du temps.

Peirina prit la parole, d'un ton calme et réfléchi.

— Je ne peux croire que l'un de nous se soit avili à ce point. Nous avons tous prêté serment par le sang. Nous avons juré de protéger la Vérité au prix de notre vie. La voler n'aurait aucun sens.

Un lourd silence descendit sur le temple.

— Pas nécessairement… dit Raynal.

Il me dévisagea en m'adressant un regard froid comme la glace.

— Explique-toi, mon frère, ordonna le *Magister*.

— Pour certains d'entre nous, le serment prononcé sur l'autel a peut-être moins de valeur.

— Que veux-tu dire?

Raynal posa les yeux sur moi.

— Depuis Hugues de Payns, tous les membres de l'Ordre, sans exception, ont été des cathares, membres des familles anciennes. Or, depuis peu, il se trouve deux *chrétiens* parmi ses membres.

À ces paroles, je me raidis, sentant venir une accusation.

— Sire Bertrand et sire Gondemar sont arrivés de nulle part en prétendant avoir changé de camp, mais quelle preuve en avons-nous vraiment? poursuivit Raynal. Nous savons que l'Église connaît l'existence de la Vérité et cherche depuis toujours à la récupérer pour la détruire. La croisade lancée contre notre foi ne représente que le plus récent prétexte et le nombre de victimes ne semble pas inquiéter ses promoteurs. Qui nous dit que nos deux nouveaux frères ne sont pas des agents du pape?

L'ironie avec laquelle il avait prononcé le mot «frères» ne m'échappa pas, mais je me contins.

— À première vue, les paroles de Raynal ont du sens, renchérit Véran, songeur. Les croisés ont d'abord tenté de s'emparer de la cassette lorsqu'elle était en route vers Montségur, mais ils ont échoué. Après qu'elle eut été mise en sécurité derrière la muraille, il leur était impossible de la prendre par la force. La seule solution qui leur restait était de nous infiltrer.

Je voulus répliquer, mais je restai bouche bée. Que pouvais-je dire? De leur point de vue, ils avaient entièrement raison de se méfier de moi. J'en aurais fait autant. J'étais un étranger. Un inconnu. Un seigneur du Nord. Un croisé, de surcroît. Je ne pouvais pas me réclamer des familles fondatrices, ni de la religion qui motivait l'existence de l'Ordre. Pourquoi me feraient-ils confiance? Parce que nous nous étions entraînés un peu ensemble? Parce que j'avais défendu Cabaret? Cela ne suffisait pas. Je sentis les regards des autres peser sur moi, certains accusateurs, la plupart songeurs.

— En vertu de je ne sais quelle folie, nous avons accueilli parmi nous des croisés venus du Nord qui, de plus, ont participé au massacre de Béziers, renchérit Raynal avec plus d'agressivité. Et voilà que la Vérité a disparu. M'est avis que la coïncidence est pour le moins remarquable.

Je vis Esclarmonde grimacer discrètement, comme si elle venait d'avaler une boisson amère. Elle se leva et dévisagea Raynal.

— Tu sembles oublier que sire Bertrand porte, lui aussi, le nom d'une des familles fondatrices, argumenta-t-elle. Si Robert de Sablé n'avait pas été contraint de retourner d'urgence la cassette dans la terre natale, il aurait été initié voilà longtemps. Sans doute aurait-il embrassé notre foi en temps et lieu, comme ses ancêtres. Qui sait? Peut-être serait-il même aujourd'hui notre *Magister*? Douterions-nous alors de lui? Quant à moi, je n'ai vu qu'honnêteté et sens du devoir dans le jeune homme qui a remis la cassette entre mes mains, à l'époque. Il avait tout sacrifié par obéissance. Et je vois aujourd'hui en lui le même homme juste et droit. Réfléchis, Raynal. Il lui a fallu des semaines pour se rendre jusqu'à moi, voilà tant d'années déjà. S'il avait vraiment voulu voler la Vérité, ne l'aurait-il pas fait au moment où il en avait la chance, plutôt que maintenant?

— Tu l'as dit toi-même: il ignorait alors ce que contenait la cassette, remarqua Jaume.

— Il a pu être soudoyé par la suite, avança Raynal. Peut-être était-il amer qu'on lui ait imposé de quitter l'Ordre du Temple? Sa vie n'a pas dû être facile par la suite. Il aurait pu vouloir se venger.

— Si tel était le cas, il l'aurait fait pendant que les croisés nous attaquaient en plein bois, rétorqua Esclarmonde, toujours aussi sereine et sûre d'elle. Il connaissait le contenu de la cassette depuis Quéribus! Et il en va de même pour Gondemar. Réfléchis un peu! Tous deux avaient l'occasion parfaite de s'emparer de la Vérité et ils l'ont plutôt défendue! Si elle s'est rendue ici, c'est grâce à eux! De toute façon, toute cette discussion sur la chrétienté de sire Bertrand est futile. Je lui ai moi-même administré le *consolamentum* lorsqu'il était à l'article de la mort. Il est maintenant des nôtres.

— Le *consolamentum* ne confère pas l'honnêteté, contra Raynal.

Ravier avait les yeux fermés, mais je savais qu'il avait écouté attentivement la discussion. Il leva la main avec autorité pour la faire cesser. Le silence se fit instantanément.

— Nous n'irons nulle part en nous accusant tous mutuellement. Procédons plutôt avec méthode. Sire Véran, tu es responsable de la garde. Le temple a-t-il été surveillé en permanence depuis notre dernière rencontre? demanda-t-il.

— Oui, maître. Raynal, Eudes, Jaume et moi-même avons pris notre tour dans la salle de garde du donjon, comme il se doit.

— Et sire Bertrand ? Sire Gondemar ? demanda Raynal. Pourquoi n'ont-ils pas pris leur tour comme les autres ? Ont-ils droit à un traitement de faveur ?

— Comme membres de l'Ordre, ils auraient dû le faire, en effet, mais, à la demande du *Magister* lui-même, un peu de temps leur a été accordé pour absorber le choc de la Vérité. Ensuite, il y a eu la blessure de Montbard. Je prévoyais ordonner bientôt à sire Gondemar d'assumer son tour régulier à compter de demain. Quant à Bertrand, sur une seule jambe… termina-t-il en haussant les épaules.

Il adressa un regard lourd de reproches à Raynal.

— C'était un accident ! cria celui-ci, soudain sur la défensive. Tu sais bien que je ne l'ai pas blessé volontairement !

Ravier frappa trois coups de maillet qui résonnèrent comme autant d'explosions.

— Allons, allons, du calme, mes frères. Personne ici ne te blâme, Raynal. Tous les hommes de guerre connaissent les risques de l'entraînement. Sire Bertrand plus que quiconque. Ce qui est fait est fait et rien ne sert de le déplorer. Mais, amputé et alité, je doute qu'il ait été en mesure de se glisser dans un temple gardé en permanence pour y voler les documents. Nous pouvons donc, il me semble, cesser de le considérer comme un suspect. Véran, depuis notre dernière rencontre, quelqu'un a-t-il été autorisé à descendre dans le temple ?

— Jamais je n'aurais permis qu'on y vienne autrement que pour une assemblée dûment convoquée par les mots sacrés, protesta Véran. Vous le savez bien ! L'usage à ce sujet est clair. Vous êtes le seul à pouvoir y venir librement.

— Je te sais consciencieux, mon frère. Mais au vu de la situation, toutes les questions doivent être posées.

Ravier se tourna vers Eudes.

— Sire Eudes, qu'en est-il des allées et venues à Montségur ?

— Lorsque nous sommes arrivés de Quéribus, tous les Parfaits qui avaient pu fuir les autres villes étaient déjà sur place, à l'exception du groupe accompagné par notre frère Ugolin et dame Pernelle. Depuis, personne n'est sorti de la forteresse, maître. Le seul à y avoir pénétré a été le messager en provenance de Toulouse.

— Est-il toujours ici?

— Oui.

— Alors qu'il ne sorte sous aucun prétexte jusqu'à nouvel ordre.

— Entendu, maître. J'en donnerai l'ordre dès que notre conseil sera terminé.

Ravier se tapota distraitement la lèvre supérieure de son index.

— Donc, selon toute vraisemblance, les parchemins peuvent avoir été volés n'importe quand depuis septembre. Cela fait cinq mois. Mais ils se trouvent toujours à l'intérieur des murailles.

— Pas nécessairement, intervint Raynal qui ne lâchait pas son os. Il est peut-être établi que personne n'est entré dans la forteresse ni n'en est sorti, mais il y a d'autres moyens de faire passer à l'extérieur quelque chose d'aussi petit que trois parchemins.

Le *Magister* arqua le sourcil, l'invitant ainsi à poursuivre.

— Tout le monde sait que Gondemar a passé des nuits entières seul sur la muraille, cracha Raynal.

— Tu m'espionnais? demandai-je, outré. Belle confiance entre frères!

— Nous avons tous cru que, comme chrétien, il était ébranlé par ce qu'il avait appris et qu'il avait besoin de solitude, poursuivit Raynal sans tenir compte de moi. Mais songez-y un instant. Peut-être cet isolement faisait-il son affaire? Peut-être attendait-il le signal d'un complice à l'extérieur pour lui transmettre les documents? Il aurait été facile de les enfermer dans une sacoche bien lestée pour la lancer en bas, où quelqu'un l'aurait récupérée.

— Si Gondemar était à la solde des croisés, pourquoi aurait-il fait passer les parchemins à l'extérieur plutôt que de les détruire ? intervint Daufina. Allons donc, réfléchis avant de dire des âneries.

— Pour qu'ils soient authentifiés ? suggéra Raynal. Pour que les agents du pape soient certains d'avoir brûlé les bons ? Pour se faire payer ? Que sais-je ? Ce n'est pas moi, le traître ! Demande à Gondemar !

N'en pouvant plus de voir ainsi mon honneur mis en doute, je bondis de mon fauteuil et tirai mon épée. Raynal en fit autant.

— Espèce de Sarrasin de carnaval ! Je te ferai ravaler tes paroles ! Si tu pouvais seulement savoir ce que j'ai vécu pour me retrouver ici ! Sais-tu même qu'un agent du légat a tenté de m'assassiner voilà quelques mois, alors que je venais à peine d'arriver ? Et Montbard de même ! Pourquoi Amaury aurait-il voulu notre mort s'il nous avait confié la tâche de lui rapporter les documents ?

Raynal, surpris de cette révélation, consulta Ravier du regard. D'un hochement de la tête, le *Magister* lui en confirma la véracité.

— Pour t'empêcher de confesser ton crime ? me rétorqua l'autre, qui semblait posséder réponse à tout.

— Suffit ! s'écria à nouveau Ravier. Assieds-toi, Gondemar ! Toi aussi, Raynal. Maintenant !

À contrecœur, je rengainai Memento et obéis, le visage brûlant de rage, mon pouls battant dans mes tempes.

— Dans ce temple, tous peuvent exprimer leurs opinions librement, mais avec respect. Il en a toujours été ainsi. Sire Raynal, s'il se laisse emporter, ne fait qu'essayer de comprendre ce qui s'est passé, comme nous tous.

— En m'accusant !

— Il émet une hypothèse.

Esclarmonde se leva avec dignité et pointa l'autel, plus émue que je ne l'avais jamais vue.

— J'ai déjà dit ce que je pensais de Bertrand de Montbard. Quant à Gondemar, je l'ai vu de mes yeux risquer sa vie pour protéger cette cassette et la rapporter alors qu'elle était entre les mains des croisés, rappela-t-elle à nouveau. Nos frères Eudes *et* Raynal étaient présents, eux aussi.

— Justement! s'écria ce dernier. Qui nous dit que Drogon n'a pas été éliminé pour faire une place à Gondemar?

— Il n'y a pas pire aveugle que celui qui refuse de voir, Raynal! s'enragea soudain Esclarmonde. Gondemar avait déjà la cassette! Il n'avait qu'à s'enfuir avec! Mais il me l'a rapportée. Puis, en chemin, je l'ai vu délivrer au péril de sa vie des Parfaits que l'on torturait et les mener jusqu'ici. Il a combattu Montfort et ses hommes chaque fois qu'il a pu. Tout le monde dans le Sud connaît ses exploits. Utilise la cervelle que Dieu t'a donnée et réfléchis! S'il avait été de mèche avec Amaury, aurait-il agi ainsi?

— Je... je suppose que non... grommela enfin Raynal, défait.

Esclarmonde se retourna vers Ravier.

— J'ai répondu de sire Gondemar de Rossal lors de son initiation et je persiste, maître. Si les intentions qu'on lui prête s'avèrent vraies, je quitterai l'Ordre de mon propre chef et j'accepterai de bon gré que l'on me fasse taire comme l'exige la tradition.

Je me demandai un moment ce qu'elle entendait par là, mais la discussion se poursuivait et je ne pouvais me permettre de laisser errer mon attention.

— Cela me suffit, affirma Ravier. Raynal a émis de bon droit ses opinions. Elles ont été entendues et réfutées. Qu'il n'en soit plus fait mention.

Il frappa un coup de maillet qui se répercuta dans le temple, puis se tourna vers Véran.

— Mon frère, vois immédiatement à ce que les portes de la forteresse soient fermées en permanence. Personne ne doit entrer ni sortir jusqu'à ce que nous ayons retrouvé les parchemins. À compter de cette minute, tout doit se dérouler *intra muros*[1]. J'en ferai moi-même l'annonce à Raymond de Péreille.

— Bien, maître.

Je notai avec intérêt que le *Magister* des Neuf semblait tenir pour acquis qu'il était en droit de donner des ordres au seigneur de Montségur. De toute évidence, l'Ordre pesait lourd dans la hiérarchie de l'endroit. Véran se leva d'un bond, salua Ravier au passage et sortit.

— Mes frères et sœurs, reprit le vieux templier au faciès tiré par le désarroi, point n'est besoin de dire que la Vérité doit être retrouvée à tout prix. Bien entendu, il en restera toujours l'autre part, qui est conservée ailleurs, dans un endroit que nous ignorons fort heureusement et que, par conséquent, nous ne pourrons jamais révéler. Toutefois, notre tâche est d'assurer la protection de la part que nous détenons et, par Dieu, que je sois maudit entre tous si c'est sous mon règne qu'elle disparaît! Dès ce soir, enquêtez discrètement, mais sans relâche. Tous les habitants de Montségur doivent être soupçonnés, sans exception. Retournez chaque pierre de la forteresse s'il le faut. Dès que l'un de vous apprend quelque chose, qu'il convoque un conseil pour le soir même à l'aide des mots sacrés.

Ravier se tourna vers moi.

— Bien, maître, répondis-je en me demandant par où j'allais pouvoir commencer.

— Sire Eudes, dame Peirina, dit le vieux templier en brandissant l'abacus dans leur direction, vous avez une tâche ingrate à accomplir cette nuit même. Veillez à ne laisser aucune trace. Les affaires de l'Ordre doivent rester inconnues de tous.

Dans le coin de la pièce, Daufina avait le visage défait et ses lèvres tremblaient. Je me demandai ce qui pouvait bien encore se passer qui m'était inconnu.

— Il doit y avoir une autre façon, fit Esclarmonde, l'air harassé.

---

1. À l'intérieur des murs.

Ravier leva la main pour la faire taire.

— Ce qui doit être fait doit être fait, ma sœur. Tu le sais aussi bien que moi. La Vérité a son prix.

Même dans la pénombre du temple, je vis Eudes secouer lentement la tête, dépité.

— Bien, maître, répondit-il d'une voix faible en baissant les yeux. Il en sera fait selon votre volonté.

— Véran ? Qui est de garde dans le donjon ce soir ?

— Sire Eudes, maître.

Ravier adressa à Eudes, puis à Peirina, un regard furtif. La Parfaite était raide comme une lance. Les lèvres pincées, elle regardait fixement devant elle. Ravier frappa trois coups de maillet et nous nous levâmes, la main sur le cœur.

— Le moment est venu de clore cette assemblée. Ensemble, renouvelons le serment qui nous lie à la Vérité. Faisons-le avec ferveur, car il prend tout son sens en cette triste circonstance.

En chœur, nous répétâmes l'obligation. Puis il entonna les paroles rituelles, auxquelles nous répondîmes.

— Que la Lumière soit ! s'écria le *Magister*.

— Qu'il en soit ainsi ! répliqua l'assemblée.

— Que vienne l'heure de la Vérité !

— Qu'il en soit ainsi !

— Jusqu'à notre prochaine rencontre, à laquelle vous serez convoqués par les mots sacrés *Secretum Templi*, que rien de ce qui a été discuté en ces murs ne franchisse vos lèvres, de crainte que cela ne soit sur votre dernier souffle.

— Que notre gorge soit tranchée si nous disons mot !

— Que Dieu nous vienne en aide dans l'accomplissement de notre tâche sacrée !

— Qu'il en soit ainsi.

— Qu'il nous bénisse et nous mène tous à bonne fin.

— Qu'il en soit ainsi.

— Retournez donc dans le monde, mes frères et sœurs, mais ne soyez jamais en paix.

Après un ultime coup de maillet, nous retirâmes notre manteau et nous dirigeâmes vers la sortie. Eudes disparut le premier,
d'un pas pressé, sans parler à personne. En s'avançant vers la
sortie, Raynal m'adressa un regard froid dont le sens était clair :
notre désaccord n'était pas terminé. Puis il disparut dans l'escalier
d'un pas ferme. Je laissai passer Daufina, Peirina et Esclarmonde,
qui m'adressa un sourire bienfaisant, et regagnai à mon tour
l'antichambre avec Ugolin, laissant Ravier partir le dernier. Avant
de m'engager dans les marches, je me retournai pour lui jeter un
dernier regard. Il pleurait.

CHAPITRE 6

Attentat

Au sortir du temple, Ugolin et moi déambulâmes au hasard dans la forteresse. Je me sentais profondément troublé. Placide comme toujours, le géant de Minerve avait respecté mon besoin de réflexion et je lui en fus reconnaissant. Il lui fallut longtemps avant de se décider à poser la question qu'il retenait sans doute avec grand effort.

— Dis, Gondemar ? Pourquoi tous ces gens sont-ils si énervés par la disparition de simples papiers ? Pourquoi se soupçonnent-ils les uns les autres ?

— L'information qu'ils contiennent est terriblement grave. Sans eux, le grand savoir que protège l'Ordre des Neuf ne pourra jamais être prouvé.

— N'en existe-t-il pas de copies quelque part ?

— Leur valeur réside justement dans leur authenticité. Une copie ne vaudrait rien.

— Que disent-ils donc de si terrible ?

— C'est à Ravier de te l'apprendre, Ugolin, pas à moi. Je n'en ai ni le droit ni la compétence. De toute façon, sans les voir, tu ne me croirais pas.

Le Minervois haussa calmement les épaules.

— Bon, je te fais confiance. Espérons qu'ils seront retrouvés, alors.

— Allons dormir, dis-je en me frottant le visage de lassitude. Demain, nous y verrons peut-être plus clair.

Nous continuâmes en silence. Montségur dormait toujours et nous marchions vers le bâtiment où se trouvaient nos chambres avec un quartier de lune pour tout éclairage. La nuit me paraissait aussi blafarde que les circonstances. Le vent froid qui faisait virevolter quelques flocons de neige pénétrait mes vêtements et je frissonnais malgré moi. Je me sentais vide. J'avais l'impression que la destinée tenait une épée tranchante au-dessus de ma nuque et qu'elle n'attendait que le moment propice pour me décapiter à nouveau et me renvoyer en enfer.

J'observais la forteresse en songeant que, quelque part en ces lieux, quelqu'un détenait vraisemblablement les parchemins volés. Il pouvait s'agir de n'importe qui. Par où commencer pour le retrouver ? Devions-nous fouiller tous les logements ? Un voleur assez rusé pour s'insinuer dans un temple gardé en permanence par des guerriers redoutables l'était sans doute suffisamment pour ne pas cacher l'objet de son larcin là où il pourrait être facilement découvert. Interroger tous les habitants ? Les torturer s'il le fallait ? Nous activer ainsi n'inciterait-il pas le coupable à se presser de faire disparaître les documents ? Non, notre succès, pour peu qu'il soit possible, résidait dans la discrétion. Nous devions identifier le voleur sans qu'il le sache. Mais comment ?

Lorsque nous fûmes en vue de l'infirmerie, j'envisageai un moment de m'y arrêter pour voir comment se portait Montbard et peut-être aussi lui relater les événements dans l'espoir qu'il puisse me guider. Mais nous étions au beau milieu de la nuit et mon maître avait davantage besoin de sommeil que de ma visite. Je décidai donc de passer mon chemin. Au matin, il serait toujours temps de lui apprendre la disparition des documents.

Nous poursuivions vers notre logement lorsqu'un mouvement furtif dans la pénombre attira mon attention. Dans la nuit, une ombre longeait le mur de l'infirmerie. Ma formation aussi bien que les événements récents m'avaient appris à toujours être en état d'alerte et, dans les circonstances, cela m'intrigua d'autant plus. À part les gardes sur les murailles et les membres de l'Ordre, tous les habitants étaient censés dormir. Je saisis le bras d'Ugolin.

— Tu as vu ? demandai-je à mi-voix. Qu'est-ce qu'il fait là, celui-là ?

Nous reculâmes lentement pour nous plaquer contre le bâtiment le plus proche sans attirer l'attention.

— Je ne sais pas qui c'est, mais en tout cas, il ne souhaite pas être vu, dit Ugolin en fronçant les sourcils.

L'inconnu s'immobilisa, comme pour s'assurer qu'il n'avait pas été remarqué. Je pus déterminer qu'il portait une cape sombre. Il en avait remonté le capuchon sur sa tête, vraisemblablement pour cacher son visage. Pendant que nous l'observions, il ouvrit subrepticement la porte de l'infirmerie et s'engouffra à l'intérieur.

— Les documents disparaissent du temple et voilà que quelqu'un longe les murs en pleine nuit, comme un voleur… songeai-je à mi-voix.

Je soupirai avec impatience.

— Avec ce qui vient de se passer, je suis sans doute trop soupçonneux. Il s'agit peut-être simplement d'un soldat honteux qui veut faire soigner sa chaude-pisse en cachette.

— Attendons un peu, suggéra Ugolin. Nous verrons bien de quoi il retourne.

Nous restâmes tapis dans le noir pendant de longues minutes, grelottant dans la brise, mais notre patience fut récompensée. La porte de l'infirmerie s'ouvrit et l'inconnu en ressortit. J'écarquillai les yeux en constatant qu'il était accompagné d'un autre homme, dont il avait passé le bras par-dessus son épaule afin de le supporter. Un homme qui sautillait avec difficulté sur une seule jambe et peinait pour suivre le rythme rapide imposé par l'autre.

— Nom de Dieu… Montbard, marmonna le Minervois, stupéfait. Mais où l'emmène-t-on ?

— On ne l'emmène nulle part. Regarde, il accompagne volontairement cet homme.

Mon instinct me hurlait que quelque chose clochait.

— Dans son état, il ne devrait même pas être debout. Qu'est-ce qui a bien pu le pousser à sortir du lit ? Si Pernelle l'apprend, une tête va rouler… Suivons-les.

Ugolin et moi nous engageâmes derrière l'inconnu en nous assurant de rester à bonne distance. Mon pauvre maître suivait péniblement, l'autre l'aidant de son mieux. À mon grand étonnement, ils se rendirent au donjon. L'homme regarda autour à la dérobée. Apparemment satisfait, il ouvrit et entra. Puis il referma derrière lui.

— C'est bien Eudes qui est censé être de garde ? demandai-je, interdit.

— Si je me souviens bien, oui.

— Pourquoi laisse-t-il entrer quelqu'un ? Personne n'a convoqué d'assemblée. Et la porte n'était même pas verrouillée. *Secretum Templi*, mon cul, oui !

Nous attendîmes une minute pour voir si Montbard et l'inconnu ressortiraient, mais la porte resta close. Je saisis Ugolin par la manche.

— Il y a quelque chose de louche. Allons voir de plus près.

Nous traversâmes la cour en catimini. Une fois devant le donjon, j'hésitai. Celui qui venait d'entrer avec Montbard ne voulait manifestement pas être aperçu. Pour quelle raison, je l'ignorais. Cela signifiait-il nécessairement qu'il avait de sombres desseins ? Après tout, rien n'interdisait d'entrer dans le donjon sans pour autant descendre dans le temple. Peut-être Montbard y avait-il affaire à l'étage sans que cela me concerne ? Si Eudes les avait laissés entrer, c'est qu'il les attendait ou, à tout le moins, qu'il n'avait pas été surpris par leur arrivée. Mais pour quoi faire ? Et si les trois étaient de mèche ? Si Montbard avait bel et bien volé les parchemins avant sa blessure et avait confessé son crime ? Non… Il n'aurait pas été emmené secrètement par un seul homme en pleine nuit. Il aurait été saisi et arrêté. Peut-être même abattu sur-le-champ. Je me maudis intérieurement d'oser évoquer pareilles idées au sujet de mon maître, dont je connaissais la droiture mieux que personne ; mais, avec tout ce qui s'était dit dans le temple, comment ne pas y songer ?

Dans les circonstances, je décidai qu'il était plus prudent de ne pas annoncer ma présence et testai délicatement la porte. Contre toute attente, elle était déverrouillée. Je l'entrebâillai et passai la tête à l'intérieur. La porte secrète qui menait au temple était laissée sans protection. Aux aguets, nous dégaînâmes notre dague, plus utile dans un espace restreint qu'une longue épée. J'entrai sur la pointe des pieds. La pièce était vide, alors qu'elle devait être gardée en permanence. Une chandelle brûlait sur la table, preuve d'une présence récente.

— Où sont-ils passés ? demanda Ugolin, interdit.

Je me souvins que le colosse n'avait encore jamais vu cette pièce, où il était venu une seule fois quelques heures auparavant, les yeux bandés.

— Va voir en haut, lui dis-je.

Il s'engagea dans l'escalier qui menait à la salle de tortures et, après un instant, redescendit.

— Rien, m'informa-t-il.

— Alors, à moins qu'ils n'aient été si bons chrétiens que Dieu les ait emportés au ciel de leur vivant, ils sont en bas. Dans le temple.

— Je croyais qu'on n'y pouvait pénétrer sans avoir été convoqué ?

— C'est ce que je pensais aussi. Si on y entre comme dans un moulin, il n'est guère étonnant que les documents aient disparu.

Je pris la chandelle et la tendis à Ugolin. Puis je m'approchai de l'endroit où se trouvait l'ouverture secrète. Il me fallut un moment pour retrouver l'espace entre deux pierres où j'avais vu les autres insérer leur lame. Je fis de même et l'abaissai vers le bas, tel un levier. Aussitôt, la porte secrète pivota silencieusement sur son centre. Je tendis l'oreille, mais aucun bruit ne me parvint.

Ugolin et moi nous engageâmes avec prudence dans l'escalier abrupt où nous avions risqué à tour de rôle de nous rompre le cou. Lorsque nous parvînmes en bas, l'antichambre était vide. Seuls les cinq archanges de la fresque laissaient peser sur nous leur regard sévère et accusateur. À leur vue, je ressentis une fois encore un frisson sinistre. Je jetai un coup d'œil vers mon ami et constatai qu'il n'en menait guère plus large que moi. Tout à coup, des bruits étouffés traversèrent la porte qui donnait accès au temple. Des voix au ton pressant, dont une que je reconnus immédiatement.

— Bougre de pousse-merde ! gronda Montbard.

Des coups, suivis de chocs secs et d'un grognement. Puis le silence, mille fois plus inquiétant que le vacarme. Sans attendre, je me précipitai vers la porte et l'ouvris d'un coup. La scène qui se déployait sous mes yeux dans la lumière des flambeaux tenait du sacrilège.

Quelques fauteuils avaient été renversés sur le côté et les manteaux blancs étaient étalés sur le sol. Au centre du temple, l'autel avait été déplacé, révélant une ouverture rectangulaire sombre dans le plancher. Tout près, Montbard était assis, manifestement inconscient. Eudes était accroupi derrière lui et l'empoignait par les cheveux. Il lui appuyait une dague sur la gorge et allait la trancher. Notre arrivée imprévue interrompit son geste et il leva la tête, surpris. Je restai un instant tétanisé, réalisant que c'était à tort que j'avais présumé qu'un autre homme avait laissé entrer l'inconnu et Montbard. Eudes était l'inconnu encapuchonné et il avait ouvert lui-même. Pour assassiner mon maître.

Ugolin réagit plus vite que moi. Un sifflement retentit sur ma droite et, l'instant d'après, sa dague était enfoncée jusqu'à la garde dans l'épaule d'Eudes, juste sous la clavicule, sa pointe émergeant sans doute de l'autre côté. Le templier grogna, mais habitué à supporter la douleur, ne lâcha pas sa prise. Avant qu'il ne puisse égorger mon maître, je me précipitai à mon tour vers lui, le saisis par la cape et le projetai de toutes mes forces contre le mur le plus proche. Il s'y fracassa durement le visage et glissa vers le sol, assommé. Je me retournais tout juste lorsque je réalisai que Montbard s'était affalé sur le côté et allait rouler dans l'ouverture béante. Je fermai les doigts sur sa chemise juste avant qu'il ne tombe. Ugolin vint me rejoindre et nous le remontâmes pour l'allonger sur les dalles froides. Derrière nous, un grognement m'indiqua qu'Eudes revenait déjà à lui.

— Surveille-le, ordonnai-je.

Le colosse de Minerve ne se fit pas prier. Il lui plaqua rudement le dos au sol et appuya son genou de tout son poids au creux de sa poitrine. Puis il retira sa dague ensanglantée de son épaule, libérant un flot de sang qui mouilla la tunique du templier, et la lui posa sur la gorge, déterminé à l'enfoncer au moindre mouvement.

Pour ma part, je m'occupai de mon maître. Il était pâle comme la mort et avait une bosse de la taille d'un œuf sur la tempe droite. Je lui tapotai les joues pour le réveiller. Il ouvrit les yeux et me regarda, hébété.

— Tout va bien, dis-je. Nous sommes arrivés juste à temps. Que s'est-il passé?

Montbard se tâta la tête et grimaça en trouvant la bosse qui gonflait à vue d'œil.

—Je… Tudieu… Eudes… Il m'a dit que j'étais convoqué par… Ravier et que je…. devais… venir tout de suite. Cette chiure… a essayé de… me tuer. J'ai bien tenté de… résister, mais…

Je ne comprenais plus rien. Eudes avait tenté d'assassiner Montbard. Une telle chose était inconcevable. Tous deux étaient membres des Neuf. Ils avaient prononcé le même serment. Eudes était-il le traître que nous cherchions? Sans le savoir, avais-je mis la main au collet de celui qui avait volé les parchemins?

— Mais… mais… balbutiai-je. Pourquoi?

— Parce que je le lui ai ordonné, dit une voix lasse et faible derrière moi. Et ce n'était pas de gaieté de cœur, crois-moi.

Je sursautai et me retournai, poignard en main, prêt à tuer pour défendre mon maître. Je restai figé sur place. Dans l'embrasure de la porte du temple se tenait sire Ravier.

Bouche bée, je dévisageai le *Magister*.

— Tu as bien entendu, sire Gondemar, dit le vieux templier, qui lut sans doute le désarroi sur mon visage. C'est moi qui ai décrété la mort de sire Bertrand. Eudes ne faisait qu'obéir aux ordres, comme il y est tenu par son serment.

Il fit un pas vers l'avant, mais je me relevai et brandis mon arme.

— Un pas de plus et ce n'est pas Montbard qui sera égorgé cette nuit, menaçai-je.

Pour bien appuyer mes dires, Ugolin pressa sa lame un peu plus fort contre la gorge d'Eudes, qui était maintenant tout à fait revenu à lui. Il releva le sourcil à l'intention de Ravier pour bien montrer que son sérieux équivalait au mien.

— Ce n'est pas ce que tu crois, plaida le vieux templier.

— J'ai des yeux pour voir, rétorquai-je sèchement.

— Laisse-moi t'expliquer. Tu comprendras.

D'une main qui tremblait un peu, le *Magister* désigna de la main le fauteuil le plus proche de l'entrée. Son visage était ravagé de fatigue et il semblait sur le point de s'effondrer.

— Puis-je m'asseoir ? Je me fais trop vieux pour toutes ces émotions.

J'acquiesçai de la tête sans le quitter des yeux ni baisser ma garde. Il se laissa choir lourdement sur le siège, ferma les yeux et inspira avec lassitude.

— Sire Gondemar, tu es encore bien jeune au sein de notre Ordre, reprit-il sur un ton qui trahissait son épuisement. Les choses se sont bousculées avant que tu aies eu le temps d'en apprendre les traditions. Or, l'une d'elles veut que nul ne soit autorisé à quitter l'Ordre en emportant ses secrets.

— C'est-à-dire ?

— On y entre à la vie, à la mort, mon frère. Souviens-toi de ce que chacun des membres déclare à la fin de chaque assemblée : *Que notre gorge soit tranchée si nous disons mot.*

— Et alors ?

— Hors de l'Ordre, un estropié, même fidèle, devient un risque. Le maillon faible de la chaîne, en quelque sorte. Il peut toujours être corrompu, ou simplement devenir sénile et oublier de tenir sa langue. Son silence doit être assuré.

— En lui tranchant la gorge?

Ravier hocha tristement la tête.

— La protection de la Vérité a préséance sur tout le reste, y compris sur la vie de ceux qui l'assurent. Pour qui sait l'entendre, tout cela est dit dans l'obligation : *Je m'engage à ne les point révéler et à empêcher tout frère ou sœur de le faire, y compris son* MAGISTER, *s'il est en mon pouvoir de l'en empêcher, et en le tuant s'il le faut,* récita-t-il avec lassitude pour la seconde fois en quelques heures. *Je m'engage en outre à les défendre au prix de ma vie, à leur consacrer mon existence entière et à les emporter dans la tombe.*

Je l'écoutais, sidéré. La protection de la Vérité autorisait toutes les bassesses.

— Pour un membre de l'Ordre, le sacrifice de sa propre vie, librement consenti, est l'ultime prolongement de l'engagement, Gondemar, termina Ravier.

J'étais stupéfait. Sans en être conscient, je m'étais engagé solennellement à tuer quiconque quittait l'Ordre et à accepter moi-même la mort si tel était jamais mon cas... C'était donc à cela qu'Esclarmonde avait fait allusion lorsqu'elle avait répondu de moi. *Si les intentions qu'on lui prête s'avèrent vraies, je quitterai l'Ordre de mon propre chef et j'accepterai de bon gré que l'on me fasse taire comme l'exige la tradition...* Elle avait garanti mon intégrité et mon honneur avec sa vie. Rien de moins. C'était aussi pour cette raison qu'elle avait été si horrifiée lorsque Ravier avait ordonné à Eudes de se charger de la terrible tâche. Eudes, lui, avait blanchi à cette demande. Il avait répugné à obéir, c'était évident. Les deux savaient qu'on leur demandait de tuer Montbard. Selon toute apparence, l'histoire du *Magister* se tenait.

Ravier ouvrit les yeux et désigna l'ouverture dans le sol.

— Cette fosse a été aménagée sous l'autel, au cas où on devrait disposer d'un cadavre, soupira-t-il. Elle donne sur un puits naturel qui s'enfonce profondément dans la montagne.

Il se redressa pour s'appuyer les coudes sur les cuisses, les mains jointes. Il secoua la tête avec tristesse.

— Quand je suis arrivé à l'infirmerie et que j'ai vu la jambe de sire Bertrand sur le sol, j'ai cru que la peine allait me fendre le cœur. Il avait passé plus de vingt ans à errer, injustement disgracié. Sa seule faute avait été d'être fidèle et d'obéir sans questionner. Il venait à peine d'être intégré dans l'Ordre, comme tel était son droit, et voilà qu'il se retrouvait estropié. Aussi cruel que cela puisse être, il devrait donc être sacrifié. À regret, j'en ai avisé Eudes, comme l'exigeait mon rôle. Crois-moi, il s'est rebellé. On ne tue pas son frère sans scrupules, à plus fortes raisons quand il vient tout juste d'être réhabilité. J'ai dû lui rappeler fermement son vœu d'obéissance : *Je jure d'obéir en tout au* MAGISTER *de l'Ordre, sans jamais contester les ordres donnés sous l'abacus.*

— Sacrifier Montbard revenait à l'exécuter comme du bétail, rien de moins ! Vous ne valez pas mieux que les croisés qui massacrent femmes et enfants !

— Tu fus toi-même un de ces croisés, Gondemar, et cela ne nous a pas empêchés de te juger digne d'être des nôtres. Ne l'oublie pas. Mais tu as raison. C'est aussi ce que je me suis dit. Malheureusement, c'est notre usage.

— Alors le temps est venu d'en changer ! m'écriai-je. Morbleu, un Bertrand de Montbard sur une seule jambe vaut beaucoup plus pour l'Ordre que la plupart des hommes valides !

Ravier tourna lentement la tête vers moi et me dévisagea.

— Je sais tout cela. C'est pour cette raison que je suis revenu ce soir, dit-il. J'espérais arrêter Eudes avant qu'il n'exécute mon ordre. Heureusement, Ugolin et toi êtes arrivés avant moi, sinon j'aurais échoué.

Il toisa Ugolin.

— Tu peux abaisser ton arme, mon frère, dit-il d'une voix sereine. Personne ne mourra ce soir.

Je dévisageai le *Magister*, à la recherche d'un signe de traîtrise, mais n'en détectai aucun. Il ne se trouvait dans ses yeux qu'une extrême lassitude. De la tête, je fis signe au Minervois de libérer Eudes, ce qu'il fit un peu à regret. Puis je me retournai vers Montbard. Il s'était évanoui.

— Eudes, es-tu en état de marcher ? s'enquit Ravier.

— Il en faudra beaucoup plus pour m'empêcher de faire mon devoir, répondit celui-ci en serrant les dents.

— Bien, alors aide Gondemar à ramener sire Bertrand à l'infirmerie. Dame Peirina doit encore y être. Assure-toi qu'elle seule sache qu'il est sorti. Qu'elle en prenne bien soin. Fais-lui voir ton épaule par la même occasion. J'ai laissé Véran en haut. Il prendra ton tour de garde.

Ugolin tendit la main à Eudes et l'aida à se relever. Une fois debout, le templier grimaça en faisant jouer son épaule blessée. Il rabattit sa cape pour cacher la tache sombre sur sa chemise et, ensemble, nous relevâmes Montbard, passant chacun un de ses bras sur nos épaules. Une fois dans l'escalier, nous dûmes le soulever. Je ne pus m'empêcher d'admirer Eudes, qui devait souffrir le martyre, mais qui se contentait de serrer les dents. Cet homme était un guerrier redoutable et j'étais reconnaissant d'être de son bord.

— Ugolin, reste avec moi, ajouta Ravier. Même si la cassette est vide, tu es membre de l'Ordre et tu dois connaître la Vérité. En mettant fin à l'assemblée sans achever ton initiation, le pauvre vieillard fatigué que je suis a erré.

Eudes et moi sortîmes en emportant Montbard, laissant le Minervois seul avec le *Magister*. Arrivés dans l'entrée du donjon, Véran nous accueillit. S'il fut surpris de voir mon maître vivant, il n'en montra rien. Il se contenta de nous ouvrir la porte, qu'il referma derrière nous et qu'il verrouilla.

———

À l'infirmerie, dame Peirina parut étonnée de revoir son patient en vie et je compris que, de garde auprès des patients, elle avait été de mèche avec Eudes et que c'était elle qui l'avait laissé s'emparer de lui. Pour la première fois depuis que je la connaissais, son visage sévère s'éclaira d'un large sourire, elle ferma les yeux, soulagée. Je me rappelai son malaise lorsque Ravier avait laissé entendre à Eudes que le temps était venu d'exécuter les basses œuvres de l'Ordre des Neuf. Elle non plus, de toute évidence, n'avait pas apprécié la tâche qu'elle devait accomplir.

Nous étendîmes mon maître sur son lit et elle le prit en charge. Elle défit le bandage qui enveloppait son moignon, inspecta la blessure et la badigeonna d'onguent avant de la recouvrir d'un linge propre.

— La plaie s'est un peu rouverte, mais tout ira bien, m'informa-t-elle.

Elle me posa une main sur le bras et le serra.

— Gondemar, murmura-t-elle pour ne pas être entendue des autres patients, j'ignore ce qui a pu se passer pour que sire Bertrand se retrouve ici, mais sache que je suis heureuse qu'il en soit ainsi.

Je me contentai de hocher sèchement la tête. J'étais encore en colère et elle dut le sentir. Embarrassée, elle retint Eudes.

— Tu es blessé. Montre-moi ça.

Eudes retira sa cape, puis sa chemise, et laissa la Parfaite examiner sa plaie. Elle était profonde, mais nette.

— Tu as de la chance. La lame a manqué de peu une artère. Sinon, tu aurais pissé le sang jusqu'à te vider. Nous allons simplement recoudre tout ça. Avec cette musculature, tu ne sentiras plus rien dans quelques jours. Attends-moi, je reviens.

Peirina disparut pour aller quérir ce dont elle avait besoin pour refermer la plaie. Eudes et moi restâmes seuls près de Montbard, qui dormait comme un sonneur. La gêne entre nous était palpable.

— Je n'ai fait qu'obéir aux ordres, marmonna-t-il en gardant les yeux rivés au sol. Je ne voulais pas le tuer. Je n'avais pas le choix. Tu comprends?

Il releva enfin la tête et soutint mon regard. Je ne pus qu'admirer le courage et l'humilité qu'il fallait pour faire ce simple geste.

— Jadis, Montbard a dû obéir à un ordre cruel, lui aussi. Il ne t'en tiendra pas rigueur. Quant à moi, je ne suis pas en position de te juger. J'ai fait bien pire.

Je lui tendis la main et il la saisit, visiblement ému.

— Nous avons plus important à faire qu'entretenir des rancœurs, dis-je.

Sur l'entrefaite, Peirina réapparut. Elle sutura la plaie d'Eudes d'une main experte sans même qu'il grimace, puis lui donna son congé. Le templier sortit sans attendre.

Je m'assis sur le tabouret près du lit. Peirina allait partir, mais elle se ravisa.

— Qu'allons-nous faire? demanda-t-elle à brûle-pourpoint.

— Retrouver ce qui a été perdu, répondis-je, sachant fort bien de quoi elle parlait. Avons-nous un autre choix?

— Que Dieu t'entende, mon frère, répondit-elle.

— J'en doute. De toute la Création, je suis peut-être l'homme dont la voix porte le moins.

Ne sachant si elle devait considérer mes paroles comme une manifestation de mon découragement ou comme un sacrilège, elle hésita un moment puis hocha la tête avec tolérance et s'éloigna, me laissant seul avec mon maître que, une fois encore, j'étais passé à un cheveu de perdre.

———

Malgré ma détermination à veiller, je finis par m'endormir. Lorsque j'ouvris les yeux, Montbard me regardait en tâtant la bosse qui ornait encore sa tempe.

— Putain de Dieu… grommela-t-il. Que m'est-il arrivé?

— Vous avez frôlé la mort. Hormis cela, rien à signaler.

Je lui résumai les événements des dernières heures et il n'intervint que pour demander de temps à autre des précisions rendues nécessaires par l'incohérence de mon récit.

— Par la barbe du diable, maugréa-t-il lorsque j'eus terminé. Je ne sais pas ce qui me trouble le plus : que l'on ait décidé de m'occire ou que la Vérité ait été volée.

Montbard se frotta le visage à deux mains, comme il le faisait souvent quand il était désemparé. La discussion semblait lui avoir redonné vie.

— Et les parchemins ? A-t-on idée d'où ils sont passés ? demanda-t-il.

— Aucune. Il est établi que personne n'est sorti de Montségur depuis l'arrivée du groupe mené par Ugolin. Seul un messager est entré. Que l'on sache, personne n'est descendu dans le temple avant la nuit dernière. Seul Ravier y est autorisé. Et pourtant, les parchemins n'y sont plus.

— Alors un des membres de l'Ordre ment, car quelqu'un y est allé, rétorqua mon maître. Il aura suffi que le filou soit de garde pour que personne ne sache qu'il était descendu.

— Si celui qui a transgressé la règle est membre des Neuf, il savait exactement le risque qu'il courait.

Je lui expliquai ce que Ravier m'avait appris au sujet du serment des Neuf. Montbard m'écouta sans m'interrompre, mais son visage s'empourpra peu à peu de colère.

— Sous peine de mort ? gronda-t-il, lorsque j'eus terminé. Tudieu ! Personne n'avait jugé bon de nous prévenir de ce menu détail ? Enfin. *Praemonitus praemunitus*[1]...

Il réfléchit un instant en triturant sa barbe, puis se retourna vers moi et s'appuya sur son coude.

— Procédons par élimination, suggéra-t-il, un peu calmé. Qui, selon toi, est au-dessus de tout soupçon ?

— Ugolin, répondis-je aussitôt. Jusqu'à la nuit dernière, il ignorait tout de cette histoire. Et s'il avait voulu s'emparer des documents, il en aurait eu l'occasion lorsque nous avons affronté Evrart et ses hommes.

---

1. Celui qui est prévenu est prémuni.

— Vrai, acquiesça le vieux templier. Esclarmonde, quant à elle, a eu charge de la cassette depuis le jour où je la lui ai confiée. Si elle avait voulu voler les parchemins, elle aurait eu vingt ans pour le faire avant qu'elle n'arrive à Montségur.

— De plus, elle nous a défendus bec et ongles dans le temple, l'informai-je. Elle a répondu de nous sur sa vie. Elle a mis Ravier au défi de l'égorger comme vous s'il s'avérait que nous étions les coupables.

— Je reconnais bien là sa grandeur d'âme. Cette femme est… fascinante.

— Elle est donc hors de tout soupçon, elle aussi. Ravier, quant à lui, est *Magister* de l'Ordre et lorsqu'il a trouvé la cassette vide, il s'en est trouvé mal tellement il était ébranlé, ajoutai-je. Ces choses-là ne se feignent pas.

— Restent donc Eudes, Jaume, Véran, Raynal, Peirina et Daufina? continua Montbard.

— J'ai peine à imaginer un des Neuf trahir l'Ordre.

— Là où il y a homme, il y a hommerie, dit-il en me dévisageant gravement. Parfois, même les meilleures influences ne suffisent pas à réformer les bas instincts.

Je baissai la tête, sachant trop bien à quoi il faisait référence. Il laissa s'écouler quelques secondes lourdes de reproche avant de poursuivre.

— J'ai vécu longtemps. Trop longtemps, je crois. Je ne suis plus certain de croire en l'homme. J'en ai vu plus que ma part se laisser corrompre par l'appât du gain et les belles promesses. Les Neuf ne sont pas plus stupides que les autres. Cette guerre est perdue et ils le savent aussi bien que nous. Ce n'est qu'une question de temps avant que Montfort balaie le Sud et le purge de l'hérésie. Il suffit que l'un d'entre eux estime sa propre vie d'une valeur supérieure à celle de la Vérité et nous avons un traître.

— Mais lequel…?

— C'est ce que nous devons découvrir. Et me voilà alité comme un vieillard! Sur une jambe, en plus!

— Il vous restera toujours votre vieille cervelle tordue ! blaguai-je en me levant.

— Gondemar ? fit Montbard.

Je me retournai vers lui et attendis. Son visage avait pris une expression grave.

— Tu sais, le pire, c'est que si l'on m'avait expliqué la tradition des Neuf, j'aurais accepté la mort sans aucune hésitation. Elle n'est que la forme ultime du devoir.

— Et si on me l'avait expliquée, je ne vous aurais pas laissé faire, tête de mule. Sur une patte comme sur deux, j'entends bien vous traîner avec moi encore longtemps. Maintenant, reposez-vous.

Je sortis avant qu'il puisse répliquer. Mais il souriait.

***

Dehors, les premiers rayons du soleil chassaient la nuit. En sortant de l'infirmerie, j'avais grand besoin de me rafraîchir et de manger un peu. Lorsque j'entrai dans ma chambre, je trouvai Ugolin assis sur ma paillasse. Il leva la tête pour m'accueillir. Ses yeux étaient rougis et ses traits tirés.

— Je t'attendais, dit-il d'un ton morne.

J'attrapai la cruche sur la table et nous versai deux gobelets de vin. On y avait laissé du pain frais et du fromage. J'en fis deux portions et offris le tout au Minervois, qui les accepta.

— Ravier t'a appris ? m'enquis-je.

Il arracha une bouchée de pain avec ses dents et la rinça d'une longue rasade de vin. J'attendis, sachant fort bien qu'il éprouvait le besoin de parler.

— Tu sais, reprit-il, être considéré comme hérétique n'est pas chose facile. Nul n'aime être honni par ceux qui se prétendent seuls détenteurs de la parole de Dieu. On nous traite comme des lépreux, une corruption à nettoyer. Parfois, il m'est même arrivé de douter. J'ai toujours espéré qu'un jour, ma foi serait validée. Et maintenant, alors que je devrais me réjouir, j'ai du mal à le croire. Dis-moi, Gondemar, ces documents, tu les as vus, toi?

— Oui.

— Ils sont authentiques?

— Je n'ai aucune raison de penser le contraire.

— J'aurais voulu les tenir entre mes mains, ne fût-ce qu'une fois. Pour être certain.

— Je comprends. Nous les retrouverons, Ugolin, dis-je en lui posant la main sur l'épaule.

— Tu crois?

— Je le désire plus que tu ne pourrais jamais l'imaginer.

Je n'étais pas dupe. Je savais fort bien que celui qui avait subtilisé les documents était habile et qu'il ne se laisserait pas prendre facilement. Mais je ne soupçonnais pas qu'il me faudrait tant de temps pour y voir clair.

CHAPITRE 7

Enquête

La vie qu'on m'avait prêtée pesait plus lourd que jamais. Je me retrouvais à nouveau à courir après une Vérité que je devais protéger au prix du salut de mon âme. Sauf que cette fois il n'était plus seulement question de découvrir l'endroit où elle m'attendait, cachée depuis un siècle. Elle avait disparu et si je ne la retrouvais pas, je risquais fort d'avoir très bientôt l'éternité pour ressasser mes fautes. Pourtant, la situation avait beau être urgente, je ne savais toujours pas par où commencer. Et le fait que tous les membres de l'Ordre des Neuf étaient à sa recherche n'arrangeait rien. Je devais la retrouver avant eux. Mes raisons étaient peut-être égoïstes, mais elles étaient mille fois plus pressantes.

Je décidai, dans un premier temps, de retourner discuter avec Montbard, dont l'esprit pratique ne pouvait que m'être d'un grand secours. Lorsque j'arrivai à l'infirmerie en compagnie d'Ugolin, le repas du matin venait tout juste d'être servi. Je fus surpris de trouver mon maître assis sur le bord de son lit, son seul pied posé sur le sol. Il était encore pâle, mais je reconnaissais l'expression ferme qui marquait son visage. Il avait pris une décision et rien ne pourrait l'en faire changer. Pernelle se tenait près de lui et haussa les épaules avec impuissance lorsque je l'interrogeai du regard.

— Il insiste pour dire qu'il va mieux, soupira-t-elle.

— Et comment va-t-il ?

— Il se porte bien, je dois l'admettre. Il mange comme un ogre, ajouta-t-elle en désignant deux bols en bois vides empilés l'un dans l'autre. Le voilà qui exige des doubles portions. Je le soupçonne d'avoir tenté de sautiller dans la pièce et d'avoir chuté. Son moignon s'est un peu fendu. Rien de grave, heureusement.

Montbard et moi échangeâmes un regard entendu. Nous savions tous deux dans quelles circonstances sa blessure s'était rouverte. Peirina, bien entendu, n'avait pas vendu la mèche.

— Bah! Tu devrais être contente, petite engeance! s'écria-t-il d'une voix à la bonne humeur un peu forcée. Si je veux sortir d'ici, il faut bien que je mange. Même cette infecte bouillie fera l'affaire. Mais, par la queue du diable, un peu de viande ne me ferait pas de tort!

Il plissa le visage et toisa Ugolin, son œil valide brillant d'une lueur espiègle.

— Dis donc, toi, ne m'as-tu pas déjà mentionné que tu savais travailler le bois?

— Avant la croisade, j'étais apprenti charpentier. Pourquoi donc?

— Si tu voulais, tu pourrais me fabriquer une béquille, non?

— Oui, certes, mais…

— Alors qu'attends-tu, gros balourd? insista Montbard.

Le géant jeta un regard inquiet vers Pernelle, dont l'autorité absolue sur ses patients était redoutée de tous.

— Il est encore bien tôt… hésita celle-ci.

— Tu m'as coupé la jambe! éclata mon maître. Putain de Dieu, je ferai bien ce que je voudrai avec celle qui me reste! Il y a des mois que je suis assis sur mon cul ou couché comme un goutteux. Il est temps que je fasse quelque chose de ma carcasse. Si je m'allonge encore, ce sera pour mourir!

— Tout de même, je pense que…

— Franchement, ce que tu penses, petite mécréante, tu peux te le fourrer là où même la lumière divine ne brille jamais. Je suis assez vieux pour décider moi-même si je peux marcher ou non!

Les yeux de Pernelle s'agrandirent d'indignation et ses joues prirent une révélatrice teinte rosée, mais elle réussit à se contenir. Indécis, Ugolin me consulta du regard.

— Va la lui fabriquer, sa béquille, dis-je en souriant. Ce vieux bouc ne cessera pas de grogner tant qu'il ne l'aura pas. Et Dieu sait qu'il peut être agaçant, n'est-ce pas, Pernelle ?

— Qu'il s'en aille en sautillant sur un pied s'il le souhaite, ragea-t-elle, les bras en l'air, exaspérée. Et surtout, qu'il ne revienne pas ! Sinon, je crois que je finirai par l'empoisonner dans son sommeil.

— Bon ! s'exclama Montbard en se frottant les mains. La chose est organisée ! Allez, mon gros, au travail !

Ugolin s'approcha de Montbard et lui tendit la main.

— Levez-vous, dit-il en le tirant pour le mettre sur pied.

Mon maître vacilla un peu, cherchant un équilibre précaire.

— Appuyez-vous sur moi, dit le Minervois en s'agenouillant.

— Mais qu'est-ce que tu fais ? s'enquit Montbard. Je t'ai demandé de me fabriquer une béquille, pas de m'en tenir lieu.

— Vous en voulez une, oui ou non ? s'impatienta Ugolin. Alors laissez-moi vous mesurer et taisez-vous.

Montbard, qui ne s'était pas souvent fait parler sur ce ton, se tut, interdit.

— Dame Pernelle, auriez-vous du fil ? demanda le colosse.

Pernelle lui tendit une pelote dont elle se servait pour recoudre les plaies. Il en déroula une longueur, posa une extrémité sur le sol et l'étira jusqu'à l'aisselle de Montbard. Il y fit un nœud et la cassa. Puis, il fit un second nœud à la hauteur du moignon. Quand il eut fini, il se releva et aida mon maître à se rasseoir.

— Bon, je vais voir ce que je peux faire, dit-il. J'ai comme une petite idée qui me trotte dans la tête.

Il quitta la pièce avec son fil enroulé autour de la main. Nous restâmes là, sans dire un mot, la présence de Pernelle nous empêchant d'aborder le sujet qui nous brûlait la langue. Mon amie parut sentir notre malaise.

— Euh… Bon, balbutia-t-elle. Je… j'ai à faire. Je repasserai plus tard. Essayez de ne pas vous casser le cou avec votre béquille. Je détesterais vous revoir ici une nouvelle fois. Je cède à ce pauvre Gondemar le plaisir de votre compagnie. Après tout, chacun doit gagner son ciel comme il le peut.

Elle me tapota le bras avec une sympathie presque comique puis sortit. Je m'assis sur le tabouret et dévisageai mon maître.

— Pour un homme que j'ai ramené ici presque sans connaissance voilà quelques heures à peine, votre état tient du miracle… Quel saint avez-vous donc prié ? demandai-je avec ironie.

— Saint Jude, le patron des causes perdues, rétorqua-t-il. Tu devrais entretenir davantage tes relations avec lui…

L'urgence de la situation m'aidant à ignorer l'allusion, j'appuyai mes avant-bras sur mes cuisses et me penchai vers lui.

— Vous êtes pâle comme le croupion d'une nonne et vous suez comme un forgeron. Je ne suis pas dupe, vous savez. Quiconque vous connaît un brin peut voir que vous avez un mal de chien.

— Soit. J'ai l'impression que le cœur va me sortir par le moignon. Mais, à part le petit saignement de cette nuit, la plaie est belle et bien fermée. Je ne peux tout de même pas rester couché pour le reste de ma vie. Et ne t'avise pas de te mettre à caqueter comme une mégère.

— Nous savons tous deux que mes remontrances ne mèneraient à rien. Et j'ai d'autres chats à fouetter, figurez-vous, dis-je en songeant à ce que la disparition de la Vérité signifiait pour moi.

— Ce qui compte, ce sont ces maudits papiers, reprit-il. Ils me causent bien des tourments et je ne suis pas sûr d'apprécier leur existence, mais, mordieu, j'ai juré sur mon honneur et ma vie de les protéger. Bertrand de Montbard n'a qu'une parole. Ce n'est pas allongé sur cette paillasse que je servirai à quoi que ce soit.

Il frotta distraitement son moignon. Il l'avait enveloppé dans l'extrémité repliée de sa culotte, qu'il avait attachée autour de sa cuisse avec un bout de ficelle. Je fis semblant de ne pas remarquer le rictus de douleur qui passa sur ses lèvres.

— Heureusement, il me reste ma cervelle, et elle a passablement réfléchi depuis que tu m'as raconté cette histoire.

— Et est-elle parvenue à quelque conclusion?

— Peut-être. Ce qui est clair, c'est qu'on ne vole pas des documents de cette importance juste pour le plaisir. Le filou a agi soit par conviction personnelle, soit pour sauver sa propre peau, soit par appât du gain, dit-il en levant les doigts au rythme de son énumération.

— Dans un cas comme dans l'autre, pour les transmettre à Amaury, complétai-je.

— Le saint homme n'espère qu'une occasion de les détruire pour qu'Innocent et ses successeurs sur le trône de saint Pierre puissent dormir du sommeil du juste.

Montbard me désigna de la tête la cruche de vin qui traînait sur la table. J'en versai dans deux gobelets et lui en servis un. Il but un peu et je fis de même.

— Nous avons la certitude qu'aucune assemblée des Neuf n'a eu lieu entre ton initiation et celle d'hier? s'enquit-il.

— Aucune. C'est votre blessure qui a contraint Ravier à la convoquer.

— Et elles ne sont jamais décidées à l'avance?

— Pas que je sache.

— Bon, cela signifie que les documents ont été volés entre le début de septembre et hier. Cela fait près de cinq mois. Et si cette maudite jambe ne s'était pas corrompue, en ce moment même, personne ne saurait que la Vérité est disparue. Le larcin n'aurait été découvert que lors du prochain conseil, Dieu seul sait quand. Le voleur aurait eu le temps de faire sortir les parchemins de Montségur en toute quiétude.

— Sauf que personne n'est sorti de la forteresse. À moins qu'il ne l'ait fait en secret, évidemment. Comme le suggérait Raynal, avec un peu d'ingéniosité, il aurait certes été possible de les faire passer par-dessus le rempart.

— Pas avec les sentinelles qui vont et viennent régulièrement, répliqua Montbard.

— Le voleur aurait pu procéder entre deux rondes, contrai-je. Et puis, nous avons nous-mêmes passé de longues heures sur la muraille sans que les gardes nous inquiètent. S'ils connaissaient bien le voleur, ils l'auraient laissé tranquille, lui aussi. Il auraient même pu être de mèche avec lui.

— Tu as bien regardé Montségur, jouvenceau? Peux-tu vraiment imaginer que quelqu'un puisse gravir le sentier étroit et escarpé qui y mène, puis venir se planter au pied de la muraille et attendre tranquillement qu'on lui lance un paquet, tout ça sans être vu ou entendu par les sentinelles, même en pleine nuit?

— Ce serait difficile, en effet, dus-je admettre.

— Bon, il y a quelque espoir que ton crâne ne soit pas complètement vide!

Il vida son gobelet d'un trait et me le tendit pour que je le remplisse.

— M'est donc avis, poursuivit-il, que nous pouvons tenir deux choses pour acquises. *Primo*, si notre gredin avait eu les documents en sa possession depuis des mois, il les aurait déjà fait sortir d'ici. Pour quiconque avait une raison légitime de quitter Montségur, il eût été facile de transporter un petit paquet dans ses bagages sans attirer l'attention. Particulièrement pour quelqu'un qui est au-dessus de tout soupçon, comme un templier ou une Parfaite. Or, personne n'a franchi la porte depuis notre arrivée. C'est donc qu'il les a volés récemment. Tu es d'accord?

— Oui. Poursuivez.

— *Secundo*, l'assemblée imprévue d'hier a bousculé ses plans. Comme il est désormais interdit de sortir, notre homme est coincé dans la forteresse. Les documents sont donc toujours dans Montségur et je parierais mon autre jambe qu'il vendrait sa mère pour s'en débarrasser.

Ne trouvant aucune faille à son raisonnement, je hochai la tête en guise d'assentiment. L'esprit alerte de Montbard m'était connu depuis longtemps. Qu'il analyse un style de combat ou un larcin, il le faisait avec la même méthode, décortiquant froidement les éléments qui composaient l'ensemble pour en identifier le point faible. C'était grâce à cela que j'étais devenu un soldat redoutable et je m'en remettais instinctivement à lui pour y voir clair. J'ajoutai toutefois mon grain de sel.

— J'ai réfléchi, moi aussi, et je crois que nous pouvons dès maintenant rayer quelques noms de plus de notre liste de suspects.

— Ah? Lesquels?

Je me levai et me mis à marcher de long en large dans la petite pièce en comptant les noms sur mes doigts à mesure que je les énumérais.

— D'abord dame Peirina. Dans le temple, sa première réaction a été de nous rappeler notre serment, auquel elle accorde visiblement une valeur sacrée. De plus, sa réaction lorsque Ravier a ordonné à Eudes de vous exécuter était éloquente. Elle était catastrophée. Sa vocation est de guérir, pas de tuer, mais elle a obéi et l'a laissé vous emporter lorsqu'il s'est présenté à l'infirmerie. À mon sens, tout cela démontre une loyauté infaillible envers l'Ordre. Lorsqu'elle a constaté que vous aviez survécu, son soulagement était palpable. Jamais elle ne pourrait consentir à tout cela d'un côté et trahir de l'autre.

— Ou alors, elle joue bien la comédie. Si elle a volé les documents, elle a tout avantage à montrer une loyauté telle que personne n'oserait la soupçonner. Qui d'autre?

— Eudes, pour les mêmes raisons. Lui aussi répugnait à vous assassiner, mais il a obéi. Et sa surprise lorsque nous avons découvert que la Vérité manquait était réelle. J'en mettrais ma main au feu. Cet homme est aussi solide qu'un chêne et je plains celui qui tentera de le corrompre.

— C'est l'impression qu'il me donne, à moi aussi. Et j'ai eu bien des hommes à juger dans ma vie. Il est même venu me demander pardon ce matin.

— Vous le lui avez accordé?

— Bien sûr! Je respecte un homme qui sait obéir aux ordres, même ceux qui vont contre sa conscience. Eudes est un vrai soldat. Mais les apparences peuvent être trompeuses. Comme Peirina, s'il est celui que nous cherchons, il aurait tout avantage à paraître le plus fidèle des hommes afin d'être certain de ne pas se faire prendre. Non?

— Homme de peu de foi! Vous êtes impossible!

— Je suis réaliste, jouvenceau. Mais poursuivons. Mon instinct me dit, à moi aussi, que ces deux-là sont innocents et, au-delà de la raison, l'instinct est souvent le guide le plus sûr. Cela laisse Jaume, Véran, Raynal et Daufina. Parle-moi de leur attitude lorsqu'ils ont réalisé que la Vérité avait disparu. Parfois, les yeux voient des choses que l'esprit ne retient pas.

Je repassai dans ma tête les événements de la nuit précédente, analysant les interventions et les attitudes de chacun.

— Ce qui était clair comme de l'eau de roche, c'est que Raynal était bien empressé de faire porter le blâme sur moi.

Je lui résumai les arguments de Raynal et les échanges que nous avions eus.

— Peut-être cherchait-il à détourner les soupçons? suggéra-t-il.

— Ou peut-être ne faisait-il que ce qu'il percevait comme son devoir.

Montbard réfléchit un moment.

— Raynal était à Quéribus pour prendre charge de la cassette. Avec Eudes et Esclarmonde, il m'a accueilli dans l'Ordre et Ravier n'a eu qu'à confirmer ma réception. Cela veut quand même dire quelque chose.

— J'ose l'espérer, oui… Et en route vers Montségur, il a défendu la cassette au prix de sa vie. L'argument d'Esclarmonde à mon sujet vaut aussi pour lui: s'il avait voulu s'emparer de la Vérité, c'eût été le moment idéal.

Je cessai mes déambulations et revins m'asseoir près de mon maître.

— Jaume, pour sa part, semblait pencher du côté de Raynal, mais seulement par logique et sans beaucoup de conviction. Il cherchait surtout à comprendre, je crois. Quant à Véran, il était plutôt mal à l'aise avec les soupçons de Raynal et il ne l'a pas appuyé. Une chose est certaine : il prend sa tâche au sein de l'Ordre très au sérieux et vit très mal le fait que quelqu'un ait réussi à s'introduire dans le temple alors qu'il est responsable de la garde. Il le ressent comme un échec personnel.

— Et Daufina ? s'enquit mon maître.

— Elle n'a rien dit du tout. Elle semblait effondrée et avait les larmes aux yeux. M'est avis qu'il faudrait savoir depuis quand les Parfaites sont à Montségur. Plus leurs racines y sont longues, moins elles sont susceptibles de trahir.

— Bon, il faudra les éliminer un à un, et sans délai. Le temps presse. Par qui commenceras-tu ?

— Raynal, répondis-je aussitôt.

— Gare, jouvenceau. C'est une tête chaude et il n'est pas homme à laisser souiller son honneur.

— Je m'en souviendrai.

Je me levai et me dirigeai vers la porte.

— Je reviendrai vous voir ce soir.

———

Lorsque je me joignis à l'entraînement, quelques heures plus tard, je n'avais pas le cœur aux joies de l'exercice. L'âme encore moins. Mais Raynal était celui sur lequel se portaient mes plus lourds soupçons et j'étais déterminé à l'affronter sans tarder. Le combat est une des mesures les plus justes d'un homme. Dans le tourbillon des armes, les faux-fuyants, les regards dérobés, les mensonges ne sont plus possibles. Tout est réduit à sa plus simple expression.

À peine arrivé, je repérai Raynal. Il était seul, à l'écart des soldats qui commençaient à s'échauffer, et n'avait d'yeux que pour moi. L'expression que j'y voyais était sans équivoque. Il me soupçonnait toujours. Tout dans son attitude trahissait la méfiance et l'antipathie. Je dois admettre que je partageais en bonne part ces sentiments. Je n'avais pas apprécié que mon honneur soit mis en doute devant les Neuf et mon déplaisir était encore vif. J'aimais encore moins le fait qu'il puisse être celui qui mettait mon salut en péril.

D'un pas déterminé, je me dirigeai vers lui. Mon attitude devait être claire car, dès que je fus assez proche, il dégaina son épée sans un mot. En tirant Memento, avant même d'être parvenu à sa hauteur, je savais que j'entrais dans autre chose qu'une simple séance d'entraînement. Après tout, si Raynal avait quelque chose à cacher, quoi de plus facile que d'éliminer celui sur lequel il avait fait peser si ouvertement les soupçons, pour ensuite brandir triomphalement les documents volés qu'il détenait comme preuve de ma culpabilité ? Un mort ne pouvait pas prouver son innocence. Mais pour cela, il devait d'abord venir à bout de moi.

Mon maître m'avait souvent répété que, pour survivre, je devais connaître mon adversaire aussi bien que moi-même. Aussi prenais-je Raynal très au sérieux. Je l'avais vu tenir tête à Bertrand de Montbard, exploit auquel bien peu d'hommes pouvaient prétendre. Il l'avait même blessé, peut-être accidentellement, mais malgré ce qu'il avait prétendu, rien n'était moins sûr. Je savais qu'il alliait force et agilité. Le sous-estimer serait la pire des erreurs.

Lorsque nous fûmes face à face, nous nous dévisageâmes un instant, aucun ne souhaitant baisser les yeux. Le combat s'engagea sans qu'un seul mot soit prononcé. Raynal porta le premier coup de sa longue épée templière. Déterminé à ne pas m'en laisser imposer, je tirai avantage de la maniabilité de Memento pour faire dévier son arme et contre-attaquer avec vigueur, faisant pleuvoir les coups de tous les côtés à une vitesse telle qu'il peina visiblement pour leur résister. Dépassé, il dut reculer et j'écartai sa lame d'un coup sec. Tirant parti de l'ouverture, je lui abattis le pommeau de mon épée sur la joue, ouvrant là une plaie qui se mit aussitôt à couler.

— Fils de chienne, dit-il en tâtant son visage douloureux. Tu me diras où sont les parchemins même si je dois te trancher les pendelochcs avcc mes dents.

— Tu t'intéresses à mes génitoires, fot-en-cul? Je me disais, aussi, qu'avec ton air efféminé…

En furie, Raynal fit pleuvoir des coups avec force. Sa colère l'aveuglait et il devenait imprudent.

— Rends les documents dès maintenant et évite-toi la honte de faire tanner ton joli petit croupion devant tout le monde, dis-je pour le piquer. Sauf si les fessées te plaisent, évidemment.

Il se précipita sur moi, son visage ensanglanté lui donnant des airs de dément. Son arme volait vers mes bras, mes jambes, mon torse et ma tête. Je n'étais nullement en danger, mais, concentré que j'étais à parer ses coups, je fus bêtement surpris par une astuce que j'avais moi-même souvent utilisée. Sans que je m'en rende compte, il avait passé sa jambe derrière la mienne. D'un coup d'épaule, il me renversa et j'atterris lourdement sur le dos, plus surpris que sonné.

Son arme se dirigea vers ma tête et je réagis par instinct en alliant la défensive et l'offensive, comme Montbard me l'avait enseigné. En même temps que je bloquais le coup, j'enfonçai mon pied dans son ventre et j'entendis avec satisfaction ses poumons qui se vidaient. Je roulai sur moi-même dans la poussière et me relevai.

Lorsque nous fûmes tous deux à nouveau solides sur nos pieds, nous nous mîmes à tourner en rond, nous étudiant, chacun désormais bien avisé de la capacité de l'autre. Tous les soldats s'étaient interrompus pour nous regarder. Du coin de l'œil, j'aperçus Ravier, qui nous observait. Il ne semblait pas avoir l'intention de nous arrêter.

Raynal profita du fait que mon attention était ailleurs pour balayer le sol du pied et projeter un nuage de poussière qui m'enveloppa le visage. Aveuglé, les yeux en feu, je sentis plus que je ne vis mon adversaire approcher. Instinctivement, je me penchai vers l'avant et la lame qu'il destinait à ma tête m'effleura les cheveux. Prolongeant mon mouvement, je lui enfonçai l'épaule dans le ventre et, bandant mes muscles, le soulevai dans les airs comme un de ces barils que Montbard m'avait si souvent forcé à transporter. Pour l'humilier entièrement, je le portai ainsi sur plusieurs pas avant de le rabattre violemment sur le sol, où il s'écrasa, le souffle coupé.

Alors qu'il tentait de se relever, je lui appliquai mon pied sur le visage. Sa tête se renversa vers l'arrière et il retomba dans la poussière, à demi conscient. D'un coup puissant du revers, je fis voler son arme, qu'il ne tenait plus que d'une main faible. Puis j'abaissai la pointe de Memento vers sa gorge. Autour de nous s'était formé un grand cercle que personne n'osait briser.

— Notre petit divertissement est terminé. Où sont les documents ? demandai-je à voix basse, les dents serrées, appuyant juste assez fort pour ne pas tirer de sang.

— Si je les avais, crois-tu vraiment que je te les donnerais en sachant que tu me tueras de toute façon ?

— Où sont-ils ? répétai-je en augmentant la pression contre sa gorge.

— Voilà une question à laquelle toi seul peux répondre, rétorqua-t-il, haletant. Tue-moi. Ainsi, tu pourras me blâmer pour ta trahison. Mais hâte-toi. On approche.

La réponse de Raynal me fit hésiter. Le raisonnement qu'il venait de tenir était celui que Montbard et moi-même lui avions appliqué. S'il était coupable, réagirait-il avec une telle conviction ? Ou était-ce qu'il avait simplement déjà fait passer les documents à l'extérieur de Montségur, de sorte que sa mission était remplie et que son sort ne lui importait plus ? Il était certes un homme de conviction, un templier qui ferait face à la mort les yeux grands ouverts. Peut-être jouait-il la comédie jusqu'au bout en espérant confondre les choses pour ne pas avoir à admettre son crime ? Ou peut-être était-il innocent, tout simplement. Une lame apparut soudain et écarta sèchement la mienne.

— Assez, fit la voix calme de sire Ravier.

Le *Magister* me regarda fixement, son visage figé en un masque d'autorité tranquille. Puis, il en fit autant pour Raynal.

— On ne se tue pas entre frères, poursuivit-il.

— À moins que l'un des deux ne soit estropié et inutile, comme un vieux cheval boiteux qui ne peut plus tirer son fardeau, ne puis-je m'empêcher de cracher avec hargne.

— Nous avons déjà réglé cette question et il n'est pas de mon intention d'y revenir. Ce qui est fait est fait. Range ton arme, rétorqua-t-il avec une tolérance empreinte d'impatience.

À regret, je remis Memento au fourreau et fis un pas vers l'arrière pour permettre à Raynal de se relever, sans toutefois lui tendre la main pour l'assister. Le coquin pouvait bien se débrouiller seul. Il se remit debout en vacillant un peu et me toisa avec amertume, le visage ensanglanté. Ravier nous saisit tous deux par le bras et nous attira à l'écart.

— À la lumière des événements récents, je conçois que vous éprouviez de l'animosité l'un pour l'autre, déclara-t-il à mi-voix pour ne pas être entendu, mais le moment est mal choisi pour vous quereller. Consacrez plutôt votre temps à retrouver les documents. Serrez-vous la main comme des frères et mettez cet incident derrière vous.

Raynal et moi nous dévisageâmes longuement, le feu dans les yeux. Aucun de nous ne fit le moindre mouvement de réconciliation.

— Maintenant, insista Ravier, dont la patience atteignait ses limites.

Je me fis violence et tendis la main. Raynal la prit à contrecœur. La poignée de main fut énergique, chacun se faisant un point d'honneur de serrer plus fort que l'autre jusqu'à ce que nos jointures en blanchissent. Puis, après nous être dévisagés encore un moment, nous nous détournâmes et partîmes dans des directions opposées.

J'étais troublé. Le fait que Raynal semblait aussi convaincu de ma culpabilité que moi de la sienne semblait l'exonérer, du moins dans l'immédiat. Mais il était hors de question que je lui donne l'absolution sans confession.

———

Le soir venu, je m'en fus rejoindre mon maître. J'entrai sans frapper et crus avoir la berlue lorsque je le vis debout sur deux jambes. Malgré l'effort évident que cela exigeait de lui, Montbard, pâle et amaigri, arborait un air victorieux.

— Par quelle sorcellerie… ? bredouillai-je.

— Le seul magicien est ce bon gros Ugolin, s'esclaffa-t-il. On ne le croirait pas à le voir, mais ce fripon a une cervelle, et fort ingénieuse au demeurant. Au lieu d'une béquille, il m'a fabriqué une jambe !

Je devais avoir l'air stupide, car il s'empressa de m'expliquer.

— Le bougre a assemblé trois bouts de bois et attaché le tout à ma taille. Tiens, vois toi-même !

Montbard défit sa ceinture, puis le cordon qui retenait ses braies, qui tombèrent sur ses chevilles. J'admirai l'ingéniosité du dispositif conçu par Ugolin. Le moignon était encastré dans une pièce de bois évidée dans laquelle il s'emboîtait parfaitement. Le Minervois en avait rembourré le fond de linges épais pour la rendre aussi confortable que possible. La pièce se prolongeait jusqu'à la hauteur du genou, où son bout arrondi était solide-ment joint par d'épaisses sangles de cuir à une autre partie qui figurait le tibia et qui ne pouvait plier que vers l'arrière. Cette dernière partie était à son tour attachée à une pièce horizontale qui tenait lieu de pied, sur lequel Montbard pouvait faire repo-ser sa considérable masse. Tout l'appareil était relié par deux sangles, une à l'avant et l'autre à l'arrière, à une ceinture de cuir attachée à la taille de mon maître, de sorte qu'il était impossible que le moignon en sorte. Je n'en revenais pas. En quelques heures, Ugolin avait façonné un simulacre de jambe, complète, avec un genou et une cheville mobiles.

— Me voilà sur deux pattes, moi qui croyais devoir me traîner comme un estropié jusqu'à la fin de mes jours, se réjouit Montbard, en se reculottant. Bien entendu, je ne danserai plus jamais l'estampie, mais au moins, je me tiens à nouveau comme un homme!

— C'est douloureux? m'enquis-je.

— Ça pince comme tous les diables, je ne m'en cache pas, mais j'ai connu pire. L'amputation est vieille d'un mois et la plaie est bien refermée. La petite furie a fait un fort beau travail de couture et elle m'assure que la chair s'épaissira avec le temps. Alors il me suffit d'endurer jusqu'à ce que ça se calme.

Il s'assit sur son lit en grimaçant, la sueur lui coulant le long du visage.

— Alors? s'enquit-il en frottant sa jambe blessée. Ta rencontre avec Raynal s'est bien passée?

— On peut le dire ainsi, oui.

— Et?

— Je ne crois pas qu'il soit notre homme.

Il ne parut pas surpris de ma déclaration et se contenta de lever le sourcil pour m'inviter à poursuivre. Je lui relatai la teneur du bref dialogue que j'avais entretenu avec mon adversaire et les conclusions que j'en tirais. Il ne détenait pas les parchemins. Il les cherchait.

— À moins, évidemment, qu'il n'ait cherché à couvrir sa propre culpabilité en te faisant passer pour le fripon, suggéra-t-il. Ce garçon est tout sauf stupide. En tout cas, une chose est certaine: il ne t'aime guère. M'est avis que, désormais, tu devras marcher les fesses bien serrées si tu ne veux pas te faire enculer dans le premier coin noir. Il est orgueilleux comme un paon et voudra venger son humiliation, autant que possible devant public.

— Grand bien lui en fasse. Je pourrais lui tanner le cul à une seule main.

— Une langue froide ne parle pas, Gondemar. S'il est celui que nous cherchons, même si tu crois le contraire, il doit être vivant pour rendre les documents ou nous conduire à eux.

Je soupirai, mal à l'aise.

— Qu'y a-t-il? s'enquit Montbard. Quelque chose te turlupine, on dirait.

— C'est Ravier, répondis-je. Je trouve qu'il a bien pris son temps avant d'interrompre notre rixe. Il cherche à retrouver la Vérité, comme nous tous. Il voyait sans doute là une occasion de départager les suspects. Si l'un de nous avait avoué, sa vie en serait grandement simplifiée.

— Peut-être, fit mon maître, une moue dubitative sur les lèvres.

— Mais? insistai-je.

— Je suis sans doute trop méfiant, mais je me dis que si Ravier était de mèche avec Raynal, ta mort aurait fait son affaire. Après tout, il n'a interrompu le combat qu'en le voyant en danger, non?

— Je ne peux pas croire une chose pareille. Ravier a juré de protéger la Vérité. Il est le *Magister* de l'Ordre.

— Et alors? Celui qui a volé les documents a fait le même serment. Jusqu'à ce que nous sachions qui il est, il faut se méfier de tout le monde.

— Vous avez raison, je suppose. Même si vous avez le don de tout compliquer.

— C'est un talent que j'ai, rétorqua-t-il, souriant.

Montbard avait toujours eu la faculté de mettre le doigt sur l'envers des choses. Je le laissai en lui recommandant de ne pas trop forcer sa jambe, et m'en fus, préoccupé. Plus que jamais, je sentais que je ne pouvais faire confiance à personne.

CHAPITRE 8

Suspects

La vie apporte parfois un répit à ceux qui en ont besoin. Même aux damnés abandonnés par Dieu et seuls parmi les hommes. Je trouvai le mien dans des circonstances imprévues dont je profitai sans scrupules, ne sachant pas si l'occasion se représenterait jamais.

Le lendemain, j'allais me joindre à l'entraînement quand je constatai qu'une des deux courroies qui retenaient le fourreau de Memento à mon ceinturon s'était brisée. Je me dirigeai donc vers l'atelier du cordonnier, où j'espérais obtenir une pièce de rechange. Je frappai à la porte et entrai, m'attendant à trouver Séverin, le vieux cordonnier. Je le connaissais un peu car, malgré son âge vénérable, il insistait pour participer aux entraînements, comme tous les hommes valides de Montségur. Mais il n'était pas là. À sa place, penchée sur l'établi, était assise une jeune femme d'une vingtaine d'années. Ses cheveux, qui lui tombaient en cascade sur les épaules et dans le dos, étaient d'un roux flamboyant et son teint, rosé. Concentrée sur sa tâche, elle martelait énergiquement une pièce de cuir sur une forme en bois afin de lui donner la tournure d'une botte. Je me raclai la gorge pour attirer son attention et elle interrompit son travail, leva vers moi des yeux noisette et rieurs, puis secoua la tête pour renvoyer vers l'arrière une mèche rebelle. Elle m'examina ouvertement, ses lèvres pulpeuses formant une moue séduisante.

— Séverin n'est pas là ? demandai-je.

— Il est sorti réparer des selles à l'étable. Il en a pour un bon moment.

— Je me demandais s'il pourrait remplacer cette courroie, dis-je en montrant la pièce brisée encore attachée à mon fourreau. Je repasserai.

— Je peux très bien le faire, dit la femme.

— Toi?

— J'ai l'air manchote?

— Euh… Non.

Je lui tendis mon fourreau. Sa main délicate effleura la mienne et s'y attarda un peu, faisant monter en moi un frisson que je n'avais pas ressenti depuis mes beaux jours de cuissage à Rossal. Elle sembla constater mon malaise et m'adressa un sourire à la fois aguichant et frondeur qui ne fit qu'accroître mon trouble.

— Il me faudra cinq minutes. Tu es pressé?

— Je peux attendre, répondis-je, incapable de détacher mon regard de son visage.

Elle s'installa à l'établi, détacha la pièce endommagée du fourreau, puis choisit une peau bien épaisse et résistante. Elle étendit dessus le morceau à remplacer et en traça la forme à l'aide d'un outil pointu. Puis, avec un couteau fin et tranchant, elle y découpa la pièce neuve, dans laquelle elle perça enfin un trou à chaque extrémité avec un poinçon qu'elle enfonça de quelques coups de marteau. Pendant que je l'observais, fasciné autant par sa beauté que par sa dextérité, elle rattacha le tout à mon fourreau et me le rendit.

— Voilà! dit-elle. C'est fait.

Je pêchai une pièce dans la bourse attachée à ma ceinture et la lui tendis.

— Ce sera suffisant?

— Amplement.

— Bon, merci et au revoir.

Je me dirigeai vers la porte. J'avais la main sur la poignée lorsqu'elle m'interpella.

— Tu es Gondemar de Rossal, non?

Je me retournai. Elle s'était levée. Tout à coup, elle avait des airs de lionne en chasse et ses intentions étaient claires. Elle rajusta sa jupe dont le tissu tendu révélait des cuisses fort bien faites et s'approcha lentement de moi en ondulant les hanches, qu'elle avait rondes. Depuis Rossal, je n'avais pris aucune femme, ni même n'en avais réellement désiré une. Mais à la vue de cette créature au corps nerveux comme un pur-sang, je sentis monter à nouveau en moi ce feu brûlant et violent que je croyais éteint.

— Je le suis, dis-je en fixant malgré moi les seins amples qui pointaient effrontément à travers le lin blanc et mince de sa chemise.

Elle suivit mon regard et tira sur le tissu pour le tendre de manière provocante afin de faire paraître ses mamelons foncés.

— Je suis Salvina, dit-elle en souriant. La fille de Séverin.

— Je... je suis enchanté, répondis-je.

Elle baissa les yeux vers mes braies, où un gonflement trahissait l'effet qu'elle me faisait.

— Je le vois bien, dit-elle en levant un sourcil.

Elle franchit les quelques pas qui nous séparaient et leva un visage qui m'atteignait à peine le menton. Sans avertissement, elle passa ses bras autour de mon cou et se frotta à moi en provoquant sans beaucoup d'effort l'effet escompté.

— Dois-tu vraiment partir tout de suite, beau seigneur? demanda-t-elle d'une voix rendue rauque par le désir. Ta lance me semble anxieuse de s'exercer.

Puis elle serra mon membre à travers le tissu de mes braies. Ma bouche s'assécha, ma gorge se serra et ma réponse fut celle de la nature. J'empoignai sa longue chevelure rousse derrière sa nuque et tirai sa tête vers l'arrière pour cueillir sa bouche. En guise de réponse, elle me mordit férocement la lèvre inférieure et en tira un peu de sang. Je devins fou. De l'autre main, je détachai sa chemise, libérant sa plantureuse poitrine pour la pétrir et la baiser, pendant qu'elle détachait fébrilement mes braies. Je l'appuyai contre la porte, relevai sa jupe, soutins sa cuisse d'une main et l'empalai avec une vigueur que ses reins imitèrent avec ferveur. Tout se passa très vite et j'étouffai le cri qui m'échappa alors qu'elle-même se cabrait. Puis nous restâmes immobiles, l'un contre l'autre, à bout de souffle. Elle finit par me lécher affectueusement les lèvres, le regard coquin.

Je n'étais pas rassasié et je sentais remonter en moi la capacité de la prendre à nouveau lorsqu'on frappa à la porte contre laquelle nous étions adossés, haletants. Je remballai frénétiquement mon estoc dans mes braies pendant que Salvina lissait sa jupe et reboutonnait sa chemise. On frappa à nouveau, avec plus d'insistance et je m'empressai vers l'établi où je prétendis examiner la réparation de mon fourreau. La cordonnière ouvrit et se trouva face à face avec Peirina, droite et austère.

— Bonne dame, bredouilla-t-elle, les joues encore roses de plaisir, s'écartant pour la laisser entrer. Que puis-je pour vous?

— Je passais voir si ton père avait eu le temps de fabriquer les bourses que nous avons commandées. Nous avons séché nos herbes et leur poudre va se flétrir si nous ne la conservons pas dans du cuir frais.

— Je les ai faites moi-même, dit Salvina en se dirigeant vers une tablette au mur pour saisir les objets mentionnés. Les voici. Je les ai bien graissées pour qu'elles ne se dessèchent pas.

La Parfaite remarqua ma présence et me salua d'un hochement de la tête. Elle examina méticuleusement les bourses munies de solides lacets.

— Elles sont parfaites. Combien te dois-je?

— Rien du tout. Pour les Parfaits, mon père travaille gratuitement, vous le savez bien.

— Cher Séverin… Je prie Dieu pour qu'il le mène à bonne fin. Et vous aussi, mes enfants, dit-elle en nous adressant un sourire sévère.

Elle laissa son regard errer brièvement sur la chemise que Salvina, dans son empressement, avait boutonnée en jalouse.

— N'oubliez pas que la chair est une prison qu'il vaut mieux ne pas perpétuer.

Elle sortit et referma la porte. Salvina et moi nous regardâmes, conscients que notre fornication n'avait pas échappé à la sagacité de la Parfaite.

— Tu la connais bien? m'enquis-je, voyant une occasion de faire avancer mon enquête tout en chassant le malaise qui s'était installé.

— Depuis toujours. Dame Peirina m'a guérie d'une terrible fluxion de poitrine quand j'étais encore toute petite. Mon père croyait me perdre. Dès lors, il n'a jamais plus chargé un sou aux Parfaits pour son travail.

— Elle est à Montségur depuis longtemps, alors?

— Pour autant que je sache, elle y a passé toute sa vie et n'en est jamais sortie.

— Et Daufina?

— Elle est arrivée voilà une dizaine d'années, je crois.

Une des Parfaites était ici depuis toujours, l'autre était arrivée bien avant le début de la croisade. Les deux étaient donc au-dessus de mes soupçons. Je me sentis soulagé. Au moins une chose en ce monde restait pure. Je hochai la tête, satisfait, et me dirigeai vers la porte avec mon fourreau dans la main. Salvina me barra le chemin et colla tout son corps contre le mien. Elle me mordit doucement la lèvre et ricana.

— Tu peux revenir quand tu veux, beau seigneur, minauda-t-elle.

— Fais attention à ce que tu souhaites, Salvina, rétorquai-je. Ma fréquentation n'apporte jamais rien de bon.

Je sortis. Je savais que, malgré mon propre avertissement, je reviendrais.

———

Même si j'avais rayé, au moins provisoirement, le nom de Raynal de la liste des suspects, je n'étais guère plus avancé. Le voleur se trouvait au sein de l'Ordre des Neuf. Cela était clair. Mais qui était-il? Comment l'identifier sans l'alerter? S'il prenait peur, la Vérité serait perdue. Si je ne faisais rien, elle le serait tout autant. J'étais fermement coincé entre l'arbre et l'écorce, et la posture m'était inconfortable.

Au sein de l'Ordre des Neuf, la méfiance était solidement installée. Son efficacité même reposait sur la confiance et la solidarité de ses membres. Si les choses ne changeaient pas, la méfiance et la suspicion le détruiraient. Le corps d'élite constitué par Hugues de Payns ne serait bientôt qu'une coquille vide. Le voleur n'avait qu'à être patient et la Vérité se retrouverait bientôt à la merci du pape et de sa curie, sans personne pour la défendre. Un siècle d'efforts seraient réduits à néant. Un siècle. C'est tout ce qu'il aurait fallu pour mettre en péril ce qui avait été caché pendant plus d'un millénaire. Je ne pouvais admettre que mon âme ait été damnée sans avoir une réelle chance de prouver qu'elle méritait le salut. Je devais chercher, au risque de tout perdre. Si je retournais en enfer, au moins ce ne serait pas faute d'avoir agi.

Considérant les Parfaites de l'Ordre comme innocentées d'emblée, je me concentrai sur les templiers. Pour ce faire, je m'assurai le concours de sire Ravier, faisant le pari qu'il n'était pas impliqué dans le vol. Le lendemain, je me rendis donc auprès du *Magister*. Je ne l'avais pas revu depuis mon affrontement avec Raynal et je fus frappé de voir combien il semblait avoir vieilli en une semaine. Je le savais malade. Il me l'avait affirmé lui-même. Mais son état empirait à vue d'œil. Son dos s'était voûté et son teint avait pris une inquiétante couleur verdâtre qui n'augurait rien de bon. Il était amaigri, hésitant, et traînait un air hanté. J'éprouvai de la compassion pour ce vieillard miné par la culpabilité d'avoir échoué dans sa tâche. Il dormait sans doute peu et je me demandai quand il avait mangé pour la dernière fois. Plus que tout, l'évidence de son tourment m'assurait de son innocence.

Je lui expliquai ce que j'avais en tête et il l'approuva. En sa compagnie, je questionnai d'abord sire Humbert, qui était responsable de la garde régulière de Montségur, indépendante de celle du donjon, que seuls les Neuf assumaient. Nous le rencontrâmes alors qu'il sortait de la forge avec une épée ornée d'une poignée toute neuve. Entre deux âges, l'homme était court et solide. Il dégageait la même fermeté que j'avais vue en lui lorsqu'il nous avait rejoints hors des murs de la forteresse à notre arrivée, l'étendard à la main, à la tête d'une escorte. Sa peau basanée et plissée avant le temps trahissait une vie passée au soleil. Il posa sur moi des yeux d'un bleu perçant où brillait une saine méfiance et une froide assurance.

— La garde a été montée en permanence, comme de juste, répondit-il, un peu piqué dans son orgueil, lorsque je lui posai la question. Aucun tour n'a été manqué.

Il regarda Ravier.

— Je prends ma tâche au sérieux, vous le savez bien, commandeur, plaida-t-il, et il ne me plaît guère d'être mis en doute.

— Personne ne doute de ta compétence, Humbert, le rassura le *Magister*. Nous cherchons simplement à établir certains faits dont je ne suis pas libre de te révéler la nature. J'aimerais que tu répondes franchement aux questions de sire Gondemar.

Humbert haussa les épaules, résigné.

— Comment est organisée la garde? m'informai-je.

— En trois tours de huit heures. Le premier du coucher du soleil au milieu de la nuit, le second jusqu'à midi, et le dernier jusqu'au coucher du soleil. Chacun est constitué de trois hommes sur le mur nord-est, autant sur le mur sud-ouest et deux sur le mur bouclier, à l'est, soit huit hommes au total. Ils circulent d'une extrémité à l'autre et se croisent régulièrement. Ils ne quittent leur poste qu'en recevant un mot de passe qui est changé chaque jour et qui leur est communiqué au matin par moi-même.

— Serait-il possible que quelqu'un qui n'est pas censé être de garde ce jour-là prenne tout de même un tour?

— Seulement si on lui a révélé le mot de passe de la journée et qu'il le donne correctement, rétorqua-t-il, visiblement vexé.

— Se rend-on ce genre de service de temps à autre ? insistai-je.

— Je suppose que oui, admit-il à contrecœur. Mais si j'en surprends jamais un à trafiquer ainsi son tour, je verrai personnellement à ce qu'il soit fouetté et qu'il passe plusieurs jours à réfléchir au donjon, au pain sec et à l'eau.

— Sur les remparts, les sentinelles sont toujours les mêmes ?

— Oui. Vingt-quatre hommes en tout, qui prennent chacun un tour par jour.

— Et quand l'un d'eux est malade ou blessé ?

— Il est simplement remplacé par un autre qui fait un double tour de garde.

Humbert était un homme orgueilleux et, en le questionnant ainsi, je l'avais heurté. Je lui tendis la main et, après une courte hésitation, il la saisit.

— Bien. Je te remercie. Tu n'as pas objection à ce que je questionne les gardes ?

— Grand bien te fasse. J'avertirai mes hommes de collaborer.

Il hocha la tête et s'éloigna d'un pas ferme qui trahissait sa colère contenue. Ravier et moi le regardâmes partir, un peu désolés de l'avoir bousculé ainsi.

— Il est fier de la façon dont il accomplit sa tâche, remarquai-je.

— Avec raison. Humbert est le parfait templier. Il donnerait sa vie sans hésiter si je le lui demandais.

— Il est cathare ?

— Bien entendu. Tous les templiers stationnés à Montségur le sont.

— Et le Temple s'accommode de cela ? Malgré son vœu d'obéissance au pape ?

Le *Magister* fit une moue évocatrice, suivie d'un sourire entendu.

— Disons que la tolérance religieuse du Temple est grande et qu'il est beaucoup moins orthodoxe que le pape aime à le croire. Ses racines se trouvent dans l'hérésie, et les doctrines de l'Orient l'ont pénétré depuis longtemps. Tu sais, les mahométans sont des hommes comme nous et Dieu est le même pour tous. Il est plus que temps que les religions cessent de diviser les hommes. Au fond, c'est à cela que servira la Vérité, le jour où elle sera révélée. Si nous la retrouvons jamais, évidemment.

Il me toisa un moment et secoua la tête en faisant un sourire las.

— Je sais ce que tu penses, Gondemar, et non, les Templiers ne sont pas tous des hérétiques. Au contraire, la plupart sont chrétiens et ne songeraient jamais à apostasier leur foi. Mais l'Ordre, fondé par des cathares, est resté indulgent et respectueux envers les autres religions. Seuls les initiés de notre Ordre connaissent la Vérité.

— Tu crois que les autres la soupçonnent ?

— Certains d'entre eux, c'est inévitable. Les rumeurs et les légendes au sujet d'une preuve de la fausseté de la religion chrétienne circulent depuis des siècles. Il faudrait être sourd et aveugle pour ne pas en avoir connaissance. Il se trouve sans doute plusieurs taupes dans les commanderies, qui guettent la moindre rumeur au sujet de la Vérité pour la rapporter à Innocent. Aussi triste que cela soit, l'Ordre des Neuf, issu du Temple, doit maintenant se méfier du Temple. C'est pourquoi il est capital pour lui d'agir dans le plus grand secret.

— Alors n'importe lequel des templiers qui se trouve à Mont-ségur pourrait être notre voleur ?

— Si oui, il a forcément un complice parmi les Neuf, compléta le vieillard.

Ravier laissa échapper un soupir déchirant et je réalisai à quel point son visage avait pâli. Je le raccompagnai vers son logis, espérant qu'il s'accorde un peu de repos, mais je n'étais pas dupe. La disparition de la Vérité était en train de tuer le *Magister* de l'Ordre des Neuf plus vite que la maladie qui le rongeait.

Pendant plusieurs jours, par la suite, j'arpentai le chemin de ronde au sommet des remparts, interrogeant sans relâche les sentinelles pour savoir si elles avaient vu quelque chose d'étrange au cours des derniers mois. Quelqu'un qui rôdait trop souvent au pied de la muraille, qui y montait sans raison, ou qui y revenait un peu trop souvent. Un homme qui demandait à prendre un tour imprévu ou qui offrait d'en remplacer un autre. N'importe quoi. Les gardes n'aimaient guère être interrogés et, au début, tous affirmèrent en bloc n'avoir rien vu d'étrange. De toute évidence, malgré mes exploits bien connus et les amples preuves que j'avais faites de ma loyauté à leur cause, aucun de ces rudes soldats cathares, à l'esprit simple, mais d'une irréprochable fidélité, ne faisait assez confiance à l'ancien croisé que j'étais pour lui faire des confidences.

Heureusement, l'un d'eux, un dénommé Germond, s'avéra particulièrement porté sur la dive bouteille et, grâce à une bonne dose d'eau-de-vie, je finis par en savoir un peu plus. Ce que j'appris me troubla fort et, cette nuit-là, je ne parvins pas à trouver le sommeil. Dès que le soleil pointa à l'horizon, je courus auprès de Montbard pour en discuter, quitte à le tirer du lit s'il le fallait.

Je le surpris assis sur sa paillasse, en train de pester contre sa jambe de bois, dont il essayait de nouer les sangles. Je m'approchai et l'aidai. Cette fois, il accepta sans trop maugréer.

— Ce machin est compliqué à installer, dit-il en forçant un sourire. Si ça continue, je crois que je dormirai avec. Ce sera plus simple.

— Vous apprendrez, n'ayez crainte. C'est bien moins difficile que le maniement des armes et vous êtes têtu comme un âne.

Pour toute réponse, mon maître me donna une claque plus ou moins amicale derrière la tête.

— Vous avez vu Pernelle ? demandai-je.

— Oui, la petite bougresse a été forcée d'avouer que je me porte de mieux en mieux. Le moignon est un peu tendre, sans plus. Tant et si bien qu'elle m'a autorisé à sortir d'ici pour de bon! Je la soupçonne d'avoir été déçue de ne pas pouvoir me garder encore un peu, dit-il en m'adressant un clin d'œil espiègle qui me fit rire malgré moi. Elle tient beaucoup à ma compagnie, je crois.

— Vous voilà donc libre, et elle libérée, ironisai-je.

Une fois son membre artificiel bien en place, il enfila ses braies, se leva et en testa la solidité. Je ne lui laissai pas voir que j'avais remarqué sa grimace de douleur lorsqu'il avait appuyé sur sa jambe malade.

— Alors? fit-il en se rassoyant sur sa paillasse. Je soupçonne que tu n'es pas passé seulement pour t'informer de ma santé. Tu as du nouveau?

— Je crois, oui.

J'avisai un bout de pain et des tranches d'oignon dans un plat sur sa table. Comme je n'avais pas pris le temps de manger, je me servis et lui en offris une portion. Entre deux bouchées, je lui relatai ce que j'avais appris sur la muraille.

— La nuit dernière, j'ai eu une conversation intéressante avec un garde nommé Germond, commençai-je. Au début, il était méfiant, comme les autres, mais l'eau-de-vie que j'avais apportée a fini par le rendre bavard.

— *In vino veritas*[1], fit-il, amusé. Et qu'a-t-il dit?

— D'après lui, ces derniers temps, la nuit, le chemin de ronde a été aussi achalandé qu'une route de commerce.

— Tiens… Pourtant, seules les sentinelles sont autorisées à y circuler. Qui donc s'y promène?

— C'est ici que ça devient intéressant. Selon Germond, à part nous et dame Esclarmonde, on y a vu à plusieurs reprises Véran et dame Daufina.

Montbard fronça les sourcils, soudain très attentif.

— Qu'est-ce qu'ils faisaient là?

— Voilà deux mois environ, continuai-je, Véran a offert à certains gardes de prendre leur tour.

---

1. La vérité est dans le vin.

— Il sait pourtant qu'il n'en a pas le droit, fit mon maître.

— Néanmoins, il l'a fait. Germond l'a vu, une fois, appuyé contre le créneau. Il tenait un papier à la main et ne semblait pas savoir quoi en faire. Lorsqu'il a réalisé qu'il était observé, il l'a fourré dans sa poche et s'est empressé de reprendre sa ronde.

— Tu penses la même chose que moi ?

— Je n'ai guère le choix. Mais j'ai du mal à imaginer Véran trahir la cause.

— Tout est possible, jouvenceau.

— Peut-être attendait-il le bon moment pour jeter la Vérité de l'autre côté, suggérai-je.

— Et espérer que le vent conduise par hasard les parchemins entre les mains de son contact de l'autre côté du mur ? rétorqua-t-il. Allons donc ! S'il a couru le risque de s'en emparer, ce n'est pas pour les lancer aux quatre vents !

— Peut-être avait-il simplement pour mandat de les détruire ? contrai-je. Ou peut-être que celui qui devait se présenter au pied de la muraille pour les recevoir n'y était pas.

Montbard se leva et se mit à claudiquer de long en large en se tirant la barbe. Je notai avec satisfaction qu'il se déplaçait avec de plus en plus d'aisance sur sa prothèse.

— Encore faudrait-il qu'un étranger puisse s'avancer jusque-là sans être aperçu, ce qui ne me semble guère possible, dit-il. Et depuis ? Véran a-t-il été revu sur la muraille ?

— Avant-hier, me dit-on. Pour poser des questions à mon sujet, figurez-vous.

— Hum… Il ne s'intéresserait pas à toi s'il était le coupable.

— Alors il n'est pas le seul, rétorquai-je, car d'après Germond, la semaine dernière, Jaume en faisait autant.

Montbard s'arrêta net et se retourna vers moi, l'air stupéfait.

— Au moins, nous savons que nous ne sommes pas les seuls à chercher et que tous obéissent aux ordres de Ravier.

Il grogna et reprit sa marche, se triturant la barbe de plus belle.

— Et Daufina, que faisait-elle sur les remparts ? s'enquit-il. Il me semble que ce n'est pas la place d'une Parfaite.

— C'est l'autre chose que j'ai apprise. Il s'avère qu'elle est… particulière.

— Ah ? Comment donc ?

— Selon mon informateur, figurez-vous qu'elle a la réputation d'être un peu sorcière.

Mon maître me regarda un instant, incertain, puis éclata de rire.

— Sorcière ? Une Parfaite ? Allons donc ! Ces femmes sont plus pieuses que des nonnes ! Et aussi sèches de l'entrecuisse ! Et quoi encore ? Un convent secret d'adoratrices de Satan ayant renié tout ce qu'il y a de saint et de sacré terré en plein cœur de Montségur ? Des femmes s'enduisant de graisse de nouveau-nés avant d'enfourcher leur balai et se rendre tenir sabbat les soirs de pleine lune pour y copuler avec le diable et jeter des sorts ? De vilaines messes sacrilèges célébrées sur la muraille ? Je ne crois guère à ces balivernes.

— Germond, lui, le croit dur comme fer. Il dit que Daufina vient d'un petit village où les femmes de sa famille sont sages-femmes et guérisseuses de mère en fille depuis des générations. Rappelez-vous la vieille Ylaire, à Rossal. Elle accouchait les femmes et savait soulager bien des maux par ses philtres et ses potions, mais elle ne répugnait pas à jeter un sort de temps à autre.

— Vrai, admit-il du bout des lèvres. Mais que faisait Daufina sur la muraille ?

— Il paraît que, depuis quelques mois, elle y vient parfois, toujours en pleine nuit, les soirs de pleine lune. La dernière fois, c'était voilà une huitaine de jours. Germond l'a surprise en train de marmonner quelque chose en regardant fixement la lune. Elle semblait en transe. Il dit qu'elle tremblait comme une possédée.

— Bon, bon… Même si elle est sorcière et ne dédaigne pas les incantations nocturnes, qu'est-ce que cela a à voir avec la disparition des parchemins ? demanda Montbard, un peu impatienté.

Je me levai pour prendre le bout de fromage qui restait.

— Et si je vous disais qu'elle avait quelque chose dans la main et qu'elle l'a prestement fourré dans son tablier dès qu'elle a entendu Germond approcher ? Puis qu'elle a tourné les talons et qu'elle est redescendue sans dire un mot ?

Il laissa échapper un soupir contrarié, puis s'arrêta et me fit face.

— Donc, récapitula-t-il, nous savons que Daufina et Véran ont passé du temps sur la muraille, en pleine nuit. Lui avait des papiers dans les mains et elle, quelque chose dont nous ne connaissons pas la nature. En supposant qu'il s'agissait des documents, ils ont donc tous deux eu l'occasion de les faire sortir, contrairement à ce que nous avons d'abord cru.

Montbard me regarda droit dans les yeux.

— Bougre de Dieu, je ne serais pas surpris si la Vérité avait déjà quitté Montségur. À l'heure qu'il est, elle n'est peut-être déjà qu'un tas de cendre dans la tente d'Amaury et le chien du pape se frotte les mains de contentement.

J'acquiesçai, la gorge trop serrée par l'angoisse pour dire un seul mot. Si tel était le cas, mon âme serait bientôt perdue, elle aussi.

———

Le reste de la journée se déroula sans histoire, mais j'eus grand mal à m'endormir le soir venu. La possibilité que la Vérité soit disparue à jamais me tourmentait au-delà des mots et un profond désespoir me gagnait. J'enviais l'innocence des habitants de Montségur, confiants dans leur foi et disposés à la défendre jusqu'à la mort en sachant que la lumière divine serait leur récompense. Je finis malgré tout par m'endormir, car les grands coups qui retentirent sur la porte de ma chambrette me tirèrent d'un sommeil agité. L'esprit embrumé, je me levai dans le noir pour ouvrir et Ugolin surgit, me bousculant presque pour entrer.

— Tu as appris la nouvelle ? tonna-t-il, excité.

— Quelle nouvelle? grommelai-je en grattant ma tignasse en broussaille. Je dormais. Comment veux-tu que j'apprenne quoi que ce soit?

— Ah, oui, bien sûr, pardonne-moi. Mais c'est important. Tu te souviens de ce messager qui est arrivé au début du mois? Celui auquel sire Ravier a interdit de repartir après les événements du temple des Neuf?

— Oui… Eiquem de Castres.

— Eh bien, figure-toi qu'il a été retrouvé raide mort dans l'écurie.

La nouvelle me fit l'effet d'une douche froide. Tout à coup, j'étais tout à fait réveillé.

— Tu es sérieux?

— Je ne te tirerais pas du lit pour te faire une blague. Je me suis dit qu'il y avait peut-être un lien avec la disparition de ces documents que tout le monde cherche.

Je m'habillai à la hâte, bouclai mon ceinturon et passai mon manteau. Nous sortîmes aussitôt dans le froid de la nuit et courûmes à l'habitation où dormait Montbard. Je tambourinai à sa porte avec insistance.

— Mais un moment, nom de Dieu! maugréa-t-il. Je fais ce que je peux sur un seul pied!

Je l'entendis sautiller jusqu'à la porte, qui s'ouvrit. Je lui résumai la situation. Avec l'aide d'Ugolin, il passa sa jambe de bois, puis se vêtit. Ensemble, nous repartîmes en direction de l'écurie où, chose inhabituelle en pleine nuit, brillait la lumière de quelques lampes.

Lorsque nous entrâmes, la première chose que je vis fut sire Ravier. Son visage était encore plus blême dans la lumière blafarde de quelques torches et ses lèvres tremblaient. Lorsqu'il nous vit, il s'écarta pour nous donner accès au triste spectacle qui s'offrait dans l'étable. Le pauvre Eiquem gisait sur le dos dans une stalle vide, les bras en croix et les jambes écartées. Je m'approchai pour mieux voir. Son regard sans vie fixait le plafond. Sous lui s'était formée une mare de sang.

Montbard nous rejoignit en soufflant comme un taureau et en pestant dans sa barbe contre les limites que lui imposait son membre artificiel. Du coin de l'œil, j'entrevis Ugolin qui reculait discrètement vers la sortie, vacillant et pâle comme un drap.

— Va chercher dame Pernelle, lui ordonnai-je, sachant ce qui allait se produire.

Le Minervois disparut aussitôt, trop heureux d'avoir une raison de quitter les lieux sans perdre la face. Mon maître et moi nous approchâmes du mort. Je m'agenouillai et, du bout du doigt, tournai la tête d'Eiquem d'un côté, puis de l'autre. L'assassin n'avait couru aucun risque. Il lui avait ouvert le gosier d'une oreille à l'autre.

— La plaie est profonde, remarqua Montbard qui, incapable de s'accroupir confortablement avec sa jambe de bois, se penchait de manière précaire par-dessus mon épaule pour regarder. Le pauvre garçon a dû expirer au bout de son souffle bien avant que son corps ne se vide de son sang. Celui qui a fait ça savait exactement comment tuer sans faire de bruit.

Alors que j'observais la blessure, les paroles que les Neuf prononçaient à la conclusion de leurs assemblées me revenaient en tête, plus significatives que jamais. *Que notre gorge soit tranchée si nous disons mot!* Était-ce un hasard si l'on avait occis Eiquem de cette manière? Et qui avait bien pu vouloir du mal à cet homme discret qui acceptait de pratiquer un métier dangereux pour servir une cause qu'il croyait juste?

Sur l'entrefaite, Pernelle surgit, abandonnée à la porte par l'impressionnable Ugolin. Les cheveux en broussaille, mon amie avait jeté un châle de laine par-dessus une robe de nuit en toile. Ses pieds étaient chaussés de grossiers souliers de cuir et ses mollets nus étaient rougis par le froid. Ugolin l'avait mise au fait de la situation et, aussitôt entrée, elle nous rejoignit et se mit à examiner la dépouille d'Eiquem. De manière détachée, elle retourna d'abord ses mains et ses avant-bras.

— Aucune coupure, constata-t-elle. Il ne s'est pas défendu. Il n'a pas vu venir son assassin.

— Il a été surpris par-derrière, ajouta Montbard.

— D'autant plus que son visage ne porte aucune marque de coups, confirma mon amie, songeuse.

— Le tueur est gaucher, renchérit mon maître. Voyez comme la plaie sur sa gorge commence sous l'oreille droite et va en descendant.

— Lorsque le palefrenier qui l'a trouvé est arrivé, le cheval qui se trouvait dans cette stalle était déjà sellé et errait dans l'étable, dit Ravier.

— Eiquem tentait peut-être de s'enfuir, raisonnai-je. L'assassin l'aura surpris alors qu'il ouvrait la stalle et n'aura pas pris la peine de refermer la barrière en partant. Mais pourquoi voulait-il partir? Il avait reçu l'ordre exprès de rester à l'intérieur de la forteresse. Même s'il s'était présenté à une des deux portes, on ne l'aurait pas laissé sortir.

— À moins qu'un complice l'ait attendu pour lui ouvrir, suggéra Montbard.

Pernelle poursuivit son examen, pliant avec attention les bras et les poignets pour les laisser ensuite retomber, flasques.

— Il est encore tiède et ses membres ne sont pas raides, déclara-t-elle. Il a été tué voilà une ou deux heures tout au plus. Aide-moi à l'asseoir.

J'obtempérai et empoignai la chemise gluante de sang par les épaules pour tirer le cadavre jusqu'à ce qu'il soit sur son séant. Pernelle se déplaça un peu et la releva pour dénuder le dos. Elle arqua les sourcils de surprise.

— Quoi?

— De l'eau, ordonna-t-elle.

Sire Ravier secoua sa torpeur et se dirigea vers l'abreuvoir en bois. Il ramassa une chaudière vide, y puisa de l'eau et la ramena à mon amie.

— Lavez-lui le dos.

Interdit, le vieux templier déversa le contenu de la chaudière sur le dos du cadavre, rinçant le sang frais qui le couvrait. Pernelle attendit que la peau s'égoutte un peu et se mit à la tâter des doigts. Je me penchai et compris aussitôt ce qui avait retenu son attention. Le dos d'Eiquem était couvert d'épaisses stries rouges qui se croisaient dans tous les sens.

— Dépose-le et retire-lui ses braies. Ses chausses aussi.

J'obéis et dénudai le mort. Pernelle s'accroupit près de lui et, à mon étonnement, se mit à lui examiner l'estoc flasque, puis à lui palper les génitoires. Satisfaite, elle lui tâta les tibias et les chevilles, faisant tourner les pieds vers l'intérieur puis vers l'extérieur.

— Cet homme a récemment été fouetté, décréta-t-elle. Les marques sur son dos sont encore fraîches. On lui a aussi brûlé les génitoires au fer rouge et on lui a écrasé les jambes. Avec des brodequins, sans doute. Vois comme les os de ses chevilles ont éclaté sous la pression. Ils ont eu le temps de reprendre, mais il devait avoir un mal de chien à marcher, le pauvre.

Je me souvins de la grimace qu'Eiquem avait faite en se levant pour me dire au revoir et saisis soudain ce qu'elle signifiait.

— Merci, dame Pernelle, fit Ravier, qui semblait avoir repris le contrôle de lui-même. Ce sera tout. Tu peux retourner dormir.

Mon amie parut étonnée d'être si sèchement éconduite. Elle nous toisa, Montbard et moi.

— Très bien, dit-elle, visiblement perplexe. Si c'est ce que vous souhaitez.

Ravier ne répondit rien. Pour ma part, je me sentais mal à l'aise de la tenir ainsi à l'écart, mais les exigences de l'Ordre des Neuf étaient telles. Je la regardai sortir de l'étable sans se retourner et Ugolin referma derrière elle. Je pris une couverture pliée sur la paroi d'une stalle et dont on couvrait habituellement les chevaux avant de les seller. Je la drapai sur le cadavre et fis signe au Minervois de s'approcher, ce qu'il fit en jetant un regard circonspect sur le mort. Ravier lui résuma ce que Pernelle nous avait appris.

— Il a été torturé, grommela Montbard. Vous réalisez ce que cela signifie?

— Qu'il a été contraint à passer dans l'autre camp, complétai-je. Qu'il était à la solde des croisés.

— Ce coquin d'Amaury ne reculerait pas devant de telles mesures, dit Ravier.

— Sous couvert de livrer des nouvelles, il avait sans doute pour mission de prendre livraison des parchemins, suggéra Montbard.

— Tudieu! Où est son cheval? m'enquis-je en relevant brusquement la tête.

Ravier me désigna une bête encore sellée dans une autre stalle. Je m'élançai dans cette direction, pénétrai dans la stalle et fouillai frénétiquement les sacoches. J'en sortis quelques vêtements, un saucisson, un fromage, du lard, une miche de pain, une gourde pleine, une pierre à feu et une dague. Mais je n'y trouvai aucun parchemin.

— Une chose est sûre: il ne prévoyait pas revenir, déclarai-je, déçu, en sortant de la stalle. Il avait des provisions pour une longue route.

— Mais il s'en allait sans emporter ce qu'il était venu chercher, ajouta Ugolin.

— Lorsque je lui ai parlé, il semblait tourmenté. Peut-être qu'il essayait de fuir et que celui qui détient les parchemins l'a occis pour ne pas être trahi.

— Et s'il avait volé le voleur et que ce dernier lui ait simplement repris son butin? suggéra Montbard.

— Quoi qu'il en soit, cela nous confirme que la Vérité se trouve probablement toujours dans les murs de Montségur, conclut Ravier.

L'assassinat d'Eiquem corroborait maintes choses. D'abord, comme le concluait le *Magister*, que le traître se trouvait vraisemblablement toujours dans la forteresse avec les parchemins. Ensuite, qu'Amaury, s'il était vraiment derrière tout cela, n'avait pas renoncé à s'emparer de la Vérité et qu'il était à un cheveu d'y parvenir. Et enfin, que le temps pressait, car les croisés finiraient par trouver un moyen de faire sortir les documents de Montségur.

— Je vais voir à ce qu'on l'enlève de là et qu'on l'inhume correctement, dit Ravier d'une voix éteinte. Si ce pauvre garçon a été forcé de trahir, il mérite au moins cela.

— Je soupçonne que sa famille n'en a plus pour longtemps, murmurai-je.

Je songeais à la tristesse avec laquelle Eiquem avait mentionné sa femme et ses enfants et je compris que c'étaient eux qui avaient servi de levier pour l'amener à trahir. Il ne verrait jamais son fils nouveau-né.

Ravier sortit sans rien dire en secouant la tête, dépité. Il semblait porter le poids du monde sur ses épaules et marchait d'un pas traînant. Clairement, sa vie tirait à sa fin. Une fois encore, je songeai que l'Ordre était en danger. Mon âme, encore plus.

CHAPITRE 9

Confrontation

Un mois durant, après le meurtre d'Eiquem, je guettai mes frères et sœurs au sein de l'Ordre sans rien découvrir de nouveau. Le voleur se trouvait parmi nous, je le savais, mais les soupçons que j'entretenais envers Véran et Daufina ne s'étaient toujours pas confirmés. Depuis ma conversation avec Montbard, je les avais gardés pour moi, maintenant même Ravier à l'écart. Si l'un d'eux était le coupable, la dernière chose que je désirais était qu'ils aient vent du fait que je les avais à l'œil.

Je croisais le *Magister* de temps en temps et lui non plus n'allait nulle part. L'inquiétude le rongeait visiblement et il se flétrissait à vue d'œil. La détérioration de sa santé précipita finalement les choses. Encore une fois, Ugolin fut celui qui m'annonça la mauvaise nouvelle. Alors que je me rendais à l'atelier pour affûter Memento, il en surgit, une arme toute neuve à la main. Je savais que, depuis quelques jours, il travaillait à forger son arme, comme tout membre de l'Ordre. De toute évidence, il avait terminé et je notai, non sans fierté, qu'en gros, il avait reproduit mon modèle.

— Gondemar, j'allais justement te trouver. C'est Ravier… dit-il, les traits tendus.

— Quoi? Qu'a-t-il donc?

— Il est très mal. Véran vient tout juste de me l'apprendre. C'est dame Daufina qui le lui a dit.

— Véran? Daufina? dis-je, alarmé. Viens, vite.

Il glissa son épée dans son fourreau et nous nous précipitâmes vers le logis du *Magister* des Neuf. Malgré moi, je calculais les conséquences de la mort de Ravier sur l'Ordre des Neuf. Pour le serpent qui se terrait en son sein, il s'agissait d'une occasion rêvée d'en prendre le contrôle. Lorsque nous entrâmes, je réalisai que sa petite chambrette était plus austère encore que les nôtres et que, malgré son pouvoir, cet homme vivait dans le dénuement le plus complet. Il ne semblait rien posséder d'autre que ses armes et les vêtements qu'il portait.

Ravier gisait sur sa paillasse. Il était décharné, comme si un démon gourmand avait profité des dernières semaines pour le ronger de l'intérieur. Son visage plissé avait pris une vilaine teinte jaunâtre. Ses yeux sombres, si intimidants, étaient enfoncés dans son crâne. Ses cheveux blancs et rares étaient plaqués sur sa tête par une sueur dégageant l'odeur âcre de l'agonie. Sous sa barbe, ses lèvres n'étaient plus qu'une mince ligne décolorée. Je n'avais pas besoin de Pernelle pour me dire que le *Magister* des Neuf se mourait.

Accroupie près du malade se trouvait Daufina, qui lui épongeait doucement le visage avec un linge humide. Sur une table basse, près du lit, étaient posées quelques fioles contenant des liquides de couleurs diverses et des fruits séchés. Je m'alarmai aussitôt : l'Ordre s'était fait voler sa raison d'être et voilà qu'une de mes principales suspectes se trouvait seule avec son vieux maître agonisant ; une Parfaite qui connaissait les vertus des plantes, les curatives comme les mortelles, et qui avait, de surcroît, la réputation d'être sorcière.

— Sors d'ici, ordonnai-je.

— Mais… que signifie… ? répliqua Daufina, outrée.

— Sors ! aboyai-je. Maintenant !

Elle eut un mouvement de recul involontaire et fit mine de ramasser ses fioles.

— Les mains vides, ajoutai-je d'un ton qui ne tolérait aucune réplique.

Mon intention était claire. Elle le comprit et n'insista pas. Livide – de colère ou de terreur, je ne saurais dire –, la Parfaite se releva et quitta la pièce sans demander son reste, abandonnant ses fioles derrière elle.

— Va quérir Montbard et dame Pernelle, demandai-je à Ugolin. Fais vite.

Le Minervois opina du chef et sortit, me laissant seul avec le vieux templier. Je m'agenouillai près de lui.

— Que se passe-t-il? m'enquis-je. Que vous est-il arrivé?

— Mon ventre… râla-t-il. Je brûle… par le dedans.

Je lorgnai les fioles, me demandant ce qu'elles pouvaient bien contenir, mais Ravier me saisit par la manche. Il m'adressa un regard rendu vitreux par la souffrance.

— Sous… l'oreiller, balbutia-t-il avec urgence. Elle croyait… que je dormais.

Perplexe, je soulevai délicatement l'oreiller sur lequel reposait la tête du vieil homme. Dessous, je trouvai un étrange objet que je saisis du bout des doigts. Il s'agissait d'une patte de coq desséchée et d'une branche de romarin retenues ensemble par une mèche de cheveux blancs. Ceux de Ravier, sans doute.

— Daufina… râla-t-il. Elle ne m'a… quand même pas ensorcelé?

Un petit ricanement amer lui échappa et se transforma aussitôt en toussotement.

— Ce n'était vraiment pas… nécessaire.

Je ne connaissais rien à la sorcellerie. L'amulette que je tenais entre mes doigts pouvait signifier n'importe quoi. Mais le fait qu'elle ait été dissimulée là par Daufina parlait de lui-même. Je la fourrai dans la poche de mes braies. Sur l'entrefaite, Ugolin revint en compagnie de Pernelle et de Montbard. Malgré la gravité de la situation, je ne pus m'empêcher de remarquer avec amusement que l'un et l'autre boitaient presque à l'unisson. Dès que mon amie fut entrée, elle examina le malade et son air s'assombrit distinctement. Elle adressa à Ravier un regard compatissant et se mordilla les lèvres.

— Parle librement, dame… Pernelle, chuchota Ravier. Le temps est venu de ne plus rien cacher.

Elle hocha la tête, se releva et nous fit face.

— Sire Ravier se meurt, avoua-t-elle en soupirant. Le mal lui pourrit les entrailles depuis trois ans déjà, me dit-on. Il devrait être mort depuis longtemps. Depuis mon arrivée, j'ai fait tout ce que je pouvais pour lui. J'ai allongé un peu sa vie autant que je l'ai pu, mais… S'il vit encore deux semaines, ce sera un miracle.

Tout à coup, la fatigue croissante qui semblait accabler le templier depuis mon initiation s'expliquait. À cette nouvelle, je ressentis une grande tristesse. Je ne pouvais imaginer que ce vieil homme courageux, qui avait sacrifié sa vie entière à la cause de la Vérité, puisse mourir sans qu'elle ait été retrouvée. Je ne voulais pas qu'il quitte l'existence avec le sentiment d'un échec. Et je croyais enfin pouvoir y remédier. De la tête, je désignai les possessions de Daufina sur la table.

— Pernelle, demandai-je, tu sais ce que ces fioles contiennent?

Intriguée, mon amie s'approcha de la table et examina les contenants un à un, les ouvrant pour humer leur contenu avant de les poser. Elle s'arrêta particulièrement sur une des fioles, plissa le nez et la reboucha.

— Du saule, de la valériane, du clou de girofle. Par contre, ceci est plus étonnant. Ce sont des baies de belladone, déclara-t-elle. Je voudrais bien savoir comment Daufina a mis la main sur cela. C'est plus rare qu'une mèche de cheveux du pape!

— C'est dangereux?

— Tout dépend. La belladone est efficace pour calmer la douleur, mais elle peut aussi agir comme un poison violent.

— Comment le sait-on?

— À doses élevées, elle provoque des vomissements et de vives douleurs au ventre pendant quelques jours, puis le trépas.

— Alors Ravier pourrait avoir été empoisonné?

— Tu n'y penses pas! Allons, Gondemar. Dame Daufina est une Parfaite. Pour chacun de nous, préserver la vie est un sacerdoce.

— Espérons-le.

— Et puis, le pourrissement d'entrailles de Ravier donnera les mêmes symptômes.

— Tu peux lui administrer un fortifiant? Quelque chose comme ce tonique que tu me forçais à avaler à Minerve? Il faut qu'il puisse tenir debout quelques heures. Je ne peux t'expliquer pourquoi.

Perplexe, elle consulta sire Ravier qui, l'air grave, acquiesça de la tête.

— D'accord, ronchonna-t-elle. Je vais aller chercher quelque chose. Je reviens dans cinq minutes. Mais sache que je ne suis pas d'accord. Cet homme devrait plutôt consacrer ses derniers moments à préparer son âme au jugement dans la sérénité et le recueillement.

Elle sortit, nous laissant seuls entre membres des Neuf. Je résumai rapidement ma découverte à Montbard et à Ugolin. Puis je leur expliquai le plan que la situation m'avait forcé à improviser.

— Qu'avons-nous à perdre? répliqua mon maître.

— Sire Ravier, demandai-je, puisque sire Bertrand n'a pas été éliminé, peut-il redevenir membre à part entière de l'Ordre?

— Il le peut, il suffit de révoquer son remplacement, râla le vieil homme.

— Bien, alors convoquez dès maintenant une rencontre pour ce soir, comme c'est votre prérogative, je vous prie, lui intimai-je avec fermeté.

— *Secretum Templi* au milieu de la nuit, dit-il d'une voix faible.

Je me retournai vers Montbard et Ugolin.

— Mes frères, dis-je solennellement, vous avez entendu le *Magister*. Par les mots sacrés, un conseil de l'Ordre des Neuf a été dûment convoqué pour cette nuit. Répandez la nouvelle.

Mes deux comparses quittèrent aussitôt la chambrette de Ravier et entrèrent presque en collision avec Pernelle, qui revenait avec une bouteille à la main. Elle se dirigea vers le mourant, lui souleva la tête et la porta à ses lèvres.

— Buvez, sire Ravier, murmura-t-elle d'un ton maternel. C'est un mélange de jusquiame et de stramoine. Ça calmera un peu vos douleurs et vous vous sentirez mieux. Mais vous ne guérirez pas. Vous me comprenez bien ?

Le vieil homme avala docilement la potion et sourit faiblement.

— Ma dernière heure… approche, et… je l'accepte, dame Pernelle. Je prie seulement Dieu… de m'accorder encore quelques… jours pour terminer… la tâche qu'il… m'a confiée.

Il tendit son bras émacié, me prit la main et la serra aussi fort qu'il le put.

— Avec de l'aide… j'y arriverai peut-être, dit-il devant Pernelle, déroutée.

J'attendis l'heure de la prière, alors que tous les Parfaits se réunissaient dans la même pièce, pour m'introduire subrepticement dans leur corps de logis. Je trouvai aisément la cellule où dormait Daufina. De nombreuses fioles, semblables à celles que j'avais vues chez Ravier, y traînaient un peu partout.

Je fouillai la pièce de fond en comble en m'assurant de ne pas laisser de traces de mon passage. Je ne savais pas exactement ce que je cherchais, mais lorsque je le vis, tout ce que je savais se mit en place et je compris comment la Vérité avait été volée. Après toutes ces semaines d'angoisse, elle était enfin à portée de main.

Dans le temple des Neuf, l'ambiance était tendue à l'extrême et aussi froide qu'à l'extérieur. Les soupçons et les non-dits planaient librement, portés par des regards obliques et des froncements de sourcils. La méfiance était palpable. Aucun des individus présents n'était habitué au sentiment d'impuissance que provoquaient l'inaction et l'insuccès. Chacun était cruellement conscient du fait que l'un d'entre nous avait volé la Vérité. Et l'un de nous savait qu'il était celui sur lequel les autres espéraient mettre la main pour l'occire sans autre forme de procès. Le traître jouait gros.

À ma demande, Ugolin avait porté sire Ravier jusqu'au temple. Le vieillard presque impotent était maintenant assis à sa place, à l'est du temple, sa faiblesse le rendant encore plus digne. Avec effort, il se tenait aussi droit qu'il en était capable. Il semblait flotter dans le manteau blanc qu'il remplissait quelques mois plus tôt. Le tonique de Pernelle lui avait rendu un peu de ses forces, mais il restait blême et tremblant. Dans la lumière des torches, sa peau, tendue sur son visage, était moite et translucide. D'une voix éteinte, il avait prononcé les paroles rituelles qui signalaient l'ouverture de l'assemblée, mais avait été incapable de se lever comme il le devait. Nous redîmes en chœur le serment qui nous liait à l'Ordre des Neuf – ce serment terrible qu'une des personnes présentes trahissait pourtant en toute connaissance de cause – et la séance fut officiellement ouverte sous le sceau du secret. Un secret qui perdrait tout son sens si la situation n'était pas rectifiée.

Montbard fut réadmis dans l'Ordre, puis dans le temple. Pendant que Ravier officiait de son mieux au rythme de pitoyables coups de maillet, je profitai de ma présence à sa droite pour observer les autres membres de l'Ordre. Montbard avait retrouvé son fauteuil et je me réjouissais de l'y voir en vie. Les autres templiers lui avaient adressé des salutations sincères qui avaient paru lui faire chaud au cœur et Eudes s'était même levé pour lui serrer la main. Un fauteuil supplémentaire avait été ajouté pour accommoder la corpulente personne d'Ugolin. Pour la première fois depuis sa création, l'Ordre des Neuf comptait donc dix membres, en sus du maître. Si les choses se déroulaient comme je l'espérais, l'assistance serait ramenée au nombre éponyme le soir même.

Tous les membres semblaient sincèrement touchés par la décrépitude de Ravier. Je pouvais lire la commisération et la tristesse sur les visages d'Esclarmonde et de Peirina, mais aussi sur celui d'Eudes, qui m'avait toujours semblé très proche du maître. Raynal, lui, faisait de son mieux pour rester impassible. Cet homme était de marbre et, malgré son caractère sanguin, il savait parfaitement cacher ses émotions quand il le voulait. Jaume, pour sa part, paraissait catastrophé. Je réalisai à ce moment précis à quel point le vieux templier était profondément aimé. Et pourtant, quelqu'un l'avait trahi.

Restaient Daufina et Véran. Les deux semblaient nerveux. Les yeux du petit templier à l'air félin allaient et venaient anxieusement et il ne parvenait pas à cacher tout à fait le tourment qui le tenaillait. Le menton appuyé dans la main, je l'observai jusqu'à ce que nos regards se croisent. Il soutint le mien pendant un temps puis tourna la tête avec indifférence. Quant à Daufina, elle semblait sur le point de fondre en larmes. Elle se tordait sans cesse les mains, les yeux fixés sur les pieds du *Magister*.

— Mes frères, mes sœurs, dit Ravier d'une voix faible et hésitante lorsque l'assemblée fut ouverte, comme vous le voyez, je ne suis pas en état de diriger nos travaux.

Il fit une pause pour reprendre son souffle.

— Ceci est sans doute la dernière fois que je siège parmi vous comme *Magister* de l'Ordre. Qu'elle soit la plus importante de toutes. Je cède la parole à sire Gondemar.

J'attendis un moment pour produire l'effet escompté puis me levai. Sans me presser, je me dirigeai vers le centre du temple. Parvenu à l'autel, je m'immobilisai et dévisageai longuement chacun des membres avant de parler.

— Mes frères et sœurs, je n'ai nul besoin de vous rappeler que la Vérité a disparu et qu'il se trouve parmi nous un traître. Il n'est pas nécessaire, non plus, de vous dire à quel point cette situation est sérieuse pour notre Ordre. J'y suis encore bien jeune, je le reconnais, mais ce qu'il protège me tient plus à cœur que je ne pourrai jamais l'exprimer.

Ma déclaration fut accueillie par un silence de mort que je prolongeai volontairement pour un instant avant de reprendre.

— Comme vous tous, sauf, évidemment, celui – ou celle – qui en connaît l'emplacement, j'ai cherché la piste des parchemins, et j'ai bon espoir de l'avoir trouvée. Mes démarches m'ont mené dans l'étable, où gisait le corps d'Eiquem, le messager de Toulouse, qui était, selon toute vraisemblance, un complice du traître et qui a été lâchement égorgé. Elles m'ont ensuite conduit dans la chambre d'agonie de notre maître, puis dans le logis de l'un d'entre nous. Elles m'autorisent maintenant à me tenir ici, devant vous où, je l'espère, elles trouveront leur aboutissement.

Je me mis à arpenter le temple d'un pas mesuré, la main sur la poignée de Memento, arrêtant brièvement mon regard sur chacun des membres.

— Établissons tout de suite que Bertrand de Montbard et Ugolin de Bisor sont exempts de soupçons. Je les connais et je réponds d'eux. S'il s'avère que j'ai tort, je tendrai moi-même mon épée à celui qui devra m'exécuter.

Ugolin demeura impassible et Montbard inclina légèrement la tête en guise de remerciement.

— Toi, dame Peirina, poursuivis-je en me plantant devant la Parfaite, ta loyauté à l'Ordre a été amplement démontrée par le fait que tu aies accepté de participer au meurtre de Bertrand de Montbard, qui te restait pourtant en travers du gosier. De sur-croît, le soulagement que tu as montré en le voyant vivant était sincère.

— Cela me dégoûtait, en effet, dit-elle d'une voix presque inaudible, les yeux rivés sur le sol. Le meurtre, même justifié, est contraire à mes convictions.

Je continuai ma ronde, jouissant malgré les circonstances de l'effet qu'elle semblait avoir.

— Il en va de même pour toi, Eudes, qui ne t'es pas caché du dégoût que tu éprouvais à exécuter cet ordre et qui as été jusqu'à demander le pardon de sire Bertrand. Dame Esclarmonde, le fait que vous ayez conservé si longtemps la cassette vous innocente d'emblée. Vous auriez eu amplement l'occasion de vous en approprier le contenu si tel avait été votre désir et vous ne l'avez pas fait. Jaume, je sais de bonne source que tu as mené ta propre enquête pour retrouver la Vérité. Certes, tu aurais pu agir ainsi pour brouiller les pistes, mais comme je ne dispose d'aucune information qui me conduirait à te soupçonner, je t'accorde le bénéfice du doute dans l'immédiat. Quant à notre *Magister*, dis-je en me retournant vers Ravier, je ne peux tout simplement pas l'imaginer volant la Vérité dont il a la charge. Il a consacré sa vie à sa protection et, malheureusement, le voilà en passe de comparaître devant son Créateur. Il ne serait pas en état de la voler même s'il le souhaitait.

Je dévisageai gravement un à un tous les membres de l'assemblée.

— Je peux avoir tort, mais dans l'état actuel des choses, telles sont mes conclusions.

Je m'immobilisai devant Raynal et le fixai longuement avant de parler, savourant son malaise et la rage contenue qui brillaient dans ses yeux et qui tendaient tout son corps comme une corde de luth.

— Restent donc Raynal, Daufina et Véran, déclarai-je.

Je vis Raynal se raidir et porter subrepticement la main à son épée, prêt à défendre son honneur. Je levai la main pour le rasséréner.

— Ne prends pas la mouche. Crois-moi, je te rends au centuple le mépris et l'inimitié que tu me portes, mais le fait d'être détestable ne fait pas de toi un traître pour autant. Un homme qui risque la mort pour extirper la confession de celui qu'il suspecte, comme tu l'as fait avec moi, ne peut être coupable d'autre chose que d'une promptitude telle qu'il pense avec ses tripes. Mais sache que si nous retrouvons la Vérité et que tu la défends avec la maladresse dont tu as fait preuve devant moi, il vaudrait mieux que ce soit ta gorge qu'on tranche sans tarder pour te remplacer par un homme plus doué.

À la fois insulté et disculpé, Raynal parut indécis quant à la réaction qu'il devait avoir. Il fit mine de se lever, hésita puis se rassit, les naseaux dilatés comme un taureau enragé et le visage cramoisi. Je ne lui accordai pas plus d'attention. Il ne le méritait pas. Le moment tant attendu approchait et il n'y serait pas impliqué. Dans quelques instants, si tout se passait bien, je saurais qui avait volé la Vérité.

— Ce qui ne nous laisse que deux suspects, dis-je.

Je contournai l'autel et me rendis devant Véran pour lui faire face.

— Dis-moi, que faisais-tu sur la muraille, des documents à la main, alors que tu n'étais pas autorisé à prendre un tour de garde? lui demandai-je sans ambages. Tentais-tu par hasard de faire passer la Vérité à l'extérieur de la forteresse?

Le templier soutint mon regard sans sourciller.

— Un tour sur la muraille et un document dans la main? C'est tout ce que tu as pour me soupçonner? demanda-t-il d'une voix égale.

— Réponds-moi et nous verrons bien ce que cela vaut.

— Je suis allé sur la muraille, c'est vrai, admit-il en faisant une moue indifférente. Comme toi, Montbard et Esclarmonde, d'ailleurs. J'avais besoin de solitude. Un sentiment que tu peux comprendre, je crois. Je tenais un document, je ne m'en cache pas non plus.

Véran passa la main dans sa chemise et en ressortit un parchemin plié en quatre qui avait beaucoup souffert.

— Le voici. Tu constateras qu'il y en a un seul, et non pas trois. De plus, s'il s'agissait de la Vérité, il me semble que je ne le porterais pas imprudemment sur ma personne.

Il remit le document dans sa chemise et me regarda sereinement, sans le moindre défi. Au contraire, je crus lire dans ses yeux une tristesse infinie et de grands déchirements.

— En temps opportun, conclut-il, et s'il le souhaite, il reviendra à sire Ravier de révéler le contenu de cette missive à ceux qu'il choisira. Mais sache que le fait de l'avoir en ma possession ne fait pas de moi un traître. Au contraire, il en appelle à ma plus profonde loyauté.

Il adressa à Ravier un air résigné et ce dernier lui répondit par une moue désolée. Je fus pris de court. Puisque le *Magister* connaissait ce document, il ne pouvait pas s'agir de la Vérité, comme je l'avais soupçonné. Je ressentis un vague inconfort face à la complicité évidente entre les deux hommes. Je savais encore bien peu de choses de cet Ordre vers lequel Métatron avait guidé mes pas. Une fois encore, j'avais la preuve que s'y entrecroisaient des courants multiples. Si Ravier semblait me faire entière confiance pour retrouver les parchemins volés, il accordait de toute évidence, sur un autre plan, la même créance à la loyauté de Véran. Les secrets s'entremêlaient dans ce temple sans qu'aucun des Neuf ne les connaisse tous. Clairement, seul le *Magister* en maîtrisait l'enchevêtrement. Or, cet homme se mourait. Comment se transmettaient la direction de l'Ordre et les connaissances qu'elle impliquait ? Pour la première fois, je me posai cette question, qui revêtait une importance capitale.

Décontenancé, je me tus. J'étais soulagé que Véran ne soit pas notre voleur, car j'éprouvais du respect pour cet homme droit comme un chêne, que rien ne semblait pouvoir ébranler. Je n'avais jamais voulu croire à sa culpabilité, mais je me devais de l'éprouver pour en avoir le cœur net. Au prix d'un léger affront, c'était maintenant chose faite et je pouvais passer à la suite des choses. Je me déplaçai vers Daufina, tout en jetant un regard à la dérobée vers Ravier, qui avait l'air désolé de m'avoir laissé me faire rabrouer ainsi devant l'assemblée.

— Quelle substance as-tu donnée à Ravier ? demandai-je à brûle-pourpoint à la Parfaite.

— Moi ? De la… de la belladone, balbutia-t-elle, prise de court par ma question.

— Et c'est rare, la belladone ?

— Assez, oui.

— Alors comment en as-tu obtenu ?

— Je… je connais quelqu'un qui…

— Et surtout, pourquoi en as-tu administré au *Magister* ?

— Il souffrait terriblement et je voulais le soulager. La belladone est très efficace.

— Mais elle peut aussi tuer! Tu voulais l'empoisonner, oui! l'accusai-je brusquement, l'index brandi vers elle.

— Mais pas du tout! se défendit-elle, déstabilisée.

— Et comme si cela ne suffisait pas, tu l'as ensorcelé!

Les yeux de Daufina s'écarquillèrent de surprise et elle eut un mouvement de recul qui la fit se raidir. Le pâlissement de son visage ne m'échappa pas.

— Moi? Mais… mais…

J'extirpai l'amulette de ma poche et la brandis sous son nez.

— Peux-tu m'expliquer ce qu'est ceci, dame Daufina? m'enquis-je avec une feinte naïveté.

À la vue de la patte de coq et de la branche de romarin liées par les cheveux de Ravier, la Parfaite ne put masquer sa stupéfaction et resta sans voix. Dans le temple, un sursaut collectif monta, suivi de quelques murmures effarés. Tous s'étaient rendu compte que je tenais une amulette et venaient de réaliser qu'une sorcière était à l'œuvre parmi eux. Satan s'était glissé dans le temple sans qu'ils le soupçonnent. Je pus lire un mélange de colère et de peur dans les yeux des guerriers aguerris, qui se savaient impuissants à lutter contre le pouvoir du Mal.

— Réponds! insistai-je. Qu'est ceci? Un quelconque charmement? Tu dois bien le savoir puisque c'est toi qui l'as posé sous l'oreiller de Ravier!

Elle pâlit et ses lèvres se mirent à frémir.

— Oui… avoua-t-elle faiblement en penchant la tête, abattue. J'ai fait cela.

Un silence de tombe régnait dans le temple. Du coin de l'œil, j'aperçus plusieurs des Neuf s'avancer sur le bout de leur fauteuil, tendus.

— Pourquoi souhaites-tu la mort du maître des Neuf? crachai-je. Pour décapiter l'Ordre et rendre ainsi la vie plus facile à Amaury et à Montfort?

Daufina releva la tête, étonnée. Ses yeux étaient humides et son visage, défait.

— Tu accuses facilement, mais tu ne comprends rien à rien, Gondemar, plaida-t-elle. Je ne cherchais pas à lui nuire, mais à le protéger. Il est malade. Les Parfaits ne peuvent plus rien pour lui. J'ai placé cette amulette sous son oreiller pour repousser les forces mauvaises. C'est une vieille recette que je tiens des femmes de ma famille. J'espérais prolonger sa vie. En ces temps troublés, nous avons besoin de lui plus que jamais !

— La magie agit sur la matière et la matière a été créée par Satan ! cracha Esclarmonde. En t'y livrant, tu sais bien que tu fais le jeu du Mal. N'as-tu pas honte, toi, une Parfaite qui ne devrait penser qu'à retourner à la Lumière ? Comment peux-tu t'abaisser ainsi ? Le *consolamentum* que tu as reçu ne signifie-t-il donc rien ? Ne réalises-tu pas qu'à cause de cette faute, tu devras sans doute t'incarner à nouveau ?

Ainsi admonestée, Daufina baissa les yeux, les joues empourprées.

— Je… je voulais bien faire, murmura-t-elle.

— Ma pauvre Daufina, se lamenta Ravier avec un filet de voix. L'Ordre a besoin d'un *Magister* énergique. Pas d'un mort vivant.

— Non, maître, protesta-t-elle. Vous devez vivre.

La Parfaite darda furtivement son regard vers les pieds du maître. Elle se reprit immédiatement, consciente de son erreur, mais il était trop tard. Son geste ne m'avait pas échappé. D'un pas ferme, je traversai le temple, m'accroupis devant le *Magister* et me mis à tâtonner sous son fauteuil. Il ne me fallut qu'une seconde pour y trouver une amulette en tous points semblable à la première, que je brandis triomphalement. Cette fois, un grondement de colère et d'indignation parcourut le temple.

— Et cette amulette-ci ? m'écriai-je. S'est-elle retrouvée dans le temple par ta magie, espèce de sorcière ? Ou as-tu trouvé le moyen de t'y introduire en secret pour l'y déposer ?

Tous les yeux, maintenant accusateurs, étaient rivés sur Daufina, dont les lèvres tremblaient. La Parfaite tenta de soutenir mon regard, mais les larmes qu'elle retenait depuis un moment déjà éclatèrent.

— Oui, je me suis introduite dans le temple! sanglota-t-elle. Je m'en confesse!

— Comment as-tu fait?

— J'ai drogué Eudes lorsqu'il montait la garde. J'ai trahi sa confiance. Mais c'était pour la bonne cause!

Je toisai Eudes et constatai que le pauvre avait blanchi. L'air catastrophé, il passa ses doigts dans son épaisse tignasse.

— Mordieu, admit-il après un moment, sidéré. Je n'avais pas réalisé, mais… elle avait pris l'habitude de m'apporter du vin chaud bien épicé, parfois, lorsque j'étais de garde dans l'entrée du donjon. Elle disait que ça soulagerait la toux creuse qui me prend souvent dans cette pièce humide. Une fois, je me suis endormi, pour me réveiller une heure plus tard, la tête bien lourde. J'ai mis cela sur le compte de la fatigue. Je ne me suis pas méfié. Jamais je ne me serais douté… Foutre de Dieu! Quel imbécile je suis!

En colère, il abattit son poing sur le bras de son fauteuil, puis poignarda Daufina du regard.

— Je ne voulais que placer l'amulette sous le fauteuil du maître sans que personne ne le sache, plaida la Parfaite d'un ton où perçait le désespoir. Je n'ai jamais pris la Vérité! Comment aurais-je pu? Elle est enfermée dans la cassette et vous êtes trois à détenir les clés. J'aurais dû avouer ma faute quand les parchemins ont disparu, mais je… je ne pouvais pas. Qu'auraient pensé les autres en apprenant que je suis aussi sorcière, moi, une Parfaite? Et puis, ma transgression, même bien intentionnée, aurait été sévèrement punie. J'ai été stupide, je le confesse. Mais je n'ai pas trahi l'Ordre, je le jure! Ce que j'ai fait, je l'ai fait par fidélité!

Je retraversai le temple et vins me planter à deux enjambées de la Parfaite. Sans prévenir, je lui lançai l'amulette que, par réflexe, elle attrapa. De la main gauche. Celle qu'avait utilisée le meurtrier d'Eiquem pour lui trancher la gorge. Le moment était venu de porter le coup de grâce. Je tirai de ma poche trois petites clés et les montrai à l'assistance. Si la chose était possible, Daufina blanchit encore davantage à leur vue. Ses sanglots s'étouffèrent net.

— Parlant de clés, j'ai trouvé celles-ci dans la cellule de notre sœur, que je me suis permis de fouiller avant notre rencontre, déclarai-je. Elles étaient bêtement fourrées dans sa paillasse.

Je reportai mon attention sur l'accusée.

— Explique-moi, demandai-je, dégoulinant d'ironie, comment tu les as obtenues. Et surtout, à quelles fins.

— Mais… mais… elles ne sont pas à moi! s'écria-t-elle. Je ne les ai jamais vues de ma vie! Que je sois incarnée mille fois en crapaud si je mens.

Je ne lui accordai pas la moindre attention.

— Comme de juste, dis-je, il s'agit de copies, puisque celle dont je suis responsable n'a jamais quitté mon cou depuis qu'on me l'a confiée.

Pour appuyer mes dires, je tirai la clé de ma chemise et l'exhibai à l'assistance.

— Je présume que vous détenez aussi la vôtre, mes frères? m'enquis-je auprès d'Eudes et de Raynal.

Les deux templiers s'empressèrent de fouiller leurs vêtements pour en faire autant et démontrer leur innocence. Je me dirigeai vers l'autel, saluant le *Magister* au passage d'une main sur le cœur, et me plaçai devant la cassette.

— Eudes, Raynal, veuillez me rejoindre.

Ils se levèrent, saluèrent à leur tour et prirent place à mes côtés.

— Maître, je désire ouvrir la cassette. Puis-je procéder? m'enquis-je.

Livide, Ravier comprit où je voulais en venir et hocha affirmativement la tête. Je comparai d'abord ma clé avec les trois contrefaites pour identifier sa jumelle. Puis je procédai de même manière avec celles de Raynal et d'Eudes. Lorsque nous eûmes chacun notre copie, nous les introduisîmes dans la serrure correspondante, comme nous l'avions fait le soir de mon initiation. Les clés étaient grossières et tournaient mal, mais les déclics finirent par retentir dans le silence tendu qui était tombé sur le temple. Puis je relevai le couvercle de la cassette pour bien démontrer que les copies l'ouvraient aussi bien que les originales. En regardant à l'intérieur, je défaillis presque de surprise. Un coup de masse d'armes en plein front aurait eu le même effet. À mes côtés, Eudes et Raynal n'en menaient pas plus large.

Les parchemins étaient là, soigneusement attachés et roulés, tels que je les avais aperçus la première fois. N'eût été le fait que tous les membres avaient vu la cassette vide lors de l'assemblée précédente, j'aurais cru avoir rêvé. Sidéré, je les sortis et les exhibai devant Ravier. Le vieillard resta figé, la bouche ouverte et les yeux exorbités. Puis il se reprit et se leva avec difficulté en prenant appui sur les bras de son fauteuil.

— Dieu soit loué, murmura-t-il. Je peux mourir en paix.

Sur le pourtour du temple, les membres de l'Ordre semblaient momifiés dans une attitude de stupéfaction. Les joues d'Esclarmonde étaient mouillées de larmes. Les yeux de Montbard brillaient de fierté. Véran, Jaume, Eudes et Raynal avaient le visage dur de ceux qui contemplent déjà la vengeance. Peirina, elle, avait porté une main à sa bouche en pâlissant. Ravier, lui, donnait l'impression d'être sur le point de s'effondrer. Quant à Ugolin, il avait visiblement du mal à suivre le cours des événements. Pour ma part, je ressentais un profond soulagement à l'idée que ce dont dépendait mon salut était à nouveau à sa place.

— La sorcière a fait réapparaître les documents, on dirait, maugréa Eudes, d'une voix tremblante de colère.

Ravier secoua sa torpeur et tourna les yeux vers Daufina.

— Emparez-vous d'elle ! ordonna-t-il en la pointant d'un index tremblant de colère autant que de faiblesse.

Aussitôt, Jaume et Véran bondirent sur leurs pieds et saisirent sans ménagement la Parfaite qui, de toute manière, était trop sonnée pour offrir la moindre résistance. Pendant ce temps, le *Magister*, supporté par Ugolin, m'avait rejoint afin de constater le miracle de ses propres yeux. Il tendit les mains vers les parchemins, mais tremblait tant que je dus les dérouler pour lui et les lui remettre un à un. Il les examina attentivement et me les rendit.

— Ce sont bien eux, décréta-t-il d'une voix rendue rauque par l'émotion.

Le feu dans les yeux, il se tourna vers Daufina.

— Cette femme a trahi l'Ordre. Pire encore, en pratiquant la sorcellerie, elle a renié la religion des familles fondatrices, fondée sur la Vérité! Elle a embrassé la matière, œuvre de Satan! Félonne! Judas femelle! Impie! Tu paieras de ta vie, aussi vile soit-elle! Que Dieu ait pitié de ton âme!

Il se tourna vers moi, l'air grave et déterminé. Je compris avant qu'il ne le dise ce qu'il exigeait de moi et j'étais tout disposé à le faire.

— *Je m'engage à ne les point révéler et à empêcher tout frère ou sœur de le faire, y compris le* MAGISTER *de l'Ordre, s'il est en mon pouvoir de l'en empêcher, et en le tuant s'il le faut*, dit notre serment sacré, récita-t-il d'une voix frémissante d'outrage. Sire Gondemar, tu as démasqué un parjure. Il te revient d'exécuter la sentence prévue dans notre obligation solennelle.

Je tirai calmement Memento, qui scintilla telle une épée de justice dans la lumière des flammes, et me dirigeai vers Daufina. Réalisant le sort qui l'attendait, elle se mit à se débattre sans pouvoir échapper à la poigne solide des templiers. Jaume et Véran la forcèrent à s'agenouiller et reculèrent tout en lui tendant les bras derrière le dos.

— Non… gémit-elle. Vous vous trompez… Ce n'est pas moi qui…

Le sifflement de Memento retentit et, l'instant d'après, la tête de la traîtresse roula sur le carrelage noir et blanc. La Vérité était sauvée.

La crise était passée et la mission centenaire de l'Ordre était préservée. Le temps, arrêté depuis des mois, pouvait reprendre son cours. La cassette était de nouveau verrouillée et les clés copiées par Daufina enfermées à l'intérieur jusqu'à ce que le *Magister* décide de leur sort. Quant à moi, je devais mettre de côté la tranquillité que j'avais retrouvée et recommencer à me préoccuper de la suite des choses. Je n'étais revenu sur terre que pour protéger la Vérité et il m'en manquait toujours une partie. Ma tâche avait été interrompue et elle était loin d'être achevée.

Nous disposâmes du corps de Daufina et nettoyâmes le temple. Je me chargeai personnellement de la tête, que j'empoignai avec un plaisir pervers par les cheveux pour la jeter dans la fosse dissimulée sous l'autel. Tout au long de l'opération, Ravier resta affalé dans son fauteuil, hagard et à bout de force. Lorsque l'autel eut retrouvé sa place, que le carrelage fut lavé et que plus rien ne parut du sacrilège qui avait profané les lieux, ceux qui étaient à nouveau neuf reprirent leur place autour de leur maître.

— Tudieu… gronda Montbard, pour rompre le silence. Comment a-t-elle mis la main sur ces clés?

Habitué à considérer une question sous tous les angles, mon maître était visiblement stupéfait par ma découverte, et sans doute un peu contrarié de ne pas y avoir songé lui-même.

— En plus de la sienne, Eudes a détenu la clé de sire Drogon pendant quelque temps avant l'initiation de Gondemar, dit Véran. Comme elle l'avait endormi, elle lui aura simplement subtilisé les deux pour les copier, puis les lui remettre autour du cou avant qu'il ne s'éveille. Et si elle a drogué Eudes, elle a certes pu faire de même avec Raynal, ce qui lui aura procuré les trois clés.

— Elle m'a quelquefois offert du vin, à moi aussi, admit le templier bourru en baissant honteusement la tête, comme un enfant pris sur le fait. Je croyais que c'était par amitié. Je me suis fait prendre.

— Daufina… murmura tristement Peirina, ébranlée. Je n'arrive pas à le croire. Je la connaissais depuis dix ans et jamais je n'ai perçu quoi que ce soit qui… Pourquoi? Par Dieu, pourquoi?

— L'appât du gain… Le désir de mettre fin à la croisade en donnant à Amaury ce qu'il désire… La peur… La malfaisance, tout simplement. Qui sait? répondit Véran. La guerre a cette faculté de révéler la vraie nature des gens. Les héros se révèlent, les pleutres et les traîtres finissent toujours par se trahir.

Jaume demanda ensuite la parole.

— Sire Ravier, tout cela est très bien. Par la grâce de Dieu, nous avons retrouvé les parchemins. Mais il m'a semblé que tu entretenais avec Véran un secret. À la lumière des récents événements, cela me paraît moins souhaitable que jamais au sein d'un ordre fondé sur l'entière confiance de ses membres.

— En effet, répondit le mourant harassé de fatigue. Tu as raison. Tout doit être dit et chacun de vous mérite de le savoir.

Il inspira profondément et ferma les yeux, semblant chercher à regrouper ses idées avant de parler. Puis il reprit.

— Vous avez déjà appris, lors de votre initiation, que l'Ordre des Neuf n'est qu'une partie de quelque chose de plus grand. Nous conservons une part de la Vérité, et le reste est ailleurs. La chose est bonne, car nul ne peut trahir ce qu'il ignore. Mais il existe un lien entre les parties de ce tout; un endroit, connu du *Magister* et de lui seul, où un message peut être déposé en cas d'extrême urgence pour recevoir réponse.

Il fit une pause et essuya la sueur qui perlait sur son visage émacié. J'aurais voulu lui offrir de l'eau, du vin, quelque chose, mais le temple en était dénué. Le pauvre homme allait devoir souffrir jusqu'au bout.

— Ma fin est proche, reprit-il. Dans les circonstances graves et inédites qui sont les nôtres, avec Amaury qui cherche à s'emparer de notre secret comme un chien de chasse flaire un lapin, et Montfort qui massacre et détruit tout ce qui croise sa route, la Vérité n'a jamais couru pire danger. C'est pour cette raison que j'ai décidé de la transférer de Quéribus à Montségur, et de veiller sur elle aussi longtemps que j'en serais capable. Mais pour le reste, devais-je me retirer et accepter le sacrifice requis de moi, ou attendre la mort ? J'ai choisi de demander instruction. J'ai confié à Véran, en qui je place mon entière confiance, la tâche de déposer pour moi un message à l'endroit prescrit, en lui faisant jurer sur son honneur de ne jamais révéler son emplacement. Tout cela s'est passé avant l'arrivée de dame Esclarmonde et de la cassette.

Ravier pâlit et, pendant un moment, je crus qu'il allait s'évanouir. Il parvint à avaler sa salive, les lèvres pincées, et se reprit de son mieux.

— Sire Véran, veux-tu continuer pour moi ? demanda-t-il.

Véran acquiesça de la tête et reprit le récit là où l'avait laissé Ravier, qui s'affala dans son siège, haletant.

— J'ai quitté Montségur et j'ai déposé le message à l'endroit indiqué par le *Magister*. J'ignore qui l'a pris, mais un matin, quelques jours plus tard, il avait disparu. J'ai attendu pendant plus d'un mois et, lorsque la réponse est enfin venue, je l'ai rapportée ici sans l'ouvrir. Je croyais que ma tâche se terminait là, dit-il avec lassitude en montrant le parchemin qu'il venait de ressortir. Malheureusement, j'avais tort. Mon calvaire ne faisait que commencer. Sire Ravier a pris connaissance du message devant moi puis me l'a tendu en m'intimant de le lire.

— Et que disait-il ? s'enquit Montbard.

Le faciès de Véran s'assombrit et il passa le document à Raynal, qui était sur sa gauche. Pendant qu'il circulait d'un membre des Neuf à l'autre, il reprit la parole d'une voix qui chevrotait.

— Que l'Ordre ne devait pas être dirigé par un vieillard diminué, dit-il, abattu. Que j'étais désormais le seul juge de son état et que, lorsque je le jugerais opportun, je devais le mettre à mort pour qu'un autre prenne sa place. Nul besoin de vous dire l'effet que cela eut sur moi. J'ai combattu sous les ordres de Ravier en Terre sainte. C'est lui qui m'a initié parmi les Neuf. Il a fait de moi ce que je suis. Je… j'aime cet homme comme un père. Et voilà que j'avais mandat de l'exécuter comme un bœuf trop vieux pour tirer l'araire.

— Posture inconfortable, en effet, maugréa Montbard en adressant un air entendu à Eudes, qui rougit.

— Et tu as passé du temps sur la muraille à ruminer tout ça… complétai-je pour Véran.

— J'avais besoin de réfléchir. De m'éclaircir les idées avant de perdre l'esprit. Je ne désirais pas obéir à un ordre émis par je ne savais qui. Je me suis même demandé s'il ne s'agissait pas d'une ruse d'Amaury pour détruire les Neuf. Je ne pourrais te dire combien de fois j'ai voulu chiffonner ce maudit papier et regarder le vent l'emporter au loin. Mais je n'ai pu m'y résoudre, de peur que son auteur m'en tienne rigueur. Et puis, Ravier ne me l'aurait pas pardonné.

— Et maintenant ? demanda Ugolin.

— Comme Dieu me soulagera bientôt des misères de la chair, l'ordre reçu est caduc, dit Ravier. Toutefois, si vous voyez les choses autrement, je tendrai dès maintenant la nuque à l'épée de Véran.

Sur l'entrefaite, la mystérieuse lettre se rendit à moi par l'entremise d'Esclarmonde. Je la lus. Son contenu, sec et direct, confirmait l'histoire de Véran.

À toi, sire Véran de Raffle, salut
L'Ordre des Neuf est plus grand que l'ensemble de ses parties.
Pour assurer la protection de la Vérité, il ne doit être composé que
de membres sains.
Tu es seul juge du moment où le MAGISTER *devra être retourné*
à la Lumière divine. Accomplis cet office avec honneur et respect,
mais sans broncher.
Que Dieu te mène à bonne fin
CANCELLARIUS MAXIMUS

Pour seule signature, la missive portait la mention *Cancellarius Maximus*. Le *Grand Chancelier*. Mais chancelier de quoi ? J'étais troublé par cette confirmation matérielle du fait que, quelque part, un supérieur inconnu semblait tisser une toile aussi complexe qu'invisible dont lui seul semblait comprendre toutes les ramifications. Il décidait de la vie des Neuf comme s'il s'agissait de pions sur un échiquier. Il en savait sans doute plus sur la Vérité que moi ou que l'Ordre des Neuf. Mais où pouvais-je le trouver ? Dans le Sud ? En France ? En Terre sainte ? Je l'ignorais totalement.

La lettre portait aussi, au bas, un sceau orné d'un symbole que je ne connaissais que trop bien et que je portais dans ma chair, complété par la croix pattée de l'Ordre du Temple.

TROISIÈME PARTIE

Toulouse

CHAPITRE 10

Succession

Le printemps de l'An du martyre de Jésus 1211 fut tout à fait dénué d'événements notables. Les croisés n'avaient pas encore émergé de leur sommeil hivernal. Ils attendaient le retour des seigneurs du Nord et de leurs troupes pour reprendre leur marche meurtrière.

Pour la première fois depuis ma résurrection, et sans entretenir d'espoirs démesurés, j'avais le sentiment d'avoir fait des progrès, si modestes soient-ils, vers le salut de mon âme. La Vérité m'était connue, du moins en partie, et j'avais réussi à la protéger, comme l'avait exigé Métatron. Sans moi, jamais Daufina n'aurait été démasquée. Les précieux documents auraient été perdus et mon âme avec. Au lieu de cela, ils se trouvaient à nouveau dans le temple des Neuf et des mesures avaient été prises pour que deux membres de l'Ordre, au lieu d'un seul, montent désormais la garde en permanence dans le donjon. Je prenais moi-même mon tour régulier en compagnie de Raynal, d'Eudes, de Véran, de Jaume, d'Ugolin ou de Montbard. Ce dernier avait fortement insisté sur le fait qu'une jambe et demie ne l'empêchait en rien de faire sa part et, le cas échéant, de trucider quiconque se présentait avec de mauvaises intentions. Il avait d'ailleurs reçu à cet effet une épée forgée de la main d'Eudes, qui la lui avait offerte en guise d'excuses formelles. De même, il avait été décidé que tout messager serait dorénavant gardé en permanence et tenu à l'écart une fois ses nouvelles communiquées à Raymond de Péreille.

Ravier, pour sa part, s'était accroché à la vie avec une étonnante ténacité, ce qui repoussait la triste et inévitable obligation de le remplacer à la tête de l'Ordre, ce à quoi aucun d'entre nous ne désirait faire face. Aucune assemblée n'avait été tenue depuis celle où Daufina avait été raccourcie et nous savions tous que la prochaine serait marquée par le deuil.

C'est sans aucune surprise que j'aperçus un bon matin ce vieil entêté de Bertrand de Montbard claudiquer avec détermination vers le champ d'exercice, l'épée au côté. Je connaissais assez mon maître pour savoir qu'il désirait encore accomplir beaucoup de choses sur sa jambe de bois. Il boitait toujours, mais sa blessure était guérie et il ne semblait plus souffrir en se déplaçant. Le vieux templier était un guerrier jusqu'au fond de l'âme et le dépouiller de cette identité équivalait à lui retirer son statut d'homme et à le condamner à se laisser mourir à petit feu. Je me gardai donc de protester, l'accueillant plutôt avec plaisir et me contentant de m'offrir comme partenaire d'entraînement. Évidemment, je modérai mes ardeurs, mais pas trop. Le diable d'homme l'aurait aussitôt détecté et j'en aurais été quitte pour une sainte colère. Son côté gauche, déjà affaibli par le fait qu'il était borgne, était encore plus vulnérable maintenant que sa prothèse limitait grandement sa mobilité et son équilibre. Malgré cela, il pouvait s'appuyer sur une vie de combat. Il savait instinctivement se défendre et, surtout, s'adapter. Pour compenser ses mouvements maladroits, il se postait de manière plus oblique, m'offrant son côté droit et prenant appui sur sa jambe artificielle bien plantée dans le sol. Sa force et son habileté à manier l'épée faisaient le reste.

Après un mois de ce régime, Montbard avait atteint une forme qui était aussi proche que possible de celle d'antan. Certes, il ne serait jamais plus le combattant redoutable qu'il avait été, mais il demeurait une force avec laquelle tout adversaire devrait compter. Si la situation l'exigeait, il pourrait encore tenir son bout dans une bataille. Je ne doutais pas, toutefois, que sa survie ne serait plus assurée et résolus de veiller sur lui de mon mieux. Cet homme valeureux m'avait fait et je ne lui devais pas moins.

Si les choses étaient tranquilles, le personnage du *Cancellarius Maximus* ne me turlupinait pas moins pour autant. Je brûlais d'envie de percer son identité et de comprendre le rôle qu'il jouait dans la préservation de la Vérité. S'il connaissait l'emplacement de la seconde part, je devais à tout prix trouver le moyen de le contacter.

La personne la plus susceptible de savoir quoi que ce soit au sujet du mystérieux inconnu m'apparaissait être Esclarmonde de Foix, dont le rôle dans toute cette histoire avait été central depuis l'an 1187. Un soir de la fin d'avril, je me présentai donc chez elle. La vénérée Parfaite m'accueillit avec chaleur et m'offrit un verre de vin que j'acceptai avec plaisir. Elle se contenta d'un peu d'eau fraîche. Nous n'avions pas eu l'occasion de nous voir beaucoup depuis la nuit fatidique dans le temple des Neuf et ce fut tout naturellement que nous revînmes sur les événements.

— Que sais-tu de ce *Cancellarius Maximus* ? finis-je par demander.

Esclarmonde se permit un petit sourire cynique.

— Pourquoi cette curiosité ?

— J'ai juré de protéger la Vérité et je vois mal comment y arriver sans comprendre les mécanismes qui la protègent, mentis-je.

— Et pourtant, c'est précisément pour assurer cette protection que les mécanismes dont tu parles ont été mis en place.

— C'était voilà plus d'un siècle, contrai-je. Les choses ont changé. À l'époque, il n'était pas question de croisade.

— Je te le concède.

— Alors, que sais-tu ? insistai-je.

Elle but une gorgée d'eau et réfléchit un moment avant de me répondre.

— Je suis membre de l'Ordre depuis plus d'un quart de siècle, dit-elle. J'avais à peine seize ans lorsqu'on m'a initiée. Au fil du temps, j'ai entendu des rumeurs ici et là. Des suppositions et des ouï-dire, tout au plus. Ce qui est certain, c'est qu'il existe un autre Ordre, hormis le nôtre, qui veille sur la seconde part de la Vérité. Cela, tu le sais déjà, comme nous tous. Nul ne connaît son emplacement, ni même la nature des documents qu'il conserve. Hugues de Payns était un homme d'une grande prudence. Il était conscient de la terrible portée de la Vérité et il a organisé les choses de façon que l'ensemble du secret ne soit connu de personne.

— Sauf du *Cancellarius Maximus* ?

— C'est justement ce qui est gardé secret, mais la supposition paraît logique. *En temps et lieu, par la volonté divine, elles seront réunies*, dit le parchemin de Robert de Sablé. Quelqu'un, quelque part, connaît donc forcément l'ensemble du secret et l'emplacement des deux parts pour en ordonner la révélation. La réponse à la missive déposée à son intention par Véran dans un endroit connu du *Magister* seul prouve son existence. Pour le reste, son identité demeure un mystère.

— Et si le *Cancellarius Maximus* n'était qu'une invention du pape et de ses sbires ? suggérai-je. Dans ce cas, sa réponse ne serait qu'une dangereuse tromperie visant à faire sortir l'Ordre de l'ombre pour mieux l'abattre. Pour l'ennemi, la mort du *Magister* serait une bonne chose.

— J'ai souvent songé à cette possibilité, moi aussi, avoua Esclarmonde.

— Et ?

— L'Église cherche à s'emparer de la Vérité depuis le moment où elle a été exhumée des ruines du temple de Salomon par notre frère Hugues et ses compagnons. Elle la cherchait sans doute bien avant cela, comme nous. Peut-être a-t-elle planté le personnage du Chancelier comme une graine et l'a-t-elle entretenue depuis en espérant qu'elle soit utile un jour. Je ne vois rien qui me permette d'écarter l'hypothèse, ni de la rejeter. Nous devrons être prudents.

Un silence inconfortable passa entre nous. Je le meublai en buvant une gorgée de vin.

— Le *Cancellarius Maximus* s'est-il jamais manifesté avant la lettre remise à Véran ? m'enquis-je.

— Comment le savoir puisque, si c'était le cas, il ne communiquerait qu'avec le *Magister* ? dit-elle en haussant les épaules. C'est ainsi que l'a voulu sire Hugues. Les membres de l'Ordre ignorent ce que sait vraiment le *Magister*. Chacun des ordres est indépendant de l'autre. Aucun d'eux ne connaît le *Cancellarius Maximus* qui, lui, les connaît tous les deux. L'ignorance érigée en système sera toujours le meilleur moyen de préserver un secret.

Je quittai Esclarmonde de Foix aussi perplexe qu'à mon arrivée. S'il semblait établi que le Grand Chancelier existait bel et bien, de quel côté était-il ? S'il était de celui de la Vérité, il représentait mon plus bel espoir de trouver la piste des autres documents. Mais même si j'arrivais à le retracer, il n'accepterait jamais de me livrer ce qu'il avait sans doute juré, lui aussi, de préserver. Si, à l'inverse, il était un mythe créé de toutes pièces par l'Église pour infiltrer les deux Ordres, le retrouver équivalait à me jeter dans la gueule du loup. Dans la mesure où j'étais la seule chance de survie de la Vérité, je la condamnerais à être perdue. Mais pour le savoir, je devais forcément m'approcher de lui. Le cercle était désespérément vicieux.

Avec le temps doux et le réveil de la nature, Simon de Montfort se manifesta de nouveau, telle une plante aux miasmes malfaisants qui émergeait de la terre dès le dégel. Il se remit en marche, plus déterminé que jamais si on en jugeait par les nouvelles qui nous parvinrent.

À la fin de mai, un messager se présenta à Montségur. Il fut admis et, sous bonne escorte, fut conduit directement chez Raymond de Péreille, où il livra ses nouvelles. Puis, conformément aux nouvelles directives, il fut logé dans un bâtiment isolé avec interdiction de contact avec quiconque jusqu'à son départ.

Point n'est besoin de dire que la chose ne l'amusa pas et qu'il protesta vivement, mais l'expérience vécue avec Eiquem de Castres avait rendu l'Ordre inflexible. Péreille se contenta d'obéir aux directives que Ravier lui faisait transmettre de son grabat.

C'est dans la petite chambrette où il était retenu dans le plus grand confort possible que quelques membres de l'Ordre des Neuf le rencontrèrent en pleine nuit pour l'interroger. Le jeune homme se rebiffa d'abord de voir ainsi cinq étrangers n'entendant pas à rire surgir nuitamment dans sa chambre. Un grondement menaçant de Bertrand de Montbard, qui avait approché son visage patibulaire du sien, et la vue de Raynal, qui testait ostensiblement le tranchant de son épée avec le pouce, suffirent cependant à le convaincre de collaborer. Véran lui banda les yeux pendant qu'Eudes lui liait les poignets derrière le dos. Dans le noir, nous l'emmenâmes jusqu'au donjon, où Jaume et Ugolin montaient la garde et attendaient notre arrivée. Puis il fut conduit dans le temple, nos deux sentinelles restant au rez-de-chaussée comme si de rien n'était.

À notre demande, Ravier avait appelé par les mots sacrés une rencontre à laquelle il était trop mal pour assister, mais qu'il acceptait de cautionner. Techniquement, notre présence dans le temple respectait donc la règle de l'Ordre. Lorsque les liens et le bandeau furent retirés, le messager fut si impressionné par l'endroit sombre et par le cercle peu engageant que nous formions autour de lui qu'il déballa son sac sans trop résister. Il était à peine un homme et tremblait comme une feuille.

— Quel est ton nom? demanda Eudes.

— Albin, sire, bredouilla-t-il. Albin de Hautpoul.

— Et quelles nouvelles apportes-tu, Albin?

— Je les ai déjà données au seigneur de Péreille, rétorqua-t-il, son regard inquiet parcourant le temple. Elles n'ont rien de secret. Pourquoi m'avez-vous emmené dans ce lieu?

— Nous préférons les entendre de ta bouche, gronda Eudes en tirant sa dague de sa ceinture pour faire meilleur effet. À moins que tu n'y voies objection…

— Fort bien… dit le jeune homme en déglutissant bruyamment. Montfort est à nouveau en marche et il est plus déterminé que jamais. Au début d'avril, il a mis le siège devant Lavaur avec cinq mille hommes. Après six semaines, il a investi la citadelle et a fait traîner devant lui la châtelaine, Giraude de Lavaur. Comme elle refusait d'avouer son hérésie, il l'a fait jeter au fond d'un puits et lapider par ses soldats, qui s'en amusaient fort, dit-on. Je crois qu'il voulait surtout se venger du frère de la pauvresse, Aimery de Montréal, qui lui avait prêté serment de vassalité avant de se révolter et de se retrancher dans Lavaur. Il l'a fait pendre comme traître. Pour faire bonne mesure, les quatre-vingts chevaliers qui défendaient la cité ont été pendus, eux aussi, et leurs dépouilles ont été accrochées à un gibet de fortune pour y pourrir.

— Je reconnais bien là cette crapule de Montfort, maugréai-je.

— Il y a bien pire, sire. Il y avait quatre cents bons chrétiens dans Lavaur. Ils ont tous été brûlés vifs sur un immense bûcher qui a empesté les alentours pendant des jours.

— Le chien ! gronda Véran. Dieu veuille m'accorder le plaisir de me retrouver seul devant lui, que je lui fasse son affaire. Il souffrira tout son saoul.

— Nous souhaitons tous cette grâce, Véran, dit Montbard. Mais on dirait bien que, pour le moment, Dieu est du côté de ce monstre.

— Dieu ou le diable, fit Eudes.

— Quoi d'autre ? demandai-je.

Constatant que nous étions de son côté, le jeune homme se détendit un peu et reprit avec plus d'enthousiasme.

— Une fois Lavaur soumise, Montfort s'est dirigé vers Les Cassès, où il a fait rôtir cent Parfaits de plus. Maintenant, toute la vicomté de Béziers, qu'il détient en propre depuis la mort de Raymond Roger Trencavel, est pacifiée. Il pourra concentrer ses efforts sur Toulouse. Comme le comte Raymond VI est à nouveau excommunié, il aura les coudées franches pour tout brûler avec la bénédiction du pape.

— Tu as vu tout cela de tes propres yeux? demanda Eudes.

— Non, sire. Je tiens ces informations d'un messager qui a fui Lavaur. Mais elles sont fiables.

— Il y a plus?

— C'est tout ce que je sais. J'ai quitté Toulouse sur l'ordre du comte Raymond de Toulouse, qui a dépêché des messages par toutes les terres pour avertir les cités et les forteresses que les choses se présentent mal et qu'elles devaient se préparer à subir l'assaut des croisés.

— Bien, dit Eudes.

Le templier se dirigea vers l'autel, appuya quelque part sur le côté et le meuble pivota sur lui-même, sous le regard perplexe d'Albin. Véran s'était subrepticement glissé derrière lui. Sur un signe de tête d'Eudes, il tira sa dague, lui empoigna la tête, lui ouvrit la gorge d'un geste qui trahissait son expertise en la matière, puis le poussa dans la fosse avant même que son sang ne souille le carrelage. Le messager alla rejoindre Daufina, dont l'odeur de putréfaction envahissait le temple.

Pour éviter que ne se reproduise la situation occasionnée par Eiquem, nous avions décidé que plus rien ne devait sortir de Montségur. Cela ne plaisait à personne, mais les circonstances l'exigeaient. Nous nous tenions autour de l'autel, le regard posé sur la fosse.

— Il faudra expliquer sa disparition, fit remarquer Raynal.

— Nous dirons simplement qu'il a quitté Montségur durant la nuit, sur l'autorisation personnelle de Ravier, dit Eudes.

— M'est avis qu'au rythme où les choses s'aggravent dans le Sud, les messagers se feront de plus en plus nombreux. La fosse risque de finir par déborder, dit Véran, sans humour, en remettant sa dague au fourreau.

— Bah! Un peu de chaux pour accélérer le pourrissement et rien n'y paraîtra, proposa Montbard, dont l'esprit pratique ne cessait de m'étonner.

Eudes remit l'autel en place et nous nous dirigeâmes vers nos fauteuils respectifs.

— Montfort semble se concentrer sur les cités du Nord, dit Eudes. C'est une bonne nouvelle pour Montségur.

— Je ne fais guère confiance à un messager venant de la part de Raymond de Toulouse, dit Véran. Cette canaille a tourné capot si souvent qu'on ne sait plus s'il appartient au pape ou aux rebelles.

— Il n'appartient qu'à lui-même, cracha Eudes. Il signerait de son sang un pacte avec le diable si cela lui permettait de conserver ses terres. Néanmoins, il n'y a aucune raison pour que ces nouvelles ne soient pas véridiques.

— Le diable? Il parcourt déjà les terres du Sud à la tête des croisés, dis-je. Je le sais. Je lui ai même serré la main.

Eudes me dévisagea, étonné.

— Tu connais Montfort?

— Je l'ai vu deux fois: d'abord devant Béziers, puis quand il allait faire massacrer des innocents dans une église après avoir mis la ville à sac.

— Je l'ai croisé de près, moi aussi, intervint Montbard. Et j'en conserve un souvenir fort désagréable. L'homme est un fou de Dieu, rien de moins. Il empalerait sa propre mère par la fendace s'il apprenait qu'elle est hérétique.

— Alors vous sauriez le reconnaître?

— Bien sûr, dis-je. Pourquoi donc?

— Il me vient une idée…

— Explique-toi.

— Que dirais-tu de lui rendre une petite visite? demanda Eudes avec un sourire malfaisant. Il est grand temps que ce démon paie par là où il a péché.

À mon tour, un large sourire éclaira mon visage. Lorsque je regardai du côté de Montbard, je constatai que lui aussi se réjouissait à l'avance en se frottant les mains. On ne cachait rien à ce vieil entêté et, de toute évidence, il tenait pour acquis qu'il serait du voyage. Avec un enthousiasme que nous n'avions pas éprouvé depuis longtemps, nous mîmes notre plan au point. Nous allions prendre l'offensive et, avec un peu de chance, peut-être ferions-nous tourner le vent contre les croisés, au moins pour un temps.

La mort de Ravier nous empêcha de mettre nos projets à exécution aussi vite que nous le désirions.

Lorsque des coups urgents frappés à ma porte me tirèrent de mon sommeil en pleine nuit, je sus avant même qu'on me le dise que le vieux templier s'en était retourné auprès de son créateur. Le faciès défait de Jaume me le confirma dès que j'ouvris. J'espérai sincèrement que le *Magister* avait retrouvé cette Lumière divine que les cathares espéraient tous revoir. Mon premier réflexe fut d'offrir une prière pour le salut de son âme, mais je me contins. Mes supplications à Dieu ne pouvaient être qu'une tare pour un trépassé. Peut-être même s'attacheraient-elles aux chevilles de Ravier tel un boulet qui le tirerait vers l'enfer.

— Que se passera-t-il, maintenant ? m'enquis-je.

— *Secretum Templi*, dans une heure. L'assemblée est convoquée par dame Esclarmonde, se contenta-t-il de répondre avant de disparaître pour aller prévenir les autres.

Au moment convenu, j'étais à ma place dans le temple. L'ambiance y était empreinte de tristesse et de recueillement. À l'Orient, sous l'écu et l'épée suspendus au mur, le fauteuil inoccupé du *Magister* était drapé du baucent qui avait été retiré de son socle. Il saillait comme une blessure à vif et personne n'osait regarder dans sa direction. Si le départ de Ravier n'était pas une surprise, il n'en était pas moins pénible à tous et durement ressenti. Peirina avait les yeux bouffis par les larmes qu'elle avait versées et Jaume, pourtant toujours si solide, n'en menait pas tellement plus large. Raynal était pâle. Sa mâchoire était crispée et son visage était encore plus dur qu'à l'habitude. Eudes et

Véran, eux, avaient cet air grave de ceux qui doivent mettre temporairement leur douleur de côté pour faire face à une situation difficile. Montbard et Ugolin semblaient plus détachés et surtout curieux de la suite des choses. Pour ma part, je ne savais que penser. J'avais appris à respecter et à apprécier sire Ravier, ce vieil homme digne au jugement sûr, qui savait être dur tout en restant humain. À bien des égards, l'Ordre des Neuf venait de perdre son père.

Esclarmonde de Foix arriva la dernière. Elle se dirigea droit vers son siège, à l'Occident, et s'y assit. Près d'elle, sur un plateau, étaient posés le maillet du maître et la boulle, ce sceau en or portant l'image de deux chevaliers montés sur le même cheval, lance en main droite et écu au bras gauche, qui galopaient de dextre à senestre. Sous le dessin, on pouvait lire l'inscription *sigillum militum xpisti*[1]. Un silence solennel tomba aussitôt sur le temple. La Parfaite frappa un coup sec pour signaler l'ouverture de nos travaux. La mort dans l'âme, nous redîmes le serment prononcé lors de notre initiation et ouvrîmes les travaux dans les formes consacrées. Puis Esclarmonde parla.

— Mes frères, ma sœur, nous sommes réunis en assemblée irrégulière pour remplacer notre maître, dont l'âme est retournée à la Lumière voici quelques heures, dit-elle avec solennité. L'Ordre ne doit jamais demeurer sans maître. Depuis le retour de la Vérité dans les terres natales, voilà un quart de siècle, Ravier en a été le seul *Magister*. Malgré notre tristesse, il nous revient maintenant de désigner son successeur. En tant que membre la plus ancienne, il me revient de conduire l'élection. Par le fait même, je suis exclue des candidats à l'abacus.

Elle se leva lentement et prit un moment avant de poursuivre.

— Avant de procéder, dit-elle, invoquons la bénédiction du Créateur sur nos travaux.

Tous se mirent debout, posèrent la main sur le cœur et inclinèrent la tête.

---

1. Sceau des chevaliers du Christ.

— Dieu de Lumière, dit Esclarmonde d'une voix douce, accueille en ton sein l'âme de notre maître révéré, Ravier de Payns. Donne à ceux qui lui survivent la sagesse de choisir le successeur le plus méritant. Remplis nos cœurs d'honneur et d'amour, ô Créateur de tout ce qui est bon et ennemi immémorial du Mal, et guide notre choix afin que l'Ordre sorte fortifié de cette épreuve.

Une minute de silence s'ensuivit, pendant laquelle tous réfléchirent au choix qu'ils allaient faire. J'étais étonné d'apprendre que sire Ravier était de la famille de Payns, fondatrice des Templiers et des Neuf. Un coup de maillet mit fin au recueillement et nous nous rassîmes. Esclarmonde prit une bourse de cuir dans sa robe et descendit du piédestal pour faire le tour du temple. S'arrêtant tour à tour devant chaque membre, elle en tira une bille de verre noire et la lui remit. Je reçus la mienne, sans savoir de quoi il retournait. Lorsqu'elle eut fini, elle revint à sa place et, toujours debout, sortit un parchemin de son corsage, le déplia et en lut le contenu.

— Les candidats éligibles à la succession sont, par ordre d'ancienneté : Eudes de Saint-Agnan, Véran de Raffle, Raynal de Saint-Omer, Peirina de Gondemare, Jaume de Montdidier, Bertrand de Montbard, Gondemar de Rossal et Ugolin de Bisor. Chacun de vous doit voter en son âme et conscience, en commençant par le membre le plus récent et en terminant par le plus ancien. Il n'est pas permis de voter pour soi-même, ni de se consulter. Pour exprimer votre choix, vous vous lèverez et déposerez entre les mains de votre candidat la bille que je vous ai remise. Au terme du scrutin, le nombre de billes détenu par chacun déterminera le vainqueur. En cas d'égalité, un second tour aura lieu entre les deux membres ayant reçu le plus de voix. Si l'égalité persistait toujours, mon vote sera prépondérant.

Pendant qu'elle établissait ainsi les règles, j'observais à la dérobée les membres, essayant de prévoir l'issue du scrutin. À mes yeux, les principaux candidats étaient Eudes, dont l'assurance et la force tranquille ne pouvaient que conserver à l'Ordre la stabilité dont il avait besoin, et Véran, qui avait été le plus proche du maître et qui assurerait naturellement la continuité. Jaume avait toutes les qualités requises, lui aussi. Raynal? Je n'osais imaginer ce qui se produirait si cette tête chaude se retrouvait assis dans le fauteuil du *Magister*. Et Peirina? Rien n'interdisait l'élection d'une femme à la tête des Neuf. Comme la religion cathare, l'Ordre était égalitaire. Montbard m'apparaissait exclu d'emblée de par son handicap, bien qu'il eût fait un *Magister* plus que compétent. Quant à Ugolin, comme moi, il était encore un enfançon au sein du groupe et bien trop naïf pour exercer le pouvoir que la tâche lui imposerait. J'en conclus que la lutte se déroulerait entre Eudes et Véran. Deux excellents choix avec lesquels j'étais tout à fait à l'aise.

Esclarmonde fit retentir un nouveau coup de maillet.

— Les règles étant fixées, procédons à la désignation du nouveau *Magister*. Ugolin de Bisor, quel est ton choix?

Le géant de Minerve se leva d'un bond, visiblement nerveux, et posa la main sur le cœur.

— J'appuie Gondemar de Rossal, répondit-il sans hésitation.

Perdu dans mes pensées, je relevai brusquement la tête, stupéfait, en entendant mon nom.

— Quoi? m'exclamai-je.

Le Minervois traversa le temple de son pas lourd et déposa sa bille dans ma main. Hébété, je lui fis de gros yeux, mais il évita mon regard et retourna s'asseoir. Comment ce balourd pouvait-il faire passer notre amitié avant le bien de l'Ordre? Ne comprenait-il pas la gravité de la situation? En pleine croisade, alors que rien ne semblait pouvoir arrêter Simon de Montfort et que la Vérité était plus que jamais menacée, il était impensable de désigner comme *Magister* un membre aussi nouveau que moi, nominalement chrétien de surcroît. Et surtout damné. Ce que je devais garder pour moi, évidemment, mais même sans cela, son vote était insensé.

— Gondemar de Rossal, quel est ton choix?

Je me mis debout, mon opinion étant faite depuis longtemps déjà.

— Je soutiens Eudes de Saint-Agnan, répondis-je d'un ton déterminé, en adressant un regard de reproche à mon compère, avant de répéter le cérémonial de la remise de la bille.

— Bertrand de Montbard, quel est ton choix ? poursuivit Esclarmonde.

— Je choisis Gondemar de Rossal, dit à son tour mon maître d'un ton ferme, après s'être levé avec quelque difficulté.

Lui aussi franchit en claudiquant la distance qui nous séparait et me remit sa bille avec un clin d'œil complice, avant de s'en retourner. Avaient-ils tous deux perdu la tête pour se liguer ainsi en ma faveur, et de façon si transparente ? À quel jeu jouaient-ils ? Intérieurement, je bouillais de colère. Je me promis de leur toucher un mot au sujet de leur stupidité dès que l'assemblée serait terminée.

— Jaume de Montdidier, quel est ton choix ?

— Eudes de Saint-Agnan, moi aussi.

Je soupirai d'aise à ce vote qui permettait à Eudes de me rejoindre dans le scrutin.

— Peirina de Gondemare, quel est ton choix ?

— Mon vote va à Eudes de Saint-Agnan, l'entendis-je dire avec soulagement, puisqu'elle lui donnait les devants trois voix contre deux.

— Raynal de Saint-Omer, quel est ton choix ?

— Véran de Raffle, répondit sèchement le templier.

Pour une fois, j'étais heureux de l'antipathie qu'il me portait. L'avance d'Eudes se maintenait.

— Véran de Raffle, quel est ton choix ?

Malgré moi, je m'assis sur le bout de ma chaise, anxieux. Il suffisait maintenant que Véran se déclare en faveur d'Eudes et cette triste comédie serait terminée. L'Ordre aurait un *Magister* digne de ce nom.

— J'appuie Jaume de Montdidier, répondit-il.

Je me laissai retomber contre le dossier de mon fauteuil, soulagé. Ce n'était pas ce que j'avais prévu, mais mon supplice tirait à sa fin. Eudes voterait immanquablement pour un de ses frères d'armes et, comme il détenait déjà trois voix contre mes deux, le sort en serait jeté. Toutes les têtes se tournèrent anxieusement vers lui. Songeur, il se mordillait les lèvres.

— Eudes de Saint-Agnan, quel est ton choix? s'enquit Esclarmonde.

Un silence tendu enveloppa le temple. Eudes se leva et, à mon grand désarroi, vint vers moi pour me remettre sa bille.

— J'appuie Gondemar de Rossal, dit-il avant de retourner s'asseoir.

— Quoi? fis-je à nouveau.

— Bien, fit Esclarmonde. Comptez vos billes. Eudes, combien en as-tu?

— Trois, répondit le templier en montrant le creux de sa main.

— Véran?

— Une.

— Jaume?

— Une.

— Gondemar?

— Trois, soupirai-je avec impatience.

— Nous procéderons donc à un second tour entre les deux principaux candidats, tous les autres membres de l'Ordre en étant exclus. Récupérez votre bille.

Esclarmonde reprit le vote et le même rituel se déroula. Je redonnai ma voix à Eudes. Sans surprise, Ugolin et Montbard se déclarèrent à nouveau en ma faveur. Jaume et Peirina en firent autant pour Eudes. Comme de juste, Raynal, qui ne m'aimait pas, prit la part d'Eudes. Je m'autorisai un certain soulagement. Sans faute, Véran appuierait Eudes, lui aussi, maintenant que Jaume n'était plus éligible. Et même si Eudes votait ensuite pour moi, il serait vainqueur.

C'était cependant sans compter sur Dieu, dont les voies sont aussi tordues qu'impénétrables, et qui n'avait de cesse de me tourmenter.

— Véran de Raffle, demanda la Parfaite, quel est ton choix?

Le templier se leva et prit son temps avant de répondre, visiblement hésitant. Puis il se dirigea vers moi pour me remettre sa bille.

— Je choisis Gondemar de Rossal, finit-il par déclarer, renversant par ces quelques mots mes beaux pronostics.

— Eudes de Saint-Agnan, quel est ton choix?

Le templier se leva lentement, les règles dictées par Esclarmonde le contraignant à créer une fois encore l'égalité des votes.

— Je maintiens mon vote pour Gondemar de Rossal, dit-il en venant me rejoindre pour déposer sa voix dans ma main réfractaire.

— Eudes, combien de billes as-tu? demanda la Parfaite.

— Quatre.

— Gondemar?

— Quatre, grommelai-je.

— Le résultat du second scrutin étant égal à quatre voix chacun pour Eudes de Saint-Agnan et Gondemar de Rossal, il me revient donc de trancher, conformément à la règle, déclara Esclarmonde.

Je bondis sur mes pieds.

— Je souhaite me retirer du scrutin! m'écriai-je en faisant mine de lui rendre mes billes. Je ne désire pas être *Magister*!

— La chose n'est pas permise. Assieds-toi! ordonna-t-elle sèchement.

— Mais…

— Silence!

Rabroué, je me tus et me rassis. Esclarmonde s'assit et resta longtemps songeuse à faire tourner sa bille dans sa main. Tous les regards étaient tournés vers elle et la tension était palpable, mais elle ne semblait ressentir aucune pression, bien qu'elle se trouvât dans l'obligation de trancher. Avec son calme habituel, elle soupesait sa décision, consciente qu'elle aurait un impact décisif sur l'avenir de l'Ordre. Lorsqu'elle se fut décidée, elle se releva et dévisagea un par un tous les membres des Neuf. Puis elle descendit du piédestal et se dirigea vers… moi.

— Mon vote va à Gondemar de Rossal, dit-elle calmement en laissant tomber sa bille dans ma main paralysée d'horreur.

J'eus l'impression que le temple s'effondrait sur moi, m'ensevelissant sous le poids des tonnes de pierre qui nous séparaient de la surface. Moi, *Magister* de l'Ordre des Neuf ? C'était pure folie. Je me levai d'un bond, bien déterminé à faire cesser cette comédie.

— Je refuse cette nomination, déclarai-je avec détermination. Que l'on reprenne ces maudites billes ! La place revient de plein droit à Eudes de Saint-Agnan ! J'en suis plus indigne que je ne pourrais jamais l'exprimer. L'Ordre ne peut être dirigé par un ancien croisé. J'exige que le scrutin soit annulé.

Esclarmonde leva la main pour interrompre ma tirade et me fit face, le feu dans les yeux. Je n'aurais jamais cru que cette femme placide pouvait se transformer ainsi.

— Je te rappelle le serment que tu as prononcé en toute liberté : *Je m'engage à défendre les secrets de l'Ordre des Neuf au prix de ma vie, à leur consacrer mon existence entière et à les emporter dans la tombe.* L'Ordre a fait son choix, Gondemar de Rossal. Qui es-tu donc pour le contester ?

— Et si je refuse tout de même ? m'entêtai-je.

— Il reste encore amplement d'espace sous l'autel… Ton souhait te sera accordé et le vote sera repris par les membres restants.

Sa voix s'était durcie en prononçant cette phrase et j'étais suffisamment intelligent pour en saisir la menace. Je sortirais du temple comme *Magister* de l'Ordre des Neuf ou je n'en sortirais pas, tout simplement. Pour mener ma mission à terme, je devais être en vie. Bon gré, mal gré, je devais accepter le résultat du scrutin.

— Alors soit, murmurai-je, résigné, en penchant la tête. Qu'il en soit fait selon la volonté de mes frères et sœurs.

Esclarmonde se leva, traversa le temple vers l'Orient et remit le baucent dans son socle pour signifier que l'Ordre avait à nouveau un maître. Puis elle s'écarta et désigna le fauteuil d'un geste gracieux.

— Agenouille-toi devant la place qui sera désormais la tienne, *Magister* élu des Neuf.

Tous se levèrent et posèrent la main sur le cœur. Dans un état second, je me dirigeai tel un pantin désarticulé vers cette place que j'avais le sentiment d'usurper. Je m'agenouillai face à l'assistance. Esclarmonde empoigna l'abacus et en posa l'extrémité sur ma tête penchée.

— Par ce symbole de commandement qui sera bientôt le tien, déclara-t-elle, je te fais *Magister* de l'Ordre des Neuf. Que l'abacus te rappelle sans cesse que toute responsabilité est à la hauteur du pouvoir qu'elle procure. Je prie Dieu pour qu'il t'accorde la sagesse, le courage et le discernement nécessaires à ta fonction.

— Qu'il en soit ainsi! s'écrièrent les autres.

Elle posa ensuite l'abacus sur chacune de mes épaules, m'adoubant comme on le fait pour un chevalier. Puis elle me tendit la main et me releva.

— Prends la place qui te revient désormais, *Magister* de l'Ordre des Neuf. Occupe-la avec dignité. Fais honneur à la confiance qui a été placée en toi et souviens-toi toujours que tu n'es rien sans les autres.

Je me tins devant le fauteuil dont j'étais indigne, sans oser m'y asseoir. Esclarmonde me tendit l'abacus. Je le pris à contre-cœur et il me parut aussi lourd que toutes les pierres de la muraille. C'était aussi avec ce bâton de commandement que Ravier avait ordonné la mise à mort de Montbard et il m'inspirait un franc dégoût.

— Les ordres que tu donneras en le brandissant seront obéis sans hésitation ni faux-fuyant, sous peine de mort, dit-elle.

Puis elle prit le sceau et le posa dans le creux de ma main.

— Comme le symbolisent les deux chevaliers qui figurent sur la boulle, tu es désormais celui qui doit préserver la Lumière des Ténèbres et le Bien du Mal.

Lorsque je fus investi, bien malgré moi, des insignes du maître, Esclarmonde s'inclina devant moi, me causant un grand malaise.

— *Non nobis, domine! Non nobis, sed nomini tuo da gloria!* s'écria-t-elle d'une voix forte.

— *Non nobis, domine! Non nobis, sed nomini tuo da gloriam!* entonnèrent les autres à l'unisson, en s'inclinant de même.

J'étais là, debout comme un imbécile, l'abacus dans une main et la boulle dans l'autre, ne sachant que faire. Devais-je décréter la fin de l'assemblée? Y avait-il un quelconque rituel à suivre, quelque chose d'autre à accomplir dont j'ignorais l'existence? En désespoir de cause, j'adressai à Esclarmonde un regard suppliant.

— Je crois que l'Ordre apprécierait quelques mots de son nouveau maître, dit-elle avec un sourire.

— Je… je ne suis pas digne de remplir cette charge, balbutiai-je, mais je… je ferai de mon mieux.

Que pouvais-je ajouter? Je ne pourrais jamais expliquer à quel point je ne méritais pas cette place, moi dont l'âme avait déjà été jugée impure par le Créateur lui-même.

— *Deus vult*[1]… murmurai-je.

— Il est temps de décréter la fin de l'assemblée, maître, me conseilla Esclarmonde, car toi et moi avons encore à faire.

Je cherchai les paroles à prononcer, mais ma mémoire semblait avoir été effacée telle une ardoise par une main malfaisante. À force de chercher, je finis par les retrouver.

— Mes frères et sœurs, dis-je d'une voix tremblante, dans une piteuse imitation de l'ancien *Magister*, la Lumière étant retournée aux Ténèbres, le moment est venu de clore cette assemblée. Ensemble, renouvelons le serment qui nous lie à la Vérité, maintenant et à jamais.

---

1. Dieu le veut.

Pendant que tous réitéraient leur engagement solennel envers l'Ordre, je posai la boulle sur le plateau près du fauteuil, plaçai l'abacus dans son socle et pris le maillet.

— Que la Lumière soit! m'écriai-je en frappant le plateau.

— Qu'il en soit ainsi! répondirent les autres.

— Que vienne l'heure de la Vérité!

— Qu'il en soit ainsi!

— Jusqu'à notre prochaine rencontre, à laquelle vous serez convoqués par les mots sacrés *Secretum Templi*, que rien de ce qui a été discuté ici ne franchisse vos lèvres, de crainte que cela ne soit sur votre dernier souffle.

— Que notre gorge soit tranchée si nous disons mot!

— Que Dieu nous vienne en aide dans l'accomplissement de notre tâche sacrée!

— Qu'il en soit ainsi.

— Qu'Il nous bénisse et nous mène tous à bonne fin.

— Qu'il en soit ainsi.

— Retournez donc dans le monde, mes frères et sœurs, mais ne soyez jamais en paix.

Le temple se vida. En sortant, Montbard m'adressa un regard dans lequel je crus lire de la fierté, mais je fus incapable de lui répondre. Je restai seul avec Esclarmonde, affalé dans mon fauteuil, conscient que je venais de faire un pas important vers l'accomplissement de ma mission, mais écrasé par la responsabilité. Dieu était cruel. Je savais que, pour sauver mon âme, je devrais utiliser, sans scrupules, ceux que j'avais appris à respecter. L'absence de moralité m'avait mené en enfer et je devrais la traîner comme un fardeau jusqu'à la mort. C'était un des tributs exigés de moi.

CHAPITRE II

Secret

Lorsque tout le monde fut sorti, Esclarmonde me rejoignit et posa sur mon épaule une main compatissante.

— Je sais que tu ne convoitais pas cette charge, mon frère, et je ne t'en blâme pas, dit-elle d'un ton compréhensif. Elle est lourde et ingrate. Tu devras lui consacrer ton moindre souffle. Mais tes épaules sont assez fortes pour la porter. Tu sauras protéger la Vérité, Gondemar.

Dans ma pauvre cervelle engourdie, les mots de la Parfaite se confondaient avec ceux prononcés par Métatron alors que je n'étais ni mort, ni vivant. *Tu devras protéger la Vérité et l'empêcher d'être détruite par ses ennemis jusqu'au moment où l'humanité sera prête à la recevoir.*

— Tu es courageux et déterminé. Et je sais que le sort de la Vérité te tient à cœur.

— Tu n'as pas idée à quel point... répondis-je. Mais en ce qui concerne la foi...

Elle me tapota affectueusement l'épaule.

— Je comprends que tu sois dérouté. Mais la foi est une chose mouvante. Ceux qui ont le sentiment de l'avoir perdue sont souvent ceux chez qui elle est la plus vive. Dieu ne t'a pas conduit vers ce fauteuil par hasard. Laisse-toi guider et accomplis ton devoir.

Esclarmonde ignorait à quel point ce simple conseil était proche de la réalité. Elle me quitta pour contourner le fauteuil dont je venais d'hériter. Je me retournai pour la suivre du regard et fus surpris de la voir s'agenouiller devant l'écu suspendu au mur. Insérant les doigts entre deux tuiles du plancher, elle en souleva une noire, plongea les mains dans l'ouverture qui se trouvait dessous et en tira un tube de cuivre de la longueur de mon avant-bras. Puis elle revint vers moi.

— Lorsque la Vérité est revenue en terre natale en l'an 1187, ceci l'accompagnait, avec instruction de Robert de Sablé de le mettre en lieu sûr, m'informa-t-elle.

— Si ce temple a été construit pour abriter la Vérité, pourquoi était-elle avec toi lorsque je t'ai trouvée ? m'enquis-je. Elle aurait dû être conservée ici dès ce moment, non ?

— Au sein de l'Ordre, le *Magister* est souverain et ses décisions sont sans appel. Ravier a jugé que la sécurité de la Vérité résidait dans son mouvement constant. Il a choisi de me la confier et, depuis le jour où sire Bertrand m'a remis la cassette, je l'ai gardée par-devers moi, la transportant sans cesse d'un endroit à l'autre, tout en rapportant mes moindres mouvements à l'Ordre. Ainsi, les agents du pape étaient toujours quelques pas en retard sur ses déplacements. Ce n'est que lorsque la menace de la croisade est devenue grave que Ravier a décrété qu'elle devait être ramenée ici. Le temple avait été aménagé depuis longtemps et il était prêt à la recevoir.

Je désignai le tube de la tête.

— Et qu'y a-t-il là-dedans ?

— Je l'ignore. À titre de membre la plus ancienne, mon rôle est de le transmettre au nouveau *Magister*. Hormis Ravier, toi seul en connaîtras le contenu.

Elle me remit le tube, fermé à une extrémité par un capuchon de cuir retenu par un cordon. Puis elle recula jusqu'à la sortie.

— Je te laisse, maintenant. Prends-en connaissance. Lorsque tu auras terminé, replace-le dans la cache. Jaume et Eudes sont de garde et sont avertis que tu resteras ici un moment. Ils refermeront derrière toi.

Elle fit une pause devant la porte.

— J'oubliais. Maintenant que Daufina n'est plus, les Neuf ne sont plus que huit. En tant que *Magister*, il te revient d'initier sans tarder un nouveau membre.

— Ravier avait parlé d'une liste…

— À part ceux qui sont déjà membres, il ne se trouve aucun autre représentant des familles fondatrices à Montségur. Le choix te revient donc.

Je n'eus pas à réfléchir longtemps. Je lui révélai qui j'avais en tête et elle se déclara en parfait accord avec mon choix.

— Alors *Secretum Templi* trois jours après la mise en terre de Ravier, au milieu de la nuit.

Elle sortit et referma derrière elle. Tout à coup, le temple désert me parut terriblement oppressant. Je m'assis dans le fauteuil du *Magister*, incapable de me décider à ouvrir le tube. Je laissai courir mon regard sur les fauteuils vides, sur le carrelage noir et blanc, sur l'autel et sur la cassette, qui contenait un parchemin qui avait le pouvoir de détruire l'Église.

Je me laissai aller à méditer sur mon sort. Au fond, Gerbaut de Gant, le terrible prédicateur, avait été le premier à voir clair. Il avait su, dès qu'il avait posé les yeux sur moi, ce que je deviendrais. Dans sa folie exaltée, il avait tenté d'en prévenir ceux qui en souffriraient. Sa voix éraillée et criarde résonnait dans ma cervelle tourmentée.

— *Que Dieu ait pitié de ce village, car cet enfant y apportera la mort. Il sera damné… Maudit pour l'éternité. La justice divine te fera subir mille fois les souffrances que tu causeras, suppôt de Satan ! Tu iras en enfer et Dieu te punira en t'en libérant ! Tu erreras parmi les hommes sans trouver le salut ! Tu aideras à répandre des faussetés impies qui confondront les honnêtes croyants ! Tu ébranleras la Révélation ! Tu es maudit ! Hérétique ! Damné ! Une âme perdue ! Tu entends ?*

Comme il avait eu raison… En définitive, tout dans ma vie avait été prédestiné. Depuis l'enfance, j'avais été destiné à jouer le rôle qui m'était maintenant échu. Tout m'avait mené vers le fauteuil du *Magister*. Le voile qui couvrait mon visage à la naissance avait fait de moi l'objet d'une peur superstitieuse qui m'avait isolé dès mon premier souffle. Mon père, comme tous les habitants de Rossal, m'avait craint. Il ne m'avait accepté que par nécessité, pour assurer la survie des possessions familiales. Tout avait découlé de cela. La peur et le rejet dont j'avais été l'objet. La haine et la violence par lesquelles j'avais répondu. Les gestes irréparables auxquels elles m'avaient poussé. Dès mes premiers pas, malgré l'influence du père Prelou, j'avais été irrémédiablement conduit vers la damnation.

Placé au centre d'un écheveau d'événements, je n'avais jamais été libre. Bien avant que son chemin ne croise le mien, Bertrand de Montbard avait été chargé de livrer à Esclarmonde la cassette qui renfermait les documents qui forgeraient ma destinée. Plus tard, ses pas s'étaient dirigés vers mon père, qui errait loin de chez nous, et il était devenu maître d'armes de Rossal. Sans le savoir, en m'enseignant la violence et la vengeance, il m'accompagnait sur la voie qui était la mienne. Il avait fait de moi un tueur froid et efficace. Un prédateur. Et l'homme ainsi construit par lui se retrouvait maintenant responsable de préserver le contenu de la cassette dont il avait été chargé.

De plus, la seule amie de mon enfance, une petite boiteuse nommée Pernelle, avait fini par quitter Rossal après avoir subi les outrages d'une bande de mécréants, pour me retrouver des années plus tard, crucifié à un mur de Béziers, un carreau d'arbalète fiché dans le front. À force d'affection et de bons soins, elle m'avait ramené à la vie. C'était grâce à elle si la confiance et le respect des hérétiques m'avaient été accordés et que je m'étais trouvé bien disposé à recevoir la révélation dans le temple.

En réalité, une fois revenu d'entre les morts, je n'avais pas cherché la Vérité à tâtons, comme j'en avais eu l'impression. Depuis le début, je n'étais qu'un pantin manipulé par une main invisible. Le fait que je sois maintenant assis dans le fauteuil du *Magister*, ce tube entre les mains, était un aboutissement logique et incontournable. Avais-je vraiment choisi d'accomplir les actes qui m'avaient mené à la damnation ou y avais-je été contraint pour mieux servir le plan cruel d'un Dieu insensible à mon sort? À l'opposé, l'absence de liberté amenuisait-elle la gravité de mes péchés? Ne les avais-je pas commis en toute connaissance de cause? La soumission à une destinée tracée d'avance excluait-elle le choix?

J'avais le sentiment d'avoir atteint un point tournant dans la quête qu'on m'avait imposée. Acceptant la fatalité et sachant que cette nouvelle étape était aussi inévitable que les autres, je me résolus à retirer le capuchon et retournai le tube pour en faire sortir le contenu. J'y trouvai un parchemin semblable à ceux que contenait la cassette. Je le déroulai et le lus.

> *À toi, Magister de l'Ordre des Neuf, salut.*
> *La Vérité ayant quitté Jérusalem, ma tâche prend fin avec ces directives, que tu légueras à ton successeur en l'avisant de faire de même, et ce, jusqu'au jour de la Révélation.*
> *Pour ta gouverne, sache d'abord que l'Ordre des Neuf doit en tout temps être formé de Neuf membres dirigés par un Magister, qu'il soit homme ou femme, dûment élu par suffrage des frères et sœurs. Chaque membre sera un descendant des familles fondatrices qui ont été à l'origine du retour de la Vérité en terre natale: Payns, Bisor, Saint-Omer, Montdidier, Gondemare, Saint-Agnan, Montbard, Raffle et Foix. Toutefois, s'il le juge à propos ou en cas de force majeure, le Magister exercera son jugement en ces matières et pourra désigner des membres qui n'en sont pas issus, ou modifier le nombre de membres. Dans tous les cas, ses décisions et son jugement, prononcés sous l'abacus, seront sans appel de son autorité comme de sa propre soumission, le serment des Neuf sera garant. Dura lex, sed lex[1].*
> *N'oublie jamais que la protection de la Vérité est la seule raison d'être de l'Ordre et rien ne doit primer sur elle, pas même la vie des Neuf. Elle doit être le seul guide de tes décisions jusqu'à la réunion*

---

1. La loi est dure, mais c'est la loi.

des deux parts. Celle-ci ne pourra être décrétée que par le CANCEL-
LARIUS MAXIMUS, *à sa seule discrétion. Le moment venu, il remettra son sceau au* MAGISTER *de son choix, faisant de lui le* LUCIFER,
porteur de la Lumière divine.

    Le LUCIFER *partira alors sans attendre pour Toulouse. Sous la
parole divine, il trouvera une dalle portant le sceau, y déposera un
mot annonçant son arrivée et attendra ses instructions.*
    *La tâche qui t'échoit est lourde et je prie Dieu pour qu'il t'arme
de courage et te mène à bonne fin.*
    Robert de Sablé ORDO IX, *Commandeur de la cité de Jérusalem,
en l'An du martyre de Jésus 1187.*

Je relus un passage qui m'avait donné le frisson : LUCIFER,
porteur de la Lumière divine. L'archange déchu qui avait été
chassé du Paradis pour s'être rebellé contre Dieu. La possibilité
de porter un jour son nom me donnait la chair de poule. Mais
ne serait-il pas approprié qu'un damné soit identifié au grand
tentateur ? Je déposai le parchemin sur le plateau et restai songeur.
J'y trouvais autant de questions que de réponses. Méthodiquement,
je fis le décompte de ce que je pouvais en tirer.
    Il confirmait d'abord l'envoi de la Vérité depuis Jérusalem en
l'an 1187, que je connaissais par le récit de Montbard lui-même
et par le discours qui m'avait été tenu lors de mon initiation. Il
affirmait ensuite l'existence de deux Ordres distincts, tel qu'on
me l'avait laissé entendre lors de ma première présence dans le
temple des Neuf, chacun étant dirigé par un *Magister* responsable
d'une partie de la Vérité et ignorant tout de l'autre. Le parchemin confirmait surtout la réalité du *Cancellarius Maximus* et le
fait qu'il agissait comme une sorte de supérieur inconnu régnant
sur les deux Ordres. Lui seul était habilité à décider de la réunion

des deux parts, ce qui me contrariait fort puisque je me retrouvais soumis à son bon vouloir. Au moins, je détenais une piste concrète : Toulouse, sous la parole divine, quel que soit le sens de cette nouvelle parabole. Là, sous le sceau, se trouvait la cache qu'avait utilisée Ravier pour demander conseil sur sa succession. Et une réponse lui était venue. Le *Cancellarius Maximus* était donc aux aguets et il était possible d'entrer en contact avec lui. L'avance des croisés étant inexorable, peut-être pourrais-je le convaincre de réunir les deux parts pour les mettre en sécurité loin du Sud. Une fois que j'aurais en main toute la Vérité, je serais mieux en mesure de la protéger.

Mon regard se porta vers l'autel, sous lequel gisait, avec celui de Daufina, le cadavre d'Albin de Hautpoul. Le messager avait affirmé que Simon de Montfort poursuivait sa marche à la tête des armées papales et qu'il se présenterait bientôt devant Toulouse. Si cela se produisait et que les croisés prenaient la cité, l'accès au *Cancellarius Maximus* me serait irrémédiablement coupé. Peut-être l'Église connaissait-elle même son existence ? Je savais déjà qu'elle était sur la piste de la Vérité. En l'interpellant avant moi, elle causerait ma perte. La pire erreur que je pourrais commettre était de sous-estimer les connaissances d'Arnaud Amaury. S'il existait la moindre chance qu'il suive la même piste que moi, je devais éviter coûte que coûte qu'il me prenne de vitesse. Il en allait de la protection de la Vérité. Et du salut de mon âme, évidemment.

Petit à petit, une idée prit forme dans ma cervelle fatiguée. Eudes avait déjà proposé d'assassiner Simon de Montfort. Dans cette optique, son plan, formulé sur le coup d'une inspiration et brièvement discuté dans le temple, revêtait soudain une toute nouvelle pertinence. Avec quelques ajustements, il me fournirait en effet le prétexte dont j'avais besoin pour me rendre sans délai à Toulouse. Maintenant que je portais le manteau du *Magister*, mes décisions étaient sans appel, ce qui me faciliterait les choses.

Dès lors, je résolus de m'abandonner à cette destinée tracée pour moi. L'Ordre des Neuf avait été placé entre mes mains indignes comme un outil dont je devais me servir afin d'accomplir ma destinée. Je l'utiliserais donc à mes propres fins. Je replaçai le parchemin dans le tube, à l'intention de mon successeur, qui risquait fort d'être élu plus vite que prévu, et remis le tout dans la cachette aménagée dans le plancher. En sortant du temple, je savais ce que je devais faire.

————

Six jours durant, je dus contenir ma fébrilité. Je dormis peu, passant chaque instant de veille à planifier, à anticiper, à espérer. Mais les événements et les convenances m'empêchaient d'agir. La mise en terre de Ravier eut lieu le lendemain de mon élection. Dans l'état d'impatience où je me trouvais, il me fallut me faire violence pour lui accorder l'attention et le recueillement qu'il méritait. La cérémonie fut sobre, à l'image de l'homme et de l'Ordre des Pauvres Chevaliers du Christ et du Temple de Salomon auquel il appartenait. De l'Ordre des Neuf, nulle mention ne fut faite, comme il se devait. La plus noble tâche du *Magister* demeurerait à jamais ignorée, sauf de ceux qui lui survivaient pour protéger la Vérité.

Selon l'usage des Templiers, le vieux soldat fut revêtu de son manteau et porté à son dernier repos par ses frères d'armes Eudes, Raynal, Véran, Jaume, Montbard et Humbert, dont l'air éploré était sincère. Autour d'une simple fosse, creusée durant la nuit le long de la muraille, se tenaient tous les templiers de Montségur et tous les Parfaits qui ne veillaient pas sur des patients. On enveloppa la dépouille dans un linceul blanc et on la déposa dans la tombe en respectant les anciens usages templiers, sa jambe droite repliée formant un quatre avec la gauche, son épée posée sur la poitrine, la poignée à la hauteur du cœur, et les mains jointes dessus. Le linceul fut rabattu sur le visage devenu paisible et Ravier fut enseveli sans autre formalité par deux jeunes sergents pendant que les Parfaits célébraient sa bonne fin et priaient pour le salut de son âme. Ne pouvant m'absenter sans susciter de questions, j'endurai en silence la douleur atroce qui me sciait la gorge au son des paroles sacrées, tentant de mon mieux de faire passer un peu d'air dans mon gosier serré et espérant qu'on confonde mon attitude avec des sanglots refoulés. Le malaise se dissipa avec la fin des prières. Une pierre tombale austère et gravée à la hâte fut enfin posée à plat sur la terre fraîche. Elle portait une inscription toute simple, Ravier de Payns, *Ordo Militiae Christi*[1], et était ornée d'une épée templière sculptée en ronde-bosse.

Le *Magister* avait trouvé son dernier repos et moi, je ne pouvais prier pour l'âme de cet homme profond et droit, qui avait porté seul de lourds secrets et pour lequel j'avais conçu une réelle affection. Il l'aurait amplement mérité. Je me consolais en me remémorant que déjà Ravier avait comparu devant Dieu et reçu la juste rétribution de sa vie. C'était là la seule certitude que partageaient tous les hommes.

Au terme de la cérémonie, tous s'en retournèrent en silence pour vaquer à leurs occupations. Les morts devaient rester avec les morts, et les vivants avec les vivants. Je laissai Ugolin prendre les devants et, tirant prétexte de ses déplacements encore relativement lents, m'attardai en arrière avec Montbard.

— Vieux cachottier, lui reprochai-je, mi-figue, mi-raisin. Vous ne m'aviez pas dit que vous aviez apporté autre chose que la cassette dans le Sud.

Il me toisa en relevant un sourcil, mais ne parut pas étonné outre mesure.

— Tu fais sans doute allusion à ce document scellé? Tu ne me l'as jamais demandé, rétorqua-t-il en faisant la moue. Et même si tu l'avais fait, je ne te l'aurais pas dit. J'étais tenu au secret. Je me suis contenté de remettre ce que sire Robert m'avait confié. Déjà, en te parlant de la cassette, je frôlais la trahison.

En homme d'honneur, il ne me demanda pas ce que le tube contenait. Je l'accompagnai en silence, admirant une fois encore

---

1. Ordre de la Milice du Christ.

son inébranlable rectitude. Sans jamais poser de questions et par pure fidélité, cet homme avait accepté de subir une cruelle injustice et de sacrifier le meilleur de son existence. Il l'avait fait pour une Vérité dont il ignorait tout, uniquement parce qu'on le lui avait ordonné. Indirectement, il l'avait aussi fait pour accomplir ma propre destinée. Cette seconde chance, je la lui devais. Mais jamais je ne pourrais le lui dire, et encore moins l'en remercier.

Je brûlais de mettre en branle le plan que j'avais conçu et de partir pour Toulouse, mais j'étais désormais *Magister* de l'Ordre. À ce titre, je ne pouvais me dédouaner des responsabilités qui m'étaient imparties. Parmi celles-ci se trouvait l'initiation d'un nouveau membre, nécessaire pour combler les rangs des Neuf.

La cérémonie se tint trois jours après l'enterrement, comme convenu avec Esclarmonde, qui avait transmis la convocation par le moyen habituel. J'étais affreusement nerveux. Je doutais de ma capacité à reproduire le rituel si bien maîtrisé par sire Ravier et, plus encore, de posséder la dignité pour le faire. Dans ma bouche, toutes ces paroles sacramentelles ne seraient-elles pas vidées de leur sens? Souillées? Profanées? L'identité de la candidate, avant tout, me causait de grands tourments.

Lorsque Pernelle fut amenée dans le temple, les yeux bandés, j'eus pitié d'elle. Elle se tenait là, toute petite et boiteuse, le souffle court, l'angoisse et la peur se lisant sur son visage vérolé. Je considérai un moment la possibilité de revenir sur ma décision et de lui épargner ainsi ce fardeau que j'avais décidé de poser sur ses frêles épaules. Mais je me retins. Je la savais forte. Elle avait traversé de terribles épreuves et en était sortie grandie. Par-dessus tout, j'avais besoin de son jugement, de son bon sens et de son courage. Et c'était ce qui me brisait le cœur. J'allais utiliser ma tendre amie pour parvenir à mes fins. Comme Montbard, comme Ugolin, comme l'Ordre des Neuf tout entier. La Vérité exigeait cela de moi.

La cérémonie se déroula sans trop d'anicroches, les textes rituels me revenant plus facilement que je ne l'avais craint. Esclarmonde qui occupait maintenant le siège qui avait été le mien, à ma droite, me soufflait discrètement les mots. Au son de ma voix, le visage de Pernelle trahit sa surprise, puis son soulagement. La pauvresse me faisait confiance et, dès lors, claudiqua dans le temple avec dignité.

Lorsque le bandeau lui fut retiré, je l'accueillis au sein de l'Ordre de la manière traditionnelle, en lui révélant de mon mieux les secrets qui m'avaient été communiqués peu de temps auparavant par Ravier. Puis elle fut conduite à l'ancienne place d'Esclarmonde, près de la porte, pour siéger parmi ses frères et sœurs. Je ne pouvais m'empêcher de songer qu'avec elle trois des Neuf étaient maintenant d'extraction chrétienne : mon amie s'était convertie à la religion des bons chrétiens ; Montbard avait reçu le *consolamentum* sans l'avoir demandé ; quant à moi, ma destinée m'avait mené à la défense des hérétiques. Peut-être était-ce de cette façon que la Vérité se dévoilerait petit à petit au grand jour ? Peut-être s'agissait-il de convertir un chrétien à la fois jusqu'à ce qu'elle s'impose d'elle-même ? Mais j'en doutais.

Une fois l'initiation terminée, il était trop tard pour planifier la suite des choses. Les événements récents avaient exigé de chaque membre de l'Ordre un tribut que je pouvais lire sur les traits tirés. Pour prendre de sages décisions, ils avaient tous besoin de repos. Quant à ma pauvre Pernelle, je lui devais au moins quelques heures de répit pour lui permettre de décanter ce qu'elle venait de vivre et d'en assimiler l'essence. Je convoquai donc une assemblée pour la nuit suivante, puis fermai les travaux.

Me rappelant le poids de ma propre solitude après la révélation de la Vérité, je m'assurai de raccompagner mon amie jusqu'à son logis, espérant lui apporter un peu du réconfort dont elle avait sans doute besoin et qui m'avait cruellement manqué. Telle la Madeleine de l'Évangile, elle sanglotait. Mal à l'aise devant une telle effusion, je lui passai le bras autour des épaules et la serrai contre moi.

— Ne pleure pas, Pernelle, lui susurrai-je, ne sachant que faire d'autre. Ce que tu sais maintenant confirme la foi que tu as choisie. Rappelle-toi, à Minerve, quand tu me parlais de ta religion. Tu étais si convaincue, si passionnée. C'est à cause de toi que j'ai fini par lutter à vos côtés. Sois heureuse, ma belle amie.

— Mais je suis heureuse, gros balourd! rétorqua-t-elle en reniflant bruyamment comme une petite fille. C'est pour ça que je pleure!

Attendri, je ne dis rien, l'esprit féminin demeurant pour moi un épais mystère. Nous continuâmes à marcher, serrés l'un contre l'autre.

— Lorsque nous sommes arrivés à Montségur, tu étais si distant, dit-elle. Tu passais tout ton temps seul, au sommet de la muraille. Puis, un soir, nous nous sommes croisés et tu m'as dit que j'avais fait le bon choix. Tu avais l'air tourmenté. Sombre. Tu te souviens?

Je hochai la tête, me rappelant les tourments qui m'affligeaient alors.

— Tu venais d'être initié, n'est-ce pas? On t'avait appris la Vérité.

Je souris et essuyai ses larmes avec mon pouce, que je laissai glisser sur son visage avec une tendresse que je ne savais montrer qu'à elle.

— Je l'avais en travers de la gorge, répondis-je. Le fait d'apprendre que la religion dans laquelle j'avais été élevé était une escroquerie a été comme un coup de massue entre les yeux. Tu dois ressentir un peu la même chose, j'imagine.

— Pas autant que toi. Après tout, j'ai rejeté la foi chrétienne pour celle des cathares. Ce que je sais maintenant me confirme que j'ai eu raison. Malgré cela, c'est beaucoup à absorber. Je ne peux pas m'empêcher de penser au pauvre père Prelou. Il croyait fermement détenir la vérité. S'il avait su…

— Je songe parfois à lui, moi aussi, dis-je en essayant de ne pas revoir dans ma tête les images du prêtre qui brûlait, adossé à l'église en flammes dans laquelle se trouvait le pauvre Odon, fils de mon amie.

— Dieu l'a certainement mené à bonne fin. Le salut appartient à tous les hommes. Le Créateur est miséricordieux et juge chacun sur la base de ses actes, pas de sa religion.

— Et si je te disais que Dieu est cruel et rancunier? ne pus-je m'empêcher de cracher.

— Je te répondrais qu'il juge sévèrement, mais justement, et que chacun d'entre nous est responsable de la vie qu'il mène. La somme de nos choix sera punie ou récompensée le moment venu.

— N'en sois pas si certaine, Pernelle. Les dés sont parfois pipés. Certains n'ont d'autre choix qu'entre le Mal et le Mal.

Elle réfléchit un instant à ce que je venais de dire.

— Qui peut dire comment Dieu mène chacun de nous à bonne fin? dit-elle, songeuse. Peut-être que, pour accomplir ses desseins, certains doivent faire le Mal? Qui sommes-nous pour le remettre en question?

Je ne trouvai rien à répliquer à son raisonnement, qui me procura un certain soulagement. Je la reconduisis à son logis. Avant d'entrer, elle me surprit en posant sur ma joue un baiser.

— Merci, murmura-t-elle avec tendresse.

— De quoi? demandai-je, interloqué.

— De m'avoir révélé la Vérité. De m'avoir fait confiance. Et surtout d'être là. Je ne te décevrai pas, Gondemar.

Avant que je puisse répliquer quoi que ce soit, elle disparut à l'intérieur, me laissant là avec un sentiment d'indignité et de culpabilité plus aigu que jamais. Car c'est moi qui la décevrais.

———

La nuit suivante, je pus enfin passer aux actes. J'ouvris l'assemblée en surveillant Pernelle du coin de l'œil. Elle me paraissait toute petite dans son siège. Je m'attendais à ce qu'elle soit intimidée, mais elle était rayonnante et semblait tout à fait à sa place dans le temple des Neuf. J'abordai sans détour la raison pour laquelle j'avais convoqué la rencontre.

— Mes frères et sœurs, commençai-je, quelque temps avant mon élection, les sires Eudes, Bertrand, Véran, Raynal et moi-même avons interrogé un messager en provenance de Toulouse, du nom d'Albin de Hautpoul.

Malgré moi, mes yeux glissèrent vers l'autel, sous lequel pourrissait le cadavre du susdit.

— À la lumière des informations obtenues, sire Eudes a proposé une initiative qui m'apparaît toujours pertinente. Eudes, voudrais-tu résumer la chose pour le bon entendement de tous ?

Le templier acquiesça de la tête, se leva et résuma les informations livrées par le messager, à savoir que Simon de Montfort avait repris sa marche dans le Sud, qu'il avait pris Lavaur et Les Cassès, qu'il avait fait pendre tous les chevaliers cathares qu'il avait trouvés, lapider la châtelaine et brûler des Parfaits. Puis il atteignit le nœud de la question.

— Nous ne devons être aveuglés ni par la foi, ni par nos modestes succès, déclara-t-il avec fermeté. Chaque ennemi tué est remplacé la saison suivante par deux ou trois, alors que nos armées se diluent au rythme des pertes et des trahisons. À terme, nous serons vaincus. Toulouse est une de nos plus importantes cités. Sa perte minerait le moral de nos troupes et aurait un impact terrible pour notre cause. Je crois donc que nous en sommes arrivés à tenter une manœuvre désespérée.

— Et quelle serait-elle ? s'enquit Peirina.

— Je propose de couper la tête du monstre.

— Tu veux tenter d'assassiner Simon de Montfort ? fit Esclarmonde, stupéfaite. Comment te proposes-tu de te rendre à lui ?

— Personne ne sait que sire Bertrand est passé dans notre camp. En principe, les croisés le croient tombé au combat pendant qu'Evrart de Nanteroi incendiait le village près de Cabaret.

Il consulta Montbard du regard et mon maître acquiesça de la tête.

— M'est avis qu'il pourrait regagner le camp des croisés sans coup férir et s'approcher de Montfort, par exemple pour lui signifier son retour et lui faire rapport, dit Eudes. Il n'aura qu'à dire qu'il s'est enfui de Cabaret, où il était gardé prisonnier. Il suffirait qu'il soit accompagné d'un prisonnier de valeur. Par exemple, un templier qui aurait trahi l'Église et le pape pour faire cause avec les cathares…

— Un templier comme toi, je présume, dit Jaume.

— C'est ce que j'avais dans l'idée, oui, répondit Eudes. Grâce à ce stratagème, nous pourrions nous approcher assez près de Montfort pour lui ouvrir le ventre. Sa mort désorganiserait les croisés.

— Pour un temps, certes, mais il serait remplacé, objecta Raynal.

— Soit, mais ce délai nous permettrait de nous réorganiser. Au pire, cela représenterait un répit jusqu'à la prochaine quarantaine. Et peut-être leur prochain chef sera-t-il moins compétent.

— Mon pauvre ami… fit Esclarmonde. Ce que tu proposes est un suicide pur et simple. Même si vous arriviez à occire Montfort, au mieux, ses gardes vous tailleraient en pièces sur-le-champ. Au pire, ils vous garderaient en vie pour le gibet ou le bûcher.

— Nous avons tous juré de défendre la Vérité de notre vie et un soldat ne doit pas mourir dans son lit, gronda Montbard. Surtout lorsqu'il est déjà éclopé et qu'il ne peut plus servir à grand-chose. Mettre fin aux jours de ce monstre me donnerait grand plaisir.

Mon premier instinct fut de m'opposer, mais mon maître avait raison. Il était déjà un vieil homme infirme. Le plus cruel des sorts serait de le laisser mourir de grand âge, dans l'amertume et l'inutilité. J'empoignai l'abacus avant de parler.

— Nous ferons tel qu'il a été proposé, à quelques différences près.

Eudes m'adressa un air perplexe et attendit la suite.

— Bertrand de Montbard retournera auprès des croisés, ainsi qu'il a été suggéré, mais en compagnie de Raynal. Ensemble, ils livreront à Montfort un prisonnier que ce démon souhaite revoir plus que tout autre : moi.

— Quoi ? s'écria Véran. Tu n'y penses pas ! Le *Magister* de l'Ordre ne doit pas courir de tels risques ! Ta place est ici, près de la Vérité !

— Ma place est là où je l'estime requise, répliquai-je calmement. Le *Magister* est parfaitement remplaçable, j'en suis la preuve incarnée. Ma responsabilité est de protéger la Vérité et je juge que ceci est la meilleure manière de le faire.

Sous l'abacus, je décrétai mon premier ordre en tant que *Magister* de l'Ordre des Neuf, sachant qu'il déplaisait à tous et qu'il était probablement mon dernier.

— La chose étant discutée, Bertrand, Raynal et moi-même nous rendrons dans le camp des croisés pour tenter d'occire Simon de Montfort. Nous partirons après-demain. Pendant mon absence, Eudes de Saint-Agnan occupera mon fauteuil et aura toute liberté de prendre les décisions qu'il jugera nécessaires pour assurer la protection de la Vérité. Si je tarde à revenir, il reviendra à dame Esclarmonde de juger de la pertinence d'organiser une élection pour désigner mon successeur.

Je retirai la clé passée à mon cou, traversai le temple et la remis à Eudes.

— Ceci doit demeurer avec la cassette, dis-je en la lui tendant. Qu'elle soit transmise selon les usages si je ne reviens pas.

— Je ne suis toujours pas d'accord, grommela-t-il en l'acceptant de mauvaise grâce.

— Ton objection a été dûment notée, sire Eudes, répondis-je avant de retourner à ma place.

— Et moi ? s'écria Ugolin en se mettant debout, le visage cramoisi d'indignation. Je fais quoi ?

Je savais fort bien que le géant de Minerve ne pouvait s'imaginer rester derrière alors que Montbard et moi allions affronter le danger. Sa loyauté était telle que son sacrifice allait de soi.

— Je dois laisser des hommes de valeur auprès de la Vérité, Ugolin. Tu resteras ici et tu apporteras à Eudes toute l'aide dont il a besoin.

— Mais… mais… la jambe de sire Bertrand… elle pourrait se briser… balbutia-t-il piteusement.

— Le cas échéant, nous la réparerons ou il ira à cheval. Au pire, il sautillera.

Le pauvre garçon chercha en vain un autre argument et se rassit, démoralisé et furieux. Pernelle, qui n'avait pas dit mot depuis l'ouverture de l'assemblée, bondit sur ses pieds et prit le relais.

— Vous aurez besoin d'un médecin! s'écria-t-elle d'une voix désespérée. Je vais vous accompagner! Je ne prendrai que le minimum nécessaire et…

— Tu es une Parfaite, Pernelle, pas un soldat, coupai-je. Nous nous rendons là-bas pour tuer. Si tu étais prise, tu serais brûlée sur-le-champ. Je ne peux pas risquer une telle chose.

— Je me déguiserai! J'ai encore les vêtements que je portais dans le Nord! J'ai toujours l'accent! Les croisés n'y verront que du feu!

— Non.

— Mais…

— Non! éclatai-je. Le *Magister* a décrété sous l'abacus! Ma décision est finale et tu es tenue à l'obéissance, ma sœur!

Dépitée, Pernelle se rassit, penaude, comme une petite fille qui vient de se faire gronder. Je la connaissais assez pour savoir qu'elle retenait ses larmes tout en fulminant. Pour mettre fin à toute autre discussion, je me levai.

— Mes frères et sœurs, la Lumière étant retournée aux Ténèbres, le moment est venu de clore cette assemblée. Ensemble, renouvelons le serment qui nous lie à la Vérité, maintenant et à jamais.

L'obligation fut dite, les paroles rituelles prononcées et l'assemblée conclue. Je fermai les travaux avec la même hâte que je les avais ouverts. Lorsque ce fut fait, je restai dans le temple avec

Montbard, Eudes et Raynal pour peaufiner notre plan. L'idée d'entreprendre un voyage en compagnie de Raynal m'était désagréable, mais, à l'exception d'Eudes, il était le meilleur soldat des Neuf et, Montbard étant maintenant limité par son infirmité, j'avais besoin d'un bras sûr à mes côtés. De toute évidence, Raynal n'était pas plus enthousiaste. Mais, respectueux des règles, il se montra coopératif et contribua substantiellement à nos discussions. Deux heures plus tard, tout était décidé. Il nous faudrait une journée pour finaliser nos préparatifs. Puis, au lever du soleil suivant, notre trio prendrait le chemin de Toulouse afin d'y tenter l'impossible. Quant à moi, je savais que je suivais le chemin du sceau du *Cancellarius Maximus*.

Le plan était simple. Je jouerais le rôle du prisonnier de deux templiers au service de l'Église, dont l'un, Montbard, avait réussi à fuir les hérétiques qui l'avaient capturé et qui avait été si bien torturé qu'il en avait perdu une jambe. Évidemment, je n'avais nulle intention de le mettre en application, mais c'était le prétexte dont j'avais besoin pour quitter Montségur. Il suffisait d'atteindre Toulouse avant les croisés. Le pire qui pouvait arriver serait de tomber sur les troupes de Montfort et de devoir réellement l'occire.

L'air de juin était agréable. Nous emportions avec nous quelques jours de provisions que nous prévoyions renouveler en cours de route. Cela ne poserait pas de problème tant que nous nous trouverions en terre amie. Ensuite, nous devrions improviser, quitte à chaparder au besoin. Tout dépendait du temps qu'il nous faudrait pour retrouver Montfort. Pour la première fois depuis longtemps, j'allais monter Sauvage. Je l'avais beaucoup négligé et j'anticipais avec bonheur la sensation satisfaisante de son poitrail entre mes cuisses.

J'avais tenté d'éviter de devoir faire mes adieux à Pernelle en ne lui révélant pas l'heure de notre départ, mais elle m'avait attendu près de la porte. Le teint pâle, les yeux rouges et bouffis, il était évident qu'elle avait passé la nuit à pleurer et à rager. Lorsque je me dirigeai vers la porte de la muraille, bien en selle à la tête de ma petite troupe, elle s'approcha d'un pas résolu et m'empoigna la jambe. Le geste était pitoyable et je sentis mon cœur se briser en la voyant s'humilier ainsi, elle pourtant si fière et indépendante.

— Dois-tu vraiment partir? demanda-t-elle en m'adressant un regard suppliant.

— Tu sais bien que oui, dis-je en tentant en vain de récupérer mon membre.

— Tu estimes devoir partir. C'est différent.

Elle agrippa mon mollet à deux mains et le serra contre sa poitrine. Je me sentais à la fois impatienté et ému. Je savais que Pernelle tenait à moi, mais jamais encore je n'avais réalisé à quel point.

— C'est du suicide pur et simple, plaida-t-elle. Je t'en conjure, n'y va pas. Je ne t'ai pas sauvé la vie pour apprendre que tu as été la gaspiller loin d'ici.

Ses lèvres se mirent à trembler et ses yeux se remplirent d'eau. L'espace d'un fugitif instant, je revis la fillette blessée que j'avais connue; le seul être humain que j'avais jamais vraiment voulu protéger.

— Je… je… je t'avais perdu et je t'ai retrouvé, sanglota-t-elle. Je ne veux pas te perdre à nouveau. Pour toujours.

— Allons, Pernelle, sois raisonnable. Tout cela a été discuté.

— Décrété, plutôt! rétorqua-t-elle, sa douleur se muant en colère, les poings serrés sur les cuisses. Tu ne fais qu'à ta tête, comme toujours, maudit hutin! Tu n'aimes personne d'autre que toi! Sans-cœur!

Je la regardai sans savoir que faire. Que pouvais-je dire? Que la tâche qui m'était confiée exigeait que je sois inflexible? Que, pour avoir la moindre chance de sauver mon âme, je devais considérer les autres comme des accessoires jetables? Que la cause que je servais était supérieure à toute autre considération?

Que Dieu, en me damnant, me privait des consolations de l'amour et de l'amitié? Que j'étais condamné à vivre seul, maudit et portant ma croix parmi les sauvés?

— J'aimerais pouvoir faire autrement, je te l'assure, dis-je d'une voix étranglée, mais j'ai mes raisons. Tu dois me faire confiance.

— Et toi, me fais-tu confiance à moi, en me laissant derrière?

Pernelle était têtue comme une mule et je savais fort bien qu'elle ne lâcherait pas le morceau. Il valait mieux qu'elle m'oublie. Qu'elle me haïsse s'il le fallait. Je préférais perdre son amour que causer sa perte.

— Mais vas-tu jamais cesser de m'importuner? grondai-je. Le fait que tu m'aies sauvé la vie ne fait pas de toi ma mère! Allez, ouste! Laisse-moi partir!

Pernelle s'accrocha à ma jambe avec obstination.

— N'y va pas, reprit-elle, le regard durci et les lèvres pincées par une détermination née du désespoir.

Je secouai la jambe pour la dégager de son emprise, puis poussai mon amie dans la poitrine pour l'éloigner. Surprise, elle recula de quelques pas et sa jambe infirme lui fit perdre l'équilibre. Elle se retrouva par terre. En voyant la scène, j'eus le cœur brisé, mais je ne devais pas faiblir.

— Laisse-moi tranquille! m'écriai-je. Tu entends? Tiens-toi loin de moi! Je ne vaux pas ton amour! Je ne le veux pas! Hors de ma vue!

Je levai les yeux vers mes compagnons de voyage, qui se tenaient respectueusement à l'écart. L'air embarrassé, Montbard me fixait, et je sus qu'il comprenait ce que j'étais en train de faire. Quant à Raynal, il ne montrait aucune émotion.

— En route, dis-je sèchement.

J'éperonnai Sauvage et, l'un derrière l'autre, nous franchîmes la porte de Montségur, sans savoir si nous y reviendrions jamais. Je ne regardai pas derrière moi. Je n'en avais nul besoin. Je sentais comme une brûlure le regard de Pernelle dans mon dos.

CHAPITRE 12

Revirements

Nous voyageâmes de jour, ne nous reposant que quelques heures par nuit. Nous parlions peu, Montbard et moi n'en ayant pas besoin, et Raynal restant enfermé dans le mutisme un peu boudeur qui lui était caractéristique. Je n'étais pas dupe. Le templier ne m'aimait pas plus qu'avant, mais l'honneur des gens d'armes est ainsi fait que l'on respecte celui qui nous a vaincu et que les serments de loyauté sont inviolables. Je ne doutais pas qu'en cas de danger son épée parerait les coups qui me seraient destinés. Des hommes comme lui étaient indispensables à la protection de la Vérité.

Comme nous l'avions espéré, notre chevauchée fut sans histoire. Il avait suffi de nous identifier aux quelques patrouilles cathares rencontrées sur la route pour être accueillis avec enthousiasme. La plupart avaient entendu parler de moi et étaient heureux de faire la connaissance de celui qui avait défendu Cabaret et mis fin aux jours de l'Aigle. D'autres, plus méfiants, demeuraient sur leurs gardes face à l'ancien croisé que j'étais.

En temps normal, nous aurions dû faire un détour par Muret pour éviter de tomber sur les forces croisées, mais comme c'était précisément ce que nous souhaitions, nous avions plutôt filé en ligne droite par Montgrenier, Foix, Pamiers, Saverdun et Montgiscard. En discutant avec les soldats et les paysans rencontrés sur notre route, avec lesquels nous partagions volontiers le vin que nous avions emporté, nous pûmes faire le point sur la situation du Sud. Les choses auguraient plus mal que jamais auparavant. Depuis la prise de Lavaur et de Les Cassès, Montfort s'était emparé de Hautpoul, de Saint-Antonin-de-Rouergue, de Penne-d'Agenais et de Moissac. L'étau qu'il mettait en place se resserrait. Les croisés contrôlaient maintenant une large enclave qui s'enfonçait au cœur du territoire cathare. De Béziers à Lavaur en passant par Minerve, Carcassonne, Cabaret, Termes, Montréal, Hautpoul, Castres, Albi et Puylaurens, tout était entre leurs mains. Si Toulouse tombait, le Sud serait pratiquement coupé en deux par le centre. Les cités les plus méridionales, Montségur parmi elles, se retrouveraient isolées et à la merci de l'ennemi. Montfort pourrait les achever en toute tranquillité.

En entendant le récit que nous faisait un sergent qui nous accompagna pendant quelques lieues, je sentis un grand froid me remplir la poitrine. Perchée au sommet de son pic rocheux, Montségur était imprenable – pour l'instant en tout cas. La Vérité se trouvait donc en sécurité. Mais qu'en était-il de l'autre part, conservée en un endroit qui demeurait inconnu de tous sauf du mystérieux *Cancellarius Maximus*? Si Toulouse tombait, je ne la trouverais peut-être jamais. Mon sentiment d'urgence augmenta encore quand, une journée après avoir quitté Montgiscard, nous aperçûmes au loin un homme qui galopait à bride abattue.

— Il n'est pas très discret, remarqua Montbard en plissant les yeux. M'est avis qu'il aurait des choses intéressantes à raconter.

Nous fonçâmes à la rencontre de l'inconnu qui, lorsqu'il réalisa qu'un trio de cavaliers armés allait lui couper la route, parut paniquer. Il regarda à droite et à gauche, à la recherche d'une voie d'évitement. Visiblement, il craignait de rencontrer quelqu'un. Mais nous nous approchions vite et il choisit sagement la prudence.

— Ne crains rien, dis-je en écartant les bras en signe de paix. Nous ne te voulons aucun mal.

Je vis les épaules du jeune homme s'abaisser et son corps se détendre lorsqu'il laissa échapper un soupir de soulagement.

— Je me nomme Gondemar de Rossal. Voici Bertrand de Montbard et Raynal de Saint-Omer. Nous sommes en route vers Toulouse, poursuivis-je. Quelles sont les dernières nouvelles ?

— Si vous désirez aller à Toulouse, vous feriez mieux de vous hâter, ricana mon interlocuteur. Montfort est en route à la tête d'un bataillon mené par Thiébaut, comte de Bar et de Luxembourg. En chemin, il a incendié Castelnaudary et pris la forteresse de Montferrand, que défendait Baudoin, le frère du comte Raymond. Dans trois jours, tout au plus, la ville sera assiégée. Si tu as deux sous d'esprit, mon ami, retourne d'où tu viens.

J'avais pleinement conscience de foncer tête baissée vers une cité qui deviendrait ma prison, mais cela n'avait aucune importance en comparaison de la nécessité de retrouver la piste de la Vérité.

———

Nous étions à deux jours de Toulouse lorsque nous croisâmes les premières traces tangibles de l'approche des croisés. Au crépuscule, nous cherchions un endroit sûr pour la nuit lorsque Montbard, qui chevauchait à ma droite, me désigna l'horizon d'un geste de la tête. Je suivis son regard et aperçus ce qui avait retenu son attention. Au loin, un arbre mort émergeait de la plaine. Ses branches dénuées de feuilles portaient d'obscènes fruits que, même à cette distance, je reconnus sans difficulté.

— Les hommes de Montfort sont passés avant nous, remarqua mon maître d'une voix enrouée par la colère.

J'éperonnai Sauvage et me lançai au galop, suivi de mes deux compagnons. Nous eûmes tôt fait de franchir la distance et nous arrêtâmes si brusquement que nos chevaux se cabrèrent et firent lever un nuage de poussière.

Je n'arrivais pas à détacher mon regard de la scène lugubre qui se déployait devant moi. La lumière rougeoyante du soleil couchant illuminait les cadavres d'une famille entière. Le père, la mère et trois enfants, dont un encore au sein, avaient été pendus. Les orbites vidées par les oiseaux qui avaient picoré les yeux, la langue gonflée saillant entre les lèvres, le visage et les membres ensanglantés et à demi dévorés, ils oscillaient dans la brise. Perchés sur les branches les plus hautes, des corbeaux croassaient leur indignation de voir leur festin interrompu. Un peu plus loin gisaient les carcasses d'une dizaine de moutons.

— Ils ont dépecé les bêtes pour en emporter la viande, dit Raynal.

— Et ils ont tourmenté les bergers pour se divertir, ajouta mon maître.

Nous restâmes longtemps pétrifiés à la vue de ces innocents suspendus à leur branche. J'avais fait bien pire, et plus d'une fois. Pourtant, je ressentais une tristesse mêlée de lassitude. Avais-je changé à ce point depuis ma résurrection que le sort d'innocents inconnus m'importait ? *Ta conscience t'accompagnera et te tourmentera sans cesse*, m'avait averti Métatron. Or, avec la conscience venaient la culpabilité, l'empathie et le remords. Elle était un morceau d'enfer que j'avais rapporté avec moi parmi les vivants et que je devais traîner comme un lourd boulet enchaîné à ma cheville.

Montbard fut le premier à se secouer et à descendre de sa monture.

— Ne les laissons pas là, grommela-t-il. Ils méritent mieux.

Raynal et moi suivîmes son exemple. Pendant que mon maître descendait les corps et les allongeait sur le sol, grimaçant de dégoût en tenant le nourrisson dans ses bras, nous arpentâmes les alentours pour ramener des pierres dont nous recouvrîmes les cadavres. Nous travaillâmes dans un silence respectueux, oubliant notre propre fatigue. Lorsque notre tâche fut achevée, Montbard amorça une prière pour le repos de l'âme de ces inconnus. Dès les premiers mots, ma gorge se serra et la douleur m'étouffa. Par respect pour les innocents qui en bénéficieraient, j'endurai mon mal.

Notre macabre tâche accomplie, nous reprîmes notre chemin et chevauchâmes encore une heure avec une prudence accrue, détenant désormais la preuve irréfutable que des croisés rôdaient aux alentours. Une fois arrêtés près d'un petit bois, nous nous assîmes en nous gardant de faire un feu qui révélerait notre présence.

— Montfort et ses troupes ne peuvent pas être bien loin, déclara Montbard. Avec un peu de chance, nous les trouverons dès demain et, avec l'aide de Dieu, nous pourrons occire ce monstre.

— En effet, répondis-je en tentant de masquer ma contrariété.

Ce qui me préoccupait était le fait que les croisés risquaient de me couper le chemin vers le *Cancellarius Maximus*. Montbard et Raynal, eux, ne désiraient pas atteindre Toulouse. Pour eux, notre objectif était les troupes chrétiennes. J'étais coincé. Je devais maintenir les apparences.

— Alors le temps est venu de changer de rôles, répondis-je en mastiquant sans appétit un morceau de pain sec.

Raynal et Montbard sortirent de leurs bagages les manteaux templiers qu'ils avaient emportés. Ils les passèrent puis bouclèrent leur ceinture par-dessus. Ainsi vêtus, ils devenaient officiellement les gardiens dépêchés par le Temple pour livrer Gondemar de Rossal aux croisés. Au matin, je devrais me départir de mon épée et de ma dague.

Lorsque nos préparatifs furent au point et que nous eûmes révisé notre histoire pour ne pas nous y empêtrer au moment critique, nous nous couchâmes, chacun plaçant ses armes près de lui. Quelques instants plus tard, les ronflements sonores de mon maître emplirent la nuit. Je souris en me disant que, faute de feu, ils auraient au moins l'avantage de tenir à distance les bêtes sauvages. Quant à Raynal, sa respiration était égale, mais je ne pouvais dire s'il dormait ou était aux aguets. Pour ma part, le sommeil me fuyait, comme il le faisait trop souvent. La Vérité était peut-être à portée de main et je me sentais fébrile. J'avais conscience, aussi, d'être en train de risquer ma vie sans aucune certitude, mais je n'avais rien à perdre.

Je commençais enfin à somnoler lorsqu'un craquement sec me fit sursauter. Comme me l'avait inculqué mon maître, j'ouvris les yeux et fermai subrepticement ma main sur la poignée de ma dague. Je tendis l'oreille et notai que les ronflements de Montbard avaient changé de sonorité. Le vieux diable avait entendu, lui aussi, et faisait semblant de dormir. J'attendis de longues minutes, immobile, sans que rien d'autre ne se produise. Je voulus attribuer le bruit inhabituel au passage d'une bête, mais je n'étais pas tranquille. Je décidai donc de jouer de finesse. Je m'assis comme si de rien n'était et glissai discrètement ma dague dans ma ceinture. Je m'étirai ostensiblement, me levai et me mis en route avec nonchalance avec un croissant de lune pour tout éclairage. En passant près de Montbard, je vis qu'il me regardait fixement et qu'il avait deviné ce que j'avais en tête. De quelques signes discrets, il m'indiqua qu'il était prêt à recevoir de belle façon celui que je rabattrais vers lui. Je poursuivis ma route jusqu'à une certaine distance de mes compagnons, détachai mes braies et me mis à pisser. Par bonheur, le jet était abondant et le profond soupir que je laissai échapper n'était pas que comédie. Puis je disparus dans la nuit.

Je fis un long détour pour contourner notre campement sans être vu. Ma dague en main, je marchais sur la pointe des pieds afin de me faire le plus discret possible. Parvenu à l'endroit d'où le bruit m'avait semblé provenir, je m'accroupis et tendis l'oreille. Rien. Je finis par me rendre à l'évidence : un animal était passé et il était maintenant loin. Je secouai la tête dépité et j'allais me relever lorsque je me figeai sur place. J'avais entendu des murmures, j'en étais sûr. Les sens en alerte, j'avançai à tâtons, espérant surprendre ceux qui nous tournaient autour. Soudain, un nuage masqua la lune et je fus plongé dans une complète noirceur. Je m'immobilisai aussitôt, conscient du risque qu'il y avait à continuer sans voir le bout de mon nez. Celui qui nous espionnait n'avait visiblement pas vu les choses du même œil, car il me fonça dedans. Le choc dans mon dos me fit momentanément perdre l'équilibre. Avant que je puisse me reprendre, je fus enserré dans un étau, soulevé de terre et rabattu au sol avec une telle force que mes poumons se vidèrent sous le choc. Au bord de l'inconscience, je tentai de rouler sur le côté, mais un coup de massue m'atteignit au visage et fit scintiller des étoiles devant mes yeux. Sonné, je sentis ma poitrine s'écraser sous quelque chose de lourd, une main se plaquer sur ma bouche et la pointe d'une dague s'appuyer sur ma gorge.

Dans le ciel, le croissant de lune sortit des nuages et éclaira une immense silhouette penchée sur moi. Puis une ombre se matérialisa derrière l'inconnu qui allait me renvoyer en enfer. L'homme se raidit, mais la pression de l'arme sur ma gorge ne diminua pas.

— Alors, Ugolin ? Te voilà en train d'occire tes amis ? tonna Bertrand de Montbard, un sourire dans la voix.

Pendant un instant, rien ne se produisit. Puis la dague fut retirée de mon gosier et le géant me libéra.

— S… sire Bertrand ? balbutia Ugolin.

— Lui-même, incluant la jambe de bois que tu lui as faite, gros balourd ! s'esclaffa mon maître, derrière lequel se tenait Raynal, l'épée au poing.

— Alors… si vous êtes vous… lui c'est…

— Gondemar, grognai-je.

Le Minervois m'empoigna par les épaules, me remit sur mes pieds puis me serra dans ses bras en me soulevant dans les airs.

— Nous t'avons cherché partout ! Je croyais avoir affaire à des croisés ! Si j'avais su que c'était vous !

Il me déposa et son sourire disparut dès qu'il vit l'expression de mon visage.

— Nous ? dis-je, extrêmement contrarié.

— Euh…

— Oui, nous ! fit la voix de Pernelle derrière moi.

Je me retournai pour la voir émerger de la nuit. Intérieurement, je me mis à bouillir. Ma mâchoire se serra tant que mes molaires se fendirent presque. Mes poings se fermèrent et s'ouvrirent convulsivement. Je dévisageai Ugolin, dont la tête rentra dans ses énormes épaules et qui prit l'air penaud d'un enfant fautif. Je savais fort bien qu'il n'était pas à blâmer. Le gros bonasse avait été une proie trop facile pour Pernelle, dont l'entêtement était à nul autre pareil.

— Nom de Dieu de merde! m'écriai-je. Je t'ai ordonné de demeurer à Montségur! Es-tu sourde ou seulement bête?

— Pfff! rétorqua Pernelle. *Magister* ou pas, tu ne croyais tout de même pas que j'allais te laisser courir au massacre?

— J'ai parlé sous l'abacus! insistai-je.

— Ce bâton joliment décoré? Ce n'est qu'un joujou de soldat prétentieux, rétorqua-t-elle avec un sourire de défiance.

— Les croisés de Montfort rôdent aux alentours. Vous allez repartir immédiatement et…

D'un pas déterminé, Pernelle franchit la distance qui nous séparait et vint se planter devant moi, les poings sur les hanches, le visage relevé pour me faire face, dans cette attitude entêtée et défiante que je ne connaissais que trop bien.

— Je n'ai pas passé des semaines à vous rafistoler, toi et le gros grognon détestable, seulement pour que vous puissiez retourner vous faire tailler en pièces! s'écria-t-elle.

— Nous irons où nous voudrons et cela ne te concerne pas! rétorquai-je. Tu ne vas quand même pas tuer Montfort à notre place?

Pernelle se mordilla les lèvres et hésita. Elle inspira profondément et sembla prendre une décision.

— Les Parfaits rejettent la violence, tu le sais, reprit-elle. Mais Montfort est un monstre et je fais le pari que Dieu ne tiendra pas rigueur à celui qui mettra fin à ses jours.

— Et alors?

— J'ai apporté mon coffre de médicaments.

Je haussai les épaules et les sourcils, ne comprenant pas où elle voulait en venir.

— Il y a mille moyens de donner la mort sans s'approcher de quelqu'un, Gondemar, chuchota-t-elle.

— Tu veux dire… l'empoisonner?

— Pourquoi pas? J'ai conservé la belladone de Daufina. Le mélange est déjà prêt, dans une fiole. Il suffira de le verser dans une boisson ou sur son repas.

— Mais… ton salut?

— Dieu nous a tous dotés d'une conscience. Je suis la mienne. Tuer un monstre pour sauver mon ami tout en aidant la cause du Sud… la transaction me semble acceptable.

— Sans oublier le vieux bouc que tu aimes tant! ajouta Montbard en riant.

Pernelle et moi nous dévisageâmes, aucun ne voulant être le premier à baisser les yeux. Et en même temps, je me sentais triste et honteux. Ma douce amie mettait son salut en jeu pour moi. Une fois encore, je risquais de causer la perte de quelqu'un que j'aimais. Beaucoup trop de destins étaient liés au mien.

Montbard me posa la main sur l'épaule.

— Il ne sert à rien de fermer l'écurie une fois que le cheval a été volé, jouvenceau, dit-il. Il est trop tard pour les forcer à rebrousser chemin. Leurs chances de tomber dans les pattes de Montfort sont bien trop grandes. Et puis, la petite démone a une fort bonne idée. Prenons-les avec nous. En nous hâtant, nous pourrons mettre dame Pernelle en sécurité dans Toulouse, puis revenir à la rencontre des croisés. Nous éventrerons Montfort ou nous l'empoisonnerons, selon le cas. Ugolin pourra jouer au prisonnier, lui aussi. Ça nous fera un bras de plus. Qu'en penses-tu?

Je sautai sur cette occasion inespérée. Cette suggestion me permettait de me rendre à Toulouse, comme je l'avais prévu, au lieu de partir à la recherche du chef des croisés.

— Partons immédiatement, alors. Plus vite nous nous délesterons de ce colis indésirable, mieux ce sera, dis-je en adressant un regard noir à mon amie.

— Pfff! répliqua-t-elle, pleine de défi.

Ravi de se joindre à notre petite troupe après avoir été laissé de côté, Ugolin disparut quelques minutes et revint avec deux chevaux chargés de bagages, dont le fameux coffre de Pernelle.

Mon amie fouilla dans ses sacoches, en sortit des hardes et disparut dans le noir. Lorsqu'elle revint, elle avait abandonné sa robe noire de Parfaite pour des vêtements du Nord.

— Tu vois ? dit-elle en souriant tendrement. Me voilà comme avant.

Je souris en la voyant telle que je l'avais connue et nous retournâmes à notre campement. Après quelques brèves explications, nous enfourchâmes nos montures et nous mîmes en route dans la nuit noire. Si tout allait bien, nous atteindrions Toulouse en une journée.

Si jamais nous rencontrions une patrouille ennemie, ou si les croisés étaient déjà installés devant Toulouse, nous devrions jouer notre comédie. Ugolin ferait le prisonnier comme moi. Pernelle, elle, avait dû accepter de prétendre, le cas échéant, être une marchande d'amour du Nord libérée par les soins de Montbard et de Raynal. Son accent assurerait sa survie. Elle avait vertement protesté contre un tel rôle, jusqu'à ce que mes admonestations la fassent taire.

Une nuit et une journée durant, nous chevauchâmes au galop, ne nous arrêtant que brièvement pour abreuver et nourrir nos montures haletantes. Aux alentours de midi le quinzième jour de juin de l'An du martyre de Jésus 1211, nous arrivâmes en vue de Toulouse et nous arrêtâmes sur une hauteur, au Sud. Mes espoirs de pouvoir entrer avant l'arrivée des croisés furent aussitôt brisés. En bas, la bataille faisait rage. L'air empestait la fumée et la poussière. Les cavaliers et les fantassins à pied se mêlaient dans un joyeux massacre dont seul un œil exercé pouvait distinguer les parties. Retranchée derrière plus d'une lieue[1] de muraille de pierre pâle, parsemée de multiples tours et d'une douzaine de

---

1. Une lieue terrestre vaut 4,5 km.

portes et encerclée par un profond fossé, la cité semblait observer le tout avec placidité.

— Mais à quoi joue donc Montfort? grommela mon maître en observant le ballet sanglant d'un œil critique. Il n'a pas assez d'hommes pour prendre une cité pareille, c'est évident. Et il n'a aucune machine de siège. Que va-t-il lancer contre les murs? Des pommes? M'est avis qu'il s'est laissé mener par son orgueil et s'est lancé dans la bataille sans réfléchir.

J'évaluai la scène. À voir les morts qui jonchaient le sol, le combat durait depuis plusieurs heures déjà. L'armée cathare défendait férocement un pont au sud-est de Toulouse. Loin derrière le front, des moines chantaient. Jamais je ne me ferais à la présence de tant de beauté au milieu de ce que l'homme pouvait produire de plus laid.

— Les hommes du comte de Toulouse essaient d'empêcher les croisés de franchir l'Hers-Mort, expliqua Ugolin en pointant la structure de bois. Ils brûlent leurs propres ponts. Tant qu'ils les maintiennent de l'autre côté, Toulouse est en sécurité.

Sous nos yeux, les croisés de Montfort et du comte de Bar reculaient petit à petit sous les attaques soutenues des Toulousains.

— Montfort n'arrivera jamais à forcer le passage, dit Raynal, qui observait les choses d'un œil averti. S'il ne sonne pas bientôt la retraite, il va se faire tanner le cul.

Mon maître hocha la tête en signe d'acquiescement. Toute son attention était concentrée sur ce qui se produisait devant Toulouse. Après quelques minutes passées à se frotter pensivement la barbe, il finit par grogner quelques mots.

— Ou alors, il s'agit d'une diversion. Si j'étais lui, maintenant que les Toulousains sont tous concentrés à cet endroit, je regrouperais mes troupes. Ensuite, je prendrais l'adversaire à contre-pied en me lançant vers ce pont qui n'est pas encore détruit.

C'est exactement ce que firent les croisés. Le son des cors retentit et monta jusqu'à nous. Les troupes papales se mirent à reculer dans un ordre admirable, sous les cris de victoire des Toulousains bernés par la ruse. Elles reformèrent leurs rangs avec discipline et, sous le regard stupéfait de leurs adversaires, s'élancèrent à toute vitesse, les contournèrent sans leur accorder la moindre attention et se dirigèrent vers le pont qu'avait repéré Montbard, et que les défenseurs de la cité n'avaient pas encore eu le temps d'incendier. Voyant cela, les cathares, dirigés par des officiers à cheval qui hurlaient leurs ordres, retraversèrent en désordre le pont qu'ils défendaient maintenant pour rien et firent de leur mieux pour atteindre le nouveau point d'attaque et en barrer le chemin. Mais il était trop tard. Ils avaient été pris par surprise et en payaient le prix. Les croisés avaient franchi la rivière et se massaient déjà sur l'autre rive. Avant que les Toulousains ne soient regroupés, on sonna la charge. Les croisés enfoncèrent sauvagement le centre de leurs adversaires. Le tintement des armes, le choc des écus, les cris de douleur, de rage et d'agonie montèrent jusqu'à nous. En quelques minutes à peine, les troupes de Toulouse furent mises en déroute.

— La bataille est perdue, déclara Montbard. Sous peu, les bonshommes vont se retrancher derrière leurs murs. Si nous voulons entrer dans Toulouse avant qu'elle ne soit fermée et assiégée, nous devons le faire maintenant. Par la suite, il sera toujours temps de nous glisser hors des murs afin de te livrer à Montfort.

Il fallait être aveugle pour ne pas voir la même chose que lui. Si je n'agissais pas immédiatement, nous nous retrouverions coincés à l'extérieur de Toulouse. Pernelle serait sans doute la seule femme sur un champ de bataille couvert d'hommes en proie à cette frénésie que seul le combat fait naître et qui s'assouvit trop souvent dans le rapt et le pillage. Je ne doutais pas du sort qui l'attendait si je ne la protégeais pas. Et surtout, le chemin de la Vérité me serait bloqué. Je devais à tout prix entrer dans Toulouse avant qu'elle ne soit inaccessible.

— Retirez vos habits templiers, ordonnai-je. Les Toulousains ne doivent pas nous prendre pour l'ennemi.

Memento bien en main, j'éperonnai Sauvage et lui fis dévaler la côte en direction de la bataille. Tels les membres d'une garde rapprochée, nous encadrâmes Pernelle, moi devant, Ugolin sur sa gauche, Raynal à droite et Montbard fermant la marche. Je me dirigeai vers le pont que les cathares venaient d'abandonner et nous franchîmes la rivière sans coup férir. Une fois sur l'autre rive, cependant, je dus me rendre à l'évidence : la bataille s'était déplacée et nous coupait l'accès aux portes de la cité. Je jetai un coup d'œil derrière moi et Montbard me fit comprendre qu'il voyait les choses de la même façon.

— Essayons de contourner les combats, proposa-t-il.

Nous nous lançâmes au galop, poussant nos montures aussi vite qu'elles pouvaient courir. Je sentais entre mes cuisses les muscles puissants de Sauvage qui travaillaient sans relâche. Gardant les combats sur notre gauche, nous décrivîmes un large demi-cercle. C'était toutefois sans compter avec la fuite des cathares, qui reculaient sans cesse vers la muraille, et la poursuite qu'engageaient les croisés, de sorte que, malgré notre vitesse, les abords furent bientôt bloqués. Pour rejoindre les forces cathares, nous devrions traverser l'ennemi avant qu'il ne soit trop compact.

— Protégez Pernelle de votre vie ! hurlai-je en me retournant vers les autres pour me faire entendre malgré le vacarme.

— Par là ! fit Montbard en indiquant la direction.

Je repérai ce qu'il avait vu : une brèche venait de s'ouvrir parmi les combattants, telle la mer Rouge devant Moïse. Sans hésiter, je m'y engouffrai, les autres sur mes traces. Notre élan nous permit de franchir le gros des combats sans être inquiétés, mais un officier à cheval finit par nous remarquer. Il aboya un ordre et une dizaine de ses hommes nous bloqua le chemin. Je freinai Sauvage pour éviter qu'il ne s'empale le poitrail sur les épées qui étaient brandies contre nous. Dès lors, je fus absorbé dans un tourbillon de violence et de mort que je connaissais trop bien, n'existant plus que par mon instinct. Faisant virevolter Memento, je frappai et tranchai avec fureur et méthode, ouvrant des gosiers, éventrant, perçant, me laissant emporter par la brutalité qui faisait la différence entre la vie et la mort. À intervalles réguliers, je regardais derrière moi pour m'assurer que

Pernelle était toujours là. Chaque fois, je la trouvais fermement encadrée par Montbard, Ugolin et Raynal qui, tous, combattaient avec la même ferveur. Livide de frayeur, mon amie avait les yeux écarquillés et s'agrippait, pétrifiée, à ses rênes avec l'énergie du désespoir.

Voyant que nous venions à bout de ses hommes, l'officier lança un cri de rage et se précipita sur moi. J'eus à peine le temps de tirer Memento des entrailles d'un de ses soldats pour parer le coup qu'il me destinait. Nos armes se bloquèrent et je fus à même de voir luire dans ses yeux tout le fanatisme et toute la fureur qui animaient les croisés. Je le repoussai avec tant de force qu'il faillit tomber de sa monture. J'allais l'achever lorsque je sentis une cuisante brûlure à l'épaule. Privé d'écu, mon côté gauche était exposé et un homme à cheval en avait profité pour me frapper. Memento sembla penser par elle-même et fendit l'air. L'instant d'après, la tête de l'homme roulait sur le sol.

— Gondemar! cria Pernelle de toutes ses forces.

Je me retournai et aperçus l'officier que j'avais repoussé. Incapable de venir à bout d'un homme, le mécréant avait décidé de passer sa rage sur une femme. Il avait profité de ma distraction pour me contourner et tenait maintenant les rênes de la monture de mon amie, qui lui tirait la barbe à pleines mains pour tenter de le faire tomber de selle. Autour d'elle, Ugolin, Raynal et Montbard étaient tous trop occupés à survivre pour la défendre. Je fis faire demi-tour à Sauvage et fonçai sur l'homme. Memento trancha net le poignet qui retenait Pernelle. L'air stupéfait, l'officier regarda bêtement le moignon d'où pissait un sang bourgogne. Un coup de pied dans les côtes l'envoya choir sur le sol. Je rendis ses rênes à Pernelle.

— Reste derrière moi! criai-je.

Soudain, le temps s'arrêta autour de moi. Le vacarme de la bataille se tut et un silence surnaturel m'enveloppa. Là, au cœur de la bataille, monté sur un destrier aussi noir que sa chevelure et son âme, Simon de Montfort en personne participait au massacre, rugissant comme un lion en chasse, riant comme un diable chaque fois qu'il mettait fin à une vie. Malgré moi, j'immobilisai Sauvage. Il était si proche que j'aurais pu franchir en quelques secondes la distance qui nous séparait et mettre fin à ses jours. Mais pour cela, il m'aurait fallu abandonner Pernelle à son sort.

Comme s'il avait senti que je l'observais, le chef des croisés se retourna et nos regards se fondirent l'un dans l'autre. Ses yeux s'agrandirent de surprise et sur ses lèvres je pus lire : « Toi ? » Son visage se déforma en un rictus de rage qui découvrit ses dents, lui donnant des airs de bête sauvage. Il allait se lancer vers moi lorsque ses soldats se refermèrent autour de lui tel un rempart protecteur, repoussant les rares cathares qui livraient encore combat.

Je me retournai vers Montbard et compris qu'il l'avait vu, lui aussi.

— Foutre de Dieu! hurla-t-il en agitant son épée pour éloigner les croisés de plus en plus nombreux. Il nous a reconnus! Notre plan tombe à l'eau! Ne restons pas ici!

Je notai au passage qu'un poignard était planté dans sa jambe de bois et, du coin de l'œil, aperçus Montfort qui beuglait des ordres en nous désignant, Montbard et moi. Aussitôt, une vingtaine d'hommes lui emboîtèrent le pas et fendirent la foule des combattants dans notre direction.

Secouant ma torpeur, je saisis les rênes de la monture de Pernelle, éperonnai Sauvage et filai à bride abattue droit devant. À une vingtaine de toises de nous, une des portes de la ville avait été ouverte et le pont-levis rabattu par-dessus le fossé. Les troupes vaincues s'y engouffraient pêle-mêle pour échapper au massacre. Nous nous fondîmes dans le lot et nos montures furent emportées dans une marée humaine si épaisse que j'eus fort à faire pour garder mon amie près de moi. Nous nous retrouvâmes dans Toulouse. Après quelques minutes, la porte fut refermée, laissant dehors tous les soldats qui n'avaient pas eu le temps de se retirer.

Pressé de toutes parts, je sentais Sauvage proche de la panique. Il piaffait nerveusement et devenait de plus en plus agité. Je parvins à entraîner Pernelle près d'un bâtiment et nous nous collâmes contre le mur, laissant la foule de soldats éclopés passer près de nous. À plus d'une reprise, je dus la retenir par ses vêtements pour éviter qu'elle ne tombe de cheval et soit piétinée par les soldats affolés. Avec soulagement, j'aperçus Raynal qui se frayait un chemin à travers la foule, jouant des coudes et des poings pour nous rejoindre. Il avait une vilaine entaille au-dessus de l'œil droit et la moitié de son visage était ensanglantée. Sa cotte de mailles lui avait protégé le torse, mais il ne restait rien des manches de sa chemise.

Je fouillai frénétiquement la foule du regard, mais nulle part je ne vis Montbard et Ugolin. Je me retournai vers Pernelle et le monde se mit à tourner. Seuls les bras d'acier de Raynal m'empêchèrent de m'écraser sur le sol et d'être piétiné.

———

Je dus perdre conscience car, quand je rouvris les yeux, Pernelle se tenait à mes côtés, les sourcils froncés par la concentration. La langue entre les lèvres, elle regardait mon bras. L'esprit confus, je tentai de trouver des repères. Le visage toujours luisant de sang, Raynal était agenouillé près d'elle et tenait son coffre ouvert. J'étais adossé à quelque chose de dur et froid. Un mur, sans doute. Je tournai un peu la tête et vis Sauvage et les deux autres chevaux, à l'écart, attachés à une petite rampe de bois qui menait à la porte d'un édifice. Tout autour, des soldats couraient dans tous les sens et la cohue était indescriptible. Une vive douleur à l'épaule me fit reprendre complètement mes esprits.

— Cesse de grouiller, que je te recouse convenablement, dit Pernelle sans me regarder. J'ai vu assez de blessures se mortifier ces derniers temps et je n'ai pas envie de couper un seul membre de plus.

Pour bien appuyer ses dires, elle me perça la chair avec une grosse aiguille et fit un point de plus avec le fil.

— Tudieu, j'ai connu des femmes beaucoup plus douces, dis-je, les dents serrées.

— La chair, moi, je la répare au lieu d'en jouir. Et puis, un gros soldat viril comme toi devrait pouvoir supporter la douleur, non ?

À mon grand soulagement, elle termina sa tâche et se consacra à Raynal, qui avait patiemment attendu son tour. Elle essuya avec un linge l'entaille qu'il avait au-dessus du sourcil puis la recousit sans que le templier ne montre la moindre émotion. Je me levai et fis rouler mon épaule pour la tester. Les pincements étaient secs, mais elle bougeait correctement. Au besoin, je pourrais tenir un écu.

— Montbard ? Ugolin ? m'enquis-je.

Raynal secoua négativement la tête.

— Les portes sont refermées depuis une bonne demi-heure, dit-il d'une voix caverneuse. Aucune trace d'eux à l'intérieur.

— Tu as vérifié parmi les blessés ?

— Tous ceux qui pouvaient marcher sont rentrés. Montbard et Ugolin n'y étaient pas.

J'accusai le choc de mon mieux. Les chances étaient grandes que mon maître et le géant de Minerve, coincés de l'autre côté de la muraille, aient été massacrés par les croisés. Je cherchais à comprendre ce qui s'était passé. Avaient-ils été séparés de nous dans la pagaille et incapables d'entrer à temps ? Mon maître avait-il plutôt cédé à la tentation d'occire Montfort sur-le-champ ? Dans un cas comme dans l'autre, le résultat final serait le même. Les croisés ramasseraient les cadavres pour éviter la contagion et les brûleraient, mes compagnons comme les autres.

Dès que Raynal fut rapiécé, Pernelle rattacha son coffre à sa selle.

— Allons voir du haut de la muraille si nous ne les apercevrions pas, suggérai-je.

— Oui, *Magister*, répondit le templier, me rappelant le rôle dont j'avais hérité malgré moi et la mission qui était réellement la mienne.

Nous laissâmes nos montures là où elles se trouvaient, trouvâmes un escalier et le gravîmes, Pernelle traînant un peu derrière en claudiquant. Une fois sur le chemin de ronde, je m'orientai et me dirigeai vers la section qui faisait face au champ de bataille, me frayant un chemin à travers les hommes qui allaient et venaient dans tous les sens. Une vision d'apocalypse m'attendait.

À l'horizon, sur des centaines de toises, le sol était jonché de cadavres entremêlés. Les ennemis s'entretuaient pour les raisons les plus frivoles, mais la mort, elle, ne faisait aucune différence entre les camps. Le ventre ouvert, tous étaient égaux. Des gémissements pitoyables montaient jusqu'à nous et, çà et là, de pauvres hères se traînaient pitoyablement vers la cité où ils ne pouvaient plus pénétrer. Plusieurs avaient atteint le fossé, seulement pour y mourir, le pont-levis restant obstinément levé. À l'extrémité du champ de bataille, les croisés avaient formé leurs rangs et, déjà, les premières tentes s'élevaient. Le siège de Toulouse était commencé.

Appuyé sur les créneaux, je cherchais désespérément des yeux les corps de mes compagnons dans cette mer de chair et de sang, mais je ne les aperçus nulle part. Pour en avoir le cœur net, je devrais fouiller moi-même parmi les morts, mais il était hors de question de sortir de la cité. Je songeai tout à coup qu'ils avaient peut-être été capturés. J'osais à peine imaginer ce que Montfort faisait à ses prisonniers, à plus forte raison s'il réalisait qu'ils appartenaient à l'Ordre des Neuf, dont il connaissait certainement l'existence.

Je réalisai avec angoisse que, si Montbard et Ugolin étaient toujours vivants, la Vérité était en réel danger. À Montségur, Eudes assurait sa protection, certes. J'avais aussi entière confiance en la capacité de mes deux compagnons de ne pas craquer sous la torture, mais les ressources du pape étaient infinies et la cruauté de ses hommes aussi. S'ils révélaient les dessous de l'Ordre des Neuf, Montfort s'empresserait de les rapporter à Amaury et ce filou saurait utiliser les informations à bon escient.

— Pas un geste! Qui êtes-vous? claqua une voix derrière nous.

Je me retournai pour faire face à un individu dont les intentions étaient sans équivoque. La chevelure en broussaille, la barbe tachée de sang, le visage et les vêtements couverts de poussière, il avait manifestement participé à la bataille et n'était pas d'humeur à tomber sur des espions croisés. L'arme au clair, il était entouré d'une dizaine de soldats pareillement disposés. Je levai pacifiquement les mains, mon épaule blessée m'arrachant une grimace, sans faire le moindre mouvement vers Memento. Du coin de l'œil, je vis que Raynal se tenait tranquille, lui aussi.

— Je suis Gondemar de Rossal, déclarai-je du ton le plus apaisant possible. Voici Raynal de Saint-Omer et dame Pernelle. Nous arrivons de Montségur.

— De Montségur, répéta l'autre, suspicieux. Et, par quelque mystère, vous voilà dans Toulouse alors que je ne vous y ai jamais vus avant.

— Nous espérions atteindre la cité avant l'arrivée des croisés, expliquai-je sans vraiment mentir, mais nous avons été pris dans la bataille. Nous sommes entrés pendant la retraite de vos troupes. Deux de nos compagnons sont restés à l'extérieur et nous essayons de les retrouver.

L'homme nous toisa, une moue méfiante sur les lèvres. De toute évidence, mon histoire ne l'impressionnait guère. Il se retourna vers ses hommes.

— Emmenez-les, ordonna-t-il.

Nous fûmes encerclés sur-le-champ et désarmés. Je dus me faire violence pour ne pas défendre Memento, mais je savais que de toute tentative résulterait une mort immédiate. Je la regardai donc être emportée par un des soldats, qui ne put s'empêcher de la soupeser, puis de siffler avec admiration.

En moins de deux, je me retrouvai prisonnier. Le chemin vers le *Cancellarius Maximus* venait de prendre un détour indésirable.

CHAPITRE 13

Alliances

Nous fûmes empoignés par les vêtements, rudement poussés sur le chemin de ronde et conduits dans un escalier abrupt qu'on nous fit descendre au risque de nous rompre le cou. Puis on nous entraîna dans des rues étroites et tortueuses qui serpentaient et louvoyaient dans toutes les directions. Tous les soldats étaient en alerte et les seules gens que nous croisâmes furent des femmes, des enfants et des vieillards à l'air effrayé. Nous confondant avec des prisonniers croisés, plusieurs nous décochèrent des regards haineux. Je ne doutai pas que, s'ils en avaient eu l'occasion, ces gens nous auraient déchiré avec leurs dents tant ils haïssaient leurs ennemis. L'exécration et le fanatisme étaient le résultat inévitable de la religion.

On nous mena à un châtelet où nous fûmes accueillis par une garde imposante. Après consultation, nous fûmes admis. L'officier et ses hommes nous menèrent sans rien dire dans un long corridor sombre puis nous firent descendre un escalier escarpé aux marches étroites qui s'enfonçait dans les profondeurs du bâtiment en tournant sur lui-même. Une fois en bas, nous fûmes accueillis par un geôlier qui se tenait les poings sur les hanches au milieu d'un couloir éclairé par deux torches à la flamme vacillante. Le crâne rasé et couvert de cicatrices, le nez épaté, une dent sortant entre ses lèvres épaisses, il était patibulaire à l'excès et nous toisait d'un regard où se mêlaient la cruauté et l'amusement.

— Des espions à mettre en cellule, expliqua sèchement l'officier.

Le geôlier grommela quelques mots incompréhensibles et décrocha un gros trousseau de clés qu'il portait à la ceinture. Il se dirigea vers une des nombreuses portes qui perçaient les murs du couloir, la déverrouilla et l'ouvrit.

— Monsieur le comte décidera ce qu'il veut faire de vous quand il en aura le temps, dit l'officier.

Sans plus de cérémonie, nous fûmes poussés avec rudesse dans la cellule sans fenêtre et la porte se referma derrière nous.

— Nous voilà dans de beaux draps, fit Pernelle en se frottant les bras pour contrer la froideur humide qui régnait dans le cachot. Tout cela à cause de moi.

J'aurais voulu lui offrir un manteau, mais je n'avais qu'une chemise. À défaut de mieux, je lui offris donc mes bras, au creux desquels elle se blottit avec reconnaissance en grelottant.

— Ce qui est fait est fait, l'encourageai-je de mon mieux en lui frottant le dos.

— Mais nous sommes bien loin de Montfort, déplora Raynal, rageur.

— Pour l'instant, nous sommes loin de tout, rétorquai-je, songeur.

J'avais donné mon nom à l'officier qui nous avait arrêtés et, secrètement, j'espérais que ma renommée nous permette d'être libérés sans délai. En prison, je ne pourrais jamais contacter le supérieur inconnu.

Le temps perd vite son sens dans une pièce sans fenêtre. Je n'aurais su dire combien d'heures j'avais passées dans la torpeur et la somnolence, assis contre le mur froid et suintant, lorsque le raclement de la clé qui tournait dans la serrure me fit sursauter. J'étais debout avant même que la porte ne s'ouvre pour révéler le même geôlier, derrière lequel se tenaient cinq soldats.

Il s'écarta pour laisser le passage à celui qui semblait être le responsable.

— Gondemar de Rossal ?

— Lui-même.

— Suivez-moi.

Raynal, Pernelle et moi sortîmes avec soulagement de notre cachot et emboîtâmes le pas à notre escorte. Sans qu'un seul mot ne soit échangé, nous fûmes bientôt hors des caves et je constatai que le jour se levait.

Nous fûmes conduits à travers un méandre de couloirs jusqu'à l'entrée d'une salle aux murs drapés de riches tapisseries. À l'autre bout, un homme était assis dans un fauteuil à haut dossier et lisait un parchemin. Lorsque nous arrivâmes devant lui, je pus l'observer. Il devait avoir la soixantaine, mais sa barbe et ses cheveux étaient encore noirs comme les ailes d'un corbeau. Son visage émacié au long nez aquilin était parcouru de profondes rides et il était maigre à faire peur. Grand, aussi, à en juger par la longueur de ses jambes et de ses pieds. Son manteau rouge et jaune était sale et taché, et toute sa personne était empoussiérée, révélant qu'il avait pris part au combat devant la muraille. À côté de son siège étaient déposés un plastron et un heaume bosselés. Il avait l'air profondément las. Près de lui se tenait un jeune homme d'une vingtaine d'années tout au plus, lui ressemblant comme deux gouttes d'eau, rides en moins. Son fils, de toute évidence. Sur une table, j'aperçus Memento et l'épée de Raynal.

L'officier se racla la gorge pour signaler sa présence. Le vieil homme abandonna sa lecture et releva lentement la tête.

— Monsieur le comte, les prisonniers que vous avez demandés.

Le comte releva un sourcil. Ses yeux sombres et pénétrants me toisèrent longuement.

— Je suis Gondemar de Rossal, sire, l'informai-je.

D'un geste de la tête, il signifia à l'officier de disposer, ce qui fut fait. Je fus étonné de constater que lui et ses hommes quittaient la pièce, laissant trois prisonniers seuls avec leur supérieur.

— Gondemar de Rossal, *in personam*[1]... dit mon interlocuteur avec un sourire fatigué. Tu me vois honoré de faire ta connaissance. Les lettres de ma sœur parlent beaucoup de toi.

— Votre sœur? répétai-je, interdit.

Il se leva et déplia sa longue carcasse. Il était effectivement d'une grandeur phénoménale, me dépassant d'une bonne demi-tête, chose à laquelle je n'étais guère habitué. Cela le rendait encore plus intimidant.

— Je suis Raymond Roger V, comte de Foix. Et voici mon fils, Roger Bernard II. Dame Esclarmonde est ma sœur.

Il me tendit la main et je la serrai chaleureusement, avant d'en faire autant avec son fils, qui s'inclina gravement. Je présentai Raynal et Pernelle, et ne fus pas vraiment surpris de voir les deux hommes s'agenouiller aussitôt devant mon amie.

— Bonne Dame, dit le vieux comte, donne-nous ta bénédiction et celle de Dieu. En ces temps difficiles, nous en avons grand besoin.

— Tenez-la de Dieu et de moi, rétorqua Pernelle avec simplicité en élevant les mains. Je le prie de vous faire bons chrétiens et de vous conduire à bonne fin.

Ma cicatrice se mit à brûler et le souffle me manqua. Je baissai la tête et endurai sans rien trahir de ma souffrance, jusqu'à ce que la bénédiction cathare, heureusement courte, soit achevée. Les deux nobles se relevèrent, le plus vieux avec une certaine difficulté.

— Comment se porte ma chère sœur? demanda-t-il.

— Nous l'avons laissée en bonne santé à Montségur voilà une semaine environ, répondis-je, en essuyant la sueur froide de mon front.

— Et elle n'en sortira pas de sitôt, il me semble, dit Foix en m'adressant un regard entendu.

J'hésitai en le dévisageant. Il me laissait clairement entendre quelque chose, mais quoi? S'agissait-il d'un piège destiné à me faire révéler l'existence de l'Ordre des Neuf?

---

1. En personne.

— Votre sœur prend son sacerdoce très au sérieux et c'est à Montségur qu'elle a choisi de l'exercer, dis-je avec prudence.

Le comte m'adressa un sourire complice.

— Ne te ronge pas les sangs, me dit-il. J'en sais autant des activités d'Esclarmonde qu'il lui est permis de m'en dire. Le reste ne concerne qu'elle et elle a mon entière confiance. Elle est toute dévouée à notre cause et j'accepte le fait que certaines choses doivent demeurer secrètes. C'est pour cette raison que j'ai contribué de ma bourse à la fortification de Montségur lors-qu'elle me l'a demandé. Je constate par contre que tu sembles en savoir plus que moi. Cela me suffit amplement.

Le comte de Foix frappa dans ses mains et un serviteur apparut comme par enchantement.

— Du vin pour mes invités, ordonna-t-il.

L'homme disparut comme il était venu, puis revint avec un plateau chargé de gobelets d'étain et d'une cruche de terre cuite. Il nous servit et posa le tout sur une table non loin de là avant de s'évanouir à nouveau tel un fantôme. Faisant fi de la politesse, j'avalai aussitôt quelques gorgées qui humectèrent agréablement ma gorge asséchée par la poussière de la bataille. Le comte prit nos armes et nous les rendit. Je remis Memento au fourreau et me sentis à nouveau entier.

— Vos chevaux sont à l'étable. Ils ont été nourris. En vous arrêtant, Cesari ne faisait que son devoir, dit le comte sur un ton d'excuse. Ne lui en tenez pas rigueur.

— J'ai vu bien pire.

— Si je ne m'abuse, tu as sauvé la vie de ma sœur entre Quéribus et Montségur, non ?

— Je n'ai fait que mon devoir, moi aussi, sire.

— Et pour cela, tu as ma reconnaissance éternelle. Esclarmonde m'est très chère.

Il leva son gobelet et but une gorgée à ma santé. J'en fis autant.

— Alors, reprit-il, comment vous êtes-vous retrouvés parmi nous ?

Malgré l'accueil chaleureux que Foix nous offrait, je m'en tins au scénario mis au point avant notre départ. Les raisons qui m'amenaient à Toulouse étaient les miennes seules. Je lui expliquai notre projet d'assassiner Montfort et comment l'apparition soudaine de Pernelle nous avait contraints à revoir nos plans et à nous réfugier dans la cité.

— Assassiner Simon de Montfort? Morbleu, personne ne te reprochera jamais un manque d'ambition! Ou es-tu plutôt simplet? s'esclaffa le comte.

— Un peu des deux, sans doute, grommela Raynal.

— En tout cas, vous êtes bénis d'avoir pu entrer à temps, dit Foix. Mes troupes ont dû se retrancher dans le plus grand désordre. Cette chiure de Montfort est rusé et il nous a rossés de belle façon.

— Deux de nos compagnons n'ont pas eu la même chance, lui appris-je. Ils sont restés à l'extérieur et je crains qu'ils n'aient été tués. J'aimerais sortir et les chercher.

— Il est hors de question de quitter la ville, tu le sais bien. Tu courrais droit à la mort.

— L'un de ces hommes est mon maître d'armes, Bertrand de Montbard, plaidai-je. Il me suit depuis mon enfance.

— Montbard? J'ai aussi entendu parler de lui. Un homme de grande valeur, me dit ma sœur, qui le connaît depuis longtemps. Néanmoins, la situation demeure inchangée. J'ai moi-même perdu des centaines d'hommes en quelques heures, dont certains de mes meilleurs officiers, cracha Raymond Roger avec dépit. Des amis, aussi. Et pour rien! En ce moment même, cette crevure de Montfort s'installe devant la muraille avec la ferme intention de nous affamer.

— Il n'a pas assez d'hommes pour y arriver, intervint le jeune Roger Bernard, le feu dans les yeux. Je ne sais pas à quoi il a pensé, mais sans machines de guerre, il n'aura d'autre choix que de s'approcher de la muraille pour la percer. C'est la façon la moins sûre d'assiéger une ville. Ses chances de succès sont minces.

— M'est avis que quelques sorties bien organisées et suffisamment meurtrières pourraient le convaincre de la faiblesse de sa position, suggérai-je.

Le vieil homme me toisa en souriant.

— Des sorties comme celles que tu organisais à Cabaret?

— Vous êtes bien informé.

— Esclarmonde est une épistolière chevronnée qui t'admire beaucoup. Elle m'a décrit ton parcours. Et m'est avis que Dieu ne t'a pas mené jusqu'ici par hasard.

Cela, je le savais déjà.

───

Peu après, j'étais à nouveau sur la muraille avec le comte, son fils et Raynal. Pernelle, elle, s'était portée volontaire pour soigner les nombreux blessés et, armée de son précieux coffre, avait été conduite vers une des infirmeries de fortune qui parsemaient la ville. Aux dires de notre hôte, elle aurait fort à faire.

De mon perchoir, même si je savais que l'effort était vain, je cherchais un signe de Montbard ou d'Ugolin.

— Oublie tes compagnons, me dit Foix d'une voix compatissante. Soit ils sont morts, soit ils sont prisonniers. Et crois-moi, s'ils sont encore vivants, Montfort leur infligera les pires tortures et ils imploreront Dieu de venir les délivrer.

— Je sais, dis-je en déglutissant bruyamment. C'est ce qui me déchire.

— Concentrons-nous sur ce que nous pouvons accomplir, ajouta-t-il. Regarde, ils ne perdent pas de temps, les mécréants.

J'observai la scène qui s'offrait à nos yeux. L'armée de Montfort était maintenant bien installée dans la plaine. Au loin, des bûchers avaient été allumés et la fumée âcre des cadavres qui se consumaient se rendait jusqu'à nous. Parmi eux se trouvaient peut-être mon maître et Ugolin. Des centaines de ses hommes avaient été délégués pour combler les fossés. Ils s'activaient à grands coups de pelle, sous la protection d'autres hommes équipés d'écus qui paraient les projectiles que les archers et les arbalestiers de Toulouse faisaient pleuvoir sur eux. Plusieurs tombaient, transpercés, mais le travail avançait malgré tout et, sous peu, le chemin vers la muraille serait libre. J'avisai de curieuses structures de bois sur lesquelles travaillaient les soldats. Il s'agissait de charpentes minces et légères, assez longues pour abriter une dizaine d'hommes. On s'affairait à les couvrir de peaux de bêtes que d'autres mouillaient à pleines chaudières.

— Qu'est-ce que c'est que ces choses ? m'enquis-je, perplexe.

— Des chattes. Tu n'en as jamais vu ? répliqua le comte.

— Non, admis-je.

— Dès que le fossé sera rempli, des maçons se blottiront dessous et les soulèveront pour les transporter jusqu'au pied de la muraille. Leur toit humide les protégera de l'huile brûlante que nous essaierons de leur verser dessus. Ils allumeront des feux pour chauffer le mortier des murs et le rendre friable. Ensuite, ils perceront des ouvertures à coup de maillet et de ciseau pour ouvrir la voie aux croisés. Lorsque ce sera fait, les troupes tenteront de s'y engouffrer. C'est ainsi qu'on pénètre dans une forteresse, mon ami.

Je restai coi, notant soigneusement la leçon de stratégie militaire que je venais de recevoir d'un homme qui en avait vu d'autres.

— Sauf si on les en empêche, poursuivit-il. Leur assurance est leur plus grande faiblesse. Ils s'activent comme des diables et ne pensent même pas que nous pourrions résister autrement que du haut des murs. Laissons-les travailler pendant quelques jours tout en donnant l'impression de tout faire pour les en empêcher. Nous les frapperons lorsqu'ils s'y attendront le moins.

Foix me posa une main sur l'épaule et je retins une grimace de douleur lorsqu'il appuya sans le savoir sur ma blessure encore fraîche.

— Nous accompagneras-tu, Gondemar de Rossal ?

— Ce sera un honneur. J'ai moi-même quelques griefs à régler avec cette pourriture de Montfort… dis-je.

Les visages de Montbard, d'Ugolin et la tête de la fillette que le chef des croisés m'avait fait envoyer par-dessus la muraille de Cabaret dansèrent devant mes yeux. Trop de gens avaient payé de leur vie la haine que Montfort me portait. Si j'en avais la chance, je lui causerais autant de tourments que je le pourrais.

— Alors, donnons-nous deux jours pour les laisser macérer dans leur certitude et nous préparer, dit le comte.

Je n'étais pas à Toulouse pour combattre les croisés, mais je ne voyais aucune raison de ne pas participer. Je ne craignais pas la mort. Depuis ma résurrection, les événements m'avaient prouvé plus d'une fois que, pour le moment, elle m'était interdite. Je craignais beaucoup plus la vie.

———

Je ne revis pas Pernelle car, comme je m'y attendais, mon amie se consacra tout entière à sa tâche de guérisseuse. Par contre, je fis la connaissance d'un ange.

Le soir même, je participais à une première rencontre en compagnie des deux comtes et de leurs principaux officiers. Attablés dans une grande salle du châtelet, nous avions tous convenu qu'une sortie en force de Toulouse signerait l'arrêt de mort de la ville et que le succès résidait dans l'effet de surprise. Le comte de Foix dirigea les discussions avec doigté et respect, donnant la parole à tous, prêtant attention à leurs remarques et suggestions. Il me traita comme un membre à part entière de son état-major et je m'efforçai d'apporter une contribution à la mesure de cette attention.

Alors que nos palabres allaient bon train, la porte de la salle s'ouvrit doucement et une jeune femme se présenta, portant un plateau chargé de victuailles et de deux cruches de vin combles qu'elle déposa discrètement sur la table. Dès que je la vis, je perdis le fil de la conversation. Elle avait seize ou dix-sept ans. Ses cheveux étaient blonds comme les blés mûrs au soleil. Elle était toute menue dans sa robe bourgogne, mais sa démarche trahissait une grande détermination. En déposant le plateau, elle se tourna vers moi et nos yeux se croisèrent. Les siens étaient d'un bleu pâle presque surnaturel et dégageaient à la fois douceur et assurance. Elle m'adressa un sourire dénué de timidité et j'eus l'impression que mon cœur cessait de battre. Puis elle me salua de la tête et se retira. Malgré moi, je la regardai s'éloigner jusqu'à ce qu'elle referme la porte derrière elle. S'il était possible d'être ensorcelé pour l'éternité par un regard, je venais de l'être.

Je me fis violence pour chasser de ma mémoire le doux visage de l'ange qui venait de disparaître. J'avais plus important à faire. Les discussions se poursuivirent jusqu'à la nuit et, à la fin de la rencontre, tous étaient satisfaits. Nous convînmes de nous revoir dès le lendemain matin pour peaufiner les détails, mais en gros notre première sortie était minutieusement planifiée et, si les troupes faisaient preuve de la discipline et de la retenue néces-saires, nous avions bon espoir qu'elle serait un succès.

Les deux jours de délai que nous nous étions fixés avant de tenter la sortie faisaient mon affaire. Ils me donnaient un peu de temps pour découvrir où se trouvait le moyen de communication avec le *Cancellarius Maximus*. Pour en avoir la chance, j'avais déjà dû payer un tribut obscène: la vie de mon maître et celle de mon ami fidèle. Leur perte presque certaine me pesait lourd sur la conscience et me confirmait que ma seconde vie n'était qu'un long chemin de croix. J'en arrivais à me demander si cette folle aventure en valait vraiment la peine ou si je ne devrais pas tout simplement mettre fin à mes jours, ici et maintenant, pour que cesse le sacrifice de ceux que j'aimais. Je n'avais jamais vraiment quitté l'enfer; je l'avais simplement emporté avec moi. Je ne pouvais que souffrir dans le silence et l'amertume.

Je consacrai la moindre heure libre à chercher la piste du *Cancellarius Maximus. Le* LUCIFER *partira alors sans attendre pour Toulouse. Sous la parole divine, il trouvera une dalle portant le sceau, y déposera un mot annonçant son arrivée et attendra ses instructions.* Telles étaient les directives données au *Magister*. Seul le Chancelier avait l'autorité de désigner le *Lucifer*. M'auto-proclamer tel était présomptueux, mais je devais le contacter coûte que coûte car, tant que la Vérité n'était pas complète, je ne pouvais assurer sa protection.

À première vue, le sens de la parabole était évident. Elle faisait allusion à la parole divine. Les cathares ne célébraient pas la messe, mais jusqu'à ce que la folie guerrière gagne le Sud, chrétiens et hérétiques avaient cohabité en paix. Puis était venu l'épisode fanatique des Frères blancs de l'évêque Folquet de Marseille, qui avaient massacré les cathares qui jusque-là avaient été leurs voisins, comme Ravier me l'avait raconté dans la boutique de forge. Il existait donc forcément, à Toulouse comme dans la plupart des villes du Sud, des églises chrétiennes, où des prêtres avaient célébré la messe et prêché ce qu'ils concevaient comme la parole divine avant que la croisade ne frappe. Il me suffisait de les trouver et, avec un peu de chance, je pourrais ensuite prendre contact avec le mystérieux supérieur inconnu des Neuf.

Dès que je le pus, je me mis à arpenter les rues. Je fus étonné de constater combien la cité était grande et sa population nombreuse. Il ne s'agissait pas d'une simple forteresse abritant quelques centaines de personnes, comme Cabaret, Quéribus ou Montségur, ni même d'un bourg. Ceci était une grande ville, avec ses marchands, ses artisans, ses édifices publics, ses places et ses fontaines. À vue de nez, elle devait abriter trois ou quatre dizaines de milliers d'habitants. Le chiffre était renversant.

J'aboutis sur une place où se tenait un marché. Évidemment, le siège interdisait désormais tout commerce avec l'extérieur, mais pour le moment les produits étaient encore abondants et les Toulousains semblaient déterminés à prétendre que la vie suivait un cours à peu près normal. Devant les étals, marchands et acheteurs négociaient avec enthousiasme tout en sachant que le prix final fluctuerait peu. Je m'approchai avec une certaine circonspection, me rappelant les regards mauvais dont j'avais été l'objet à mon arrivée, mais la nouvelle de mon identité semblait s'être vite répandue, car je lus plutôt de l'admiration dans les yeux de ceux que je croisais. Je traversai le marché en jetant des coups d'œil polis aux étoffes, aux poteries, aux contenants de fer-blanc, aux fruits et légumes, aux vins et à toutes les autres marchandises auxquelles on tentait de m'intéresser. Comme je devais commencer mes recherches quelque part, je demandai à une marchande de paniers de m'indiquer l'église la plus importante de la ville.

— Ça, ce serait Saint-Sernin. Elle se trouve au bout de cette rue, répondit-elle. Mais tu seras déçu.

J'allais lui demander ce qu'elle voulait dire, mais un client se présenta et monopolisa toute son attention. Je la quittai donc et remontai la rue indiquée jusqu'à ce que j'aperçoive ce que je cherchais. Devant moi, à la convergence de plusieurs chemins, sur une place encore à moitié vide, s'élevait le squelette d'une église à demi construite. Seuls le chœur, le transept parsemé de petites chapelles et une partie de la nef étaient terminés. Le reste n'était encore qu'une ossature de colonnes et de voûtes plus ou moins abandonnées à divers stades d'avancement qui montaient tristement vers les cieux. Le chantier, qui aurait dû grouiller d'activité, était désert. La croisade en avait chassé les constructeurs, les maçons, les tailleurs de pierre, les charpentiers et tous les ouvriers qui auraient dû y gagner honorablement leur pitance pendant des années et peut-être une vie entière. Çà et là, des pierres traînaient, à demi taillées. La scène dégageait une étrange tristesse, à l'image de ce qui se passait dans le Sud.

Sans que les rares passants ne fassent attention à moi, je me glissai dans le temple inachevé avec la vague impression de pénétrer dans une carcasse. Une fois au milieu de ce qui finirait peut-être un jour par être une église, je réalisai à quel point elle promettait d'être gigantesque. Sa voûte monterait si haut que les prières des fidèles seraient presque portées jusqu'entre les mains de Dieu. Elle pourrait accueillir des milliers de chrétiens. Je songeai avec mélancolie à mon maître, qui avait sans doute vu plusieurs édifices de ce genre au cours de sa longue vie, mais qui, à cause de moi, n'aurait plus jamais ce plaisir.

Je me dirigeai vers le seul endroit qui m'intéressait : le chœur. Les marches étaient déjà construites et je les gravis. Face à l'Orient, dans la position du prêtre célébrant ce qu'il concevait comme la parole de Dieu, j'inspectai le sol. Rien. Aucun sceau du *Cancellarius Maximus* n'était visible. Un peu désemparé, je déambulai dans le chœur, examinant la moindre pierre, la moindre dalle et tous les recoins des colonnes, sans plus de succès. C'eût été trop facile, évidemment. Pourtant, j'avais la certitude que cet endroit existait quelque part dans Toulouse. Les instructions au *Magister* l'affirmaient et Véran avait su exactement où déposer le message de Ravier. Il était donc trouvable. Mais le temps me manquait. Si je ne le découvrais pas rapidement, je devrais reporter mes recherches après la sortie contre les forces de Montfort. Et si je ne revenais pas vivant de cette entreprise, ma quête devenait obsolète.

Le cœur lourd et la colère me chauffant les oreilles, je quittai l'église en construction et marchai au hasard, espérant tomber sur un autre temple. J'aboutis dans une ruelle étroite et sombre dans laquelle je m'engageai en ruminant, la tête basse et la mâchoire serrée. Rien dans cette maudite aventure n'était jamais simple et je commençais à en avoir plus que mon saoul.

Sans y prêter attention, je passai près d'une forme enveloppée dans un manteau crasseux et recroquevillée dans l'encoignure d'une porte. Je venais de la dépasser lorsqu'elle darda une main hors de ses hardes et me saisit le mollet. Je sursautai et dégainai instinctivement Memento, prêt à frapper mon agresseur. La vue de la misérable créature qui m'avait empoigné m'arrêta net. Une vieille femme édentée fit tomber le capuchon qui lui recouvrait la tête, révélant un crâne auréolé de mèches blanches et clairsemées. Le visage et les mains ridés, elle dégageait des relents de misère, de crasse et de maladie. Elle leva vers moi des yeux d'un blanc laiteux qui n'avaient pas vu la lumière depuis des décennies

et agita un petit plat de bois en faisant tinter les quelques pié-
cettes qui s'y trouvaient.

— L'aumône, digne sire, geignit-elle.

— Comment sais-tu que je suis un homme si tu es aveugle ?
m'enquis-je.

Elle inclina la tête et me dévisagea comme si elle pouvait me
voir. Une grimace qui se voulait un sourire se forma sur ses
lèvres.

— Par ton pas, monseigneur. Il est lourd, ferme et assuré. Tu
es un soldat. Un noble aussi, ça s'entend. Et ton accent m'indi-
que que tu viens du Nord. Ne serais-tu pas ce Gondemar de
Rossal dont parlent tous les cathares de Toulouse ?

— Je... je le suis, dis-je, un peu embarrassé.

— Un noble peut toujours se défaire d'une pièce pour sauver
son âme, dit-elle en secouant à nouveau son plat avec insistance.

Amusé malgré moi par son effronterie sympathique, je fouillai
dans la bourse qui pendait à mon ceinturon et en tirai une des
rares pièces qui s'y trouvaient encore. De toute façon, ce n'était
pas avec des espèces sonnantes et trébuchantes que j'achèterais
mon salut.

— Mon âme a besoin de beaucoup plus qu'une obole pour
gagner son ciel, je te l'assure, ricanai-je cyniquement. Tiens,
grand-mère, prends et grand bien te fasse.

— Dieu te bénisse, monseigneur, caqueta la mendiante.

— Je doute qu'il le fasse, mais je te remercie.

J'allais reprendre ma marche lorsque les yeux de la vieillarde
s'écarquillèrent. Elle pâlit, si la chose était encore possible, se leva
en chancelant sur ses jambes émaciées et plaqua son dos contre
le mur de pierre. Puis elle se raidit, comme possédée. Sa bouche
s'ouvrit toute grande, dévoilant des gencives roses, et une voix
sépulcrale en sortit sans que ses lèvres ne bougent.

— Te voilà à faire l'aumône aux pauvres, damné. Dommage
pour toi que la conscience te soit venue si tard. Peut-être aurais-
tu connu une vie plus facile.

Malgré moi, je reculai d'un pas, la terreur me serrant les entrailles et la gorge. Cette voix, jamais je ne l'oublierais. Elle était celle par laquelle j'avais appris ma damnation. Celle qui m'avait proposé l'invraisemblable marché grâce auquel j'étais revenu à la vie. Par je ne sais quelle sorcellerie, Métatron s'était insinué dans le corps de la mendiante, tel un démon possédant une innocente. Était-il venu pour décréter mon échec et me ramener en enfer?

— Toi… balbutiai-je d'une voix tremblante en portant instinctivement, mais futilement, ma main à Memento. Que me veux-tu? Je fais des progrès… Je… j'essaie… Tu dois être patient.

Je réalisais que je devais avoir l'air d'une femmelette tremblante et épouvantée, moi qui avais bravé les pires dangers. Mais je n'y pouvais rien. J'étais pétrifié. Une peur froide me serrait les viscères, me donnant mal au ventre et me raccourcissant le souffle.

La vieille femme brandit vers moi un index accusateur déformé par l'âge.

— Crois-tu donc être arrivé à destination, damné? tonna Métatron. Tu ne fais que commencer et, déjà, tu te trompes de voie! Il ne te sert à rien de combattre ceux qui détestent la Vérité! Laisse l'hommerie aux hommes et accomplis ce que Dieu attend de toi! Ne te laisse pas détourner de ta voie par ceux que tu crois aimer! Ne te laisse pas séduire par une existence que tu ne peux avoir! Tu n'en as ni le temps, ni le droit!

La révolte qui grondait de plus en plus fort en moi depuis ma résurrection remonta soudain à la surface et explosa comme un volcan, chassant la peur qui m'avait paralysé.

— Alors, que Dieu cesse de jouer à cache-cache comme un enfant pervers! crachai-je. N'a-t-il pas mieux à faire que de me torturer pour le plaisir? Qu'il arrête de faire payer des innocents pour ce qu'il me reproche! Et s'il désire vraiment que la Vérité soit protégée, pourquoi ne le fait-il pas lui-même? Il n'aurait qu'à lever le petit doigt, non? Ou est-il moins omnipotent qu'il aime le laisser croire aux pauvres sots qui croient encore en lui?

— Blasphémateur! enragea l'archange en agitant le poing de la vieille, là où aurait dû se trouver la crosse d'or avec laquelle il m'avait frappé jadis. Je vois que tu n'as pas changé. Tu renies toujours ton Créateur avec la même aisance.

— Et pourquoi pas? rétorquai-je sur le même ton rageur. Dès le jour de ma naissance, il avait déjà décidé de ce que je serais, sans me laisser le moindre choix, et voilà maintenant qu'il m'en fait le reproche? Il ne m'a rendu la vie que pour me tourmenter encore plus! Il est cruel, pervers et injuste! S'il a vraiment créé l'homme à son image, alors il ne vaut pas mieux que moi!

La mendiante fit un pas vers moi et je vis qu'une bave mousseuse s'accumulait à la commissure de ses lèvres.

— Et pourtant, écuma l'archange, tu te plies volontairement à la destinée que Dieu t'a donnée. Que je sache, tu n'as pas abandonné ta quête. Ton salut t'est donc plus précieux que tu veux bien l'admettre, Gondemar de Rossal.

— Tant qu'à apparaître pour me tourmenter, pourquoi ne m'aides-tu pas davantage, si la Vérité importe tant à celui que tu sers? rétorquai-je.

— Que vaudrait ton salut si je t'aidais à l'atteindre? Cesse plutôt de fanfaronner et agis, car le temps presse. En ce moment même, les ennemis de la Vérité sont sur sa piste, et ils sont de plus en plus nombreux. Ils viennent de toutes parts et tu ne les vois même pas.

— Je ne fais que ça, chercher ta maudite Vérité! Et je la trouverai! Tu m'entends? Je la trouverai! Et lorsque je l'aurai, je retournerai en enfer pour la fourrer bien profond dans ton petit cul étroit de castrat! crus-je nécessaire d'ajouter.

J'étais pleinement conscient du ton sur lequel je m'adressais à Métatron, mais j'en avais plus qu'assez de ses petits jeux, archange ou pas.

Le corps de la vieille tressaillit et je sus que Métatron l'avait quitté. Elle recula en tanguant jusqu'au mur, glissa lentement et se retrouva assise. Sa tête tomba mollement sur son épaule. Je m'agenouillai près d'elle et surmontai ma répugnance pour tourner son visage vers moi.

— Grand-mère?

Ses paupières frémirent et elle ouvrit les yeux.

— Tu vas bien?

— J'ai… j'ai eu un malaise, monseigneur. Je suis si vieille. Dieu m'a oubliée, je crois. Tu es bien bon de te préoccuper de ma pauvre personne.

— Crois-moi, je n'ai pas toujours été aussi attentionné et j'en paie le prix. J'ai été trop longtemps… vide.

— Mais maintenant, tu crois en quelque chose, non?

— J'ai besoin d'y croire, rétorquai-je.

Je détachai ma bourse de ma ceinture et la mis dans sa main sans rien dire. Elle la serra avec avidité contre sa poitrine creuse et m'adressa un sourire édenté.

— Va en paix, sire Gondemar, caqueta-t-elle.

Ébranlé, je pris la direction du châtelet pour m'informer de l'avancement des préparatifs. *Tu ne fais que commencer et, déjà, tu te trompes de voie. Il ne te sert à rien de combattre ceux qui détestent la Vérité*, m'avait prévenu l'archange. Mais en me rendant la vie, Dieu, dans sa perversité, avait choisi de me doter d'une conscience et il me revenait d'en faire usage. À lui de tolérer ou non les choix qu'il me permettait. Car ma décision était prise. J'avais été guidé vers le Sud et conduit à prendre fait et cause pour les cathares. Je ne l'avais pas demandé, mais c'était fait et je serais fidèle. Dans la mesure de mes moyens, j'aiderais les Foix à libérer Toulouse des croisés et, si j'en avais l'occasion, j'étranglerais Simon de Montfort avec ses propres tripes, en souvenir de Montbard et d'Ugolin. Par-dessus tout, je protégerais Pernelle de ma vie. Et si cela ṅuisait à la recherche de la Vérité, soit. J'assumerais mes choix. J'avais sans doute tort et Dieu me le ferait chèrement payer.

CHAPITRE 14

Piste

Le lendemain matin, par acquit de conscience, je repris mon bâton de pèlerin et, suivant les indications des passants interrogés, j'explorai quelques autres églises et chapelles dans la cité, sans plus de succès. Je réalisais que le sceau du *Cancellarius Maximus* pouvait se trouver n'importe où dans l'immense masse de pierre et de bois que représentait Toulouse. Malgré l'enjeu, je commençais même à douter de son existence.

Je retournais bredouille vers le châtelet, l'air sans doute un peu abattu, lorsqu'une voix m'interpella.

— Alors? Toulouse te plaît?

Je cherchai d'où elle provenait et aperçus l'ange qui m'était apparu durant le conseil de guerre. Les bras chargés de linges pliés, elle me regardait en souriant. Je sentis mes jambes ramollir et mon cœur accélérer. J'avais l'impression de la connaître depuis toujours, d'avoir retrouvé quelqu'un que j'avais cherché toute ma vie sans le savoir. Je restai bêtement là, soudain aphone.

— Tu erres dans les rues à la moindre occasion, expliqua-t-elle. Tu dois bien avoir fait le tour d'une bonne partie de la cité.

— Ah... Euh... oui, elle est...´grande.

— Grande? Je suppose que c'est un compliment, dit-elle en s'esclaffant d'un rire pur comme le cristal.

— Ne le prends pas mal, dis-je avec trop d'empressement. Toulouse est très belle. C'est seulement que je viens d'un petit village et que je n'avais encore jamais vu une telle cité.

Je me repris de mon mieux et m'inclinai galamment.

— Je suis…

— Gondemar de Rossal. Je sais.

Je la regardai, interloqué.

— Mon frère parle de toi avec enthousiasme et respect.

— Ton frère?

— Je suis Cécile de Foix.

— De… Foix? répétai-je stupidement.

— Roger Bernard est mon frère et, partant, Raymond Roger, mon père.

— Je suis enchanté, dame Cécile.

Je dus la dévisager stupidement, car elle se mit à rire, produisant un petit son enjôleur qui tenait presque autant de la musique que de la voix humaine. En regardant son visage encadré de longs cheveux blonds, je compris pourquoi je la trouvais si fascinante.

— Tu ressembles beaucoup à ta tante Esclarmonde.

— Je sais, on me l'a souvent dit. Cela aussi, je le prends comme un compliment.

Elle désigna de la tête le linge qu'elle tenait toujours.

— Je portais ceci à l'infirmerie. Accompagne-moi. Nous en profiterons pour faire plus ample connaissance.

Elle se mit en marche et je m'empressai de la rejoindre.

— Tu sais, un galant homme m'aurait offert depuis longtemps de porter mon fardeau pour moi, dit-elle avec un sourire espiègle qui me ravit.

— Oh! Bien sûr. Où avais-je la tête?

Embarrassé, je saisis la pile de linges et, dans mon empressement, j'en fis tomber quelques-uns sur le sol. Retenant le reste de mon mieux contre ma poitrine, je me penchai pour les ramasser et elle en fit autant. Nos têtes se frappèrent légèrement et je faillis tomber à la renverse. Je ne conservai mon équilibre qu'en me penchant vers l'avant et, pendant une seconde qui me parut une éternité, nos visages se trouvèrent si proches l'un de l'autre que je pus sentir son parfum et son souffle.

— On dit que tu es un redoutable guerrier, dit-elle sans chercher à reculer. J'espère pour toi que tu tiens ton épée plus fermement que les guenilles.

Elle rit de nouveau, de ce rire qui m'allait droit au cœur, et nous nous relevâmes. Je sentais mes joues qui brûlaient, ce qui la fit rire encore davantage. Il avait suffi de quelques mots, d'une odeur, d'un effleurement et j'étais envoûté.

Nous nous mîmes en route et j'essayai désespérément de trouver un moyen d'alimenter la conversation, mais ma tête était un gouffre sans fond.

— Tu es une Parfaite? finis-je par demander en désignant les linges.

— Moi? Pas du tout. Mais nous sommes en guerre et chacun doit faire sa part. La mienne est de laver les linges dont ils font des pansements. J'aide aussi parfois à prendre soin des malades.

— C'est très noble de ta part.

Nous marchions très lentement et elle ne semblait pas plus pressée que moi d'atteindre sa destination.

— Ton père et ton frère ne m'avaient pas mentionné ton existence.

— Cela ne m'étonne guère. Ils veillent sur moi comme le pape sur son or. Mon père me garde en réserve pour un mariage avantageux qui accroîtra le domaine familial. Il a l'œil sur le Comte Bernard de Comminges. Quant à mon frère, la prunelle de ses yeux ne lui est pas plus précieuse que ma vertu et je plains celui qui y attentera.

— Cela te déplaît?

Elle s'arrêta, posa ses beaux yeux bleus dans les miens et ses paupières papillotèrent adorablement.

— J'aime savoir qu'ils tiennent à moi, dit-elle en haussant les épaules, mais disons que je préférerais être libre de choisir celui que j'aimerai. Notre foi nous enseigne que la chair est un mal nécessaire et que le mariage est sans importance. Alors pourquoi diable lui en accorder autant? Mon bonheur vaut plus que quelques terres, il me semble. Et puis, les Parfaits nous enseignent qu'hommes et femmes sont égaux. Un jour, j'aimerais bien que l'un d'eux m'explique pourquoi, alors, un homme, fût-il mon père, peut avoir le droit de disposer de ma personne comme s'il s'agissait de sa propriété.

Je ne pus m'empêcher d'admirer son indépendance d'esprit, qui la rendait encore plus séduisante.

— Voilà des vues fort novatrices. Et si tu devais choisir? m'entendis-je demander, aussi surpris que si la question était venue de quelqu'un d'autre. Quel genre d'homme voudrais-tu?

Elle me posa une main sur le bras et le caressa doucement.

— La question demande réflexion, dit-elle en faisant une moue adorable. Hum… Disons que les vieux boucs auxquels me réserve mon père ne m'attirent guère. Je voudrais un homme jeune et courageux. Quelqu'un qui a fait ses preuves. Un homme droit sur lequel je pourrais compter.

— Cet animal ne court pas les rues…

— Alors, à plus forte raison, il faut saisir celui qu'on a la chance de croiser, non?

Nous restâmes un moment immobiles, en pleine rue, à nous dévisager en silence. Le temps semblait avoir interrompu son cours. Le plaisir que j'éprouvais à me perdre dans les yeux de Cécile de Foix était une sensation tout à fait inédite pour moi et je n'aurais rien demandé de mieux que de m'y abandonner pour l'éternité. Le souvenir de Pernelle, de Montbard et d'Ugolin avait disparu. L'urgence de retrouver la seconde part de la Vérité aussi. Il n'y avait plus qu'elle. J'avais l'impression de mettre un pied dans un univers où j'avais ma place, où l'avenir était possible. J'éprouvais une envie presque irrésistible de laisser tomber les maudits linges pour l'enlacer et l'embrasser avec fougue, puis de la saisir et de l'emporter loin de toute cette folie. Pire encore, l'étincelle qui dansait dans ses yeux m'indiquait qu'elle ne résisterait pas.

Puis l'instant de perfection cessa. Qu'avais-je à offrir à cette femme, moi, un damné? Même si je réussissais à protéger la Vérité, que serait ma vie par la suite? En aurais-je même une? Jusqu'à maintenant, tous ceux qui avaient eu le malheur de s'approcher de moi et de m'ouvrir leur cœur avaient souffert. Par la bouche de l'infortunée vieillarde, Métatron ne venait-il pas justement de me prévenir contre ceci ? *Ne te laisse pas détourner de ta voie par ceux que tu crois aimer !* avait-il dit. *Ne te laisse pas séduire par une existence que tu ne peux avoir ! Tu n'en as ni le temps, ni le droit !* Non, je n'avais pas droit à ce simple réconfort. Cette jeune femme que j'avais l'impression de connaître depuis toujours ne devait pas subir le sort de ceux qui avaient le malheur de partager ma destinée. Elle méritait mieux que cela. Je secouai la tête, comme on le fait pour se sortir de la rêverie.

— Bon, je n'ai pas que ça à faire, dis-je avec une brusquerie volontaire. Portons ces linges à l'infirmerie.

Je pus lire la déception traverser le joli visage de Cécile avant qu'elle ne se reprenne et force un sourire. Je me sentais un moins que rien, mais c'était mieux ainsi. Le reste du trajet se déroula dans un silence inconfortable.

———

Le soir venu, devant une assiette de pain et de fruits secs et un gobelet de vin coupé d'eau, je me joignis à un ultime conseil de guerre qui dura une partie de la nuit. Une fois encore, Cécile se présenta avec du vin et de l'eau, qu'elle posa sur la table. Elle m'adressa un sourire auquel je me retins de répondre avant de détourner les yeux. Je me fis violence pour ne pas la regarder partir.

Les deux Foix, Raynal, les meilleurs officiers de la cité et moi-même fîmes plusieurs autres conciliabules pour planifier nos sorties. Au fil des préparatifs, je conçus une grande admiration pour le vieux comte, qui se montrait un redoutable stratège, et une sympathie sincère pour son fils, qui n'avait qu'une année ou deux de moins que moi et dont le tempérament de feu s'apparentait au mien.

Notre sortie était prévue un peu avant l'aube et tous les préparatifs furent revus cent fois dans leurs plus petits détails.

Les discussions allaient bon train et les tactiques se peaufinaient lorsqu'un grand fracas retentit au fond de la salle.

— Écartez-vous, vous dis-je! gronda une voix. Que je sache, nous sommes encore à Toulouse et je suis chez moi partout, ici!

La lourde tapisserie de brocart qui séparait la salle du portique fut brusquement écartée et un homme fit son entrée, entouré d'une dizaine de soldats. Il devait approcher de la soixantaine et était de taille moyenne. Ses cheveux coupés au carré sur les épaules étaient droits et blancs comme neige. Son dos voûté, ses petits yeux fuyants et la façon dont il tenait sa tête un peu penchée vers l'avant lui donnaient l'air d'un épervier aux aguets. Instantanément, il m'inspira une antipathie viscérale. Je constatai vite que toute l'assemblée partageait mon sentiment.

Le nouveau venu franchit la distance qui le séparait de nous et se dirigea d'un pas ferme vers Roger Raymond, qui se leva pour l'accueillir avec un air distinctement contrarié qu'il masqua aussitôt. Je crus aussi lire sur son visage un certain dégoût.

— Comte Raymond, dit Foix avec révérence. Que me vaut l'honneur?

— Garde tes politesses pour toi, retors! explosa l'autre. J'entends dire que toi et ton fils préparez une sortie contre les croisés. Est-ce vrai?

— Ça l'est, répondit calmement Foix en regardant l'autre droit dans les yeux.

— Et personne n'a jugé bon de me consulter? s'écria l'homme. Il n'en est pas question! Tu m'entends? C'est une folie! Vous nous ferez tous tuer! Une délégation des consuls de la ville pour négocier une trêve serait beaucoup mieux avisée.

— Cela a déjà été tenté alors que Montfort était en route et ils sont revenus bredouilles, tu le sais aussi bien que moi.

— Alors envoyons-en une autre!

— Elle aura le même résultat. Les croisés nous assiègent et ils n'ont aucune raison de desserrer leur emprise alors que tout leur sourit.

Le nouveau venu dévisagea les officiers et ses yeux s'arrêtèrent sur moi.

— Qui es-tu ? s'enquit-il sans la moindre politesse. Je ne te connais pas.

Je me levai et m'inclinai poliment.

— Gondemar de Rossal, sire, je…

— L'apostat de Cabaret ? coupa-t-il dédaigneusement.

Il se retourna vers Roger Raymond sans m'accorder plus d'attention.

— Voilà que tu accueilles des chrétiens parmi tes hommes, maintenant ?

— Je préfère les chrétiens fidèles à notre cause aux cathares à la foi fragile, rétorqua sèchement Foix. Et que je sache, tu n'as jamais dédaigné passer dans leur camp quand c'était à ton avantage.

Outré, l'inconnu devint écarlate d'indignation. Il se redressa avec un mélange surfait de dignité et d'autorité.

— Comment oses-tu ?

— Je n'ai rien dit qui ne soit véridique et tu le sais fort bien.

— J'interdis cette sortie, tu m'entends ? hurla l'homme rouge de colère en agitant un index menaçant.

— J'en prends bonne note, sire Raymond. De ton côté, tu serais prudent de ne pas oublier que les troupes de Toulouse me sont dévouées.

Raymond Roger laissa s'écouler un significatif silence. La menace était implicite, mais palpable.

— Parce qu'elles savent de quel côté de la clôture je me tiens, compléta-t-il.

Tel un poisson, l'autre ouvrit et ferma la bouche, visiblement à la recherche d'une répartie qui ne lui venait pas.

— Tu me le paieras ! éructa-t-il.

Puis il tourna brusquement les talons, rejoignit ses hommes qui étaient restés à l'entrée et sortit en trombe, sa cape virevoltant derrière lui.

— Qui était cet énergumène ? m'enquis-je auprès de Roger Bernard, qui était assis à ma gauche.

— L'inénarrable Raymond VI, comte de Toulouse, de Saint-Gilles et de Rouergue, duc de Narbonne, marquis de Gothie et de Provence, fils de Constance de France et neveu de feu le roi Louis VII de France. Tu viens de le voir dans toute sa gloire, répondit-il avec un mépris qu'il ne cherchait pas à dissimuler.

Nous poursuivîmes nos discussions jusqu'à tard dans la soirée et nous nous quittâmes dans l'enthousiasme. Au lieu de me rendre à ma chambre, je choisis d'aller prendre l'air. Je m'assis sur les marches du châtelet, admirant le ciel étoilé. Quelques minutes plus tard, Roger Bernard apparut en tenant une cruche de vin et deux gobelets.

— Je croyais bien te trouver quelque part. Tu n'as pas sommeil, toi non plus ? demanda-t-il.

Je lui répondis par un hochement de tête silencieux et il s'assit près de moi.

— Je suis toujours anxieux avant la bataille, me confia-t-il.

— Mon maître d'armes m'a enseigné voilà longtemps que c'est la peur qui nous garde en vie.

— Alors il était bien sage. J'ai pensé que tu aimerais boire un coup. Tu es preneur ?

— Avec plaisir.

Il remplit les deux gobelets et m'en tendit un.

— À notre succès, dit-il.

Nous trinquâmes et restâmes un moment sans parler.

— Que signifiait cette scène entre ton père et le comte de Toulouse ? m'enquis-je enfin.

— Ce n'était pas la première et certes pas la dernière non plus, ricana le jeune Foix. Disons que, pour tout ce qui concerne la défense de Toulouse, ils ne voient pas les choses du même œil.

— Comment cela ?

— Le comte de Toulouse est un homme qui voit d'abord à ses propres intérêts.

— C'est ce que j'ai cru comprendre, dis-je en me rappelant ce que m'avait dit de lui Arnaud Amaury, voilà longtemps, et ce que m'avait raconté Eiquem de Castres plus récemment. Il semble balancer d'un camp à l'autre comme un roseau au vent.

— Plutôt comme une vieille putain flétrie qui brade son cul pour une misère au plus offrant, cracha Roger Bernard. Voilà huit ans, le pape a décidé qu'il en avait assez de ce qu'il appelle l'hérésie et il a dépêché trois légats dans les terres du Sud : Arnaud Amaury, que tu connais déjà, Pierre de Castelnau et Raoul de Fontfroide. Les trois se sont mis en tête de contraindre les nobles à prêter serment à l'Église, ce qui aurait engagé par le fait même tous leurs sujets. Le tout sous peine d'excommunication, natu-rellement, comme si la perspective d'être privé du salut promis par l'Église faisait frémir de terreur les bons chrétiens.

Il laissa échapper un rire sardonique, avala une gorgée de vin et reprit, les yeux dans le vague.

— Les rues de Toulouse sont devenues folles. Les chrétiens se sont mis à pourchasser les hérétiques et à les dénoncer. Une moitié de la ville s'est tournée contre l'autre. C'était invivable. Voyant cela, Raymond VI a accepté de prêter allégeance à l'Église. Il vendrait sa mère pour préserver ses terres. Puis, en girouette qu'il est, il a renié son engagement lorsqu'il a compris qu'on s'attendait, naturellement, à ce qu'il le respecte. Pierre de Castelnau, furieux, l'a excommunié avec fracas.

— Je vois. Que s'est-il passé ensuite ?

— Castelnau n'avait pas le triomphe modeste. Voilà trois ans, il est revenu en grande pompe dans Toulouse. Il a poussé l'audace jusqu'à célébrer une messe en public, sous les huées de la foule, à l'endroit précis où Guilhabert de Castres, le plus saint de tous les Parfaits, avait habitude de prêcher dans sa jeunesse. Pour les cathares, c'était une profanation. J'y étais et je le revois encore derrière son autel de fortune monté sur deux tréteaux, un sourire extatique éclairant son visage de faux jeton. L'animal… Il avait de beaux cheveux blonds et la face délicate d'un ange, mais dessous se cachait un démon. Depuis lors, chaque fois que je passe sur cette place, je ne peux m'empêcher de cracher sur l'endroit où il se tenait.

Je me raidis en entendant cela.

— Castelnau a été assassiné quelques jours plus tard. Il attendait une barge pour traverser le Rhône à Trinquetaille. Un écuyer du comte a surgi à cheval et lui a passé son épée au travers du corps. Personne ne l'a pleuré parmi les bonshommes. Évidemment, Raymond a prétendu tout ignorer de la chose. Le sale cafard a même fait exécuter son homme de main pour sauver la face. Mais Innocent n'attendait que ce prétexte pour lancer la croisade. Le reste appartient à l'histoire.

Il but à nouveau et fit une longue pause.

— Je me demanderai toujours si nous serions dans ce merdier si Castelnau n'était pas passé par Toulouse et si le comte s'était tenu debout comme un homme au lieu de louvoyer ainsi. Mais c'est sa nature. Même quand Folquet de Marseille a lancé ses maudits Frères blancs contre les cathares, il n'a pas levé le petit doigt.

— Tu ne portes pas ton suzerain dans ton cœur, si je comprends bien.

— Je n'ai aucun respect pour les hommes sans honneur. En ce moment même, il tente sans doute de sauver ses fesses en complotant une nouvelle profession de foi à l'Église. Si mon père n'avait pas pris charge de la défense, il aurait peut-être ouvert les portes de Toulouse pour laisser entrer les croisés. Sa petite scène de ce soir n'avait pour but que de gagner du temps. Il espère probablement que le siège durera assez longtemps pour lui permettre de négocier secrètement avec Montfort et s'en sortir sans trop perdre au change. Si nous nous mettons à harceler les croisés, il en sortira perdant et il le sait.

Je vidai mon gobelet d'un trait, me levai et le tirai par le bras pour le remettre sur pied.

— Tu pourrais me montrer l'endroit où Castelnau a dit cette messe.

— Maintenant ? En pleine nuit ?

— Tu as quelque chose de mieux à faire ?

Une quinzaine de minutes plus tard, nous nous trouvions devant la structure inachevée de l'église Saint-Sernin. Dans la nuit, elle avait un air lugubre qu'accentuait la lumière blanche et froide de la pleine lune. J'avais l'impression qu'à tout moment des spectres se mettraient à circuler entre les colonnes en gémissant leur éternel tourment.

— Où se tenait Castelnau? m'enquis-je auprès de Roger Bernard en tentant de masquer mon anxiété.

Sans hésiter, le jeune comte fit quelques pas sur sa gauche, s'arrêta, se racla la gorge et cracha sur les dalles de pierre.

— Ici, grogna-t-il.

Lorsque je baissai les yeux, je fus pris d'une violente envie de me frapper le front pour me punir de ma propre bêtise. La place de l'église était pavée, mais dans mon empressement, je n'en avais eu que pour l'édifice inachevé, tenant pour acquis que les instructions faisaient référence à la place du prêtre dans un lieu chrétien. Mine de rien, j'examinai l'endroit. La lumière de la lune était tout juste suffisante pour me révéler, gravé dans la pierre, mais usé par les innombrables pas, le sceau du *Cancellarius Maximus*.

Je me fis violence pour contrôler ma fébrilité et prétendis regarder les environs.

— Il était vraiment d'une belle arrogance, dis-je, feignant d'être impressionné. Ton père devait fulminer.

— Oh, tu n'as pas idée.

Je jouai la comédie et m'étirai.

— Bon, allons dormir un peu. Dans quelques heures, nous devrons nous battre et j'ai bien l'intention d'en sortir vivant.

Nous retournâmes vers le châtelet, le jeune comte fort perplexe devant mon inconstance. Nous entrâmes et nous souhaitâmes bonne nuit avant de nous diriger chacun vers notre chambre. Dans la mienne, on avait eu la délicatesse de placer sur une petite table quelques feuilles de parchemin, un encrier, une plume et une chandelle. Je m'assis et, d'une main tremblante, griffonnai à la hâte un message.

Au Cancellarius Maximus, *salut*

À l'encontre des instructions reçues lors de son installation, le successeur de Ravier de Payns, retourné à la Lumière depuis peu, sollicite un entretien urgent. La croisade tourne mal et les deux parties de la Vérité doivent être rassemblées.

Gondemar de Rossal, Magister, Ordo IX.

Toulouse, le dix-septième jour de juin de l'An du martyre de Jésus 1211.

Je soufflai sur l'encre pour l'assécher et relus mon message. C'était le mieux que je pouvais faire et le plus que je pouvais dire. S'il s'agissait d'un piège, mon message ne révélait rien de substantiel. Mais si le *Cancellarius* était celui que l'on prétendait, il décoderait aisément mon propos et, avec un peu de chance, cela suffirait à l'appâter. Je pliai le parchemin, le fourrai dans ma chemise et sortis. Quelques minutes plus tard, je me hâtais vers la place de l'église Saint-Sernin. Je retrouvai l'endroit et, après m'être assuré que personne ne m'observait, je m'agenouillai devant la dalle ornée du sceau.

Je secouai la tête, fasciné. Dans cette histoire, rien n'était tout à fait ce qu'il paraissait. Tout avait un double, voire un triple sens. Quelque part après le retour de la Vérité dans la terre natale du Sud, en l'An du martyre de Jésus 1187, quelqu'un avait profité de la construction de l'église Saint-Sernin pour aménager cet accès au supérieur inconnu des Neuf. La cache se trouvait exactement là où l'ennemi avait profané la foi cathare. Était-ce un hasard ? Je ne le croyais pas. Pierre de Castelnau avait été légat du pape dans le Sud et, comme son confrère Amaury, il avait certainement été mis au fait de ce que l'Église recherchait vraiment en terre cathare. S'il avait choisi cet endroit précis pour célébrer sa messe, c'était qu'il avait conscience de la présence du sceau et qu'il en connaissait le sens. En commettant un sacrilège, il avait voulu narguer le *Cancellarius Maximus*. Le provoquer, peut-être, pour le pousser à faire une erreur qui mettrait le pape sur la piste de la Vérité.

Clairement, les hommes du pape en savaient plus que je ne l'avais cru, et ce, depuis fort longtemps. Peut-être alors des agents guettaient cette cache en espérant qu'un jour quelqu'un l'utiliserait. Peut-être avaient-ils vu Véran y déposer le message de Ravier. Peut-être même étaient-ils ceux qui y avaient répondu afin d'induire en erreur l'Ordre des Neuf et de provoquer la mort de son *Magister*. Je n'avais aucun moyen de départager le vrai et le faux.

Indécis, je me mordillai les lèvres. Si j'agissais, je risquais de m'exposer au pire. Si je ne faisais rien, la piste de la Vérité se refermerait et je n'en trouverais peut-être jamais une autre. Mais au fond, je n'avais aucun choix. J'existais pour une chose, et une chose seulement : protéger cette maudite Vérité. M'assurant une dernière fois que personne ne m'observait, j'insérai ma dague entre les dalles et l'utilisai pour soulever celle qui portait le sceau. Je déposai mon message puis remis soigneusement la dalle en place. Lorsque ce fut fait, tel un fantôme, je me glissai dans la nuit. Dans quelques heures, j'allais risquer ma vie pour une cause que Métatron m'avait formellement interdit d'appuyer. Si je n'en revenais pas, ce mot resterait lettre morte pendant que je pourrirais en enfer.

—————

Angoissé, je retournai à ma chambre. J'étais si perdu dans mes pensées qu'en entrant j'eus le temps de me déshabiller avant de réaliser qu'une forme gonflait mes couvertures. J'empoignai la dague que je venais de déposer sur la table et bondis sans prévenir. J'atterris sur l'inconnu et, d'une main, je trouvai sa gorge et la serrai pendant que je lui plaçais la pointe de mon arme sous le menton.

— Qui es-tu? Que fais-tu ici?

— Je t'attendais, fit une petite voix.

Stupéfait, je relâchai prise. Une tête blonde émergea des couvertures. Dans la lumière de la lune qui entrait par la fenêtre, les grands yeux bleus dans lesquels je m'étais perdu étaient écarquillés. Les lèvres que j'avais brûlé d'embrasser tremblaient et le visage angélique était pâle de terreur.

— Cécile? fis-je, stupéfait.

Retrouvant ses moyens, elle écarta prudemment ma dague du bout des doigts.

— Au matin, tu vas partir combattre, dit-elle tristement.

— Et alors?

— Tu pourrais ne pas revenir.

Elle écarta la couverture, me révélant son corps nu. Ses seins aux pointes durcies étaient plus gros que je ne l'avais imaginé et se drapaient magnifiquement. Son ventre était une séduisante petite rondeur agitée par sa respiration un peu haletante. Entre ses cuisses se trouvait une discrète toison blonde de laquelle émanaient des effluves qui me faisaient déjà tourner la tête. Mon membre qui enflait me rappela que j'étais nu, moi aussi.

— Si je dois te perdre, je veux d'abord que tu sois à moi, continua-t-elle en me passant ses bras autour du cou pour m'attirer vers elle.

— Mais... ton frère? Ton père? Le mariage?

— Je n'appartiens qu'à moi, dit-elle avec ce sourire coquin qui me faisait fondre.

J'aurais voulu résister, lui dire que cela était impossible, que je ne ferais que passer, que j'étais damné, que je n'avais pas le droit d'aimer et d'être aimé, que le seul fait de s'approcher de moi lui faisait courir des risques terribles. Mais j'en fus incapable. Malgré moi, je m'abandonnai à l'étreinte, ma chair étant faible et mon cœur encore davantage.

Je fondis sur elle et couvris sa bouche des baisers dont j'avais rêvé. D'abord doux et hésitants, ils devinrent vite passionnés et furieux, se mêlant de morsures. Cécile était si menue que je pouvais presque enserrer sa taille avec mes deux mains. Autour de nous, le monde cessa d'exister et tout ne fut plus que volupté. Quelque chose d'autre aussi se manifestait. Un sentiment profond de communion entre deux âmes qui, tout à la fois, me révéla un bonheur insoupçonné et me glaça le sang de terreur.

Lorsque je pénétrai enfin en elle, ce fut comme jamais auparavant. La sensation de plénitude qui m'enveloppa était totale et le temps s'arrêta. Contrairement aux autres fois, j'avais l'impression de transcender sa chair pour atteindre son âme et lui livrer la mienne. Je ne faisais qu'un avec elle, et elle avec moi. Appuyé sur mes coudes, ses jambes croisées dans mon dos, je la regardais en souriant, au rythme de mes coups de reins qui s'accéléraient.

— À qui es-tu? demanda-t-elle, empoignant mes cheveux à deux mains, juste avant d'être emportée par le plaisir, en rivant ses yeux dans les miens.

J'interrompis mes mouvements et m'enfonçai encore un peu plus en elle.

— À toi, répondis-je malgré moi, d'une voix rauque.

— Pour toujours? insista-t-elle en tenant ma tête à deux mains tout en pivotant son bassin pour enserrer mon membre.

Heureusement, mon corps choisit ce moment pour me trahir et ma seule réponse fut un long râlement. Le plaisir qui s'empara de moi fut d'une violence telle que je restai longtemps haletant, allongé sur Cécile, la caresse de sa main dans mes cheveux étant mon seul contact avec la réalité.

CHAPITRE 15

Désespoir

Depuis ma résurrection, rares avaient été les nuits sereines. Ma conscience s'alourdissait chaque jour un peu plus et son poids m'interdisait un répit. Les justes, eux, pouvaient toujours espérer le repos éternel. Ma mort ne serait peut-être que tourment. Mais les quelques heures que je dormis, cette nuit-là, furent les plus belles de ma vie. Chaque fois que je m'éveillais, je trouvais Cécile blottie dans mes bras, son nez enfoui dans ma nuque.

La réalité n'avait pas disparu pour autant. Bien avant l'aube, j'étais éveillé et fébrile. J'allumai la chandelle pour y voir clair et j'allais me lever lorsque je remarquai le visage renfrogné de Cécile. Elle regardait fixement la marque sur mon épaule gauche, laissée là par Métatron.

— Comment as-tu eu ça? s'enquit-elle en en suivant le contour du bout des doigts.

— Un brigand, jadis, s'est amusé à me marquer, mentis-je.

— C'est la croix cathare.

— Je sais. Je l'ai vue souvent depuis que je suis dans le Sud.

Je sentais qu'elle allait ajouter quelque chose, mais elle se ravisa. Je me levai pour m'habiller.

— Promets-moi que tu reviendras, supplia-t-elle, anxieuse, alors que j'ajustais mon ceinturon.

— Un homme prudent ne fait jamais de telles promesses avant le combat, répondis-je. Et même si je reviens, crois-moi, tu seras mieux sans moi.

— C'est à moi d'en juger, rétorqua-t-elle avec fermeté.

J'allais sortir lorsqu'elle m'arrêta.

— Gondemar ?

Je me retournai.

— Je t'aime, dit-elle simplement.

— Au revoir, Cécile, marmonnai-je avant de sortir.

Le cœur gros, je rejoignis les troupes. Comme prévu, une fois le fossé comblé, les croisés s'étaient attaqués à la muraille. Cachés sous les chattes, des maçons avaient travaillé comme des forcenés à affaiblir la pierre et le mortier à la chaleur de la flamme pour ensuite les briser et créer des accès. Les Toulousains avaient résisté avec enthousiasme, versant de l'huile bouillante en abondance sur les assaillants et bouchant les ouvertures avec des pierres et du bois aussi vite qu'elles étaient pratiquées. Après deux journées d'efforts, les hommes de Montfort n'étaient pas plus avancés.

En me voyant arriver, Roger Bernard me prit en charge et m'entraîna vers l'armurerie où je choisis une cotte de mailles, des gants de cuir épais qui me protégeaient les avant-bras, un heaume à nasal et un écu long aux couleurs des Foix : trois lignes rouges verticales sur fond jaune. Ainsi équipé, je rejoignis le comte Raymond Roger sur la muraille au moment où il chiffonnait rageusement un parchemin.

— De quoi s'agit-il ? m'enquis-je.

— Une ultime directive du comte Raymond m'intimant de ne rien tenter contre les croisés. Ce pleutre ne veut pas indisposer l'Église avec laquelle il tente sans doute encore de se réconcilier.

— Et ?

Il jeta le parchemin chiffonné au sol.

— S'il choisit de baisser ses braies pour se faire enculer par le pape, grand bien lui fasse. Innocent ne dédaigne pas la chose, raconte-t-on. Quant à moi, le jour n'est pas encore venu où je regarderai Toulouse être prise sans me défendre.

Étonné de constater qu'il n'était pas en armes, je l'interrogeai du regard.

— Mon fils insiste pour conduire lui-même la sortie, expliqua-t-il avec une moue contrariée. Il prétend que je suis plus utile ici, derrière la muraille, mais m'est avis qu'il me trouve trop vieux.

— Votre fils est sage et vous aime assez pour souhaiter que vous restiez en vie, sire. Sans chef, Toulouse est perdue.

— Il a sans doute raison. Je me fais vieux pour le combat alors que lui est né pour cela. Tu constateras vite que, malgré son jeune âge, Roger Bernard sait fort bien prendre soin de sa personne, ricana-t-il.

Sur l'entrefaite, le jeune comte fit son apparition.

— Tout est en place, père, déclara-t-il.

— Bien. Alors que Dieu vous protège.

Roger Bernard serra son père dans ses bras, l'embrassa sur les deux joues et se détourna sans autre forme de cérémonie. D'un pas déterminé, il descendit de la muraille et s'en alla rejoindre les deux cents cavaliers toulousains qui formaient notre petite unité de choc. Ils attendaient en piaffant d'impatience sur leurs montures, derrière la porte qui s'ouvrirait bientôt pour les vomir sur les croisés. Je le suivis et trouvai Sauvage qu'il avait fait amener pour moi. Je le montai et tirai Memento.

— Tout le monde est en place ? m'enquis-je auprès du jeune comte.

— Tous connaissent leur devoir et celui qui y dérogera devra en répondre devant moi. Tu es prêt à manger du croisé ? me demanda-t-il avec un sourire féroce et un éclair d'expectative dans les yeux.

— Plus j'en tuerai, mieux ce sera, avouai-je avec franchise. Et si je peux revenir avec la tête de Montfort au bout d'une pique, je serai comblé.

— Pour cela, tu devras d'abord me l'arracher.

À son signal, ceux qu'il avait chargés du pont-levis se mirent à tourner les immenses manivelles de bois et la porte descendit lentement dans un assourdissant vacarme de chaînes et d'engrenages.

— Pour Foix et Toulouse! hurla Roger Bernard.

— Pour Foix et Toulouse! répondirent en chœur les hommes.

Les forces de Toulouse foncèrent dans la nuit. En m'élançant à mon tour, j'aperçus Cécile, toute petite, blottie contre le mur. Elle ne regardait que moi.

———

Nous franchîmes à la hâte la distance qui nous séparait du camp des croisés. Ironiquement, les fossés que nos ennemis avaient comblés au prix de tant d'efforts nous dispensèrent de nous entasser à la file sur le pont.

La surprise fut totale. Avant que les gardes ne comprennent d'où provenait le grondement qui faisait trembler la terre et qu'ils ne sonnent l'alarme, nos forces s'abattaient sur les lignes ennemies comme la colère divine sur Sodome. À la tête des troupes, Roger Bernard et moi fûmes les premiers à fondre sur les soldats pris de court. Hurlant comme une bête, brandissant à deux mains son épée, il assénait de lourds coups à ses opposants, fendant les heaumes comme des melons, faisant voler les écus passés à la hâte, brisant les épées comme s'il se fût agi de simples branches sèches, décollant les membres, ouvrant les chairs. Son père avait raison : il était un redoutable soldat. Et, même si je n'avais pas vu la lueur qui illuminait son regard, j'en connaissais la raison : il prenait plaisir à tuer. La luxure était en lui.

Pour ma part, je me sentais comme un poisson dans l'eau. Sauvage semblait partager mon enthousiasme et, habitué à la bataille, obéissait à la moindre pression de mes cuisses pour changer de direction ou foncer droit devant. Par moments, j'avais l'impression qu'il hennissait de plaisir. Une fois encore, Memento sembla s'animer d'une volonté propre, fendant agilement l'air pour trancher tout ce qui se trouvait à sa portée. Les têtes et les bras se détachèrent, les ventres se percèrent et laissèrent échapper des monceaux de tripes grisâtres, les gorges s'ouvrirent et pissèrent des flots de sang. Malgré moi, tout en combattant, je cherchais

Montbard et Ugolin, même si je savais bien que je ne les verrais pas. J'aperçus Raynal qui se battait avec la furie propre aux Templiers. Il avait créé à lui seul une brèche dans nos adversaires et je réalisai que, dans sa fougue, il risquait de s'y enfoncer profondément, au risque de s'y retrouver emprisonné et de se faire massacrer.

— Raynal ! hurlai-je pour me faire entendre malgré le vacarme de la bataille. Reste avec les autres !

Le templier para l'attaque d'un croisé et le désarma d'un coup d'écu avant de le transpercer de part en part. L'épée ruisselante de sang, il se retourna dans ma direction et m'adressa un regard contrarié. Il hésitait.

— Par l'abacus, obéis aux ordres ! lançai-je.

Le rappel de mon statut de *Magister* de l'Ordre des Neuf eut raison de son insubordination. Il éperonna sa monture et revint à mes côtés, d'où il ne s'éloigna plus.

La stratégie que nous avions patiemment développée reposait sur la discipline d'une troupe réduite et rapide, et sur l'effet de surprise. Elle fonctionna à merveille. Au lieu d'enfoncer les lignes ennemies et de courir le risque de les voir se refermer derrière nous et nous emprisonner, nous ne fîmes qu'effleurer les premiers rangs de nos adversaires, nous contentant d'abattre ceux qui avaient le malheur de s'y trouver. Puis nous bifurquâmes sur la droite et nous repliâmes vers une autre porte de la muraille, plus à l'ouest, laissant derrière nous un front ennemi décimé. Comme convenu, le pont-levis fut abaissé à notre arrivée et nos forces s'y engouffrèrent au galop, se réfugiant derrière la muraille sous le regard des croisés hébétés par notre attaque éclair.

En une trentaine de minutes, nous avions massacré quelques centaines d'hommes et nos pertes étaient aussi minimes que nos cris de victoire étaient sonores. Aussitôt, des outres de vin furent distribuées par les femmes, et les hommes grisés par leur victoire s'y attaquèrent avec engouement. Bientôt, les remparts furent noirs de Toulousains qui, dans les premières lumières de l'aube, narguaient les hommes de Montfort à grands cris d'insultes toutes plus créatives les unes que les autres, dont plusieurs faisaient allusion aux habitudes intimes de leurs mères, de leurs sœurs et de leurs filles.

Les deux Foix et moi nous contentâmes de célébrer avec modération. Du haut des murs, nous observions le camp adverse qui semblait se demander quelle tempête lui était passée sur le corps. Nous n'avions pas escompté raser les forces ennemies, mais bien les affaiblir et instiller le doute dans leur tête. En ce sens, notre initiative produisit l'effet désiré. Sous les premiers rayons du soleil, les croisés couraient dans tous les sens, désorientés. Au loin, au milieu de la pagaille, il me sembla apercevoir un géant barbu à la chevelure de corbeau qui hurlait des ordres en agitant le poing. Malgré moi, je souris de voir le grand Simon de Montfort, terreur du Sud, aussi désorganisé qu'un berger essayant de rattraper ses brebis effrayées par le loup. Un jour, si j'en avais la chance, je serais ce loup qui lui planterait ses crocs dans la gorge.

Raymond Roger jeta un coup d'œil presque attendri sur la place, en bas, où les hommes fêtaient joyeusement leur victoire en se congratulant mutuellement et en se saoulant gaiement.

— Qu'ils se réjouissent pendant qu'ils le peuvent, dit-il avec le ton d'un père tolérant. La prochaine sortie sera beaucoup plus coûteuse.

———

Pendant les deux semaines qui suivirent, nous multipliâmes les sorties, toutes couronnées de succès. Pour accroître nos chances et minimiser nos pertes, nous renouvelâmes constamment nos stratégies. Nous sortîmes par-derrière et contournâmes notre adversaire pour le prendre à revers. Nous fonçâmes sur lui à fond de train pour nous arrêter brusquement et lancer des flèches enflammées sur les tentes. Nous envoyâmes quelques braves arbalestiers se tapir dans des buissons et abattre leurs chevaux. Nous fîmes construire quelques pierriers de fortune qui s'avérèrent fort efficaces et frappèrent plus d'un adversaire à distance. À la suggestion de Pernelle, qui comprenait un peu les mystères de la contagion et qui, pour la circonstance, jugea acceptable d'aller à l'encontre des valeurs d'une Parfaite, nous allâmes même jusqu'à découper les cadavres de quelques contagieux morts la veille pour les projeter dans leur camp en espérant que les croisées attraperaient la mort. Il devenait clair que Montfort s'essoufflait et qu'il ne pouvait plus tenir le siège. Ses forces se réduisaient de jour en jour et le moral de celles-ci s'effilochait.

À chacun de mes retours du combat, je trouvais Cécile dans ma chambre, pleurant de joie et d'angoisse de me revoir vivant. Elle me serrait si fort dans ses petits bras que je finissais par m'esclaffer et lui demander de ne pas me briser les côtes. Jamais on ne m'avait aimé ainsi et j'en étais toujours étonné. Je ne m'en sentais pas digne, mais j'en savourais chaque seconde. Chaque fois, notre amour était plus fiévreux qu'avant, s'étirant pendant des heures. Indifférent à mes courbatures et à mes petites blessures, je m'y abandonnais avec une félicité sans cesse renouvelée, incapable de rompre le lien qui s'était tissé entre nous dès notre premier regard, et qui devenait plus fort à chacune de nos rencontres. Cécile me fit découvrir des plaisirs insoupçonnés. Nos nuits n'étaient que d'interminables séances d'exploration du corps, du cœur et de l'âme et nos conversations se prolongeaient jusqu'aux lumières de l'aube. Chaque fois, elle me taquinait en affirmant qu'une petite seigneurie comme Rossal ferait parfaitement son affaire, n'en déplaise à son père. Comment pouvais-je lui dire que je l'avais détruite de mes propres mains, que j'avais brûlé sa population et que j'y avais perdu mon âme?

Malgré l'avertissement de Métatron, j'en vins naïvement à croire que l'avenir était possible.

Notre dernière sortie fut la plus violente et la plus coûteuse. Nous avions décidé d'appâter les croisés, de plus en plus méfiants, en feignant la déroute et la retraite, pariant qu'ils nous poursuivraient. Une fois près de la muraille, nous devions disparaître dans Toulouse au plus vite, abandonnant l'adversaire à portée de l'huile bouillante que femmes, enfants et vieillards étaient chargés de verser sur eux. Mal nous en prit.

Pour la première fois, nos hommes, enhardis par le succès, oublièrent leur discipline et se laissèrent emporter par un excès d'enthousiasme. Au lieu de faire retraite par le pont-levis comme convenu, la plupart continuèrent à combattre. Pour les attendre, nous fûmes forcés de laisser la porte ouverte et les croisés tentèrent de s'engouffrer dans Toulouse. Voyant cela, Roger Bernard n'eut d'autre choix que d'ordonner la fermeture du pont-levis, abandonnant une centaine de ses hommes à l'extérieur. Convaincus que les nôtres étaient en sécurité, nos verseurs remplirent leur office, ébouillantant indistinctement nos ennemis et nos hommes. Sur le chemin de ronde, les deux comtes et moi-même eûmes beau crier de cesser, rien n'y fit. Le gâchis était complet.

Comprenant le piège dans lequel ils étaient tombés, les croisés s'enfuirent en abandonnant leurs blessés.

— Nous devons leur porter secours! fit une voix derrière nous.

Je levai les yeux au ciel en la reconnaissant. Pernelle. Je me retournai et la vis dans cette attitude que je lui connaissais trop bien. Elle avait remis sa robe et son foulard noirs qui lui donnaient cet air sévère que je détestais lui voir. Les bras croisés sur la poitrine, le visage crispé par la détermination, elle se tenait devant un groupe de Parfaits dont elle avait manifestement pris la tête.

— C'est impossible. Les croisés reviendraient aussitôt, répliqua le vieux comte.

— Nous ferons vite.

Raymond Roger soupesa la chose, déchiré entre les gémisse-ments de douleur de ses hommes et la nécessité de préserver ceux qui lui restaient.

— Ces hommes ont combattu pour vous. Maintenant, ils souffrent le martyre, insista mon amie de ce ton péremptoire qui interdisait toute réplique. Vous n'avez pas le droit de les laisser mourir sous nos murs ! Dieu vous jugera, Raymond Roger de Foix ! Et votre sœur aussi, croyez-m'en !

— Pernelle, plaidai-je, mêle-toi de ce qui…

— Suffit ! Chaque seconde perdue augmente leur douleur.

— Bien, trancha Raymond Roger. Gondemar, organise les hommes pour qu'ils assurent la protection des Parfaits.

Un escadron fut constitué à la hâte avec ceux qui avaient réussi à rentrer et nous fîmes une sortie d'urgence, les soldats se disposant en demi-cercle sur plusieurs rangs autour des Parfaits qui, sous la direction de Pernelle, triaient ceux qui pouvaient être déplacés immédiatement par des brancardiers et ceux qui devaient être traités sur place si l'on espérait leur sauver la vie. Pendant une quinzaine de minutes, tout se passa bien, mais comme je m'y attendais, les croisés finirent par réaliser que nous étions vulnérables. Ils se regroupèrent prestement et foncèrent dans notre direction.

— Ils arrivent, criai-je. Repliez-vous ! Ramassez tous ceux que vous pouvez emporter ! Les autres restent là ! Par le cul du diable, dépêchez-vous !

Les croisés fondirent sur nous avant que tous aient pu rentrer et nous dûmes reculer de façon désordonnée en résistant de notre mieux. L'escarmouche fut brève, mais coûteuse. La plupart d'entre nous parvînmes à nous réfugier dans la cité, mais nous perdîmes plusieurs hommes valides au profit de blessés dont plusieurs ne passeraient sans doute pas la nuit.

Lorsque la porte fut à nouveau refermée, je cherchai Pernelle du regard pour lui faire connaître ma façon de penser, mais je ne la trouvai pas. Frappé par un terrible pressentiment, je bousculai indistinctement soldats et Parfaits, à la recherche de mon amie. En vain. Je saisis Roger Bernard, qui passait par là.

— As-tu vu dame Pernelle?

— Non. Elle doit s'occuper des blessés.

La panique me gagnant, je plantai là le jeune comte et me précipitai au sommet de la muraille pour avoir un meilleur point de vue sur la place. J'eus beau chercher et chercher encore, je ne la vis nulle part. Pourtant, une petite boiteuse en robe noire n'était pas difficile à localiser, même dans une foule compacte. Désespéré, je fouillai du regard l'extérieur de la muraille, sans plus de succès. Le long des fortifications, il n'y avait que des agonisants et des morts.

— Pernelle! hurlai-je, les mains en porte-voix en tournant sur moi-même comme un dément. Pernelle!

Mon amie semblait s'être volatilisée.

———

Je quittai le chemin de ronde en bousculant ceux qui se trouvaient sur mon passage et descendis quatre à quatre les marches de l'escalier qui menait à la place. Là, j'entrai presque en collision avec Roger Bernard et son père.

— Tu l'as trouvée? s'enquit le jeune comte, l'air sincèrement troublé.

— Non.

— Elle a dû partir vers une des infirmeries sans que tu la voies. Viens. Allons la trouver.

— Je vais la faire chercher de mon côté, ajouta Raymond Roger.

Le jeune comte m'entraîna vers le pourtour de la place, là où les infirmeries de fortune étaient aménagées dans des maisons. J'éprouvais une profonde reconnaissance envers ce jeune homme solide, qui sentait mon trouble et prenait les choses en main. Il ne me connaissait que depuis quelques semaines et, pourtant, il me témoignait déjà une grande compassion dont je me sentais indigne.

Nous entrâmes dans une maison sur la droite et tombâmes en pleine apocalypse. Des hommes atrocement brûlés gisaient sur des grabats, les chairs boursouflées et couvertes de cloques desquelles s'échappait un liquide clair. Certains n'avaient plus de cheveux, d'yeux ou même de visage. D'autres avaient un membre si enflé que je ne pouvais imaginer qu'il puisse échapper à l'amputation. D'autres encore avaient la chair du dos ou du ventre à vif, des lambeaux de peau s'en détachant. De partout montaient des râles, des gémissements et des cris déchirants.

Des Parfaits s'affairaient autour des blessés et faisaient tout en leur pouvoir pour soulager leur souffrance en versant de l'eau fraîche sur leurs plaies puis en y appliquant des onguents. Parmi eux, j'aperçus Cécile, les cheveux en broussaille et le visage en sueur, qui allait d'un lit à l'autre pour ramasser les chiffons souillés et les remplacer par des propres. Lorsqu'elle me vit, son visage s'éclaira de soulagement, mais elle se contrôla aussitôt devant son frère. Elle s'approcha de nous.

— Je cherche dame Pernelle, expliquai-je. Elle a disparu.

— Ton amie? Je ne l'ai vue nulle part, mais je garderai l'œil ouvert. Tu vas bien?

— Je suis en un seul morceau.

— Bien, dit-elle avec une distance étudiée.

Elle retourna vaquer à ses occupations. Près de l'entrée, un Parfait coupait des lanières de peau brûlée sur le torse d'un homme qui hurlait de douleur et qui finit par s'évanouir. Je m'approchai et lui demandai s'il avait vu Pernelle.

— Elle fait sans doute comme moi et essaie de sauver les vies que vous autres, soldats, gaspillez avec tant d'insouciance, rétorqua-t-il brusquement sans se retourner.

L'homme tâta le pouls du blessé et se retourna vers le fond de la salle.

— Un *consolamentum* ici dès que possible! cria-t-il à l'intention de quelques autres Parfaits dont l'octroi du sacrement des cathares semblait être le rôle dans ce mouroir.

Roger Bernard et moi sortîmes et recommençâmes le même manège dans une dizaine de salles de soin, sans plus de succès. J'étais au comble du désespoir.

— Cette petite est importante pour toi, non? remarqua-t-il avec tact.

— Plus que tu ne pourras jamais l'imaginer, lui confiai-je. Nous venons du même village, dans le Nord. Je la connais depuis ma tendre enfance. Elle… elle est ma seule amie.

— Deux convertis sortis de Rossal, remarqua le jeune comte. Ma foi, nous devrions y envoyer une mission.

— Il est trop tard pour cela, murmurai-je sombrement.

— Il reste encore une infirmerie, m'informa Roger Bernard. Viens. Elle doit y être.

Quand nous entrâmes, une Parfaite se dirigea vers nous et, d'un regard critique, nous détailla de la tête aux pieds.

— Aucun d'entre vous n'est assez gravement blessé pour être ici, déclara-t-elle avec autorité. Attendez dehors. Nous nous occuperons de vous quand nous aurons le temps.

— Nous cherchons dame Pernelle, la détrompai-je.

— Dame Pernelle? La dernière fois que je l'ai vue, elle était devant la muraille. Le grand blond à l'air féroce qui est arrivé avec toi était près d'elle. Puis les croisés nous sont tombés dessus et tout est devenu fou. Nous sommes rentrés à la hâte en emportant tous ces malheureux. Je n'en sais pas plus.

— Merci, dis-je, la gorge serrée.

Nous retournâmes sur la place, à la recherche de Raynal. Je passai une bonne heure à interroger les hommes, à arpenter les remparts, la place, les rues environnantes. Je refis même le tour des infirmeries, au cas où il aurait été blessé. Mais de partout, je revins bredouille. Raynal avait disparu, lui aussi.

Montbard, Ugolin, et maintenant, Raynal et Pernelle. Je me laissai lourdement choir sur le sol, m'adossai à la muraille et enfouis mon visage dans mes mains encore couvertes du sang des croisés que j'avais occis. Roger Bernard s'assit près de moi, mais il ne dit rien. Malgré son jeune âge, il comprenait que les mots sont parfois superflus. Après quelques minutes, son père s'approcha de nous.

— J'ai envoyé des hommes ramasser nos morts, dit-il.

— Et? m'enquis-je, anxieux.

— Ton amie n'était pas parmi eux. J'ai vérifié moi-même.

Je trouvai un espoir dans le fait que le cadavre de Pernelle n'avait pas été retrouvé.

— Et Raynal? Il y était?

— Non plus.

— Merci, sire.

Foix hocha la tête et s'éloigna. Il avait fort à faire pour reprendre en main ses forces après l'échec qu'elles venaient de subir.

— S'il y a la moindre chance qu'elle soit encore en vie, alors elle est gardée captive. Je dois la délivrer, dis-je d'une voix éteinte, mais décidée.

— C'est impossible, répondit Roger Bernard. Tu le sais aussi bien que moi. Tu seras coupé en rondelles dès que tu t'approcheras du camp des croisés. Et puis, tu n'as aucune preuve qu'elle est là. Pour autant que nous le sachions, son corps a peut-être été traîné quelque part, tout simplement.

— Je lui dois la vie.

— Et j'ai la conviction qu'elle te reprocherait de la gaspiller pour elle.

— Ça oui, dis-je avec un rire sardonique. Mais elle n'est pas ici pour me chauffer les oreilles.

Je me levai, ma torpeur disparaissant aussi vite qu'elle était venue.

— Tu n'aurais pas une vieille bure de moine qui traîne quelque part?

Roger Bernard sembla étonné par ma requête. Il se mit debout à son tour.

— Qu'as-tu en tête?

— Il me vient une soudaine envie de chanter des cantiques.

Je le quittai après lui avoir fait la liste de ce dont j'avais besoin. Il est des moments dans la vie où l'on doit faire fi de toute prudence et simplement agir en espérant que les choses tournent bien, mais aussi en acceptant la mort s'il le faut. J'étais face à un de ces moments. S'il existait la moindre chance que Pernelle soit encore en vie, je devais tout risquer. Même le salut de mon âme. Mais avant de me jeter dans la gueule du loup, j'avais une vérification à faire.

———

Je courus vers le parvis de l'église Saint-Sernin. Même avant de tenter l'impossible, je devais au moins voir si le *Cancellarius Maximus* m'avait répondu. J'avais déposé mon message voilà deux semaines. Toulouse était assiégée et personne ne pouvait y entrer ni en sortir. Dans ces circonstances, j'étais à peu près convaincu qu'aucune communication ne me parviendrait. Mais si tel était le cas, je devrais choisir entre Pernelle et la Vérité. Sans vouloir l'admettre, je ne souhaitais pas de réponse.

Je dus attendre longtemps avant que la place soit déserte. Profitant enfin d'un moment de tranquillité, je m'agenouillai en vitesse devant la pierre marquée du sceau et la soulevai avec ma dague. Puis, je restai figé sur place, abasourdi. Là, sur la terre battue, se trouvait un parchemin plié en quatre et fermé par un sceau de cire rouge que je reconnus aussitôt.

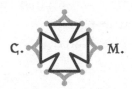

Cela ne pouvait vouloir dire qu'une chose : le Supérieur inconnu était dans Toulouse même. Qui était-il ? Où se cachait-il ? M'avait-il répondu le jour même où j'avais déposé mon message ? D'une main tremblante, je saisis la missive et la glissai dans ma chemise. J'aurais voulu la lire tout de suite, mais déjà des passants étaient apparus au bout de la place. Je remis la dalle, me levai et m'enfuis comme un voleur.

Je fis le chemin du retour le plus vite possible, me faisant violence pour garder un pas mesuré, mais hâtif. De retour à ma chambre, je brisai le sceau et, fébrile, je lus le court message.

Ta requête est à l'étude et une réponse te parviendra en temps opportun. D'ici là, ne quitte Toulouse sous aucun prétexte.
CANCELLARIUS MAXIMUS
Toulouse, le vingt-huitième jour de juin de l'An du martyre de Jésus 1211.

Cette réponse n'en était pas une. Elle me donnait l'espoir que l'emplacement de la seconde part me soit révélé, certes, mais elle me déchirait entre deux loyautés. D'une part, j'avais fait le serment de protéger la Vérité. J'y étais tenu par le salut aussi bien que par l'honneur. D'autre part, la vie de Pernelle était en danger. Il était peut-être déjà trop tard pour la sauver, mais je me devais d'essayer.

De rage, j'abattis mon poing sur la table. Je chiffonnai le parchemin et le jetai dans l'âtre, où il s'embrasa sur les braises. Soudainement, la Vérité n'avait plus d'importance à mes yeux. Pour la première fois de ma vie, peut-être, mes priorités étaient claires. Pernelle passait avant ma quête. Si Métatron en prenait offense, il n'avait qu'à me ramener en enfer sur-le-champ. Je le suivrais l'esprit en paix, en sachant que j'avais écouté ma conscience et pris le parti du bien.

Je sortis de ma chambre, bien décidé à risquer le salut de mon âme.

———

À la nuit tombante, j'étais prêt à partir depuis longtemps. J'étais très conscient du fait que, en admettant que Pernelle ne soit pas morte lors de la bataille, chaque heure passée augmentait les chances que je la retrouve morte ou, pire, vivante mais prostrée comme je l'avais vue, encore petite fille. Mais j'avais besoin du couvert de la nuit pour quitter Toulouse.

Roger Bernard m'avait procuré ce que je lui avais demandé : une bure de moine, trouvée dans une des églises chrétiennes désaffectées. Je l'avais passée par-dessus mes habits. Ainsi, Memento serait cachée dans les plis du vêtement, mais toujours à portée de main. En prime, il avait même trouvé une croix en bois enfilée sur un cordon de cuir, que je me suspendis au cou. J'étais sans doute le seul à détenir la preuve irréfutable que le crucifix n'avait rien de sacré. Jésus n'y était pas mort et, par conséquent, il ne me causait aucune douleur à la gorge. Je gardai mes bottes sous la bure, sachant que je pourrais avoir à fuir en toute hâte et que des sandales de moine ne s'y prêtaient pas. Une fois le capuchon rabattu sur ma tête, la transformation fut complète. Pour quiconque ne s'arrêtait pas à mon imposante stature, j'étais un moine.

Ainsi vêtu, je me dirigeais vers la muraille lorsqu'une main sortit de la pénombre et me saisit le bras.

— Tu n'y penses pas, Gondemar ! chuchota Cécile. Tu vas te faire tuer !

— Je dois le faire. Pernelle est mon amie. Je la connais depuis l'enfance et elle m'a sauvé la vie. Si elle est encore vivante, je dois la sortir de là.

— Je comprends. Mais nous deux ?

— Ne m'as-tu pas déjà dit que tu souhaitais aimer un homme droit ?

— Hélas, oui, soupira-t-elle en baissant les yeux. Et ceci est le prix à payer, je suppose.

Elle prit mon visage dans ses mains et posa sur mes lèvres un baiser d'une tendresse infinie.

— Avec ou sans dame Pernelle, reviens-moi, Gondemar de Rossal.

Je hochai la tête sans rien répondre, déchiré entre les deux femmes que j'aimais. Puis je tournai les talons sans regarder derrière. Je retrouvai Roger Bernard et son père sur la muraille.

— Mon fils m'a expliqué ce que tu as en tête. Tu es certain de vouloir tenter une telle folie? me demanda Foix. Tu vas directement à l'abattoir, Gondemar.

— Croyez-moi, je n'ai rien à perdre.

— Soit. Ta vie t'appartient.

— N'en soyez pas si sûr.

Perplexe, le vieux comte me toisa, puis haussa les épaules.

— Il est temps, déclarai-je.

Nous étions sur le mur est, sur lequel les croisés n'avaient aucune vue. Afin de ne pas attirer leur attention en abaissant un pont-levis, opération fort bruyante, nous avions convenu que je descendrais la muraille à l'aide d'une corde à nœuds. Quatre soldats la déroulèrent et s'arc-boutèrent contre le parapet afin de soutenir mon poids. Je saluai les deux Foix de la tête, enjambai les créneaux et me laissai descendre, les pieds contre la muraille. Lorsque je fus sur la terre ferme, on remonta la corde.

Je tournai aussitôt les talons et me glissai dans la nuit, vers le Sud. Je marchai lentement et dans le plus grand silence, de peur de tomber sur une patrouille, mais je n'en rencontrai aucune. De toute évidence, Montfort craignait assez nos sorties pour ne pas exposer quelques hommes isolés.

Après une heure, j'arrivai en vue du camp et m'accroupis près d'un buisson pour observer. Des gardes formaient un cordon tout autour et scrutaient nerveusement la nuit, à l'affût du moindre bruit. À l'intérieur du périmètre, la plupart des tentes n'étaient plus que cendres et les soldats du pape dormaient à la belle étoile. Je notai avec intérêt qu'aucun n'avait retiré son armure, autre indice qu'ils n'étaient pas tranquilles. Je souris malgré moi. Nous avions réussi à pénétrer dans leur tête et à instiller le doute et la peur. Malheureusement, j'avais été celui qui avait payé le prix le plus élevé pour ce succès. Au centre du camp, bien protégée par ce qu'il restait de croisés, se trouvait une grande tente rouge et blanche aux couleurs de Montfort. Elle était encore illuminée. Je savais qu'il se trouvait derrière ce mince rideau de tissu. Une colère froide me serra la poitrine.

Je repérai une grande croix de bois qui avait été érigée un peu à l'écart du camp et m'y dirigeai. Puis j'attendis. Depuis le début du siège, les moines qui se trouvaient dans le camp célébraient l'office avec une rigoureuse exactitude, leurs chants provenant comme une insulte jusqu'à Toulouse lorsque le vent soufflait dans la bonne direction. Quand l'heure des matines arriva, ils sortirent de leur tente tel que je l'avais espéré et se dirigèrent vers l'orée du camp. Les gardes, habitués à leur manège, leur laissèrent le passage sans faire de difficultés. La tête encapuchonnée et baissée, les mains dans les manches de leur bure, ils se dirigèrent vers la croix en psalmodiant. Ils se disposèrent autour en demi-cercle, s'agenouillèrent et, d'une voix ensommeillée, chantèrent des prières qui réveillèrent en moi les souvenirs du passé.

Les dévotions durèrent une dizaine de minutes. Le moment que j'attendais était arrivé. Je laissai les moines se relever et faire quelques enjambées vers le camp. Je sortis de ma cachette et, singeant leur pas lent et solennel, les mains dans mes manches, ma tête encapuchonnée inclinée vers le sol, je pénétrai avec eux dans le camp ennemi sans que les gardes ne remarquent le moine supplémentaire. Lorsqu'ils arrivèrent à leur tente, je m'éclipsai doucement dans la nuit pendant qu'ils allaient se recoucher.

Je me retrouvais tout près de la tente de Montfort, qui était toujours éclairée et d'où me parvenaient des voix étouffées. Après m'être assuré qu'aucun garde ne circulait à proximité, je m'en approchai sur la pointe des pieds. Pernelle était peut-être derrière ce mince rideau d'étoffe. Tenant mon impatience en laisse, je m'accroupis dans le noir et tendis l'oreille. Des hommes discutaient à l'intérieur.

— Tout est prêt? s'enquit l'un d'eux.

Je me raidis, la mâchoire serrée par la haine. J'avais entendu cette voix profonde et graveleuse dans la tente d'Arnaud Amaury, puis sur le parvis d'une église à Béziers, remplie d'innocents qu'on s'apprêtait à massacrer. Son propriétaire avait décapité une fillette et m'avait fait parvenir sa tête pour me narguer. Jamais je n'oublierais ses yeux noirs et luisants d'un fanatisme froid. Simon de Montfort.

La conversation que j'avais surprise le soir de notre première rencontre me revint en tête.

— *Alors ? avait demandé Amaury.*

— *Mes espions ne ramènent que des rumeurs, monseigneur,* avait répondu le chef des croisés.

— *Et pourtant, ces documents se trouvent bien quelque part dans ce pays… N'oublie pas : si quelqu'un met la main dessus, ils doivent nous être remis en main propre. Personne ne doit les lire. Tu m'entends ? Personne. Sur ordre exprès de Sa Sainteté elle-même et sous peine d'excommunication.*

Je ne pouvais pas le savoir à l'époque, mais déjà Montfort et Amaury cherchaient à s'emparer de la Vérité. Ma main saisit la poignée de Memento à travers la bure et la serra si fort que mes jointures me firent mal. Je dus me contrôler pour ne pas la dégainer sur-le-champ, fendre la toile de la tente et faire irruption à l'intérieur pour occire cette merdaille dont le pape exonérait à l'avance tous les péchés. Je me raisonnai en me rappelant que j'étais venu pour libérer Pernelle. Il serait toujours temps de lui faire son affaire si j'en avais l'occasion.

— Oui, sire, répondit un autre homme. Dès l'aube, nous lèverons le camp. Les moines n'auront même pas le temps de faire les prières de laudes.

— Tudieu, gronda Montfort. Partir la queue entre les jambes, comme un chien battu… Je reviendrai et je prendrai Toulouse, je le jure !

Les croisés s'apprêtaient à lever le siège. Nous avions gagné. Pour l'instant, Toulouse était sauvée. Et avec elle, ma communication avec le *Cancellarius Maximus*.

— Hors de ma vue ! tonna Montfort.

Un fracas retentit dans la tente et je compris que l'officier qui avait eu le malheur de faire rapport à Montfort venait de se faire lancer un objet qui avait explosé contre sa tête ou sur le sol. L'homme sortit aussitôt, le pas coléreux, et je m'écrasai au sol pour qu'il ne me voie pas. Je m'assurai qu'il s'était éloigné avant de me relever.

— Et nous n'avons toujours pas les maudits documents, continua le chef des croisés. Nous en étions si proches. J'avais déjà promis le succès à Amaury. Tu n'avais qu'à les faire sortir de Montségur, bougre de sot!

Captivé que j'étais par cette confirmation inespérée de ce qui s'était produit à Montségur, je n'entendis pas venir mon agresseur. Quelque chose de dur s'abattit sur ma nuque et je m'écroulai lourdement, des points multicolores scintillant devant mes yeux. J'essayai bien de me relever, mais mon corps ne m'obéissait plus. Je sentis des mains qui empoignaient ma bure et qui me traînaient sur le sol.

Puis la nuit m'enveloppa.

CHAPITRE 16

Trahison

La première chose que je ressentis en reprenant conscience fut une douleur lancinante dans les épaules, suivie de pulsations dans la nuque. Mon instinct prit le dessus. Je me gardai d'ouvrir les yeux et de faire des mouvements brusques pour ne pas alerter quiconque m'avait capturé. Mes repères me revenant peu à peu, je déterminai que j'étais debout, suspendu par les poignets et les chevilles attachées. Mes mains liées étaient privées de sang et engourdies. Je n'arrivais pas à bouger les doigts. Une bouffée d'air frais me confirma que j'étais torse nu. On m'avait donc dépouillé de la bure, de ma chemise et, forcément, de Memento.

— Ah! Te voilà enfin réveillé! fit une voix.

Je reconnus la voix caverneuse de Simon de Montfort. J'ouvris les yeux et mon premier réflexe fut de m'élancer vers lui. Mon élan fut arrêté net par des liens qui me retenaient à un anneau fixé au poteau central de la tente dans laquelle je me trouvais. Le maudit diable aimait le confort. Il y avait là un lit de camp, une grande table et deux braseros remplis de braises rouges qui diffusaient une douce chaleur.

Le chef des croisés ricana, amusé, et m'enfonça un poing ganté de fer dans le ventre, me vidant de mon souffle et me faisant monter les larmes aux yeux. Il me fallut quelques secondes pour respirer à nouveau et je dus cligner des paupières pour y voir clair. Aussi grand que moi et droit comme un chêne, le torse puissant et bombé par une morgue née du succès et du fanatisme, les épaules et les bras massifs, les jambes solidement plantées sur le sol, la crinière noire comme la nuit, la barbe et les sourcils touffus, un poing posé sur la hanche avec défi, l'autre main tenant la bure que j'avais portée pour m'introduire dans le camp, Simon de Montfort m'adressait un sourire carnassier qui me fit frissonner malgré moi. Cet homme était terriblement dangereux.

— Le grand Gondemar de Rossal, terreur des terres du Sud… minauda-t-il d'un ton dégoulinant d'ironie. Tu m'as causé bien des désagréments depuis que tu es passé à l'ennemi. Mais Dieu punit éternellement de telles trahisons.

— Dieu juge toutes les actions, rétorquai-je. Et crois-moi, je sais mieux que personne ce qui attend ton âme, massacreur d'enfants !

— S'habiller en moine et attendre les matines, dit-il en jetant la bure par terre. Je dois admettre que tu es créatif.

Acceptant d'avance que j'allais payer chèrement cette modeste satisfaction, je lui crachai au visage. Il ricana, essuya la glaire qui s'était logée dans sa barbe et la projeta sur le sol de terre battue. Puis, vif comme l'éclair, il m'abattit son poing sur la joue. Je sentis la peau se fendre et ma tête fut violemment repoussée vers l'arrière. Le sang chaud coula sur mon visage et se logea dans le creux de mon cou. Mais la douleur me laissait indifférent. J'avais vécu bien pire. Je rivai mes yeux dans les siens et lui adressai le sourire le plus arrogant que je pouvais produire.

— C'est le mieux que tu peux faire, femmelette ? crânai-je. Pas étonnant que tu t'attaques surtout aux femmes, aux enfants et aux vieillards. Le premier homme venu te tannerait le cul sans effort.

J'en fus quitte pour deux autres coups semblables à ceux d'une masse d'armes, dont l'un me fendit la lèvre et me déchaussa des dents, et l'autre me ferma l'œil gauche.

— Insulte-moi tant que tu voudras, dit-il en retrouvant son calme. Au bout du compte, je te promets que tu me diras ce que je désire savoir. Tu détiens une chose que monseigneur le légat désire ardemment obtenir et j'ai bien l'intention de la lui livrer.

— Ah ? Et de quoi s'agit-il donc ? dis-je innocemment en crachant une canine qui s'était délogée sous la force de l'impact.

— Mais de ce que vous autres, hérétiques, considérez comme la Vérité, voyons, roucoula-t-il.

— La Vérité ? J'ignore de quoi tu parles.

Une retentissante taloche du revers de la main me dévissa presque la tête et me laissa étourdi. Puis un genou dans le ventre me coupa à nouveau le souffle. Montfort me saisit par les cheveux et me redressa brusquement.

— Ne joue pas au plus fin avec moi, cracha-t-il, soudain enragé. Tu ne ferais que prolonger ton calvaire. Et crois-moi, tes souffrances ne font que commencer.

— Tu ignores ce qu'est la vraie souffrance, surplus de semence, rétorquai-je à travers des lèvres de plus en plus enflées. Tu ne peux même pas l'imaginer.

Il approcha son visage si près du mien que je pus sentir dans son haleine des relents de vin et d'oignon. Il m'enveloppa subitement les génitoires d'une de ses mains et les serra cruellement. Les larmes me montèrent aux yeux, mais je retins le cri de douleur qui allait m'échapper. Il était hors de question que je lui offre ce plaisir. Si je devais mourir aujourd'hui et croupir en enfer, j'aurais au moins un ultime moment de dignité à emporter avec moi.

— Où se trouve la Vérité, chiure de merde ? redemanda-t-il en serrant encore plus fort.

Ma rage l'emportant sur ma douleur et mon bon sens, je lançai la tête vers l'avant et abattis mon front sur son nez, qui émit un craquement sec. Aussitôt, la pression sur mon entrejambe se relâcha. Sans me quitter des yeux, il empoigna entre ses deux mains son appendice, qui tirait résolument vers la droite, et d'un geste brusque le remit en place en grognant à peine d'inconfort. Puis il essuya le sang qui lui mouillait la moustache, comme si de rien n'était, et sourit. Non seulement cet homme ne craignait-il pas la souffrance, mais il l'aimait. Il me descendit un nouveau coup de poing qui fit subir le même sort à mon nez. Le coup me poussa jusqu'au bord de l'inconscience et ma tête retomba lourdement sur ma poitrine. Je sentis ma bouche se remplir d'un sang chaud et épais qui me coula aux commissures des lèvres.

— Je ne l'aurais pas cru, la première fois que je t'ai vu, éperdu comme une fillette, à Béziers, mais tu as du caractère, je te le concède, ricana le chef des croisés. Tu l'as prouvé à Cabaret et tu continues depuis. Je sais apprécier un adversaire de valeur et tu en es un. Tu es fier et entêté, et tu résisteras jusqu'à ta dernière parcelle de vie. Or, le temps est un luxe dont je ne dispose pas. Je dois lever le camp à l'aube.

Je relevai difficilement la tête et le toisai avec arrogance.

— Nos sorties étaient créatives, non ? ricanai-je faiblement. Tes hommes se sont fait torcher comme de vulgaires étrons. M'est avis qu'ils ont été à la mesure de leur chef.

— Je vais être franc avec toi, dit-il sans relever l'insulte. Je sais déjà qu'une partie de la Vérité est gardée à Montségur par ce qu'il reste de l'Ordre des Neuf.

Malgré moi, j'eus un mouvement de surprise. Le fait qu'il connaisse l'endroit où se trouvaient les parchemins ne m'étonnait pas. Il avait déjà tenté de s'en emparer alors qu'ils étaient en route et, une fois dans Montségur, Daufina avait presque réussi à le faire pour lui. Il était même parvenu à y introduire deux assassins qui avaient failli avoir notre peau, à Montbard et à moi. Par contre, il venait de me confirmer non seulement qu'il connaissait l'existence des Neuf, mais qu'il savait que tous ses membres ne se trouvaient pas à Montségur. La chose était inquiétante.

— Quoi ? Tu t'imaginais que votre petit groupe était un grand secret ? ricana-t-il, lisant mes questionnements sur mon visage tuméfié. Allons, en ce monde, tout peut être acheté. Il suffit de trouver la bonne patte à graisser.

J'attendis la suite en silence.

— Je connais tout de votre ordre, figure-toi. Par exemple, je sais que Ravier de Payns est mort et que tu lui as succédé malgré toi comme *Magister* après une élection chaudement disputée. Je connais aussi l'identité de tous ses membres. Partant, je sais donc que sans toi, Bertrand de Montbard, Ugolin de Bisor et la petite hérétique, il ne reste que six valeureux gardiens de la Vérité privés de leur maître.

Il venait de me confirmer qu'il savait ce qu'il était advenu de Montbard, d'Ugolin et de Pernelle. J'allais exiger qu'il m'en informe lorsqu'une voix me précéda.

— Cinq, en fait.

Je tournai la tête vers l'entrée de la tente et mon souffle resta coincé dans ma poitrine. Devant moi se tenait Raynal, un air de bravade sur le visage. J'étais convaincu qu'il allait s'attaquer à Montfort, puis me libérer, mais il entra tranquillement sans faire mine de tirer son arme.

— Ah, oui, évidemment, si l'on en retire sire Raynal de Saint-Omer, il n'en reste plus que cinq, roucoula le chef des croisés, heureux de l'effet qu'avait eu sur moi cette apparition aussi soudaine qu'inexplicable. Mais comme il retournera tôt ou tard à Montségur pour y prendre les parchemins, pour l'instant, comptons-le encore comme un membre en règle des Neuf.

J'eus l'impression d'avoir reçu une ruade de cheval entre les yeux. Dès le début, mon instinct avait été juste. Raynal avait trahi l'Ordre. La disparition de la Vérité, c'était lui ! Et je l'avais laissé me filer entre les doigts. Puis une seconde réalisation me frappa : s'il était le coupable, Daufina était forcément innocente. Et je l'avais tuée de mes propres mains, si sûr de mon jugement. Si plein de moi-même. J'avais soupçonné Raynal, certes, mais pas pour longtemps. J'avais préféré le plaisir de faire rouler la tête de la Parfaite sur le plancher du temple. Avais-je été stupide, naïf ou orgueilleux ? Cela n'avait plus d'importance. Et à cause de lui aussi, sans doute, Eiquem de Castres et Albin de Hautpoul avaient perdu la vie.

— Fils de chienne ! crachai-je entre mes lèvres tuméfiées en me débattant vainement contre mes liens comme une bête enragée. Traître ! Tu as renié un serment fait sur ta vie !

Raynal éclata d'un rire sonore qui ne fit que m'enrager davantage. Puis il franchit en quelques pas la distance qui nous séparait. Lorsqu'il couvrit mon visage de coups de poing, il souriait. Il ne se lassa que quand il m'eut mené au bord de l'inconscience, mes jambes ne me portant plus et mes épaules menaçant de se disloquer en soutenant mon poids. Il recula de quelques pas et frotta ses jointures endolories.

— Tu ne peux pas imaginer à quel point j'avais envie de cela, dit-il. Ni depuis combien de temps.

— Depuis aussi longtemps que moi, sans doute, marmonnai-je de mon mieux. J'aurais dû te tuer à l'entraînement, quand j'en ai eu la chance. Mais tu te bats comme une femmelette et j'ai eu pitié de toi. Tu n'es doué que lorsque ton adversaire est attaché.

Je ravalai la salive mêlée de sang qui me remplissait la bouche. Quelque chose grinça dans ma mâchoire et me fit monter les larmes aux yeux.

— Comme tu le comprends maintenant, déclara Montfort d'un ton satisfait, je puise mes informations à la source même.

J'adressai à Raynal un regard meurtrier, qu'il soutint avec le même sourire narquois. Cet homme désirait depuis longtemps m'humilier et il savourait pleinement le moment.

— Si jamais j'ai la chance de te mettre la main au collet, grondai-je, je te jure que je t'arracherai la langue avec mes dents avant de t'égorger, Judas !

— Pour ça, il faudra d'abord que tu sortes vivant d'ici, rétorqua-t-il en me frappant à nouveau.

— Pourquoi ? demandai-je lorsque j'en fus à nouveau capable.

Raynal haussa les épaules et fit mine de considérer ma question. Il paraissait savourer à l'avance la réponse qu'il allait me faire, comme on fait tourner en bouche un bon vin. Il finit par relever fièrement le menton avec une moue arrogante.

— Parce que je tiens à la vie, tout simplement, répondit-il. Tôt ou tard, les cathares seront écrasés. Même Montségur finira par tomber. La Vérité en sera sans doute sortie bien avant, mais à quoi cela servira-t-il, sinon à prolonger l'inévitable ? Au mieux, les hommes du pape continueront à traquer les Neuf jusqu'au jour où ils parviendront à leurs fins.

— Mais… la Vérité… Tu en connais l'importance…

— La Vérité n'est rien d'autre que ce que la majorité considère comme vrai ! rétorqua-t-il avec colère. Pourquoi mourrais-je pour protéger quelque chose que plus personne ne sait sauf de rares initiés ? Remettons plutôt les maudits documents au pape pour qu'il les détruise enfin et finissons-en.

— Tu es… cathare. Comment peux-tu ?

— Et après ? Une foi ou une autre… Je me ferai chrétien, c'est tout. Ma vie vaut bien une messe.

— Depuis… quand ? marmonnai-je, la colère me faisant bouillir les sangs.

— Oh, assez longtemps. J'ai été contacté par un agent de sire Simon à Quéribus et j'ai accepté l'offre qu'il m'a transmise : la vie sauve, des terres et dix livres[1] d'or payables à la livraison des trois parchemins. Le guet-apens d'Evrart de Nanteroi avait été organisé grâce à mes informations. Il devait permettre de s'emparer de la cassette sans survivants pour me dénoncer, mais ton arrivée imprévue a tout gâché et j'ai dû prétendre être du côté des Neuf.

— Si j'avais su, je t'aurais éventré quand j'en avais l'occasion, pourriture.

— Bien entendu. Mais tu ne savais pas, justement. Une fois à Montségur, j'ai attendu le moment propice. Il a suffi d'emprunter un peu de belladone à cette pauvre naïve de Daufina pour endormir mes frères qui montaient la garde et le tour était joué. Personne n'a jamais su que j'étais descendu dans le temple. Si Montbard n'avait pas eu l'idée saugrenue de perdre une jambe,

---

1. Une livre vaut 500 grammes.

ce qui a forcé la tenue imprévue d'un conseil pour le remplacer, les parchemins auraient été entre les mains du légat bien avant qu'on ne s'aperçoive de leur disparition. Mais ces choses-là ne sont pas contrôlables. Et tu t'es entêté à chercher le coupable. Quand j'ai réalisé que tu t'approchais dangereusement de moi, j'ai compris qu'il valait mieux les remettre en place. Le pauvre Eiquem de Castres, que sire Simon avait su convaincre à force de torture et de menaces, devait prendre livraison des parchemins et les lui remettre, mais dans les circonstances j'ai jugé plus prudent de le faire taire. Ensuite, il m'a suffi de détourner les soupçons vers quelqu'un d'autre. J'ai caché les copies que j'avais faites des clés de la cassette sous le matelas de Daufina. Son petit côté sorcière a fait le reste. Je dois dire que tu es tombé dans le panneau comme le dernier des sots !

Il avait raison. Comment avais-je pu être aussi bête ? À cause de ce traître, j'avais décapité une pauvre innocente qui, comme elle l'avait affirmé en pleurs, n'avait eu d'autre intention que d'alléger les souffrances de Ravier. Et, vaniteux comme je l'étais, j'en avais conçu une grande fierté. Je m'étais pavané comme un paon dans le temple des Neuf en donnant mon petit spectacle pour éblouir les autres.

— Heureusement, me confirma Raynal, il sera toujours temps de m'emparer des parchemins. Dans quelques jours, je serai de retour à Montségur et j'annoncerai avec une infinie tristesse la mort de Montbard, d'Ugolin, de Pernelle, ainsi que la tienne. Il me suffira ensuite de me faire élire *Magister*, quitte à m'arranger pour qu'Eudes ait un accident. Le reste sera un jeu d'enfant. Dans quelques semaines, la Vérité ne sera plus qu'un tas de cendres aux pieds d'Innocent.

Montfort s'approcha de moi.

— Comme tu le vois, Gondemar, nous contrôlons une partie de la situation.

Il m'empoigna brusquement par la mâchoire pour ramener ma tête vers l'arrière.

— Ce que nous désirons savoir de toi, par conséquent, c'est l'emplacement de l'autre part de la Vérité.

Il m'enfonça une fois de plus son genou dans le ventre et le contenu de mon estomac me remonta dans la bouche. Je vomis un mélange amer de bile et de sang qui me laissa faible comme un enfançon.

— J'ignore de quoi tu parles… répétai-je dans un râle.

— Vraiment ? Raynal m'assure pourtant que la tradition de l'Ordre fait mention d'autres documents cachés ailleurs. Et comme tu es *Magister*, m'est avis que tu en sais plus que quiconque. Et puis, ne va pas croire que nous ignorons tes errances dans Toulouse. À qui adressais-tu donc le message que tu as enfoui sur la place ? As-tu reçu une réponse ?

— Va… foutre ta mère…

Montfort me lâcha et recula. Ma tête retomba sur ma poitrine, trop lourde pour que je puisse la soutenir.

— Bien. Puisqu'il en est ainsi, je ne perdrai pas de temps à te torturer. Il y a des moyens plus efficaces de te faire parler.

Il adressa un signe de la tête à Raynal, qui sortit aussitôt. Puis il pivota sur lui-même et me descendit en plein visage un coup violent accompagné d'un grondement rageur. Je perdis conscience.

———

Quand je revins à moi, j'essayai d'ouvrir les yeux, mais ils étaient si enflés et collés de sang que je n'y arrivai pas. Je sentis qu'on me jetait de l'eau au visage. Les croûtes qui scellaient mes paupières se liquéfièrent et je pus voir à nouveau. Si j'avais su quelle scène se déploierait devant moi, j'aurais plutôt demandé qu'on m'arrache les yeux.

Pernelle était étendue sur la table. On l'avait installée sur le dos et attachée par les poignets et les chevilles. Sa bouche était bourrée de chiffons sales. Son visage était un peu amoché, certes, mais dans l'ensemble elle ne semblait pas avoir été trop maltraitée.

J'aurais voulu en tirer du réconfort, mais cela m'était impossible. Toute la scène me criait que le pire était à venir.

La pauvresse était nue comme au jour de sa naissance. Sa robe noire avait toujours caché son corps et jamais je n'avais réalisé à quel point elle était maigre. Sa poitrine était creuse et presque dénuée de seins. Ses côtes saillaient comme si elle n'avait pas mangé à sa faim depuis des années, ce qui était sans doute le cas pour tous les Parfaits qui méprisaient leur propre chair tout en soignant celle d'autrui. Pour la première fois, je voyais sa jambe infirme, plus petite que l'autre, dont le tibia était resté déformé après que son père l'eut brisé et que la vieille Ylaire avait rebouté de son mieux. Ne fût-ce la toison sombre qui couvrait son entrecuisse, Pernelle avait le corps d'une enfant.

La pudeur qui aurait dû me faire détourner le regard était remplacée par une fascination horrifiée. Car près d'elle se tenait Raynal, qui lui caressait l'épaule en une parodie d'affection. Je compris alors, sans qu'on ait besoin de me l'expliquer, que c'était lui qui avait profité de la bataille pour s'emparer de Pernelle et la livrer à Montfort. Pour m'appâter. Et ils avaient magnifiquement réussi. Maintenant, le sort qu'on entendait lui faire subir était clair. En la martyrisant, ils espéraient me briser.

Elle en avait pleinement conscience, elle aussi. Depuis ce jour fatidique de son enfance, elle savait lire sur le visage des hommes ce besoin de détruire en singeant les gestes de l'amour. Elle jetait vers moi un regard alternant entre la terreur et la résignation. Sans un mot, elle me faisait aussi savoir qu'elle acceptait son sort, qu'elle ne désirait que le retour au Dieu de Lumière auquel elle s'était consacrée. Surtout, elle m'intimait de ne trahir la Vérité à aucun prix, pas même pour la sauver. Une larme coula au coin de son œil et, malgré son bâillon, sa bouche se déforma en une parodie de sourire dans lequel je lus un adieu presque serein.

— Pernelle… marmonnai-je, le cœur brisé et la voix enrouée par les sanglots.

Jamais, de toute ma triste existence, je n'avais été aussi déchiré. En quittant Toulouse, j'avais choisi de faire passer

Pernelle avant la Vérité. Je m'imaginais naïvement la retrouver, la libérer tel un preux chevalier pour retourner ensuite à ma tâche, la conscience un peu plus légère. Mais, une fois encore, Dieu me démontrait toute l'étendue de sa perfidie. Il multipliait les enchères par mille. À Cabaret, j'avais juré à Pernelle que jamais plus je ne la laisserais sans défense, et voilà qu'une fois encore je me retrouvais incapable de la protéger. *Ne te laisse pas détourner de ta voie par ceux que tu crois aimer!* m'avait averti Métatron. Mais ne m'avait-on pas justement puni en aiguisant ma conscience afin que je sois à même de peser le poids de mes actes?

Rongé par ma propre impuissance, je jetai à Montfort un regard meurtrier, auquel il répondit par un sourire narquois.

— Tu l'aimes bien, cette petite hérétique, n'est-ce pas? demanda-t-il d'un ton amusé. Elle est boiteuse, mais je suppose que pour quiconque est porté sur les fillettes… C'est son petit cul qui t'a fait renier la vraie foi? Est-ce qu'elle crie quand tu la montes? Ou se contente-t-elle de couiner comme une truie?

Fou de colère, je fis mine de m'élancer vers lui, seulement pour voir mon élan stoppé par mes liens. Dans mon épaule droite, quelque chose se déchira, mais je n'en tins pas compte. Je me débattais comme une bête en furie, espérant futilement rejoindre la gorge du croisé pour la déchirer avec mes dents.

— Comme tu le sais, la moralité me tient à cœur, continua-t-il, amusé par mes vains efforts. J'ai épousé dame Alice de Montmorency devant Dieu et les hommes voilà des années et, depuis ce jour béni, jamais ma verge n'a trempé ailleurs. J'en suis fort fier.

— Elle doit prendre un vilain plaisir au devoir conjugal, alors, la puterelle. À moins que, sous couvert de vertueuse abstinence, tu camoufles le fait que tu n'es pas en mesure de réclamer ton dû.

Une gifle mit une fin abrupte à mes fanfaronnades.

— Par le même souci de pureté, poursuivit-il, je refuse, dans la mesure du possible, que des putains accompagnent mes troupes. La plupart de mes hommes n'ont donc pas connu de femme depuis des mois et ont les couilles bien gonflées, les pauvres. M'est avis qu'ils apprécieraient un moment avec ton amie. Qu'en penses-tu ?

Je me débattis à nouveau, sans plus de succès.

— Mais avant, j'aimerais accueillir quelques invités qui, comme toi, apprécieront le spectacle à sa juste mesure.

Il fit un signe de tête à Raynal, qui abandonna à regret ses caresses à Pernelle et sortit de la tente. Une minute plus tard, il revint en compagnie de soldats qui portaient des corps inertes qu'ils jetèrent sans ménagement sur le sol avant de repartir. Ma pauvre cervelle sonnée par les coups eut besoin de plusieurs secondes avant de décoder ce que mes yeux voyaient. Un des hommes, roulé en boule sur le côté, était immense. Je ne voyais que son dos nu, couvert de plaies ouvertes laissées par un fouet. Son souffle était irrégulier et interrompu de quintes de toux liquides. L'autre gisait sur le ventre, le visage tourné de l'autre côté. Sa longue chevelure presque blanche était encroûtée de sang. Là où aurait dû se trouver sa jambe gauche, il n'y avait qu'un moignon. Ugolin et Montbard. Ou ce qu'il en restait. Ils n'avaient pas été tués pendant notre entrée à Toulouse, comme je l'avais cru, mais pris par les croisés, sans doute avec la complicité de Raynal, eux aussi.

Le traître empoigna mon maître par les cheveux, le tira sans ménagement et le retourna de force pour qu'il fasse face à Pernelle. Ce que je vis me brisa le cœur. L'air hagard, un mince filet lui coulant de la bouche, il n'avait pas seulement été sauvagement battu, mais torturé. Son visage n'était qu'une masse informe de viande crue ornée d'une barbe ensanglantée. Son seul œil valide était presque entièrement fermé. Tout son corps était couvert de brûlures suintantes. Ses mains n'étaient plus que des ruines aux doigts brisés, dont chaque ongle avait été arraché pour ne laisser que des extrémités sanglantes. Mais tout cela n'était rien en comparaison de son ventre. Son tourmenteur avait poussé le raffinement jusqu'à lui rouvrir la panse, là où Pernelle l'avait recousue deux fois.

Incroyablement, lorsqu'il me vit, son visage s'éclaira d'un faible sourire qui exposa des gencives dont on avait arraché la plupart des dents. Raynal lui administra un violent coup de pied dans ses entrailles exposées. Mon maître se crispa de souffrance et vomit du sang et de la bile, puis resta étendu face contre terre, haletant. Raynal l'assit et l'appuya comme un pantin inanimé contre un meuble, sans qu'il puisse offrir la moindre résistance. Je réalisai avec une infinie tristesse que j'assistais aux derniers moments de l'homme que j'avais respecté, chéri et si profondément déçu.

Puis vint le tour d'Ugolin. Le visage du géant de Minerve avait été réduit à l'état de pulpe, lui aussi, mais, visiblement, on s'était surtout acharné sur Montbard, qui avait été le porteur de la cassette et dont on croyait sans doute qu'il en savait plus qu'un membre récent de l'Ordre. Ce n'était pas la souffrance, mais bien la rage qui faisait retrousser les lèvres fendues et enflées d'Ugolin sur ses dents. Dans son regard brillait une colère de bête sauvage qui n'attendait que l'occasion de frapper, ce qui expliquait que, contrairement à Montbard, il avait les mains et les pieds liés. Il m'adressa un signe imperceptible de la tête, me signifiant que, malgré son état, il était prêt à bondir à la moindre occasion.

Que pouvais-je faire? J'étais attaché à un poteau. J'avais été battu jusqu'au bord de l'inconscience et mes jambes ne me portaient plus. J'avais le nez brisé, les yeux à moitié fermés. Une de mes épaules était démise. Mes côtes me causaient des élancements infernaux et j'avais du mal à respirer.

— Tous ces membres de l'Ordre des Neuf dans mon humble tente! se réjouit Montfort en se frottant les mains. C'est trop d'honneur! Voilà qui met un baume sur le fait que je doive abandonner le siège de Toulouse. Je repartirai avec quelque chose de bien plus précieux qu'une victoire.

Il se déplaça dans la tente et marcha de long en large devant Montbard et Ugolin, sans jamais que son maudit sourire ne quitte son visage.

— Ces deux-là sont des durs, dit-il avec une admiration sincère. Tu as toutes les raisons d'être fier d'eux. Vois toi-même dans quel état Raynal les a réduits. Et malgré cela, ils sont restés muets. Le gros a même réussi à me mordre. Quant au vieux, ma foi, sa provision d'insultes est intarissable. Même édenté, il en a proféré tant qu'il en a eu la force.

Il se dirigea vers Pernelle, retira son gant de fer et fit remonter lascivement sa main le long de son corps, s'arrêtant entre ses cuisses pour y enfoncer rudement le doigt, ce qui fit tressaillir ma pauvre amie. Il le laissa là un moment, savourant la souffrance qu'il lui causait, puis le retira pour lui caresser le ventre en se pourléchant inconsciemment les lèvres. Sa main se referma sur un minuscule sein et le pressa. Puis il saisit un mamelon entre le pouce et l'index et le tordit si fort qu'elle hurla à travers son bâillon.

— Que dirait… ta tendre… Alice… si elle te… voyait saliver… ainsi ? parvins-je à demander.

Ma question parut le tirer de sa fascination perverse. Il me sourit et ferma ses doigts autour du cou de Pernelle, puis serra. Le visage de mon amie devint cramoisi. Pendant un instant, je crus qu'il allait l'étouffer sous mes yeux, mais il éclata de rire et la lâcha. Je vis la poitrine émaciée se soulever frénétiquement pour inspirer autant d'air qu'elle le pouvait par le nez.

J'aurais donné ma vie pour que mes liens se défassent par magie, pour peu que l'on m'accorde le temps de tuer ce mécréant et son complice avant d'être occis.

— L'un de vous sera sans doute plus sensible à la souffrance de cette petite qu'à la sienne propre, dit Montfort. Je laisse à votre frère l'honneur de l'échantillonner. Ensuite, je ferai entrer mes soldats par groupes de dix, jusqu'à ce que la mémoire vous revienne.

Raynal nous adressa un sourire proche de la démence et un éclair obscène traversa son regard. Il tira sa dague, la fit pivoter dans sa main pour que la lame pointe vers le bas et, d'un geste théâtral, la leva au-dessus de sa tête. Les yeux de Pernelle s'écarquillèrent de terreur lorsqu'il l'abaissa brusquement pour la planter à un cheveu de sa tête. Puis il éclata d'un rire dément.

— Allons, dame Pernelle, ricana-t-il. Tu ne t'imagines tout de même pas que je vais te tuer ? Je veux que tu profites pleinement du moment.

Il contourna la table sur laquelle elle était attachée et se planta à ses pieds. Il resta là longuement, à admirer le petit corps vulnérable en salivant comme un animal. Puis, d'un geste presque lascif, il saisit une cheville et trancha le lien qui la retenait au pied. Aussitôt, Pernelle se mit à se débattre et à le frapper dans la poitrine, ce qui le fit rire de plus belle.

— Oh ! C'est qu'elle est rebelle, la boiteuse ! dit-il d'une voix rendue épaisse par le désir.

Il libéra l'autre jambe et s'amusa à retenir mon amie par les chevilles pendant qu'elle s'agitait. Brusquement, il la tira vers lui, étirant à leur limite ses bras toujours attachés, jusqu'à ce que ses fesses soient à moitié dans le vide. Puis, d'une main, il défit ses braies et les laissa tomber sur ses chevilles, exposant un membre d'une étonnante modestie pour un homme de sa stature.

— C'est tout ce que tu as à offrir à une dame ? s'écria Ugolin. Préviens-la avant d'entrer, car elle risque de ne rien sentir !

Je compris que le courageux Minervois essayait de provoquer l'ire de Raynal pour le distraire de ce qu'il entendait faire, quitte à en payer les frais.

— Approche, insista-t-il, et je vais te l'arracher avec deux doigts, ton petit vit. Ce sera aussi facile qu'un poil de fesse.

Le traître parut hésiter entre l'envie de malmener Ugolin et le désir de posséder Pernelle. L'espace d'un instant, j'entretins le fol espoir qu'il oublierait ses plans.

— Regarde plutôt ce que je fais avec, grogna-t-il enfin.

Il posa les mollets de Pernelle sur ses épaules, l'empoigna par les hanches, la souleva et, d'un geste brusque, s'enfonça en elle. Les yeux fermés, une grimace de dégoût déformant son visage, mon amie agita la tête d'un côté à l'autre en criant à travers son bâillon. De grosses larmes roulèrent sur ses joues. Raynal s'agitait aussi frénétiquement que maladroitement, lui labourant l'entre-cuisse en soufflant comme un taureau, pendant que Montfort riait à gorge déployée en l'encourageant. Et je ne pouvais rien faire d'autre que de regarder. Devant mes yeux, la scène se confondait avec celle de jadis, alors que les hommes d'Onfroi s'étaient relayés entre les cuisses de la pauvre Pernelle. J'entendais encore ses cris, ses pleurs, puis ses gémissements et, pire que tout le reste, son silence.

Une voix râpeuse me tira de mon tourment.

— *Bonus pastor animam suam ponit pro ovibus*[1], râla Montbard en m'adressant un regard lourd de sens.

Personne ne faisait attention à lui. Incrédule, je le vis planter ses doigts mutilés dans la terre battue et ramper vers Raynal, ses tripes traînant sous lui. Lorsqu'il fut assez près, il banda les muscles puissants de ses bras et parvint à se dresser sur son genou, puis sur son unique pied. Il vacilla un instant et je craignis qu'il ne retombe, mais il resta debout. Dans un ultime effort, il bondit vers la table, saisit la dague qui y était plantée et la dégagea. En se retournant vivement, il l'enfouit dans la cuisse du traître, mettant une fin abrupte à ses transports. Raynal s'écroula, pétri-fié dans un cri silencieux, la main posée sur la blessure qui pissait le sang à grands jets. Puis il perdit conscience.

Alors même qu'il s'effondrait et que Montfort se précipitait à sa défense, mon maître lança la dague vers Ugolin avant de s'écrouler, face contre terre. Le Minervois attrapa l'arme de ses deux mains attachées et s'attaqua furieusement à ses liens. En un instant, ses chevilles furent libérées, puis ses poignets. Il releva son immense masse, abandonna la dague et, les poings fermés telles deux enclumes, se dirigea vers Montfort. Jamais encore je ne l'avais vu aussi menaçant. Son pas lent et ferme, la posture inclinée de sa tête, sa respiration profonde et régulière, tout dans son attitude annonçait son intention de tuer le chef des croisés.

---

1. Le bon berger donne sa vie pour ses brebis. Jean 10,11.

Montfort le sentit assurément, lui aussi, mais il n'était pas un lâche, je dois le lui concéder. Il ne recula point, ni ne trahit la moindre peur. Il tira son épée, mais c'était sans compter sur la sainte colère du Minervois. Lorsqu'il l'abattit, Ugolin la saisit tout simplement avec sa main, la lame pénétrant sa chair sans qu'il ne montre le moindre inconfort. Bien au contraire, un rictus de satisfaction déforma ses lèvres et un grondement de bête sauvage monta de sa gorge. De son autre main, il prit son adversaire à la gorge et le souleva de terre sans effort apparent. Puis les muscles massifs de son avant-bras se crispèrent et il serra. La face de Montfort gonfla de manière grotesque et passa du rose au pourpre. Ses yeux s'exorbitèrent et une expression d'incrédulité les traversa. Sa bouche s'ouvrit et se referma comme celle d'un poisson hors de l'eau. Ses jambes s'agitaient comme celles d'un pantin désarticulé. Désespéré et faiblissant, il lâcha son épée et, à deux mains, tenta de faire lâcher prise à Ugolin. Mais c'était peine perdue. Le géant de Minerve se mit à secouer l'autre comme un vulgaire fétu de paille jusqu'à ce qu'il soit inerte, puis continua encore, incapable de s'arrêter.

— Ugolin ! criai-je, l'effort m'arrachant de terribles douleurs.

Ma voix n'eut aucun effet. Le Minervois continuait à ballotter le croisé comme s'il espérait en faire sortir la moindre parcelle de vie par les ouvertures.

— Ugolin ! répétai-je aussi fort que j'en étais capable. Occupe-toi de Pernelle !

Mon cri atteignit enfin les tréfonds où la raison du géant de Minerve s'était retranchée. Ses doigts se desserrèrent peu à peu, presque à regret, et il laissa tomber Montfort sur le sol. Il resta là, immobile, à fixer le corps, soufflant comme un taureau enragé puis finit par l'enjamber et se rendre auprès de Pernelle. Malgré sa main blessée, il défit les liens qui lui retenaient les poignets puis la souleva avec délicatesse, la blottit contre sa poitrine et se rendit au lit de camp où Montfort avait dormi. Il la déposa comme le plus précieux des trésors et écarta de son visage les cheveux en sueur. Le regard fixe, Pernelle ne le voyait pas. Elle ne pleurait pas, ni ne gémissait. Je reconnus aussitôt cette expression. Elle s'était réfugiée à nouveau dans cet endroit qu'elle avait aménagé jadis au plus profond d'elle-même, là où la blessure de l'outrage ne l'atteignait plus.

Ugolin la couvrit avec pudeur d'une couverture, l'abandonna après lui avoir caressé la joue et revint ramasser la dague pour trancher mes liens. Mes jambes ne me portèrent pas et, aussitôt libéré, je me serais effondré s'il ne m'avait soutenu.

— Tu peux marcher ? demanda-t-il.

— Je crois, oui.

Je testai mes jambes et réussis à me tenir debout en branlant un peu. J'avisai mon camarade. Ni Ugolin ni moi n'étions tout à fait nous-mêmes. Nos corps étaient meurtris, nos âmes encore davantage. Je me sentais au bord des larmes, d'épuisement, de douleur et de peine. Mon ami n'en menait guère plus large. Des gouttes de sang coulaient à un rythme régulier de sa main blessée, mais il n'y prêtait aucune attention. Il se tenait là, hébété, sans savoir que faire. Je compris que, capable ou pas, il me fallait prendre les choses en main. Mais que devais-je faire ? Près de moi, les deux êtres les plus importants de ma vie gisaient, chacun gravement abîmé. Pouvais-je en sauver un ?

Chose certaine, il était urgent de quitter cet endroit, mais mon hébétude était telle que je me sentais incapable de décider quoi que ce soit. Le simple fait de respirer sollicitait jusqu'à la dernière parcelle de ma volonté.

Un faible râle de Montbard me tira de ma confusion. En tenant mes côtes meurtries, je me dirigeai vers lui et m'agenouillai en grimaçant. Il était resté là où il était tombé après avoir interrompu Raynal. Face contre terre, immobile, il respirait à peine. Je le retournai doucement sur le dos en essayant de ne pas regarder les tripes qui lui sortaient du ventre et je lui supportai la tête d'une main.

— Maître… murmurai-je. Je suis là.

Ses paupières frémirent et il entrouvrit l'œil qui lui restait.

— La petite… Elle… est… vivante ? s'enquit-il avec un filet de voix.

— Grâce à vous.

— Bien, soupira-t-il. Alors, je… meurs… en… paix.

J'aurais voulu le contredire, le convaincre qu'il vivrait et même y croire, mais je n'étais pas naïf à ce point. J'avais vu la mort de près assez souvent pour savoir qu'il disait vrai. Même si Pernelle avait été en état de le soigner, elle n'aurait rien pu faire pour lui. Bertrand de Montbard, cette force de la nature, allait mourir. Il ne restait de lui qu'une carcasse brisée que son âme noble abandonnerait bientôt. Sans honte, je laissai libre cours aux larmes qui s'échappaient de mes yeux bouffis et caressai ses cheveux encroûtés de sang.

— Maître… dis-je, ne sachant quoi ajouter.

Je voulais tout à la fois lui dire adieu, le blâmer de m'avoir enseigné la violence, lui rappeler nos moments les plus agréables, lui demander pardon de l'avoir tant déçu, rire avec lui comme j'avais rarement pu le faire, solliciter une ultime bénédiction ou un dernier conseil, le supplier de ne pas me quitter… Comme toujours, ce fut lui qui décida de ce qui devait être dit. Il posa une main difforme sur mon avant-bras et le serra avec une affection toute paternelle.

— *Memento… mei, discipulus*, murmura-t-il. Laisse… ta conscience… te… guider.

— Vous êtes cette conscience, maître, répliquai-je entre deux sanglots. J'entendrai toujours votre voix.

Un imperceptible soupir franchit ses lèvres et sa tête s'affaissa. C'était terminé. Bertrand de Montbard, l'homme qui était entré dans ma vie tel un tourbillon voilà si longtemps et qui en avait toujours occupé le centre, n'était plus. En observant son visage serein malgré les blessures, je me remémorai notre première rencontre.

— *Quel âge avez-vous, jeune sire ?* avait-il demandé, nullement impressionné par ce que je croyais si fièrement être.

— *Quatorze années faites, messire*, avais-je répondu avec l'orgueil d'un jeune nobliau imbu de lui-même.

— *Et vous vous prenez déjà pour un homme, on dirait*, avait-il déclaré avec ce mépris qui, sans que je le sache, annonçait l'affection virile et exigeante qu'il m'accorderait toujours.

Je fermai ses paupières, l'abandonnant au sommeil éternel. Puis serrai sa tête contre ma poitrine et je posai un baiser sur son front.

— Je vous aime, maître. Pardonnez-moi, chuchotai-je, espérant que, là où il se trouvait, il m'entendrait.

Jamais, de toute ma vie, je n'avais tant voulu prier pour demander, pour cet homme juste et droit, une place au paradis. Je ne saurais décrire l'amertume qui me remplit à la pensée qu'on me privait du réconfort de quémander le salut d'une âme qui m'était chère. Je crois que les larmes que je versai sur la dépouille de mon maître furent autant pour ma vie gâchée que pour la sienne, dont j'étais le seul échec. J'enfouis au plus profond de moi la colère que je ressentais. Je la garderais au froid et, lorsque le moment serait venu, je l'utiliserais.

Ta conscience t'accompagnera et te tourmentera sans cesse, m'avait annoncé Métatron. Il ne subsistait de cette auguste conscience que le peu que j'en avais absorbé. J'étais désormais seul, entièrement soumis à mes faiblesses et indigne de la confiance que les autres plaçaient en moi. Cela faisait partie, sans doute, de la peine qui m'était infligée.

Il ne me restait que Pernelle. Pour elle, j'avais mis en péril la quête pour laquelle j'étais ressuscité. J'avais risqué mon âme immortelle. Cela ne devait pas être en vain. Je déposai doucement la tête de mon maître sur le sol et me relevai, faisant appel à ce qu'il me restait de force pour me tenir debout. J'avisai Ugolin, accroupi auprès de mon amie, puis Raynal, les braies toujours sur les chevilles. Il reprenait ses esprits et, même gravement blessé, allait sans doute appeler à l'aide. Quand nos regards se croisèrent, j'y lus une peur intense qui me procura une immense satisfaction.

Je m'approchai lentement du traître, le désir de vengeance me rendant des forces et drapant un voile noir sur mon âme. Raynal s'agita frénétiquement et parvint à se remettre debout. Mon poing sur son visage l'empêcha d'ameuter le camp. Quelques dents en moins, il vacilla sur une jambe et retomba lourdement sur le dos, sonné et silencieux. Puis je fondis sur lui. Mille façons de mettre fin à sa vie s'offraient à moi. J'aurais pu plaquer ma main sur sa bouche jusqu'à ce qu'il cesse de respirer. J'aurais pu lui trancher la gorge et transformer ses cris en gargouillis. J'aurais pu fermer les doigts sur son cou et serrer jusqu'à ce qu'il expire. Mais je ne fis rien de cela. J'avais une vengeance à exercer et un serment à respecter. Je lui offris donc un baiser, ma main saisissant sa nuque et mes lèvres se pressant avec fougue contre les siennes. Ensuite, tout ne fut que ténèbres et je serais incapable de relater ce qui se déroula même si ma vie en dépendait. Lorsque je repris mes esprits, mon menton dégoulinait de sang chaud et je tenais la langue de Raynal entre mes dents.

Je la crachai négligemment, léchai lascivement le sang sur mes lèvres et lui souris. Sa bouche n'était plus qu'un trou béant et ensanglanté, mais dans ses yeux, l'effroi l'emportait sur la souffrance. En piquant les talons dans la terre battue, il recula en se traînant sur le derrière dans une futile tentative de m'échapper. Les chevilles entortillées dans les braies qu'il n'avait jamais pu remonter, il était ridicule et je ne pus m'empêcher de ricaner. Il geignit comme une femmelette apeurée en portant les mains devant son visage, comme si cela pouvait le protéger de mon ire.

— Te voilà soudain moins brave, maudite chiasse, murmurai-je.

De la tête, je fis signe au Minervois de me rejoindre. Blanc comme un linge, Ugolin me regardait avec un mélange de respect et de frayeur, se demandant sans doute si j'avais perdu la tête. Il m'obéit néanmoins et l'enserra dans un bras aussi solide qu'un étau et plaqua sa grosse patte sur sa bouche. J'empoignai à pleine main la modeste verge et les génitoires avec lesquels Raynal avait martyrisé Pernelle, je les étirai cruellement et j'appuyai la lame à la base.

— Celui qui vit par l'épée périra par l'épée, dis-je d'une voix sombre en vrillant mes yeux dans les siens.

Je serrai et j'attendis. Je désirais qu'il comprenne bien ce que j'allais lui faire, qu'il en imagine la douleur et les conséquences. Lorsque je vis ses yeux s'écarquiller d'effroi, je tranchai d'un coup sec. Puis, pour étouffer son cri, je lui fourrai l'organe inerte dans la bouche, là où sa langue aurait dû se trouver. Après, seulement, sans jamais que mes yeux ne quittent les siens, j'empoignai sa chevelure blonde et lui ouvris la gorge d'une oreille à l'autre. Pour Pernelle, chez laquelle il avait ranimé un cauchemar si difficilement surmonté. Pour Bertrand de Montbard, qu'il avait torturé jusqu'aux portes de la mort sans jamais briser son courage. Pour Ravier de Payns, qu'il avait si vilement trompé. Pour Daufina, l'innocente qu'il m'avait fait assassiner. Pour l'Ordre des Neuf, cette organisation à la mission si pure qu'il avait pourri de l'intérieur. Et pour tous les autres dont il avait causé la perte pour préserver sa propre vie. Je savais mieux que personne que Dieu s'occuperait de son châtiment. Mais j'étais ravi d'y avoir participé, même si cela s'ajoutait sans doute à mes fautes.

Je restai longtemps à admirer la scène, comme le célébrant exalté d'une macabre cérémonie. Si le Mal avait toujours été en moi, jamais il ne m'avait possédé aussi complètement qu'à ce moment. Ce fut la main d'Ugolin posée sur mon épaule qui m'extirpa de ma contemplation.

— Nous devons sortir d'ici avant que le jour se lève, dit-il. Viens. Nous n'avons plus rien à faire ici.

Il avait raison, évidemment. Déjà, à tout moment, des gardes pouvaient surgir dans la tente, croyant y trouver Montfort et son chien fidèle en train de torturer leurs prisonniers hérétiques, ou simplement dans l'espoir lubrique de prendre leur tour entre les cuisses ou les fesses de leur petite victime. Le couvert de la nuit représentait notre seule chance de sortir vivants du camp des croisés.

Je me dirigeai vers la pauvre Pernelle, qui gisait toujours sur le lit. Lorsque je fus près d'elle, elle tourna la tête. Je la dévisageai sans savoir quoi dire. Je n'ignorais pas que, malgré les sévices qu'elle avait subis, elle désapprouvait mes gestes de tout son être. J'aperçus le sang qui mouillait son entrecuisse bafoué et je fis mine de détourner le regard, mais elle tendit la main et la posa sur mon visage, digne dans sa douleur. Sur sa bouche se dessina un sourire presque serein.

— Merci, murmura-t-elle simplement.

Puis elle se souleva et se blottit contre ma poitrine. Je sentis les sanglots silencieux qui secouaient son petit corps. Je la serrai fort, les yeux fermés, le cœur gonflé du remords de n'avoir pu, une fois encore, la protéger.

— Maintenant, insista Ugolin en se penchant sur nous.

Il m'enleva délicatement Pernelle et l'assit sur le lit. Comme une mère s'occupant de son enfant, il passa par-dessus sa tête la bure dont je m'étais affublé et couvrit sa nudité. Puis il la ramassa dans ses bras et se redressa.

Il me suffit de quelques secondes pour retrouver nos armes. Je remis celle d'Ugolin dans son fourreau et gardai Memento en main. Avant de sortir, j'abattis mon pied sur le visage de Simon de Montfort. Il ne le sentit pas, mais cela me fit grand bien.

QUATRIÈME PARTIE

Cancellarius Maximus

CHAPITRE 17

Asile

C'est toujours avant l'aube que la nuit est la plus noire. C'est aussi à ce moment que l'homme est le moins alerte et que le guerrier astucieux planifie ses attaques. Ce fut sans doute ce qui nous sauva la vie.

En écartant la toile de la tente pour jeter un coup d'œil dehors, je réalisai que deux ou trois heures tout au plus s'étaient écoulées depuis mon arrivée. Ce court intervalle avait suffi à faire basculer ma vie de nouveau. J'étais entré dans le camp en espérant retrouver Pernelle. Si j'en ressortais, ce serait avec elle et Ugolin, mais sans Bertrand de Montbard. J'étais arrivé enfant. Je repartirais homme.

Dehors, tout semblait tranquille. Je passai prudemment la tête à l'extérieur, mais je ne perçus aucun mouvement. Le camp des croisés dormait. Je sortis le premier et, après avoir évalué à nouveau les environs, je fis signe à Ugolin de me suivre. Son triste fardeau dans les bras, il obtempéra. Nous avançâmes avec une extrême prudence entre les tentes encore debout, nous assurant de ne poser les pieds sur aucune brindille dont le craquement trahirait notre présence. Nous n'avions qu'une chance de sortir du camp sans ameuter ses habitants et nous devions le faire avant qu'ils s'éveillent pour se mettre en marche. Memento bien en main, j'avais conscience que, Ugolin portant Pernelle, j'étais le seul à pouvoir nous défendre si jamais nous étions découverts. Dans l'état où j'étais, cela représentait un bien mince espoir de survie.

À mon arrivée, j'avais observé que les gardes étaient disposés en cordon autour du camp et, quand nous parvînmes en vue du périmètre, je constatai qu'il était toujours hermétiquement gardé. J'eus beau évaluer les options, je ne vis pas de porte de sortie. Nous étions coincés au milieu de l'ennemi, et sous peu le soleil révélerait notre présence. Dès qu'on constaterait la mort de Montfort et de Raynal, l'alerte serait donnée et je ne donnais pas cher de notre peau.

Ce fut alors que Roger Bernard de Foix démontra providentiellement à quel point il était un habile général. J'étais là, à me demander comment sortir du cul-de-sac dans lequel nous étions fourrés, lorsque le grondement des sabots explosa dans la nuit. Après un moment de surprise, des cris d'alarme retentirent et le camp fut pris de frénésie. J'attrapai Ugolin par le bras et le tirai à l'écart, derrière une tente qui se trouvait près d'un buisson. Nous nous tapîmes dans le noir, protégeant Pernelle de nos corps, juste à temps pour ne pas être vus par les hommes qui en émergeaient, l'arme au poing.

— Le jeune comte a décidé de faire une nouvelle sortie, murmurai-je en scrutant la pénombre devant moi. Il apparaît à temps. Attendons de voir ce qui se passe. À la première occasion, partons d'ici.

La nuit était sombre. De rares étoiles constituaient son seul éclairage. Roger Bernard avait parfaitement choisi son moment. Le vacarme des chevaux se rapprochait vite et les croisés s'agitaient dans tous les sens pour former une ligne défensive face aux Toulousains. Une minute plus tard, le choc des armes éclata. Pour autant que je puisse le déterminer, une centaine de cavaliers cathares appliquaient notre stratégie initiale, se contentant d'écrémer les premiers rangs de leurs adversaires sans céder à la tentation de s'y enfoncer. Pour contrer l'attaque, tous les croisés se massèrent vers le front. Ils furent vite débordés et leurs officiers avaient tout le mal du monde à maintenir la discipline de leurs troupes. À force de braire des ordres, ils y parvinrent et offrirent aux hommes de Roger Bernard une résistance accrue qui sonna la fin de leur attaque.

Foix nous prit tous par surprise. Car alors même que les croisés croyaient avoir repoussé l'ennemi, une cinquantaine de ses hommes surgirent de l'autre extrémité du camp, délaissé par les soldats qui s'étaient lancés dans l'affrontement. À leur tête galopait le jeune comte, l'arme au poing. Les hommes de Montfort se retrouvèrent pris entre deux feux et leur déroute fut totale. Saisissant l'occasion, je me levai, Memento toujours en main, et titubai vers les Toulousains, Ugolin me suivant de près.

Lorsque je fus près d'eux, Roger Bernard se retourna. Dans la pénombre, je le vis se raidir de surprise. Soulagé, je m'arrêtai. Puis quelque chose me déchira le dos. Foix disparut et avec lui le monde autour de moi.

———

Je m'éveillai dans un lit chaud et douillet. En ouvrant les yeux, je ne reconnus pas l'endroit. Les idées embrouillées, j'en conclus que j'avais été à nouveau capturé. Je fis mine de me dresser sur mon séant, mais une douleur vive me frappa à la hauteur de l'omoplate droite et me coupa le souffle. Je retombai sur le dos, haletant et sans forces.

— Reste tranquille, fit une voix familière.

Je tournai la tête. Deux silhouettes se tenaient côte à côte près de ma couche. Je clignai des yeux à plusieurs reprises et elles finirent par fusionner en une seule. Roger Bernard de Foix sourit et s'assit sur le bord du lit.

— Où suis-je? m'enquis-je avec un filet de voix.

— Dans ma chambre. Dans les circonstances, c'était le moins que je puisse faire.

— Pernelle…? fis-je d'une voix faible, n'osant pas formuler ma question.

— Ne crains rien, mon ami, dit-il, un large sourire éclairant son visage. Tu as réussi. Elle est saine et sauve. Et Ugolin aussi. Il est lacéré comme un forçat, mais je crois que rien n'en viendra jamais à bout de celui-là.

Le réconfort que je ressentis fut intense. Je fermai les yeux et laissai échapper un long soupir. Puis je tentai de changer un peu de posture et la douleur me traversa à nouveau.

— Essaie de ne pas trop bouger, sinon ta blessure va se rouvrir et tu as déjà assez saigné comme ça. Tu étais blanc comme un linge quand je t'ai ramené ici.

Je passai la main sur ma poitrine et découvris qu'elle était enveloppée dans un épais bandage serré. Je l'interrogeai du regard.

— Tu es dans un sale état, expliqua-t-il. D'après le Parfait qui s'est occupé de toi, tu as quelques côtes cassées et il lui a fallu plusieurs pieds de fil pour recoudre toutes les coupures que tu avais au visage. Sans compter les bleus et les bosses. Et puis…

Hésitant, il se mordilla la lèvre inférieure.

— Et puis quoi?

— Eh bien… J'espérais profiter du fait que les croisés étaient occupés avec mes hommes pour m'infiltrer dans leur camp par-derrière et te retrouver si je le pouvais. J'ai réussi mieux que je ne le croyais! Lorsque tu as surgi de derrière cette tente, tu as pris tout le monde de court. Tu avais ton arme à la main et… euh… un de mes hommes t'a confondu avec un croisé. Il allait t'embrocher quand je l'ai arrêté. Tu t'en es tiré avec une vilaine entaille sous l'omoplate, mais on m'assure que le poumon n'est pas crevé. Tu dois seulement rester tranquille quelque temps. Et, autant que faire se peut, éviter de tousser. Ou de rire. Mais bon, tu ne ris pas souvent.

La remarque me fit sourire et Roger Bernard me le rendit, satisfait. Un domestique frappa, puis entra avec un plateau sur lequel se trouvaient une cruche de vin et deux gobelets. Il le déposa sur la table, près du lit, avant de se retirer. Le jeune comte nous versa deux rasades.

— Mais tu peux certes boire. Tout le monde sait que le vin aide la guérison, dit-il en me faisant un clin d'œil.

Il leva son verre.

— À la tienne. Je n'y croyais pas, mais tu as réussi, bougre d'illuminé, dit-il avec admiration.

Je bus sans enthousiasme.

— Plus ou moins. J'ai perdu Montbard.

Le sourire quitta le faciès de Roger Bernard.

— En guerre, les pertes sont inévitables, fit-il avec une moue embarrassée. Je parierais mes terres qu'il est mort dans l'honneur, comme le soldat qu'il était.

— Tu n'as pas idée. J'ai aussi retrouvé Raynal. Ce fils de chienne nous avait trahis…

Je lui racontai tout ce qui s'était déroulé pendant mes quelques heures de captivité. La torture qu'avaient subie Montbard et Ugolin, la façon dont on m'avait battu, le viol de Pernelle, la manière dont nous avions fini par retrouver notre liberté et le terrible tribut que cela avait exigé. Évidemment, je tus toute référence à l'Ordre des Neuf, qui avait été à l'origine de tout ce gâchis. La réputation de cruauté des croisés suffisait amplement à justifier mon histoire.

— Tu seras content d'apprendre que Montfort a levé le camp ce matin, à l'aube, en emportant les forces qui lui restaient, m'informa Roger Bernard. Ils avaient tous l'air de chiens battus !

— Montfort est mort, le corrigeai-je.

— Ah oui ? Alors le diable lui a donné un frère jumeau, car, même de loin, il n'y a aucun doute : c'était bien lui qui chevauchait à la tête de ses troupes.

Je lui relatai le traitement qu'Ugolin lui avait réservé.

— Alors il devait seulement être inconscient, suggéra le jeune Foix. Chose certaine, il est bien vivant.

— Cette ordure est comme un chat, maugréai-je. Il a neuf vies.

Il vida son gobelet d'un trait et le posa sur la table. Puis il se leva.

— Au moins, tu lui en as enlevé une ou deux. Maintenant, tu dois te reposer. Les Parfaits me l'ont bien précisé et je n'ai pas le courage de braver leurs interdits.

— Puis-je voir Pernelle?

— Patience. Elle se porte bien, mais elle est… ébranlée. Il lui faut du temps. Les Parfaites s'occupent bien d'elle.

Il allait sortir lorsqu'il s'arrêta, la main sur la porte, et se retourna.

— Tu lui as vraiment arraché la langue avant de lui fourrer ses génitoires dans la gueule? s'enquit-il avec un sourire coquin.

— Et sa queue aussi. Avec un plaisir que tu ne peux même pas imaginer.

— Bien, fit-il en hochant admirativement la tête. Fort bien. Plus je te connais, plus tu me plais! Rappelle-moi de ne jamais entretenir de désaccord avec toi!

Il m'observa longuement, puis un sourire à la fois entendu et menaçant se forma sur sa bouche.

— Au fait, quelqu'un insiste pour te voir.

Il sortit en laissant la porte entrouverte. Quelques instants plus tard, Cécile fit son apparition. Dès que la porte fut refermée, elle se précipita vers mon lit, s'agenouilla et me serra dans ses bras en posant sa tête sur ma poitrine. Je grimaçai de douleur tout en m'abandonnant au plaisir de son étreinte. Elle finit par s'apercevoir qu'elle me faisait mal, car elle se glissa prudemment dans mon lit et blottit son corps tout entier contre le mien.

— Tu as perdu une dent, dit-elle, souriant avec tendresse en caressant doucement mon visage.

— Je ne dois pas être beau à voir, répondis-je.

— Non. Tu es fort laid, ricana-t-elle. Et je t'aime encore plus qu'avant.

Je m'abandonnai à la chaleur qui réconfortait mon corps et mon âme et m'endormis presque aussitôt.

Nous étions le vingt-neuvième jour de juin de l'An du martyre de Jésus 1211 et la victoire de Toulouse était célébrée dans la ville. Ébranlés par la mort de Montbard, Pernelle, Ugolin et moi n'avions pas le cœur à la fête.

Ma convalescence fut beaucoup plus longue que je ne l'aurais voulu. Je n'avais pas le temps de flâner dans un lit, si douillet soit-il. Je n'avais pas davantage le cœur à y rester. Les images de Montbard, mutilé et mort dans mes bras, et celles de Pernelle, violée par Raynal et à nouveau brisée, me hantaient jour et nuit. Seul le sentiment d'urgence qui ne me quittait pas leur disputait mon attention. En ce moment même, la réponse finale du *Cancellarius Maximus* se trouvait peut-être sous la dalle, et j'étais là, allongé comme une courtisane langoureuse, incapable d'aller la chercher. Or, je savais maintenant que Montfort était au courant de l'existence de la cache. En ce moment même, il s'était peut-être déjà emparé de la réponse du Chancelier.

J'avais bien tenté une fois ou deux de me lever, mais j'en avais été quitte pour la sensation d'être transpercé de part en part par une épée. Mes côtes cassées étaient horriblement douloureuses et toute inspiration me faisait vaciller. Je ne pouvais même pas imaginer brandir Memento. Même si cela m'enrageait, je dus donc me résoudre à rester au lit et laisser le temps au temps en souhaitant que ma récupération soit la plus rapide possible. Pendant plusieurs jours, je dormis beaucoup, mes seuls moments d'éveil se passant en compagnie de Cécile, qui était là chaque fois que j'ouvrais les yeux et qui s'affairait à me faire boire et manger avec la tendresse d'une mère. Je soupçonnais fort que ma somnolence était due aux Parfaits, qui portaient mes repas à ma chambre trois fois par jour et qui y ajoutaient sans doute quelque concoction de leur cru pour me forcer à me reposer. Chaque matin, l'un d'eux changeait mes pansements et tâtait mes côtes meurtries pour mesurer leurs progrès. Malgré mes protestations sonores, qui n'étaient pas sans me rappeler celles de Montbard, il en profitait pour enduire mes plaies recousues de cet onguent qui empestait la pourriture. J'ignore si on désirait s'assurer que je ne quitte pas ma couche, mais je ne trouvai de vêtements nulle part dans la chambre.

Puis, un matin, cette routine fut brisée. Je dormais comme une souche lorsque j'entendis la porte s'ouvrir. Je supposai qu'on m'apportait la bouillie de blé et de miel et le lait de chèvre chaud qui constituait mon ordinaire, mais en ouvrant les yeux je découvris avec étonnement qu'il ne faisait pas tout à fait jour. J'entendis le léger claquement du plateau qu'on posait sur la table. Le Parfait était-il simplement en avance ? Je m'attendais à ce qu'il me secoue pour me réveiller comme chaque matin, mais une main caressa plutôt mes cheveux. J'ouvris les yeux et je souris, anticipant déjà le plaisir de sentir Cécile contre moi. Mais elle ne vint pas me rejoindre. Intrigué par son comportement, je me retournai en ménageant mes côtes tendres.

Pernelle était là, toute vêtue de noir. Elle avait beaucoup maigri et ses yeux étaient profondément cernés. Aux coins de sa bouche, je pus apercevoir de petites rides qui n'étaient pas là auparavant. Elle me rendit mon sourire sans qu'il n'atteigne ses yeux. Ses blessures étaient bien plus morales que physiques et je compris qu'elle cherchait une certaine paix dans l'oubli d'elle-même. Je sentis une boule se former dans ma gorge. Tout ce qu'elle avait subi dans sa vie était à cause de moi.

Elle s'assit sur mon lit, me tendit le bol et me regarda manger la bouillie sans rien dire. Sur l'entrefaite, la porte de ma chambre s'entrouvrit et Cécile entra. En voyant Pernelle, elle s'arrêta, nous dévisagea avec tendresse et sourit. Pernelle et elle échangèrent un regard complice qui ne m'échappa pas.

— Je repasserai, dit-elle avant de sortir et de refermer.

Lorsque nous fûmes seuls, Pernelle parla enfin.

— Tu l'aimes, n'est-ce pas ? demanda-t-elle avec douceur.

— Les choses ne sont pas aussi simples, rétorquai-je sans pouvoir m'expliquer davantage.

— Tu as droit au bonheur, mon bon ami, fit-elle en me caressant la joue. Et quand on aime vraiment, on trouve toujours le moyen.

Elle baissa les yeux et resta là, piteuse. Il me fallut un moment pour comprendre ce qui se passait en elle. Je tendis la main et, lorsqu'elle finit par y déposer la sienne, je la serrai affectueusement, rassemblant toute la tendresse dont j'étais capable, ce qui était bien peu.

— Pernelle, murmurai-je, jusqu'à mon dernier jour, nul n'occupera ta place dans mon cœur. Elle est à toi depuis l'instant où je t'ai connue, quand tu m'as sorti du trou où Césaire et les autres m'avaient abandonné. Tu te rappelles?

— Oui, dit-elle en hochant la tête avec nostalgie.

— Personne ne te remplacera. Pas même Cécile.

Elle sourit tristement et serra ma main à son tour. Puis elle la porta à sa bouche. Dans ses yeux, je vis briller quelques larmes qu'elle retenait difficilement.

— Et toi de même, Gondemar, dit-elle. As-tu souvenance de ce baiser échangé quand nous étions encore enfants?

— Oui. Mon premier…

Elle sourit, un peu triste.

— Je crois qu'une petite partie de moi a toujours rêvé qu'un jour je serais tienne. Même si c'était impossible, bien avant que je devienne Parfaite. Nous conservons tous un peu de nos désirs d'enfant, je suppose.

— Je ne sais pas. Parfois, aussi, on les perd.

Elle lâcha ma main et se leva d'un coup sec, visiblement mal à l'aise dans l'intimité qui s'était installée.

— Mais tout cela est sans importance, dit-elle. Cécile est une fort bonne personne et tu mérites un peu de bonheur.

Pernelle se dirigea vers la porte.

— J'ai des patients à voir, déclara-t-elle.

Je la regardai sortir sans rien dire. Si quelqu'un sur cette terre ne méritait pas le bonheur, c'était moi.

Plus tard dans la journée, Roger Bernard fit irruption dans ma chambre. Il entra d'un pas décidé en refermant sèchement la porte et s'avança vers mon lit.

— J'aimerais discuter de ma sœur, dit-il, l'air extrêmement sérieux.

— Quoi, ta sœur?

— Ne fais pas l'innocent, gronda-t-il. Cécile. Tes sentiments à son égard sont-ils nobles?

— Bon Dieu… Tout le monde le sait ou quoi?

— Vous n'êtes guère discrets. Alors?

Je laissai ma tête retomber sur l'oreiller et fermai les yeux.

— Cécile m'est très précieuse.

— Bien, c'est ce que je voulais entendre. Tu as amplement prouvé ta valeur, Gondemar de Rossal. Tant mon père que moi considérons que tu n'es pas le parti que nous souhaitions. Mais il est clair qu'elle t'aime. De plus, nous avons une dette envers toi. Ceci dit, si jamais tu lui fais du mal, tu auras affaire à moi. Tu me comprends bien?

Je hochai la tête en signe d'acquiescement. Il se dirigea vers la porte.

— Et pour l'amour de Dieu, essaie de ne pas l'engrosser avant les noces, bougre de paillard, me dit-il avant de sortir, un sourire dans la voix.

Voilà. Moi, un damné qui n'avait fait que pourrir la vie de ceux qui l'entouraient, je venais d'admettre que je tenais à Cécile de Foix. Je l'aimais, que je le veuille ou non. Jamais auparavant je n'avais ressenti un pareil sentiment. Il était promis à l'échec, mais il était là, bien logé en moi. Je donnerais mon âme pour Cécile, mais elle ne m'appartenait pas. Je ne lui apporterais que misère, j'en étais conscient. Quiconque s'approchait de moi payait un tribut obscène. Mais comment pouvais-je résister? *Ne te laisse pas détourner de ta voie par ceux que tu crois aimer!*

Ne te laisse pas séduire par une existence que tu ne peux avoir! Tu n'en as ni le temps, ni le droit! Mentalement, j'envoyai paître Métatron. Sa Vérité, je la trouverais et je la protégerais, tout en essayant de tenir Cécile loin de tout cela. Après, peut-être, Dieu me donnerait-il enfin une seconde chance. Une vraie.

Après plus d'une semaine à récupérer, je me trouvais en bien meilleur état. Mes enflures avaient disparu et mes coupures s'étaient refermées, de sorte que mon visage avait repris forme humaine. Mes côtes restaient très tendres, mais la douleur s'avérait désormais supportable. Certes, je n'avais pas la forme pour faire la guerre, mais j'étais capable de me livrer à des activités légères.

Pernelle me visita plusieurs fois par jour pour m'examiner, mais avec délicatesse elle laissa toujours à Cécile le soin de me nourrir. Après notre discussion, les deux me visitèrent parfois ensemble et je constatai qu'elles semblaient être devenues les plus grandes complices du monde. Le plus souvent, toutefois, ma pauvre amie venait seule. Malgré ses sourires forcés, je surprenais parfois son regard vague. Je tentais de savoir comment elle se portait réellement, mais elle esquivait toujours mes approches, invoquant son travail pour me fuir. Pendant plusieurs jours, nous nous contentâmes de discuter de tout et de rien. Puis, un matin, alors qu'elle venait de retirer les sutures sur mes plaies, je lui attrapai le bras et la tirai vers moi.

— Pernelle, dis-je, en ne sachant soudain quoi ajouter.

Résignée, elle s'assit sur le lit et me posa l'index sur les lèvres.

— Chut… Ce que je vis, je l'ai déjà vécu, tu le sais, murmura-t-elle avec un fond de tristesse mêlée de sérénité. Mais à cette époque, je n'avais pas trouvé Dieu. Ne crains pas pour moi, mon ami. La chair n'a pas d'importance.

— Tout ce qui ne te tue pas te rend plus forte, alors. C'est ça?

— Si l'on veut. La perfection ne s'atteint que par l'épreuve. J'ai mal dans ma chair et dans mon âme, c'est vrai, mais le temps me guérira. D'ici là, je suis vivante et je peux continuer à être utile aux autres. C'est tout ce qui compte.

— Et toi? Tu ne comptes pas? demandai-je en serrant ses mains dans les miennes.

— Je me suis engagée voilà longtemps à servir autrui. C'est ce qui définit mon existence et cela me suffit.

Elle se pencha vers moi et me posa un baiser sur la joue.

— Je te dois la vie, Gondemar. Je ne l'oublierai pas.

— C'est à Bertrand de Montbard que tu la dois.

— Ne crains rien, il est dans mes prières. En ce moment même, l'insupportable vieux bouc doit être en train de rendre Dieu complètement fou.

Malgré moi, je m'esclaffai. Elle se leva, se dirigea vers la sortie et s'arrêta.

— Merci, dit-elle.

— De quoi?

— D'être là. Après… tu sais, après, j'étais perdue dans cet endroit, très loin, comme à Rossal. C'est ta présence à mes côtés qui m'en a ramenée. Sans toi, je crois bien que je ne serais jamais revenue.

— C'est bien la première fois que j'ai un effet bénéfique sur la vie de quelqu'un, grognai-je.

Elle sourit avec tolérance.

— Il n'était pas nécessaire de faire ce que tu as fait à Raynal.

— Oh, si.

— Pour toi, la violence a toujours été la réponse à tout. Chacun de nous doit mater des passions différentes. Tu es ce que tu es. Et tu resteras toujours mon tendre ami.

— Mon amitié est une chose périlleuse, Pernelle. Tu serais plus en sécurité sans elle.

— Plus seule aussi.

Je me levai brusquement du lit.

— Bon, la philosophie n'est pas pour moi. M'autorises-tu à sortir d'ici?

— Tout dépend. Seras-tu raisonnable?

— Je m'y engage sur l'honneur, dis-je, en posant dramatiquement la main sur le cœur.

— Tes côtes guérissent bien. Tu as le droit de marcher, mais ne fais pas d'efforts inconsidérés. Je te ferai porter des vêtements.

— Et mon arme?

— Bien entendu, soupira-t-elle en roulant les yeux. Je ne vais quand même pas te laisser te montrer en public sans un instrument de mort au côté.

Elle franchit l'embrasure puis tourna la tête.

— Et tant qu'à y être, on t'apportera un rasoir, aussi. On dirait que tu as un hérisson sur le visage.

— Et Ugolin? Je peux le voir?

Avant de partir, elle m'expliqua où je pourrais trouver mon camarade.

———

Une heure plus tard, j'avais revêtu des braies et une chemise neuves, gracieusetés de Roger Bernard. En plus de Memento, qu'il avait pris soin de faire affiler par son armurier personnel, il m'avait fait porter des bottes de cuir souple qui m'allaient à la perfection. Lorsque je bouclai mon ceinturon et que mon fourreau appuya contre ma cuisse, je me sentis revivre, n'en déplaise à Pernelle. Fraîchement rasé, mes longs cheveux roux attachés sur la nuque, je sortis, goûtant l'impression de mettre fin à une longue incarcération. Une fois dehors, je m'arrêtai sur le seuil du châtelet et humai l'air matinal.

La première chose que je fis fut de visiter Ugolin, que j'avais vu pour la dernière fois alors qu'il portait Pernelle, inerte. Quand j'entrai dans l'infirmerie, je ne pus m'empêcher de sourire. Mon amie était vraiment sur la voie de la guérison. Elle avait enfourché un homme assis sur une chaise et, armée de pinces, tirait en grognant sur l'une de ses dents. La bouche béante, gémissant comme une truie qu'on égorge, le pauvre hère semblait évaluer sérieusement la pertinence de conserver l'abcès qui l'avait mené là, mais Pernelle n'était pas du genre à abandonner et je savais fort bien qu'elle ne le laisserait fuir qu'une fois que le chicot récalcitrant serait extrait.

Puis j'aperçus Ugolin. Le colosse avait été recousu autant que moi et, pour avoir vu l'état de son dos et de son torse, je ne doutais pas qu'il était aussi couvert de bandages. Mais tout cela n'était déjà plus qu'un mauvais souvenir pour lui. Il se tenait près de Pernelle avec une admiration presque servile, tenant pour elle une chaudière d'eau chaude dans laquelle elle trempait périodiquement son instrument de torture. En les observant, je réalisai que ces deux-là s'aimaient à la façon d'enfants inséparables. Je savais pertinemment que jamais un cathare n'entretiendrait de pensées impures pour une Parfaite, et l'inverse encore moins, mais je les enviais. Aimer, tout simplement, sans arrière-pensées, était une chose que je ne connaîtrais jamais. J'avais Cécile à portée de main et je ne cessais de remettre en question mon sentiment, de peur de lui apporter le malheur.

— Te voilà en forme, Ugolin ! m'écriai-je en forçant un rire.

Il se retourna et son visage s'éclaira d'un vaste sourire. Il consulta Pernelle du regard et celle-ci hocha la tête pour l'autoriser à l'abandonner un moment. Aussitôt, il déposa la chaudière et accourut vers moi, les bras grands ouverts.

— Hé ! dis-je en levant les mains pour me protéger. Retiens-toi de me serrer, tu veux ? J'ai des côtes brisées, moi !

Modérant son enthousiasme, il se contenta de m'empoigner par les épaules et de me secouer un peu, ce qui m'arracha à la fois une grimace de douleur et un ricanement de plaisir.

— Dame Pernelle m'a dit que tu allais mieux. Mordieu, que je suis heureux de te voir !

— Moi aussi, gros balourd, répliquai-je en lui donnant une bourrade sur l'épaule. Sans toi, je ne serais pas là.

— Mais ça valait la peine, juste pour voir Raynal avaler ses propres couilles, s'écria-t-il rieur, faisant froncer les sourcils de Pernelle. Rappelle-moi de ne jamais te faire enrager, d'accord ? Mes génitoires ne servent pas aussi souvent que je le voudrais, j'en conviens, mais je les aime là où elles sont.

— Disons que je m'emporte un peu, parfois...

— Alors tu te sens mieux ? Vraiment ? Tu étais salement amoché.

— Encore loin d'être en forme, mais ça reviendra. Et toi ?

— Dame Pernelle ne cesse de me badigeonner avec cet onguent qui pue. À part ça, tout est encore à sa place. J'ai juste un peu mal, parfois.

Entre-temps, Pernelle finit par arracher la dent infectée, comme me l'indiqua le hurlement d'agonie du patient. Elle examina fièrement le chicot dans ses pinces, puis posa le tout, fit mordre le patient dans un chiffon et vint nous rejoindre.

— Mes deux hommes préférés, à nouveau sur pied. Cela fait plaisir à voir.

Ugolin et moi nous regardâmes.

— Il ne manque que Montbard, murmura-t-il, attristé. Quand je pense qu'il n'a même pas eu une sépulture décente.

— La chair n'est rien, Ugolin, dit Pernelle en caressant affectueusement son bras massif. Ce corps, il l'avait déjà quitté. Un enterrement n'aurait rien changé au sort de son âme.

— Je sais, mais tout de même, fit le géant, penaud. Juste l'idée qu'il pourrit là-bas, cela me brise le cœur.

Pernelle força un sourire.

— Gondemar, je dois te reprendre Ugolin. Depuis qu'il se sent mieux, il transporte les choses lourdes pour moi, il tourne les malades dans leur lit et accomplit toutes sortes de tâches utiles. Sans lui, je ne sais pas ce que je deviendrais.

Ugolin rougit, flatté, et m'adressa un sourire radieux. Je compris alors que Pernelle, en mettant ainsi le Minervois à son service, contribuait à sa propre guérison. Avant qu'elle ne retourne à son travail, je saisis le bras de Pernelle.

— Comment vas-tu? lui demandai-je avec le plus grand sérieux.

— Je te l'ai déjà dit. Ma vie avait un sens avant et elle en a toujours un. Ne parlons plus de cela, tu veux bien?

— D'accord.

Elle retourna auprès du patient, qui gémissait toujours.

— Allez, va l'aider, dis-je à Ugolin. Et fais attention à elle, ajoutai-je lorsqu'elle se fut éloignée un peu. Avec ce qu'elle a vécu…

— Ne t'en fais pas, fit le géant avec un clin d'œil. Elle pense qu'elle me distrait, mais c'est plutôt moi qui lui change les idées.

Je quittai l'infirmerie le cœur plus léger. Ils étaient en vie et en voie de guérison. L'un du corps, l'autre de l'âme.

———

La marche vers la place de l'église Saint-Sernin me demanda beaucoup plus de temps qu'avant. Le souffle court, j'avais encore des douleurs dans les côtes et, malgré mon jeune âge, je me déplaçais comme un vieillard goutteux. En chemin, je fis le point sur la situation. La Vérité conservée à Montségur avait été trahie par un de ses gardiens, mais elle était toujours en sécurité. Mort, Raynal ne pourrait plus manigancer pour s'en emparer et ceux qui restaient étaient, jusqu'à nouvel ordre, loyaux. En ce moment même, Eudes et Esclarmonde étaient peut-être déjà en train de planifier ma succession. Si tel était le cas, j'espérais de tout cœur qu'Eudes soit le prochain *Magister*. Il en avait l'étoffe, mille fois plus que moi. Il était solide et droit. Il saurait veiller sur les documents. Quant à l'autre part de la Vérité, tout dépendait de ce que je trouverais dans la cache – si je trouvais jamais quelque chose. Après tout, j'avais amplement outrepassé mes privilèges. Mon instinct me disait que le *Cancellarius Maximus*, ultime responsable de la Vérité, n'était pas du genre à tolérer l'indiscipline.

D'un pas mesuré, j'arpentai donc les rues de Toulouse en direction de la place. Je constatai vite que la victoire avait eu un effet tangible. Partout, les gens étaient plus exubérants, leurs sourires plus francs. La ville bourdonnait d'activité, comme si elle voulait affirmer qu'elle était plus en vie que jamais maintenant que le siège était levé. La marchande qui m'avait indiqué la direction de Saint-Sernin me reconnut et son visage s'éclaira.

— Eh! Vous autres! s'écria-t-elle. Regardez! C'est sire Gondemar de Rossal!

Elle contourna son étal, s'approcha de moi en même temps que les gens qui se trouvaient sur la place et me posa une bise vigoureuse sur chaque joue. Puis elle me saisit par les épaules et me dévisagea avec émotion.

— Toi et ton gros compagnon, vous avez risqué vos vies pour sauver ton amie, dit-elle. Grands dieux, il nous faut davantage de preux comme vous! Pas vrai, vous autres?

La vitesse à laquelle la nouvelle s'était répandue dans la ville m'étonna. La foule qui se massait autour de moi acquiesça par des acclamations et des vivats enthousiastes qui m'embarrassèrent beaucoup. Je cherchai une échappatoire, mais les Toulousains étaient bien décidés à me célébrer. Ils me couvraient de claques dans le dos et de félicitations. Je fis de mon mieux pour accepter le tout avec grâce et m'éclipsai aussi vite que je le pus. En sauvant Pernelle, je n'avais fait que rectifier une situation qu'avait causée mon existence. Et encore, je n'avais pas vraiment réussi. Bertrand de Montbard était mort.

Lorsque j'atteignis la place Saint-Sernin, j'attendis un moment que la voie soit libre, sans succès. À cette heure, Toulouse grouillait de monde. Je me dirigeai donc vers la dalle portant le sceau du *Cancellarius Maximus*. Pour ne pas attirer l'attention, je m'assis par terre et retirai ma botte, faisant mine d'en extirper un caillou. Avec le plus de discrétion possible, je soulevai un côté de la dalle en la cachant avec ma chaussure et jetai un coup d'œil discret dessous. Rien. Frustré, je la replaçai, remis ma botte et me levai.

Sur le chemin du retour, je contournai soigneusement le marché. Je n'avais pas le cœur à être fêté de nouveau.

Je crus bon de ne plus priver Roger Bernard de sa chambre et je réintégrai celle qu'on m'avait attribuée dès mon arrivée à Toulouse. Là, en me cachant de Pernelle et de Cécile, qui m'auraient vertement tancé si elles l'avaient su, je commençai à tester mon corps. Je ne me sentais pas aussi faible qu'après mon réveil à Minerve, loin de là. Mes muscles étaient forts et mes réflexes bons, mais mes maudites côtes me causaient un mal de chien. Le moindre mouvement brusque était comme un coup de poignard dans les flancs. C'est donc avec une grande prudence que je repris l'exercice avec Memento en traçant les huit lents et contrôlés que m'avait enseignés mon maître. À plusieurs reprises, un raclement dans mes côtes me fit craindre d'avoir aggravé mes blessures, mais je tins bon et, après deux ou trois jours, mes mouvements étaient déjà devenus plus faciles.

Chaque soir, en variant les heures, afin de ne pas attirer l'attention, je me rendais sur la place Saint-Sernin, prétextant que la promenade était bénéfique à ma récupération, ce que Pernelle acceptait sans faire de difficultés. Cécile insistant souvent pour m'accompagner, il n'était pas rare que je doive y retourner secrètement après l'avoir reconduite au châtelet. Jusqu'à présent, je n'y avais rien trouvé, mais je ne désespérais pas. Le *Cancellarius Maximus* me l'avait écrit lui-même : *ta requête est à l'étude et une réponse te parviendra en temps opportun.* Le message était clair : les choses se feraient à sa convenance. Il veillait sur la Vérité depuis un quart de siècle et il n'était pas pressé. Que cela me plaise ou non, c'était lui qui menait le jeu.

Malgré le plaisir que m'apportait la compagnie de Cécile, je ne pouvais m'empêcher de me demander ce que je ferais si la réponse arrivait enfin. Elle dut sentir mon tourment car, un soir que nous revenions d'une promenade, alors que j'étais enfermé dans un profond mutisme, elle m'interpella.

— Que se passe-t-il? Tu es bien songeur depuis ton retour. Est-ce la mort de ton maître d'armes qui te tiraille à ce point? Ou les souffrances de dame Pernelle?

— Il y a un peu de tout cela, mais je m'inquiète surtout de toi.

— Comment cela?

Je m'arrêtai et la pris par les épaules.

— Cécile, tôt ou tard, je devrai partir.

— Je l'ai toujours su, dit-elle en baissant les yeux. Si tu me promets de revenir, je t'attendrai.

— Je ferai de mon mieux. C'est tout ce que je peux te promettre.

— Cela me suffit.

Elle passa son bras sous le mien et, ensemble, nous retournâmes au châtelet. Je ne savais pas si je devais avoir le cœur lourd d'avoir à la quitter ou léger du fait qu'elle m'attendrait.

———

Parfois, le soir, Roger Bernard me rejoignait, et nous nous attablions pour discuter devant un verre de vin. Nous parlions de guerre, évidemment, mais aussi de la vie, de son éventuelle succession à son père sur les terres de Foix, et de toutes sortes d'autres choses dont la banalité me faisait du bien. J'écoutais plus que je ne parlais, ne souhaitant pas jeter trop de lumière sur mon passé, mais j'appréciais sa compagnie. Plus j'apprenais à connaître le jeune Foix, plus j'aimais sa détermination, sa témérité, son sens aigu de l'honneur et son esprit fin. Je me disais souvent que, s'il en avait eu le temps, Bertrand de Montbard aurait vu en lui toutes les qualités qu'il estimait et qu'il me l'aurait facilement préféré.

C'est après une de ces rencontres que se produisit une chose inattendue. J'étais couché depuis une bonne heure et, malgré quelques généreux gobelets vidés en compagnie du jeune comte, le sommeil ne me venait pas. Ce soir-là, Cécile n'était pas venue me rejoindre. Depuis que je lui avais annoncé mon éventuel départ, je la sentais triste et je respectais son besoin d'espace. Après tout, qu'avait-elle à espérer de moi? Malgré cela, je souhaitais seulement qu'elle me revienne. Le sentiment d'impuissance que j'éprouvais à attendre une réponse était aussi pour beaucoup dans mon insomnie. L'inquiétude que je ressentais encore pour Pernelle et le deuil qui me triturait les entrailles chaque fois que je songeais à Montbard n'y étaient pas étrangers non plus. Je me retournais en vain sans trouver de posture confortable.

Soudain, la porte de ma chambre grinça légèrement. Je souris en réalisant que Cécile avait décidé qu'il valait mieux profiter du temps que nous pouvions avoir ensemble. Je fis semblant de dormir et l'attendis, le cœur battant. J'anticipais déjà le léger froissement de sa robe qu'elle laisserait glisser sur le sol, puis la chaleur de son corps dans mon dos quand elle viendrait se blottir contre moi. Des pas, légers comme ceux d'un chat, s'approchèrent de mon lit. Puis il ne se produisit rien. Cécile n'aurait pas hésité ainsi.

Je roulai brusquement sur moi-même et une dague s'enfonça jusqu'à la garde dans la paillasse, à l'endroit précis où mon ventre s'était trouvé l'instant d'avant. À tâtons dans le noir, je saisis à deux mains le poignet de mon agresseur et le lui tordis cruellement pour lui faire lâcher son arme.

— Sacrebleu, fit une voix pendant que l'arme tombait sur la paillasse.

L'effort me déplaça quelque chose dans les côtes, mais je n'y fis pas attention. Bandant mes muscles malgré la douleur, j'empoignai les doigts de l'inconnu et les repliai à contresens jusqu'à ce qu'un craquement sec retentisse, suivi d'une plainte étouffée. Profitant de mon avantage, je le tirai vers moi et l'accueillis en lui écrasant mon front en plein visage. Presque aussi sonné que l'autre, je le poussai en bas du lit et lui tombai dessus. Un bref corps à corps s'ensuivit au cours duquel plusieurs coups furent échangés à l'aveuglette. Un genou s'écrasa dans mes côtes à plusieurs reprises et l'éclair qui me traversa le corps me coupa le souffle. Puis deux doigts tentèrent de s'enfoncer dans mes yeux. J'en mordis un jusqu'à l'os. Le sang chaud coula dans ma bouche et la prise de mon adversaire se relâcha. Faisant appel à tout ce qu'il me restait de forces, je serrai sa gorge et pressai mes pouces sous sa pomme d'Adam jusqu'à ce que je sente ses voies respiratoires se rompre sous la pression. L'homme s'affaissa et m'écrasa de tout son poids. Je sentis son dernier souffle sur ma joue.

Il me fallut longtemps pour trouver la force de me dégager de sous son corps. Lorsque j'y parvins, la douleur dans mes côtes fut telle que je restai allongé dans le noir sur les dalles de pierre froides, haletant et incapable du moindre geste. Puis j'arrivai à me relever et je titubai jusqu'à la porte.

———

Dans la chambre, quelques chandelles éclairaient le cadavre qui gisait sur le sol. J'étais assis sur un tabouret, les bras dans les airs, pendant que Pernelle refaisait mon bandage encore plus serré après avoir décrété qu'une de mes côtes s'était de nouveau cassée. Roger Bernard, lui, était accroupi près du mort et l'observait avec une moue perplexe.

— Foutre de Dieu, dit-il admiratif. Tu lui as broyé le gosier à mains nues.

— Aïe! m'écriai-je à l'intention de Pernelle. À force de serrer ce maudit bandage, tu vas finir par me casser les autres côtes!

— Tiens-toi donc tranquille au lieu de pleurnicher. Et ça se dit redoutable guerrier, me nargua-t-elle. Tu grommelles autant que...

Elle se tut brusquement et son visage prit une expression contrite.

— Je suis désolée, dit-elle.

— Montbard est mort, Pernelle, mais nous sommes vivants.
Il ne reste de lui que les souvenirs que nous en avons. Aussi bien
les partager librement. Où qu'il soit, le vieux bougre ne veut
certainement pas être oublié.

Mon amie sourit tristement et pêcha dans son coffre une
aiguille et du fil pour recoudre une plaie au-dessus du sourcil qui
s'était rouverte durant la rixe. Du bout des doigts, Roger Bernard
fit tourner la tête du mort afin que la lumière éclaire son
visage.

— Tu le connais ? demandai-je.

— Non, répondit-il, mais Toulouse est grande.

Il se remit debout et ramassa la dague qui traînait toujours
sur le lit.

— Pourquoi crois-tu qu'il t'a attaqué ? demanda-t-il en testant
le tranchant avec son pouce.

— Je n'en ai pas la moindre idée.

— On n'entre pas ainsi chez les gens pour les poignarder
seulement parce que l'envie nous en prend.

Je profitai du fait que Pernelle avait fini de me torturer et ran-
geait ses instruments dans son coffre pour hausser les épaules.

— En tout cas, il connaissait les lieux, reprit Foix. Il savait
exactement dans quelle chambre du châtelet te trouver.

Il se dirigea vers la porte, à l'extérieur de laquelle se tenaient
plusieurs gardes, en fit entrer deux et leur désigna le cadavre.

— Mettez-le dans l'étable et gardez-le, ordonna-t-il.

Les soldats s'exécutèrent et sortirent en emportant leur fardeau. Il me dévisagea à nouveau.

— Je vais voir si un de mes hommes le connaît. Pour le
moment, je poste un garde à ta porte en permanence. Je reviendrai dès qu'il y aura du nouveau.

— Foix ? l'interpellai-je.

— Quoi ?

— M'est avis qu'il serait plus prudent que cet incident demeure
secret. Il ne sert à rien d'annoncer sur tous les toits qu'on veut
ma peau.

Il hocha la tête et sortit, me laissant seul avec Pernelle.

— Tu crois que cela a quelque chose à voir avec l'Ordre des Neuf? demanda celle-ci sans préambule.

— Tu vois une meilleure raison de souhaiter ma mort?

— Quelques-unes, oui! Les ennemis ne te manquent pas, mon ami.

Elle se mit à énumérer les hypothèses en les comptant sur ses doigts.

— D'abord, Simon de Montfort n'est pas homme à accepter sereinement la défaite et ne t'inclut certes pas dans ses prières. Je ne serais pas surprise qu'il ait demandé à un complice à l'intérieur des murs de te mettre une dague à travers la gorge en guise de cadeau d'adieu. Ensuite, les croisés en général ont aussi mille et une raisons de t'en vouloir depuis que tu leur as tourné le dos et que tu leur tannes les fesses à la moindre occasion. Il se trouve sans doute également des officiers cathares qui n'aiment pas te voir prendre autant de place, toi qui n'es pas des nôtres.

— Soit, vu sous cet angle… J'imagine que je finirai bien par en savoir davantage.

— Si tu survis…

— Évidemment.

Que dire d'autre? Pour autant que Pernelle était concernée, la seule raison de notre voyage vers Toulouse avait été l'espoir d'assassiner Simon de Montfort. Je ne pouvais lui révéler la vraie nature de mes soupçons sans trahir plus qu'elle n'en devait savoir, même à titre de membre des Neuf. Mon instinct me disait que l'attaque était liée à ma tentative de contacter le *Cancellarius Maximus*.

Une idée me frappa tout à coup. Et si le Grand Chancelier lui-même avait commandé mon assassinat pour me punir d'avoir quitté Toulouse en contravention avec son ordre exprès? La brièveté et le ton ferme de son message trahissaient un individu habitué à ce que ses ordres soient suivis aveuglément. Était-ce suffisant pour mériter la mort? Ou le simple fait que j'aie eu l'audace de le contacter constituait-il une infraction suffisante?

Le moment venu, il remettra son sceau au MAGISTER *de son choix, faisant de lui le* LUCIFER, *porteur de la lumière divine*, disaient les instructions au *Magister. Le* LUCIFER *partira alors sans attendre pour Toulouse. Sous la parole divine, il trouvera une dalle portant le sceau, y déposera un mot annonçant son arrivée et attendra ses instructions.* J'avais fait beaucoup plus que cela, il me fallait l'admettre. Sans avoir reçu le sceau, j'avais pris sur moi de me rendre à Toulouse et je lui avais déclaré sans ambages que j'estimais le temps venu de rassembler les deux parts de la Vérité. J'avais fait fi de l'autorité qui lui avait été conférée par les familles fondatrices. M'avait-il trouvé présomptueux ? Sans doute. À sa place, je n'aurais pas apprécié une telle arrogance. Avait-il décidé que j'avais outrepassé mes privilèges et simplement résolu de m'éliminer pour assurer la sécurité de la Vérité ? Rien n'était impossible.

Lorsque Pernelle me quitta, j'étais profondément troublé. Je réalisais plus que jamais que je n'étais qu'un pion insignifiant sur un vaste échiquier dont je ne connaissais que quelques pièces, dans un jeu dont j'ignorais la plupart des règles. Je devais me méfier. De tous.

CHAPITRE 18

Ruptures

Le mois de juillet s'écoula dans le calme. Je n'entendis plus parler de mon agresseur et, sans l'oublier, je finis par ne plus trop y penser. Seuls les rapports qui nous parvenaient périodiquement nous confirmaient que la croisade était toujours en cours. Pour venger son humiliation, Montfort terrorisait les environs de Toulouse avec un zèle renouvelé. Il s'acharnait particulièrement sur les terres de Foix, espérant affaiblir l'adversaire qui lui avait tenu tête, et les histoires d'horreur qui nous étaient rapportées étaient à la hauteur de sa triste réputation. Elles parlaient de Parfaits torturés et brûlés, de femmes violées, d'enfants éventrés, de chevaliers pendus, de maisons incendiées, de fortifications rasées, de terres confisquées et de toutes ces choses qui composaient son ordinaire. Je ne me faisais pas d'illusion : notre victoire n'était que provisoire et ne faisait que repousser l'inévitable. Tôt ou tard, Toulouse tomberait, et avec elle s'effacerait ma piste vers la Vérité, à moins que le *Cancellarius Maximus* ne se décide à me redonner signe de vie, ce qu'il s'était entêté à ne pas faire jusqu'à maintenant.

Pour ajouter l'injure à l'insulte, une rumeur de plus en plus persistante circulait, selon laquelle Arnaud Amaury se verrait sous peu attribuer le siège épiscopal de Narbonne dont l'actuel titulaire, Béranger, semblait trop bien disposé envers les hérétiques au goût du pape. La seule pensée que l'affreux moinillon au sang froid comme celui d'un serpent puisse se prétendre évêque et guider ses fidèles me donnait la nausée. Mais Innocent III voyait les choses autrement et désirait récompenser le fidèle chien de chasse qui faisait régner la terreur et la mort sur le Sud depuis plus de deux ans.

Ce hiatus de tranquillité permit à mon corps meurtri de se remettre et, dès la fin de juillet, j'avais repris l'entraînement. Au début d'août, après une séance particulièrement mouvementée avec Ugolin, Roger Bernard m'attendait. Pendant que j'essuyais ma sueur avec le bras de ma chemise, il vint me rejoindre.

— Il y a du nouveau, dit-il à voix basse, l'air préoccupé.

— À quel sujet? demandai-je en remettant Memento au fourreau.

— Ton agresseur.

Il me prit par l'épaule pour m'entraîner à l'écart. Je me retournai vers Ugolin et, de la tête, lui fis signe de nous suivre. Je l'avais depuis longtemps mis au courant des événements survenus dans ma chambre et il s'était aussitôt autoproclamé mon garde du corps, tâche dont il s'était acquitté avec une admirable persévérance. Nous nous dirigeâmes tous les trois vers une barrique remplie d'eau de pluie près de laquelle était suspendue une louche de fer-blanc. Je la remplis et en versai le contenu sur ma tête et mon visage, puis me désaltérai. Je passai la louche à Ugolin, qui en fit autant.

— Alors? fis-je.

— Un de mes sergents a reconnu le cadavre.

— Après tout ce temps? Il a de l'imagination, ton homme! m'esclaffai-je. Il ne doit plus en rester grand-chose, de mon assassin!

— Comme personne ne semblait savoir qui il était, je me suis arrangé pour qu'il ne pourrisse pas trop vite. Après deux jours, je l'ai fait mettre dans une barrique pleine de sel.

— Comme un quartier de bœuf? Charmante attention, dis-je, amusé.

— Une viande ou une autre, dans les bonnes conditions, elle se conservera toujours. Il faut croire que j'ai eu raison.

Il se désaltéra à son tour.

— Tu m'as bien dit que tu ne savais pas qui était le comte de Toulouse, non ?

— J'en avais entendu parler, et pas en bien, je te l'assure, mais avant qu'il ne surgisse pendant notre débat, je ne le connaissais ni d'Ève, ni d'Adam. Pourquoi ?

— Parce que, curieusement, lui semble s'intéresser à toi. Figure-toi que l'individu qui a tenté de t'assassiner était un de ses hommes de main. Du genre à exécuter les sales petites besognes.

J'arquai le sourcil sans rien dire.

— Tu as une idée de la raison pour laquelle Raymond voudrait te voir mort ? demanda Foix.

— Absolument aucune.

— Cet homme est une véritable anguille. On ne sait jamais tout à fait ce qu'il manigance.

Tout en réfléchissant, j'essorai mes cheveux et les rattachai sur ma nuque.

— Tu m'as mentionné qu'il tentait de négocier avec Montfort pendant le siège, non ? demandai-je.

— En effet.

— Comment s'y prenait-il ?

— Oh, ce n'est rien de bien sorcier. Qui veut sortir de Toulouse malgré un siège y arrivera toujours par une des portes ou autrement. Il a sans doute envoyé quelques hommes porter ses messages.

— Alors, peut-être ma mort était-elle un des prix exigés par Montfort pour épargner les terres du comte. Ou, plus simplement, il aura soudoyé un des émissaires pour qu'il organise l'attentat. Après tout, l'homme n'aime guère la défaite et je l'imagine mal ne pas chercher la vengeance.

— Tu as sans doute raison, mais demeure sur tes gardes. Ce qui est arrivé une fois peut se produire encore.

— Ne crains rien, je serai vigilant. Et puis, avec Ugolin à mes côtés, je plains celui qui touchera à un seul de mes cheveux.

Malgré les arguments de Pernelle, Ugolin n'avait jamais eu la conscience tout à fait tranquille depuis qu'il s'était réveillé dans l'infirmerie. Le sort de la dépouille de Montbard le préoccupait fort et il y revenait sans cesse, tant et si bien qu'il finit par me convaincre de la nécessité de lui offrir une sépulture digne de lui. Pour tout dire, je n'avais pas été très difficile à persuader. L'idée de mon maître qui pourrissait seul dans le camp abandonné me triturait la conscience.

Par un matin ensoleillé, nous décidâmes donc de retourner sur les lieux de sa mort, dans l'espoir de retrouver quelque chose de lui que nous pourrions inhumer correctement. La tâche était sinistre, mais nous l'entreprenions avec détermination, sûrs de sa justesse. Averti de nos intentions, Roger Bernard s'était d'abord montré sceptique, mais il avait vite consenti. Il nous avait même offert une escorte, que j'avais déclinée. Les alentours étaient tranquilles depuis trois semaines et j'estimais que nous ne courrions aucun risque.

— Bien, mon ami, avait-il fini par dire en me serrant la main. Je comprends. Mais je serais quand même plus tranquille si quelques hommes t'accompagnaient.

— C'est une tâche qu'Ugolin et moi préférons accomplir seuls.

— Ton maître d'armes est mort depuis plus d'un mois, hésita Foix, mal à l'aise. Tu as songé à ce que tu trouveras? Dans cette chaleur, la chair se corrompt vite.

— Je sais, mais Montbard aurait fait la même chose pour moi.

— Soit. Si tu le ramènes, je verrai à ce qu'il soit inhumé dignement dans la crypte du châtelet.

Ugolin et moi sortîmes de la cité et franchîmes sans trop nous hâter le quart de lieue qui nous séparait de l'ancien camp des croisés. En regardant les alentours, j'avais du mal à croire que la guerre avait régné sur cet endroit qui n'était plus animé que par le chant des oiseaux sous un chaud soleil du Sud. N'eût été la raison de notre voyage, j'aurais eu l'impression de faire une balade d'agrément. Mais malgré le plaisir que j'éprouvais à retrouver Sauvage, qui me le rendait en s'ébrouant joyeusement, je me sentais triste. Je retournais vers le lieu où j'avais perdu mon maître. Nous emportions avec nous un linceul en lin blanc dans lequel nous espérions envelopper la dépouille.

Quand nous arrivâmes à destination, nous fûmes à même de constater la hâte avec laquelle Montfort avait levé le camp. Les quelques tentes encore intactes avaient été abandonnées et leur toile battait tristement dans la brise, donnant à l'endroit des airs de village fantôme. Çà et là, des quartiers de viande desséchés et couverts de mouches étaient encore embrochés au-dessus de feux éteints. Des vêtements et des couvertures traînaient sur le sol. La plupart des croisés tués pendant les deux semaines du siège avaient été brûlés ou jetés dans les fosses communes qui avaient été hâtivement comblées. Les bêtes sauvages s'étaient empressées d'en retirer leur pitance, et des membres à demi dévorés traînaient un peu partout. Par contre, ceux qui avaient perdu la vie pendant l'ultime sortie de Roger Bernard avaient été laissés là et se décomposaient à l'air libre. La puanteur était immonde et, même si Ugolin et moi avions vu notre part d'horreurs au cours des dernières années, il nous fallut toute notre volonté pour ne pas nous vomir les entrailles. Conseillés par Pernelle, nous avions emporté des mouchoirs imbibés de camphre que nous nous empressâmes de nouer derrière notre nuque pour en faire des masques. Un peu protégés de l'odeur et, nous l'espérions, des miasmes qui transmettaient la maladie, nous mîmes pied à terre et attachâmes nos montures.

Nous nous dirigeâmes presque à contrecœur vers la grande tente au milieu du camp, là où étaient survenues les horreurs de notre captivité. À l'entrée, nous nous regardâmes, hésitants. Ni Ugolin ni moi ne voulions vraiment y pénétrer, sachant ce que nous risquions de trouver et les souvenirs que cela raviverait.

— On y va ? demandai-je d'une voix moins assurée que je ne l'avais souhaité.

— Après toi, soupira le Minervois, aussi pâle que le linceul qu'il tenait plié sous son bras.

J'écartai la toile et nous pénétrâmes à l'intérieur. La puanteur y était encore pire et nos masques n'avaient plus d'effet. En essayant de respirer par petites bouffées pour ne pas trop goûter l'air, je laissai mes yeux s'habituer à la pénombre. Peu à peu, la scène prit forme. Raynal était là où je l'avais occis, la gorge ouverte, la bouche aux lèvres racornies remplie de ce qui avait été ses parties intimes, mais qui n'était plus maintenant qu'une forme brunâtre et desséchée. Les braies toujours autour des chevilles, le cadavre méconnaissable était verdâtre et gonflé. Sa peau semblait avoir perdu sa consistance pour se liquéfier, exposant çà et là des tissus noircis. Des larves blanches et des insectes s'affairaient un peu partout, sortant des narines, de la bouche, des oreilles et des yeux. Sous le corps s'était accumulée une flaque de liquide épais qui avait détrempé les vêtements. Je ne pus m'empêcher de remarquer que le traître avait eu si peu d'importance aux yeux de Montfort que son corps avait été abandonné comme la plus vile des ordures.

— Tu voulais te faire chrétien pour sauver ta peau, eh bien, j'espère que tu brûles dans leur enfer, maudit Judas, gronda Ugolin en administrant un coup de pied au cadavre qui émit un bruit mouillé.

Vint le moment tant redouté. Un peu plus loin gisait Montbard sur le dos, les yeux fermés. Il était dans le même état que Raynal et je ne pus m'empêcher de déplorer l'indignité que la mort lui imposait. De sa carrure impressionnante, de sa force, de son agilité, de sa ténacité, de son courage, de sa droiture, il ne restait que des ruines obscènes. La déchéance de la mort ne l'avait pas épargné.

— *Omnia mors æquat*[1]… murmurai-je tristement.

---

1. Tous sont égaux devant la mort.

Après avoir étendu le linceul à côté de lui, nous surmontâmes notre répugnance et l'empoignâmes par les vêtements pour le soulever. Nous le déposâmes avec respect sur la toile pour l'envelopper de notre mieux. En fouillant, je retrouvai l'épée qu'Eudes lui avait forgée et la ramassai. Lorsque notre fardeau fut prêt, nous l'emportâmes à l'extérieur afin de le déposer sur Sauvage. Déjà, les liquides de la mort imbibaient le tissu par endroits.

Nous allions partir lorsque je m'arrêtai, le pied à l'étrier. Une idée m'était venue.

— Retournons voir à l'intérieur, dis-je.

— Quoi? Tu n'es pas encore rassasié?

— C'était la tente de Montfort, peut-être a-t-il laissé derrière lui quelque chose qui pourrait aider les Foix. Tant qu'à être ici, aussi bien jeter un coup d'œil.

Ugolin soupira et secoua la tête, résigné.

— Mordiable… Bon, allons-y. Plus vite nous y entrerons, plus tôt nous en ressortirons.

Nous rentrâmes pour fouiller les lieux. La table sur laquelle Pernelle avait été martyrisée était toujours là et quelques documents y avaient été abandonnés. Je m'approchai et les examinai. Il s'agissait d'une carte sommaire de Toulouse et de ses environs qui détaillait la ville, ses fortifications et ses entrées, et de quelques listes d'intendance énumérant les bataillons qui avaient constitué les forces croisées lors du siège. Au premier abord, rien de cela ne semblait particulièrement remarquable, mais je les pliai néanmoins pour les glisser dans ma chemise. Roger Bernard et son père y trouveraient peut-être quelque chose de valable qui les aiderait à lutter contre Montfort. Je me dirigeai ensuite vers le lit et soulevai la paillasse, mais il n'y avait rien dessous. Par acquit de conscience, je l'éventrai avec ma dague pour en fouiller l'intérieur. Je n'y trouvai que de la paille humide et à demi moisie. Je jetai le tout par terre.

— Peut-être que ceci t'intéressera, dit Ugolin.

Je me retournai et vis qu'il tenait entre ses gros doigts un morceau de papier à demi brûlé qu'il avait trouvé dans un des braseros. Je traversai la tente, le pris et l'examinai. Il s'agissait d'une courte note écrite d'une main remarquablement fleurie. Ses bords étaient calcinés et il y manquait plusieurs mots, mais ce qu'il restait du contenu était d'autant plus intrigant qu'il me concernait.

— On dirait bien que Montfort entretenait une petite correspondance à ton sujet, suggéra Ugolin.

— En effet, mais avec qui ? Et pourquoi ?

Il me reprit le bout de papier et le relut.

— M'est avis que Montfort magouillait ton assassinat avec quelqu'un. C'est facile : en *réponse* à ta demande, *Gondemar de Rossal* serait bientôt *mort*. En échange, notre *Toulousain* exigeait des *terres*.

— Il s'agissait sans doute de celui qui a tenté de m'assassiner. On lui aura offert des terres contre ma vie.

J'avisai le brasero rempli de cendres.

— Il y avait autre chose ?

— Quelques lambeaux sans écritures.

Par mesure de précaution, je fouillai à mon tour, mais je ne trouvai rien d'autre que quelques coins de papier. Montfort avait dû jeter une pile de documents dans les braises pour les détruire et celui-ci, pris au milieu, avait partiellement survécu. Je le glissai dans ma chemise avec les autres. Après un dernier examen des lieux, nous sortîmes et reprîmes la route de Toulouse avec notre triste fardeau.

———

Le lendemain, Bertrand de Montbard fut inhumé dans la crypte du châtelet, en présence du comte de Foix, de Roger Bernard, de Cécile, de Pernelle, de tous les Parfaits qui avaient pu se libérer et de tous les officiers de la cité. Les prières du *consolamentum* furent prononcées et j'endurai sans me plaindre la douleur qu'elles engendraient dans ma cicatrice. Mon maître méritait bien quelques souffrances. Ses restes furent mis en terre sans la présence de ses frères de l'Ordre du Temple. Il n'eut pas droit au manteau à croix pattée, mais je vis à ce qu'il soit placé exactement comme on l'avait fait pour sire Ravier : la jambe droite repliée formant un quatre avec ce qu'il restait de la gauche, son épée posée sur la poitrine, la poignée à la hauteur du cœur, et les mains jointes dessus. Une dalle commandée par Roger Bernard fut déposée sur la tombe. J'y avais fait graver l'inscription « Bertrand de Montbard, *ORDO MILITIAE CHRISTI*, O IX[1] ». Il avait sacrifié sa vie entière à l'Ordre des Neuf et il était bon que ceux qui connaîtraient le sens de l'abréviation le sachent. Mais je serais toujours le seul à porter sa mort sur ma conscience. Comme toutes les autres.

———

La cérémonie me causa un profond cafard. Je passai le reste de la journée cloîtré dans ma chambre. Je n'avais ni faim, ni soif, et refusai les repas que Roger Bernard eut la délicatesse de me faire porter sans même laisser entrer le domestique. Je n'avais goût à rien et, si la mort s'était présentée à ce moment-là, même la perspective d'un retour en enfer n'aurait pu me motiver à la repousser. Bien sûr, je savais depuis plus d'un mois que mon maître était mort. Pourtant, le fait d'avoir vu ses restes et de les

---

1. Ordre de la Milice du Christ, Ordre des Neuf.

avoir tenus dans mes mains donnait à sa disparition une finalité qui me frappait comme un coup de masse d'armes entre les yeux.

L'inhumation de Bertrand de Montbard confirmait que j'étais désormais seul, sans autre conscience que la mienne pour me guider et tenir ma nature en échec. Compte tenu de mon parcours, ceci n'avait rien pour me rassurer. J'avais amplement démontré ma propension au débordement et à l'emportement, avec les conséquences que cela avait eu sur mon salut. Seul mon maître avait su endiguer ma violence, ne fût-ce que par moments. Sans lui, je n'osais même pas imaginer ce que je pourrais faire.

Le soleil se coucha sans que le goût de vivre ne me revienne. J'avais l'impression d'entrer dans une nouvelle phase de mon existence et je crevais de peur. Chacune de mes décisions semblait alourdir le poids que je portais. J'avais vu dans mon élection comme *Magister* de l'Ordre l'occasion de faire avancer ma propre cause. J'avais manipulé ses membres pour me rendre à Toulouse sans éveiller leurs soupçons et y contacter le *Cancellarius Maximus*. Tout cela, je l'avais fait dans le seul espoir de rassembler les deux parts de la Vérité, sans égard pour les autres. J'avais été emporté par l'ouragan de la croisade et il en avait résulté la trahison de Raynal, la mort de Montbard, un nouveau supplice pour ma pauvre Pernelle et les tortures subies par le loyal Ugolin. Je commençais à comprendre la lassitude de sire Ravier, dont je réalisais qu'elle n'avait pas seulement à voir avec sa maladie. Le poids de l'abacus était énorme.

De mon passé, il ne me restait désormais que Pernelle. Et voilà maintenant que je risquais d'entraîner la douce Cécile dans cet engrenage infernal, dont elle ne pourrait jamais sortir indemne. Je devais la tenir à l'écart, pour son propre bien et à mon infinie tristesse. Je me demandais seulement si j'en aurais la force.

Elle dut sentir mon tourment car, pour la première fois depuis que je lui avais annoncé mon départ éventuel, elle vint dans ma chambre. Elle referma doucement la porte, se dévêtit et se glissa sous les couvertures. Quelques instants plus tard, elle m'enlaça dans ses bras, mais eut la délicatesse de ne rien dire. Après m'être enivré de son corps, je m'endormis enfin, dans la chaleur et la sécurité de son étreinte.

———

J'étais de retour dans la clairière, non loin de Rossal, où Montbard et moi avions occis les hommes d'Onfroi voilà tant d'années déjà. Il faisait nuit noire. Je me tenais à l'orée des bois et j'observais, tendu. De là où je me tenais, je pouvais apercevoir les cadavres fraîchement égorgés sur le sol. Pourtant, je ne ressentais pas la frénésie qui m'avait emporté alors. Un seul brigand semblait avoir échappé à notre vengeance. Il était là, assis près du feu, et me tournait le dos. Il paraissait indifférent à la présence de tous ces morts autour de lui.

En silence, je tirai mon arme et fus surpris de constater qu'il s'agissait de Memento. Que faisait-elle là, elle que je n'avais forgée que plusieurs années après cet événement? Je compris que je rêvais. Sur la pointe des pieds, je m'approchai de l'inconnu, bien décidé à faire rouler sa tête et à l'envoyer rejoindre ses complices sans autre forme de procès. J'étais arrivé à quelques pieds de lui sans avoir provoqué le moindre craquement qui puisse l'alerter de ma présence. L'épée levée, j'allais le raccourcir lorsqu'il se retourna lentement.

— Tu ne croyais tout de même pas te débarrasser de moi aussi aisément, jouvenceau? demanda Bertrand de Montbard en souriant. Tu devrais pourtant savoir que je te collerai toujours après comme de la merde dans tes braies.

— Maître? fis-je, abasourdi, en abaissant mon arme.

— Comme tu vois. Bordel de Dieu, tu es pâle comme un linge. On dirait que tu viens de rencontrer un mort.

— Mais... vous êtes mort.

— Ah, tiens! c'est vrai. J'oubliais, dit-il en s'esclaffant et en se tâtant théâtralement la poitrine.

Il se déplaça un peu et je constatai sans grand étonnement qu'il avait ses deux jambes.

— Viens, assieds-toi, dit-il en tapotant le sol près de lui.

J'obtempérai, trop heureux de me retrouver en sa compagnie, même si je savais que tout cela n'était qu'un songe.

— Maître, je suis si heureux de vous voir, dis-je d'une voix tremblante d'émotion.

— Allons, tu ne vas pas te mettre à pleurnicher comme une femmelette? Que tu me voies de tes yeux ou non n'a aucune importance. Je serai en toi jusqu'à ta mort. La seconde, je veux dire.

Je le regardai, interdit.

— Vous... vous savez?

— La mort est embêtante, certes, mais elle recèle certains privilèges, dont celui de comprendre ce qui nous a échappé de notre vivant. Par exemple, le petit détail que représente ta damnation.

Il me serra affectueusement l'épaule.

— Si j'avais su, jouvenceau, soupira-t-il.

— Vous ne le pouviez pas, ni ne le deviez. Et qu'auriez-vous pu faire, de toute façon? Ce fardeau, je dois le porter seul.

— On n'est jamais tout à fait seul.

— Il vaut mieux que je le sois. Tous ceux qui ont le malheur de croiser ma route paient de leur vie, vous le premier. Votre exclusion des Templiers, la honte et l'amertume avec lesquelles vous avez dû vivre, et maintenant votre mort après toutes ces tortures. Votre existence aurait été tout autre sans moi.

— C'est vrai, mais elle aurait aussi été plus vide. Je t'ai aimé comme un père, jouvenceau. Tu sais cela, non?

— Oui... dis-je, penaud.

— Et puis, crois-tu vraiment que la Création entière tourne autour de ta petite personne? Les voies de Dieu n'appartiennent qu'à lui. Qui es-tu pour juger des occasions qu'il donne à chaque âme de se purifier? Serais-je devenu celui que j'ai été si ma destinée n'avait pas été liée à la tienne? Aurais-je fait les mêmes choix? Dieu a créé les âmes et leurs progrès s'entremêlent en un écheveau que seul Il peut démêler. Si nos routes se sont croisées, c'est que j'en avais besoin autant que toi. BEATUS HOMO, QUI CORRIPITUR A DEO; INCREPATIONEM ERGO OMNIPOTENTIS NE REPROBES. QUIA IPSE VULNERAT ET

MEDETUR, PERCUTIT, ET MANUS EIUS SANABUNT[1]. *Tout ne se rapporte pas qu'à toi, figure-toi.*

Autour de nous, il me sembla qu'il faisait tout à coup plus clair. Montbard le remarqua, lui aussi.

— Je dois y aller.

— Où ?

— Ma foi, je n'en ai pas la moindre idée, dit-il en haussant les épaules. Là où vont les morts, je suppose.

— Pas au même endroit que moi, j'espère.

— Je verrai bien. J'irai là où on me croit utile, comme je l'ai toujours fait.

Il se leva, fit quelques pas vers la forêt d'où une lumière diffuse, mais de plus en plus brillante, émanait, éclairant les arbres à contre-jour. Elle semblait l'attirer irrésistiblement. Il allait y pénétrer lorsqu'il s'arrêta et se retourna. Il m'adressa un sourire triste et, dans la lumière, j'eus l'impression que des larmes mouillaient ses joues.

— N'oublie pas ton vieux maître d'armes, jouvenceau. Mon enseignement n'est pas terminé. Ce que j'étais est en toi et le restera pour toujours.

Une aura de lumière l'enveloppa et le templier se transfigura sous mes yeux. Son visage prit une expression d'extase et un sourire béat l'éclaira alors qu'il admirait quelque chose qu'il était le seul à apercevoir.

— Par le cul poilu du vieux Joseph, dit-il en riant comme un petit garçon. Si tu voyais ce que je vois…

J'aurais bien voulu, mais lors de ma propre mort je n'avais vu que l'enfer froid et désespérant. Il me regarda une dernière fois, puis avança vers la lumière.

— Gondemar, dit-il sans se retourner. Crois-m'en, la mort vaut la peine pour qui a bien vécu. Fais la volonté de Dieu en te rappelant qu'il exige toujours davantage de ceux qu'il aime le plus.

---

1. Heureux l'homme que Dieu châtie ! Ne méprise pas la correction du Tout-Puissant. Il fait la plaie, et il la bande ; Il blesse, et sa main guérit. Livre de Job 5,17-18.

Les yeux remplis de larmes, je ne répondis rien.

— Accomplis ta destinée. Je t'attendrai.

Il s'évanouit dans l'air. Aussitôt, la nuit se referma sur moi, aussi noire qu'avant. Assis près du feu, je pleurai comme jamais je n'avais pleuré.

Je m'éveillai en nage, assis dans mon lit, les couvertures rabattues sur les cuisses. Les bras de Cécile m'entouraient, mais je tremblais comme une feuille. De ses petites mains douces, elle essuyait les larmes qui mouillaient mes joues.

— Tu as fait un mauvais rêve. Tu appelais ton maître.

— Il était comme dans ma jeunesse, dis-je, haletant. Avant… tout ça. Il voulait me guider une dernière fois, je crois.

— Alors, réjouis-toi. Les morts reviennent parfois visiter, en songe, ceux qu'ils ont aimés. Vous deviez être comme cul et chemise.

— Plutôt comme faute et conscience, dis-je sombrement.

Elle ne releva pas mes propos, qui devaient lui paraître bien étranges. Elle me força simplement à m'allonger et, pour l'heure qui suivit, elle me fit oublier que ma vie était un enfer sur terre. Et que, chaque nuit, je l'y entraînais un peu plus profondément.

———

Au matin, je me sentais serein. À l'aube, Cécile m'avait quitté, comme elle le faisait toujours pour préserver un semblant de discrétion. Mon rêve, lui, était encore en moi. Il était gravé dans ma mémoire, aussi vif que s'il s'était vraiment produit. En m'assoyant sur le bord de mon lit, je choisis de croire que, là où il s'était retrouvé après son supplice, Bertrand de Montbard avait été jusqu'à repousser le moment de son entrée au paradis pour me rappeler que je ne serais jamais tout à fait seul. Il avait attendu que je sois prêt, que je ressente vraiment le deuil de sa mort, pour me faire ses adieux. *Mon enseignement n'est pas terminé. Ce que j'étais est en toi et le restera pour toujours.*

Alors que la veille j'avais été profondément abattu, je me sentais maintenant rempli d'un espoir nouveau. Pour la première fois, une infime part de moi osait croire que je pouvais réussir à sauver mon âme. *La mort vaut la peine pour qui a bien vécu. Fais la volonté de Dieu en te rappelant qu'il exige toujours davantage de ceux qu'il aime le plus,* avait dit Montbard. Jusque dans la mort, il avait été ma conscience. Je lui devais de poursuivre. Je fermai les yeux et prononçai des mots tout simples qui n'avaient encore jamais franchi mes lèvres.

— Merci, maître. Pour tout.

Peut-être étais-je finalement devenu un homme. Au prix fort, mais à temps pour ce que j'avais à accomplir.

———

Dès lors, je me consacrai tout entier à la tâche qui m'incombait. Toutes les nuits, pendant le reste du mois d'août, je me rendis secrètement sur la place de l'église Saint-Sernin, espérant en vain y trouver la réponse du *Cancellarius Maximus*. Chaque fois, je variais l'heure de mes déplacements, ayant encore frais en tête le fait qu'on avait tenté de m'assassiner et que tout cela avait été manigancé par Simon de Montfort. Le chef des croisés était peut-être loin de Toulouse, mais rien ne m'assurait qu'il n'avait pas laissé d'autres hommes de main derrière lui pour accomplir sa sale besogne. Après lui avoir remis la carte et les listes d'intendance, qui s'étaient avérées aussi banales que je l'avais soupçonné, j'avais montré à Roger Bernard le petit bout de papier retrouvé dans la tente. Comme Ugolin et moi, il y voyait au premier abord une preuve que mon agresseur avait négocié le prix de sa traîtrise.

Il me fallut attendre le début de septembre pour que quelque chose de significatif se produise enfin. Au cours de la dernière semaine, l'air avait été lourd et le ciel s'était chargé de nuages noirs et menaçants qui s'entêtaient à ne pas libérer leur fardeau. Lorsque l'orage avait enfin éclaté, cela avait été avec une violence inouïe, le tonnerre et les éclairs fendant dramatiquement le rideau de pluie qui enveloppait la ville et vidant les rues de leurs habitants.

Il pleuvait donc à boire debout, cette nuit-là, lorsque j'entrepris mon expédition nocturne vers la cache. La cape de laine que j'avais revêtue était détrempée bien avant que je n'atteigne ma destination. Comme je le faisais chaque fois, je m'arrêtai à quelque distance et me blottis contre un édifice, grelottant tel un chaton naissant, afin de m'assurer que personne n'était là. Mais les nuages masquaient la lune et je n'y voyais goutte. Évidemment, une torche, en plus de révéler ma présence, se serait éteinte en moins de deux. J'abaissai mon capuchon pour tendre l'oreille, mais le bruit de l'orage, ponctué d'assourdissants coups de tonnerre, était tel que je ne pouvais pas davantage entendre. Pour le peu que j'en pouvais juger, la voie paraissait libre, mais la situation était loin d'être idéale. Je quittai ma cachette et, dans le noir, m'avançai prudemment vers la place, aux aguets.

Je n'avais fait que quelques pas lorsqu'un éclair aveuglant illumina l'endroit. Je m'arrêtai net. À l'autre bout de la place, il m'avait semblé apercevoir une silhouette qui approchait. Le moment avait été si bref que je ne pouvais être entièrement sûr de ce que j'avais cru voir, mais, par précaution, je retournai aussitôt vers ma cachette. Là, j'attendis le prochain éclair. Lorsqu'il vint, mes soupçons se confirmèrent. Un individu encapuchonné marchait sur la place. Puis la pénombre retomba.

Les éclairs me révélèrent une succession d'images figées et saccadées. L'inconnu se rapprochait. Il semblait très petit. Presque un enfant. Son manteau détrempé lui collait au corps. Il était prudent et avançait en regardant sans cesse d'un côté et de l'autre, comme s'il craignait d'être surpris. Il s'arrêta devant la dalle et regarda autour de lui. Il s'accroupit, la souleva avec une petite dague, regarda nerveusement aux alentours et y déposa quelque chose. Un papier ou un petit paquet. Puis il replaça la dalle.

J'étais paralysé par l'indécision. Mon premier réflexe fut de me révéler au *Cancellarius Maximus* et de le confronter pour hâter les choses, mais je me contrôlai. Depuis le retour de la Vérité dans la terre natale, il existait dans l'anonymat absolu. Il était le seul à connaître l'emplacement des deux parts. De cette manière, le secret avait été maintenu, malgré les tentatives de l'Église de le percer. Le bousculer ne ferait peut-être que l'effaroucher et je ne pouvais courir le risque de le voir bloquer ma seule piste vers la seconde part. Malgré mon impatience, je résolus donc de jouer le jeu et d'attendre qu'il soit reparti pour prendre possession de son message. Au moins, les choses progressaient.

Un nouvel éclair explosa et je me figeai sur place. Trois hommes avaient surgi dans le plus récent intervalle de noirceur. L'un d'eux avait saisi le *Cancellarius Maximus* par le cou et le retenait pendant qu'il se débattait comme un diable. Le second tirait une dague avec une intention on ne peut plus claire. Le Chancelier saisit à deux mains la lame qui était destinée à sa gorge, se coupant sans doute cruellement les mains, mais repoussant temporairement sa mort. Le troisième homme, lui, semblait indifférent à ce qui se passait autour de lui. Il n'en avait que pour la dalle marquée du sceau, qu'il soulevait avec un petit couteau.

Les paroles de Métatron me revinrent en tête : *Cesse de fanfaronner et agis, car le temps presse. En ce moment même, les ennemis de la Vérité sont sur sa piste, et ils sont de plus en plus nombreux. Ils viennent de toutes parts et tu ne les vois même pas.* Je me secouai, détachai mon manteau pour éviter qu'il ne gêne mes mouvements, tirai Memento et m'élançai à la rescousse du *Cancellarius Maximus*. S'il mourait, toutes mes chances disparaîtraient avec lui.

Profitant de la noirceur, je m'approchai sans être vu. Ma nature et mon entraînement firent le reste. L'homme à la dague ne vit pas venir Memento. Lorsqu'il leva les yeux, la dernière chose qu'il vit fut mon visage avant que ma lame ne le transperce. Entre-temps, le deuxième homme avait lâché le Chancelier et tiré son arme. Un éclair providentiel me permit de l'apercevoir et je parai sans trop de difficulté le coup qu'il me destinait. Mon poing gauche s'écrasa sur son nez et ses yeux se révulsèrent. Il serait sans doute tombé de lui-même, mais Memento, animée de cette volonté qui lui semblait propre, lui traversa le ventre pour émerger dans son dos.

Je me retournai pour faire face au dernier agresseur, mais il avait disparu. Un éclair vint à mon aide. Il était déjà rendu au bout de la place et allait se perdre dans les petites rues. Indécis, je jetai un coup d'œil sur le Grand Chancelier. Il gisait sur le sol, les mains en sang, mais il était vivant. Ma décision ne fut pas difficile à prendre. Cet homme n'existait que pour protéger la Vérité. Et voilà que le message qui m'était destiné et qui en révélait peut-être l'emplacement se retrouvait entre les mains d'un inconnu. S'il se sauvait avec, les hommes d'Amaury la trouveraient avant moi.

À toutes jambes, je me lançai à sa poursuite, me dirigeant à l'aveuglette vers l'endroit où je l'avais aperçu. Un nouvel éclair me le montra, qui s'engouffrait dans une rue étroite. J'accélérai le pas. Lorsque je surgis dans la rue, il n'était nulle part. Était-il entré dans une des maisons? Avait-il bifurqué dans une ruelle transversale? Hésitant, je ralentis et marchai, aux aguets, en maudissant l'orage qui me rendait sourd et aveugle. Le message tant espéré me glissait entre les doigts et j'étais là, les bras ballants, impuissant. Je songeai à retourner vers le *Cancellarius Maximus*, qui avait certainement besoin d'aide. Il pourrait au moins m'en révéler le contenu. Mais cela ne changerait rien au fait que d'autres en savaient déjà trop.

Le coup qui s'abattit sur ma nuque me prit par surprise. Je m'effondrai, la face dans la terre rendue boueuse par la pluie, et tentai de me relever. Un second coup me fit perdre connaissance.

CHAPITRE 19

Surprises

Une fois de plus, je m'éveillai dans le noir. Cela semblait être le sort qui m'était particulièrement réservé. La douleur qui me sciait les poignets et les épaules en plus de la sensation de la pierre froide contre mon dos me firent vite comprendre que j'étais aux fers. Je me remis sur mes pieds et, pour la forme, je tirai les bras, le mouvement provoquant un douloureux retour de sang dans mes membres ankylosés. Le raclement des chaînes confirma ma déduction. Une fois de plus, j'étais prisonnier. Je secouai la tête pour me clarifier la cervelle. Un élancement engendra aussitôt des points multicolores devant mes yeux et me fit grimacer. Le bougre qui m'avait assommé ne s'était pas privé. En tournant prudemment la tête de chaque côté, je constatai que j'avais la nuque en bouillie.

L'esprit confus, je repassai les faits dont je disposais en essayant de leur donner un sens. On avait attaqué le *Cancellarius Maximus* alors qu'il déposait un message à mon intention. De toute évidence, on avait continué à guetter la cache après le départ de Montfort. Celui qui l'avait fait détenait maintenant ce qu'il désirait. Pourquoi, alors, m'avait-il gardé en vie? S'il connaissait l'emplacement de la seconde part, je n'avais plus aucune utilité pour lui. À moins que le message n'ait dit autre chose.

Dans le noir, je rageai en me débattant vainement contre mes chaînes. J'avais été déjoué comme le dernier des idiots. En ce moment même, quelqu'un se dirigeait sans doute vers la Vérité et, moi, j'étais prisonnier dans un cachot, impuissant. Mon âme s'en allait littéralement au diable et je ne pouvais rien faire.

Le bruit d'un loquet me tira de mes sombres pensées. La porte de mon cachot s'ouvrit et la torche brandie dans l'embrasure m'aveugla. Son porteur entra, suivi d'un autre homme. Pendant un instant, je ne distinguai que leurs silhouettes. Le premier ficha la torche dans un anneau de fer au mur et resta en retrait. L'autre s'approcha de moi. Mes yeux finirent par s'habituer à la lumière, mais j'eus du mal à croire ce que je vis.

Devant moi se tenait le comte Raymond VI de Toulouse en personne. Ses cheveux blancs étaient ébouriffés et il semblait anxieux. Il me toisa de ses petits yeux fuyants et j'eus l'impression qu'un serpent me dévisageait. Un frisson de dégoût me parcourut la peau. Je le regardai, ahuri, sans comprendre ce qu'il faisait là. Cet homme s'opposait au comte de Foix et à son fils, c'était chose connue. Mais de là à capturer un de ses hommes ?

— Sieur de Rossal, dit-il de cette voix à la fois hautaine et grinçante, je suis heureux de te revoir, même si les circonstances sont, disons, particulières.

Je le regardai sans rien dire, espérant que mon regard noir masquait ma stupéfaction.

— Tu te demandes sans doute ce que tu fais ici, poursuivit-il.

— La question m'a traversé l'esprit, oui.

— C'est que, vois-tu, toi et moi cherchons la même chose.

— Je ne cherche rien du tout, rétorquai-je. Libère-moi immédiatement, maudit traître.

Pour ne pas lui offrir la satisfaction de me voir à sa merci, je conservai ma dignité et me retins de m'agiter avec mes chaînes. Comme s'il ne m'avait pas entendu, il se mit à marcher de long en large, les mains derrière le dos.

— Allons, allons, ne jouons pas à ce jeu-là. Je vais être franc avec toi, reprit-il d'un ton qui se voulait léger. Je me fiche complètement de cette Vérité à laquelle tout le monde semble tant s'intéresser. Montfort n'a pas jugé bon de m'informer de sa nature et, franchement, cela m'indiffère. En ce qui me concerne, vous pouvez tous vous torcher le cul avec. Par contre, je vois bien que vous y tenez tous et cela lui donne une grande valeur. Je voudrais donc mettre la main dessus au plus vite.

Je l'écoutais, abasourdi. Il venait d'avouer candidement qu'il ne savait rien de la Vérité, mais qu'il désirait la posséder. Or, de toute évidence, j'étais son prisonnier. Cela ne signifiait-il pas qu'il détenait le message du *Cancellarius Maximus* qui venait de me glisser entre les mains? Ne comprenant plus rien, je jugeai préférable de me taire pour en apprendre davantage.

— Les circonstances sont telles, vois-tu, que la possession de ce secret si mystérieux me serait très utile, continua-t-il. On me dit qu'Arnaud Amaury tient beaucoup à le récupérer et il se trouve que j'ai grand besoin d'une monnaie d'échange pour éviter que Montfort et ses hommes ne me dépouillent de mes terres. La dernière fois que j'ai été excommunié, j'ai dû accepter de me faire fouetter en public sur le parvis de l'église Saint-Gilles. Quelques cicatrices pour préserver mes domaines, c'était bien peu, mais je n'ai aucune envie de revivre pareille humiliation. Et puis, j'aimerais bien ne pas être forcé à me faire chrétien.

— La tentative d'assassinat dans ma chambre… dis-je, hébété. C'était toi?

— Avant même que Montfort ne se présente devant Toulouse, j'avais entrepris des négociations clandestines avec lui, mais elles n'allaient nulle part. Le diable d'homme avait l'avantage et il le savait. Il me traitait comme un mendiant. Puis tu es apparu et, ô miracle! il est soudain devenu très désireux de traiter avec moi. Je me suis demandé ce qui avait provoqué ce changement d'attitude, mais je sais saisir une occasion quand elle se montre, même si je n'en comprends pas les tenants et les aboutissants. Un soir, un des hommes de Montfort s'est présenté à moi avec une missive de lui. Un certain Raynal de Saint-Omer, ça te dit quelque chose?

Mon sang se mit à bouillir. Alors même qu'il accompagnait son *Magister*, Raynal avait été l'intermédiaire entre Montfort et le comte dès notre arrivée à Toulouse. J'avais été si bête que je ne m'en étais jamais douté. Intérieurement, je maudis ma stupidité et mon aveuglement.

— Je vois que tu le connais, ricana le comte en voyant mon expression. Le message de Montfort m'apprenait que tu te trouvais dans nos murs et que tu étais à la tête d'un obscur ordre dont l'existence mettait en danger la chrétienté elle-même. Cela, évidemment, je m'en fichais comme de mes premières chausses, mais ce qui était important pour Montfort l'était pour moi. Il me faisait une proposition : je devais te faire suivre, le tenir informé de tes moindres mouvements et attendre ses directives. En échange, si je l'aidais à mettre la main sur ce qu'il cherchait, il verrait à assurer la protection de mon domaine.

— Évidemment, tu as accepté, dis-je.

— Bien entendu. Lorsqu'il a appris que tu hantais la place Saint-Sernin la nuit, son intérêt s'est intensifié. Plus encore quand je lui ai fait savoir que tu avais ramassé quelque chose sous une dalle. Dès lors, je savais que je tenais un avantage qui pourrait m'être utile. Je lui ai fait parvenir une missive dont je savais qu'elle allait l'aguicher. Je lui disais que la réponse lui parviendrait bientôt. Je lui promettais aussi ta mort. En échange, j'exigeais désormais, en plus de l'immunité de mes terres, la levée de mon excommunication. J'ai même poussé la coquetterie jusqu'à signer Le Toulousain. Comme je l'avais prévu, Montfort a mordu à l'hameçon. Il n'avait pas le choix.

J'identifiai la lettre dont Ugolin avait trouvé les restes dans le brasero.

— C'est lui qui t'a ordonné de me faire tuer ?

— Ne présume pas de ton importance, sire Gondemar. Ce que voulait Montfort, c'était le message que tu avais récupéré. Malheureusement, mon homme a trouvé chaussure à son pied. On me rapporta que, même blessé, tu lui avais broyé le gosier. J'ai donc continué à te faire surveiller – encore plus discrètement, car je me doutais bien que tu n'étais pas assez bête pour ne pas te méfier. J'ai été ravi d'apprendre que tu continuais à vérifier la cache sur la place. Je ne savais pas trop ce que tu espérais y trouver, mais tout ce qui m'importait, c'était la valeur que cela avait aux yeux de Montfort.

Il leva les yeux au ciel et laissa échapper un soupir théâtral.

— Malheureusement, tu t'en es mêlé sans le savoir. Pendant quelque temps, les sorties que tu as organisées m'ont fait craindre le pire. S'il était vaincu, évidemment, je perdais mon avantage. J'ai donc tenté de les empêcher pendant que je négociais.

— D'où ta colère contre le comte de Foix. Tu ne l'impressionnes guère, soit dit en passant.

— Je le lui revaudrai, ne crains rien. Puis j'ai appris que tu avais été capturé. Tout à coup, je me retrouvais les mains vides. Heureusement, tu es parvenu à t'échapper. Juste avant de lever le camp, Montfort ne détenait toujours pas ce qu'il cherchait. Il était coincé et devait s'en remettre à moi. Il devait rager comme un diable, mais il m'a assuré le respect de notre entente et a accepté de ne pas attaquer Toulouse si j'arrivais à lui livrer ce mystérieux message. Depuis, il attend en tournant autour de la cité et harcèle les terres de Foix, mais pas les miennes. Bref, il tient parole. Il posait une seule condition : ne pas décacheter le message. Il me connaît bien mal !

Il sortit de sa chemise une petite enveloppe dont le sceau de cire avait été brisé. Il en tira un parchemin et le déplia, puis fit grand cas de le lire pour me narguer.

— Le contenu est obscur, certes, mais rempli de promesses.

— Tu as ce que tu cherchais, maudite chiure, explosai-je avec amertume. Que veux-tu de plus ?

— Mais le reste, naturellement. Le message parle d'une « seconde part » de la Vérité. C'est donc qu'il en existe une première. Avec les deux, Dieu seul sait ce que je pourrais obtenir des croisés. Alors tu vas me dire où se trouvent ces deux parts.

Je le dévisageai, stupéfait. Cet homme était ambitieux et opportuniste, mais je réalisais qu'il ignorait absolument tout de la situation dans laquelle il s'était fourré les pieds. Il ne savait pas ce qu'était la Vérité, ni que sa première part était en sécurité à

Montségur. Montfort, lui, en avait connaissance, évidemment. Mais rusé comme il l'était, il s'était bien gardé de partager cette information pour mieux manipuler le comte à son avantage. En définitive, ces deux-là se méritaient. Ils étaient aussi retors l'un que l'autre.

Je sentis mon moral remonter un peu. Non seulement mon geôlier n'était qu'un intrus dans cette histoire, un ignorant qui s'y immisçait pour son seul avantage, mais il détenait encore le message auquel il ne semblait rien comprendre. En ce moment même, il l'avait dans la main. Peut-être que tout n'était pas encore perdu. Avec un peu de chance, je pourrais au moins prendre connaissance de son contenu et agir en conséquence. Mais pour cela, je devais d'abord sortir vivant de ce cachot.

— Mais de quoi parles-tu, vieux fou? On m'a seulement demandé de récupérer ce message sur la place. Quelqu'un devait me contacter pour en prendre livraison. Je ne sais rien de plus, mentis-je.

Il s'approcha de moi et haussa les épaules, une moue cynique sur les lèvres.

— Allons, allons, sire Gondemar. Nous ne sommes plus des enfants. Ne perdons pas notre temps à ce jeu-là. Tu n'es pas du genre à jouer au petit messager. Révèle-moi l'endroit où est cachée cette Vérité et finissons-en. Deux parts, deux cachettes. Ce n'est pas bien sorcier.

— Va au diable, traître!

— Venant d'un homme qui a rejeté la cause de Dieu, l'insulte a bien peu de portée.

Je lui crachai au visage.

— Bon, je constate que tu choisis le chemin le plus long, dit-il en s'essuyant la joue.

Il se tourna vers l'homme qui était entré avec lui. Jusqu'alors, je ne lui avais pas prêté attention. Quand je le détaillai, je compris le sort qui m'attendait. Il était court sur pattes, mais bâti comme une barrique. Sa poitrine immense et sa panse rebondie étaient couvertes d'un tablier de cuir semblable à celui d'un boucher. Ses bras étaient aussi gros que mes cuisses, et ses poings, posés sur ses hanches, avaient la taille d'enclumes. La tête rasée, les oreilles en chou-fleur, les petits yeux sombres et éteints, la bouche entrouverte et salivante, il dégageait un mélange inquiétant de stupidité et de violence.

— Je te présente Renat, dit le comte en le désignant. Voilà plusieurs années, je l'ai sauvé de l'écartèlement après qu'il se fut abandonné un peu trop librement à son penchant malsain pour les petits garçons. Malheureusement pour lui, j'ai dû consentir à ce qu'on le châtre. Mais au moins, il est vivant. En échange, il a bien voulu accepter de me servir de tourmenteur. Il est très efficace. Je crois que c'est le seul plaisir qui lui reste, le pauvre.

Il se tourna vers l'autre, qui attendait toujours dans le coin, tel un chien fidèle.

— Renat, si tu veux bien faire ton office.

— Oui, sire Raymond, répondit l'autre d'une voix étonnamment haut perchée, presque enfantine.

Le bourreau s'avança vers moi d'un pas lourd, les clés suspendues à sa ceinture tintant lugubrement. Le sourire qui éclairait son visage me donna froid dans le dos. Il se planta devant moi et sembla évaluer méthodiquement par où commencer. Après un moment, il se décida. Le premier coup de poing qui s'enfonça dans mon ventre me coupa le souffle et me fit rendre mon repas. Le suivant s'abattit sur mon visage et me remonta la tête avec une telle force qu'elle se fracassa contre le mur. Sonné, je ne tenais debout que grâce aux chaînes qui me retenaient par les poignets. Puis il se mit réellement au travail et me frappa à plusieurs reprises des deux mains dans les côtes. La douleur atroce qui me traversa la poitrine me fit voir des éclats multicolores et me poussa au bord de l'inconscience. Je compris qu'elles s'étaient à nouveau brisées. Le cauchemar vécu dans la tente de Montfort reprenait de plus belle.

Mon tortionnaire agissait avec une efficacité clinique, frappant à un rythme égal mon ventre, mes côtes et mon entrejambe. Le sourire niais qui éclairait son visage bovin et l'éclat pervers dans ses yeux trahissaient le plaisir qu'il prenait à sa tâche. Je me préparais à subir la prochaine volée, espérant simplement y survivre, mais elle ne vint pas.

— Suffit, Renat. Alors? intervint le comte de Toulouse. Où se trouve la Vérité?

— Va te faire enculer par Amaury, merdaille, dis-je, pantelant. Tu peux me faire frapper tant que tu voudras par cette bête, je ne sais rien de plus.

— Je vois que tu as encore besoin d'être convaincu.

Il fit un petit signe de la tête et une nouvelle pluie de coups s'abattit, cette fois sur mon visage, y ouvrant de nouvelles plaies, me fendant les lèvres, me déchaussant des dents et faisant craquer mon nez. Lorsque je fus près de m'évanouir, je sentis une main qui m'empoignait par les cheveux pour me relever la tête.

— Renat peut continuer aussi longtemps qu'il le faudra. Il est infatigable. Plus ça durera, plus il sera heureux. La mémoire te revient-elle? demanda le comte.

— La seule… chose dont… je me souviens… c'est que tu… as la… réputation… d'être capable… de vendre… ta propre mère… au… plus offrant.

Il me laissa et mon menton retomba sur ma poitrine. Ma tête était trop lourde pour que je la porte et mes jambes avaient cessé depuis longtemps de me soutenir. Mais j'étais vivant et je tablais sur le fait que, si je pouvais résister assez longtemps, le filou finirait par croire que je ne savais rien. Et puis, s'il était aussi rusé qu'on le disait, il s'assurerait sans doute de me garder en vie pour m'utiliser comme monnaie d'échange.

— Bien, soupira le comte, irrité. Je vois que nous devrons faire les choses autrement. Repose-toi. Tu en auras besoin.

Telle une masse d'armes, le poing de Renat s'abattit sur ma mâchoire une dernière fois et la nuit m'enveloppa.

———

Je ne saurais dire combien de temps je demeurai sans connaissance. Quand j'ouvris les yeux, la première chose que je fis fut de reprendre contact avec la douleur qui habitait les moindres recoins de mon corps. Chaque inspiration m'était un calvaire et je ne doutais pas que, si je sortais vivant de cet endroit, Pernelle devrait à nouveau rafistoler mes pauvres côtes. Mes yeux étaient enflés et je devais respirer par la bouche en raison de mon nez broyé. Mes lèvres n'étaient qu'une masse enflée que le moindre mouvement fendait à nouveau. Tout mon visage me faisait mal, mon ventre et mon entrejambe aussi. Je n'avais pas besoin de tâter pour savoir que mes pauvres génitoires avaient doublé de volume. Mes épaules, qui avaient soutenu mon poids pendant mon inconscience, étaient traversées par de vifs élancements alors que mes bras et mes poignets étaient si engourdis que je n'arrivais pas à les bouger. Ma nuque était lourde et j'avais du mal à relever la tête.

De peine et de misère, je me remis sur mes pieds, mes jambes flageolantes me portant à peine. Je clignai des yeux à plusieurs reprises et parvins à les ouvrir à moitié. Mon geôlier avait laissé la torche dans son socle, de sorte que je pus examiner à loisir l'intérieur de mon petit cachot. Sur chacun des murs de pierre suintante d'humidité, des fers suspendus à des chaînes attendaient un prisonnier. Je compris pourquoi le comte m'avait laissé de la lumière : je n'étais plus seul. Pendant mon évanouissement, on m'avait apporté un compagnon d'infortune dont la vue me ramena tout à fait à moi.

À ma gauche, le *Cancellarius Maximus*, toujours vêtu de sa cape noire, était suspendu à ses chaînes, inconscient. Je l'avais laissé derrière, sur la place. Le comte avait dû le faire amener dans son châtelet. Le maudit mécréant désirait détenir le plus grand pouvoir de négociation possible. Or, j'étais certain que ni Montfort ni Amaury n'avaient osé imaginer, dans leurs rêves les plus fous, mettre la main sur le Grand Chancelier. Ils détiendraient la seule personne qui connaissait l'emplacement des deux parts de la Vérité et je ne doutais pas qu'ils donneraient le paradis sur terre à celui qui le leur livrerait. La Vérité passerait aux mains de ses ennemis.

Désabusé, j'observai celui que j'avais tant voulu rencontrer et dont la collaboration aurait été essentielle à mon succès. Son capuchon cachait son visage. Il pendait à ses chaînes, les jambes à demi repliées sous lui. Ses mains étaient ensanglantées. Je me rappelai qu'il avait empêché *in extremis* un de ses agresseurs de l'égorger en empoignant sa lame. Dans l'une d'elles, je pouvais d'ailleurs apercevoir une plaie profonde. Le sang avait coulé jusqu'aux coudes et maculait ses avant-bras. Mon regard glissa le long de sa personne et s'arrêta sur ses pieds. Je me figeai, incrédule. Le *Cancellarius Maximus* portait de fines chaussures de cuir pointues. Des chausses de femme.

Alors que j'essayais de donner un sens à cela, il reprit conscience. Avec moult efforts, il se remit sur pied et une mèche de cheveux blonds s'échappa de son capuchon. Puis un faible gémissement me parvint. Une voix de femme. Une voix que je connaissais.

Le Grand Chancelier secoua la tête énergiquement de tous les côtés jusqu'à ce que son capuchon finisse par tomber sur ses épaules. J'eus l'impression que le sol venait de s'ouvrir sous mes pieds et que je tombais dans le vide, en chute libre.

— Cécile? balbutiai-je malgré mes lèvres gonflées.

Elle tourna la tête vers moi. Au début, son regard était vague et égaré. Elle cligna des yeux à quelques reprises et finit par réaliser ma présence. Son doux visage s'éclaira d'un sourire.

— Gondemar, dit-elle. Dieu merci, tu es vivant!

Les questions se bousculaient dans ma tête sans que je parvienne à les ordonner. Toutes cherchaient à franchir mes lèvres en même temps.

— Où sommes-nous? demanda-t-elle.

— Dans le donjon du comte de Toulouse.

Elle écarquilla les yeux d'étonnement.

— Le scélérat, chuchota-t-elle. J'aurais dû m'en douter.

J'hésitai longuement avant de lui poser la question qui me brûlait les lèvres.

— Tu es le *Cancellarius Maximus*?

Elle me dévisagea, visiblement perplexe.

— Le quoi?

— C'est bien toi qui as déposé un message sous la dalle, non?

— Oui, mais…

— Alors?

— Je ne faisais qu'obéir aux ordres.

— Aux ordres? Mais aux ordres de qui? Explique-toi, que diable!

Cécile inspira profondément, cligna des yeux à plusieurs reprises et sembla organiser ses idées. Elle était étonnamment calme, ce qui m'intriguait encore plus.

— Si j'en crois mon père, tu connais Esclarmonde de Foix, dit-elle.

J'acquiesçai de la tête, autant parce que mes lèvres me faisaient souffrir que parce que j'étais trop sidéré pour répondre.

— Quand j'avais douze ans, ma tante m'a laissé entendre qu'elle était impliquée dans quelque chose de très secret, sans toutefois me révéler de quoi il s'agissait. Ce que tu ignores peut-être, poursuivit-elle, c'est qu'elle n'est pas la seule, ni la première. Depuis un siècle au moins, certaines familles anciennes des terres du Sud forment un réseau qui assure la survie de notre religion. Parmi celles-ci figurent les Foix. Les hommes combattent et défendent la terre ancestrale, comme mon père et mon frère. Les femmes, elles, agissent dans l'ombre. Elles travaillent à préserver les bases de notre foi en accomplissant les gestes qui leur sont demandés. Tous acceptent que cela peut être au prix de leur vie.

Je savais tout cela, bien entendu, mais je me gardai bien de le lui dire. Le rôle des familles anciennes dans la création de l'Ordre du Temple et de l'Ordre des Neuf, dans la découverte de la Vérité en Terre sainte, dans son rapatriement dans le Sud et dans sa protection, m'avait été révélé lors de mon initiation à l'Ordre des Neuf. J'avais tenu dans mes mains tremblantes les preuves de leur succès et j'en connaissais les implications. Maintenant, comme *Magister*, j'en étais l'infortuné responsable.

— Quand tu as surgi sur la place pour t'en prendre à mes agresseurs, ajouta-t-elle, j'ai compris que tu trempais dans la même soupe qu'Esclarmonde.

Ne pouvant lui avouer que j'étais même celui qui brassait la soupe en question, je me contentai de la laisser poursuivre.

— Parmi toutes les anciennes familles cathares, les Foix ont un statut particulier. À chaque génération, une femme est désignée pour jouer un rôle plus important que les autres. Avant Esclarmonde, il y eut sa mère, Cécile Trencavel.

— Et maintenant, toi, complétai-je.

— Après moi, il y en aura une autre, si les circonstances l'exigent toujours. Ma tante m'a affirmé qu'un jour je lui succéderais. À quoi? Je l'ignore.

Moi, je le savais. Esclarmonde avait laissé entendre à Cécile, autant qu'elle le pouvait, qu'après sa mort elle la remplacerait au sein de l'Ordre des Neuf. Mais, par Dieu, si j'avais le moindre mot à dire, je la tiendrais aussi loin que possible de cette folie.

— Que faisais-tu sur la place? demandai-je.

— Quand j'étais encore fillette, tante Esclarmonde passait de temps à autre par Toulouse pour prêcher. Elle me vouait une affection particulière et je le lui rendais bien. J'aimais la sérénité et la bonté qu'elle dégageait. Elle consacrait de longues heures à me raconter l'histoire de notre famille, particulièrement celle des femmes, à m'instruire sur la foi, mais aussi sur les choses politiques. Elle m'a appris que Toulouse était essentielle aux cathares et qu'un personnage très important y protégeait un précieux secret qui ne devrait jamais tomber entre des mains chrétiennes.

Je me rappelais le fait qu'Esclarmonde avait toujours semblé en savoir davantage sur le *Cancellarius Maximus* que ce qu'elle avait bien voulu me dire. Après tout, n'avait-elle pas été chargée de me transmettre les instructions destinées au *Magister* après mon élection ? Ce que m'apprenait Cécile me le confirmait.

— Un jour, elle m'a mis quelque chose dans la main, continua-t-elle, et a refermé mes doigts dessus. Puis, en serrant mon poing dans le sien, elle m'a fait jurer sur le souvenir de tous les membres de notre famille morts pour notre foi de ne jamais révéler l'existence de ce qui s'y trouvait. Je l'ai fait, évidemment. Lorsque j'ai rouvert la main, j'y ai trouvé une bague en argent portant un sceau.

— Laisse-moi deviner : la croix cathare, la croix templière et les lettres C et M ?

Cécile me regarda un moment, l'air interdit. Puis elle avisa sa main gauche et son visage prit une expression horrifiée.

— Ma bague, dit-elle. Elle a disparu.

— Tu la portais quand tu as déposé le message ?

— Bien sûr.

— Alors le comte te l'aura retirée pendant que tu étais inconsciente, suggérai-je, en sachant fort bien qu'il s'en servirait sans doute comme preuve qu'il détenait sa propriétaire.

Cécile laissa échapper un long et tremblant soupir, puis reprit son récit.

— Esclarmonde m'a fait comprendre qu'un jour, peut-être, on me demanderait mon aide par le même sceau et que si jamais cela se produisait, je devais obéir sans hésiter ni poser de questions.

— Et une demande est venue…

Elle acquiesça de la tête.

— Voilà quelques mois, à l'aube, je me lavais le visage. Quand j'ai pris ma serviette pour m'éponger, deux notes en sont tombées. L'une était cachetée par le sceau. L'autre m'était adressée et m'ordonnait de déposer la première dès la nuit suivante sous une dalle portant le sceau, sur la place Saint-Sernin. J'ignore qui les avait placées là et comment il était entré sans que je m'en aperçoive. Mais j'ai obéi, comme je l'avais promis à tante Esclarmonde. Je me suis rendue sur la place en plein jour pour repérer la dalle.

Puis, la nuit venue, j'y suis retournée pour faire ce qu'on attendait de moi.

J'étais abasourdi. Le message dans lequel le *Cancellarius* m'ordonnait d'attendre et de ne pas quitter Toulouse avait été déposé par la femme avec laquelle je partageais ma couche et je n'en avais rien su. Je me demandais comment il était arrivé jusqu'à Cécile. Pour brouiller les pistes qui menaient jusqu'à lui, le Chancelier avait sans doute recours à plusieurs intermédiaires.

— Et hier, un nouvel ordre t'est parvenu ? m'enquis-je.

— Cette fois, il se trouvait dans ma chaussure. Le reste, tu le connais. Je déposais le message quand on m'a attaquée. Les événements qui ont suivi m'ont fait comprendre que tu en étais le destinataire. J'aurais dû faire le lien dès que j'ai vu la marque sur ton l'épaule.

Je regardai Cécile, dépité. La pauvresse n'avait aucune idée de l'engrenage dans lequel elle avait mis le pied. Elle avait simplement fait son devoir, par loyauté pour sa tante, sa famille et sa foi. Et maintenant, à cause de cette fidélité, elle se retrouvait enchaînée dans un donjon, les mains mutilées et sans aucun doute promise à la torture. Moi qui avais souhaité par-dessus tout la garder à l'écart de cette histoire, j'étais bien servi.

— Tu sers la même cause que ma tante, dit-elle après un moment.

Ce n'était pas une question, mais une affirmation.

— Cela, tu l'as déjà compris, admis-je. Mais je ne peux t'en dire davantage. Tu en sais déjà trop pour ton propre bien.

— Et c'est pour cette raison que tu devras partir un jour ?

Je hochai tristement la tête.

— Seulement si nous arrivons à sortir d'ici, dis-je.

— Ne crains rien, nous en sortirons, rétorqua Cécile avec conviction.

Sous mon regard ahuri, elle se mit à ouvrir et fermer frénétiquement sa main droite, rouvrant la plaie profonde qui en traversait l'intérieur, étirant les doigts jusqu'à leur limite. Un sang vermeil la mouilla jusqu'aux poignets.

— Cécile, tu vas aggraver tes blessures!

— Je l'espère bien, grogna-t-elle de douleur. Je préfère me tourmenter moi-même que d'en laisser le soin à d'autres.

Lorsque son poignet fut bien luisant de sang frais, elle serra les dents et se mit à le faire pivoter dans le bracelet dans lequel il était enfermé tout en le tirant doucement vers le bas. Je compris ce qu'elle essayait de faire. Elle utilisait son propre sang comme lubrifiant pour libérer sa main. Cette jeune femme était bien de la race des Foix. Elle avait la même détermination et le même courage que son père, son frère et sa tante.

— Arrête, voyons. Même si tu parviens à libérer tes mains, qu'est-ce que cela donnera? Tes pieds seront toujours enchaînés.

— Tu veux bien te taire, bougre?

J'obtempérai et, horrifié, je la regardai s'activer. La souffrance rendait son teint cireux. La sueur mouillait ses beaux cheveux blonds et s'écoulait en rigoles sur ses tempes et ses joues. Ses sourcils étaient froncés par la concentration. Elle se mordait les lèvres en retenant son souffle. Je me sentais affreusement impuissant.

Après ce qui me parut une éternité, elle étouffa un cri et sa main émergea brusquement du bracelet dans un bruit visqueux qui me leva le cœur. Aussitôt, les jambes lui manquèrent et seule son autre chaîne l'empêcha de s'effondrer sur le sol froid.

— Cécile? m'écriai-je.

— Ça ira, dit-elle d'un filet de voix. Laisse-moi seulement me reposer un peu.

Elle resta longtemps prostrée, retenue par un seul bras, livide, ses cheveux trempés de sueur lui pendant sur les côtés du visage, le souffle haletant. Puis, en serrant contre elle sa main blessée, elle se releva. L'effort lui fit tourner la tête. Elle vacilla un moment et prit appui contre le mur pour ne pas retomber.

Le bruit du loquet rompit soudain le silence. Aussitôt, Cécile agrippa la chaîne pendante de sa main libre, de telle façon que, si on n'y regardait pas de trop près, elle semblait toujours attachée.

Une fois encore, je me demandai pourquoi elle s'était infligé une telle épreuve, puisqu'elle n'était pas plus libre qu'avant.

La porte s'ouvrit et le comte Raymond entra, suivi de Renat. Le géant transportait une petite table qu'il posa dans un coin de la pièce. Dessus se trouvait un paquet de cuir attaché par un cordon. Il en défit le nœud et déroula le tout, révélant des instruments qui me donnèrent froid dans le dos, non pas tant pour moi que pour Cécile. Tel un prêtre préparant l'Eucharistie, il les disposa un à un avec méthode, presque amoureusement. J'y aperçus des pinces au tranchant menaçant, un couteau à lame courbe et effilée, des crochets, un maillet, un petit ciseau, des tarauds de dimensions diverses. Tout ce qu'il fallait pour infliger de terribles tortures. Je vis les yeux de Cécile s'écarquiller de terreur, puis la courageuse petite se composa un masque de dignité.

Le comte de Toulouse laissa son tourmenteur à ses préparatifs et fit quelques pas vers nous. Il renifla délicatement et une moue de dégoût lui déforma les lèvres. Il resta à bonne distance de nous.

— Ce que le sang peut puer, quand même… On se croirait dans un abattoir.

Il me toisa avec un sourire arrogant.

— Tu apprécies la compagnie? roucoula-t-il. J'ai pensé que cette petite attention te rendrait heureux.

Il laissa errer sur Cécile un regard lascif.

— Qui pourrait t'en blâmer?

Je ne dis rien, me contentant de lui adresser un regard qui trahissait tout le mépris que j'éprouvais pour lui.

— Bon, enfin, il ne faut jamais s'attendre à être remercié pour les petites attentions que nous inspire notre grandeur d'âme.

Il tira théâtralement de sa ceinture le message du *Cancellarius Maximus*, le déplia et le relut.

— Je tenais seulement à t'annoncer que je pars à l'instant remettre ceci à Montfort. M'est avis qu'il en sera fort heureux.

— Tu as changé tes plans, on dirait, grognai-je. J'avais cru comprendre que tu voulais lui livrer ce qu'il cherche.

— Je le ferai, ne crains rien. Nous avons tout notre temps. Mais disons que, dans l'immédiat, il m'apparaît utile d'entretenir sa faveur, rétorqua-t-il en souriant à pleines dents. Il serait dommage qu'il renie notre entente parce qu'il croit que je ne fais pas de progrès. Je lui annoncerai donc que je garde prisonnier l'auteur du message ainsi que le maître de l'Ordre des Neuf. Comme preuve de ce que j'avance, je dispose de la bague de la demoiselle et de ceci. Il devrait s'en trouver fort bien disposé à mon égard.

Avec un air de défi, il exhiba la bague de Cécile, qu'il avait passée à son petit doigt, puis tapota Memento, qu'il portait à la ceinture, ce que je n'avais pas remarqué jusque-là. Losque je vis émerger du fourreau la poignée qui avait été posée par Ravier lui-même sur la lame que j'avais forgée à la sueur de mon front, mon sang ne fit qu'un tour. Cette arme portait l'inscription O IX et si quelqu'un était indigne de la porter, c'était bien celui qui la détenait.

— Tu n'ignores pas que Montfort a une dent contre toi depuis que tu lui as filé entre les doigts. Il voudra certainement s'assurer que je te garde au frais jusqu'à ce que vous puissiez avoir un tête-à-tête.

Il tira Memento de son étui et fit mine de l'examiner, une moue d'approbation sur les lèvres. Puis il la rengaina.

— En mon absence, Renat se chargera d'apprendre l'emplacement de la Vérité. À mon retour, je disposerai d'une monnaie d'échange encore plus grande.

Il se tourna vers Cécile et lui adressa une courbette dérisoire.

— Demoiselle de Foix, bienvenue chez moi. J'aurais préféré t'accueillir dans d'autres circonstances, crois-moi. Tu es si jolie.

— Tu en es déjà à ta cinquième épouse, vieux bouc lubrique, cracha Cécile.

— Bof, on n'a jamais assez de fendaces à empaler. Ça garde le guilleri en santé. Malheureusement, je me suis laissé dire que ton sillon se faisait déjà labourer avec une ardeur peu commune par sire Gondemar. Ventre-Dieu, l'heureux ruffian! Je l'envie, je l'avoue. Mais quel dommage, tout de même, de penser qu'un si joli petit féminage pourrait finir enceinté par une queue de petite noblesse du Nord. Enfin, les goûts ne se discutent pas, je suppose.

Il détailla à nouveau Cécile des pieds à la tête.

— Heureusement, à quelque chose malheur est bon. Tu es bien entêté, sieur de Rossal. Mais tout homme a un point faible. Le tien, si je ne m'abuse, est enchaîné à ta gauche. M'est avis que tu seras beaucoup plus sensible aux souffrances de ta mignotte qu'aux tiennes propres.

Je tentai de garder ma contenance, malgré ce que je venais d'entendre. Le vieux venait de m'annoncer qu'il allait torturer Cécile pour me faire parler. Comme Montfort avait fait violer Pernelle par Raynal pour m'arracher l'emplacement de la seconde part. Ces maudits croisés et leurs affidés ne reculaient devant aucune ignominie.

Mon regard se porta sur Cécile. Je croyais la trouver terrifiée, mais son visage était impassible. Je ne pouvais pas tolérer qu'une innocente paie à nouveau pour moi. Et puis, l'enjeu ne le justifiait pas. Montfort savait déjà où se trouvait la première part de la Vérité et, même sous la torture, ma tendre amie ne pourrait révéler où se trouvait la seconde, puisqu'elle l'ignorait. Je décidai de jouer le tout pour le tout en lui dévoilant une information déjà connue de tous ceux pour qui elle avait de l'importance. Avec un peu de chance, il mordrait à l'hameçon et s'empresserait de la rapporter à Montfort. Et moi, je gagnerais du temps.

— Pas la peine de lâcher ta bête sur cette petite. Une part de la Vérité est conservée à Montségur, déclarai-je d'une voix égale en le regardant droit dans les yeux. En ce qui concerne l'autre, je ne le sais pas plus que toi.

Le vieil homme arqua un sourcil, visiblement étonné. Puis un sourire narquois lui fendit le visage.

— À Montségur… répéta-t-il avec cynisme. Vraiment… Tu as soudain la langue bien pendue. Tu te laisses battre pendant des heures sans mot dire et, pour le cœur d'une donzelle, même de bonne famille, voilà que tu craches le morceau à la première menace? La tentative est louable, mais ne me prends pas pour un nigaud.

Je sentis la panique monter en moi. Je venais de lui révéler ce qu'il souhaitait savoir et il ne me croyait pas. Je n'avais rien d'autre à marchander contre la survie de Cécile.

— Puisque je te le dis!

Il se dirigea vers la porte et l'ouvrit. Avant de la franchir, il se retourna.

— Les bons soins de Renat te ramèneront à de meilleures dispositions. À mon retour, dans quelques jours, nous discuterons plus longuement. D'ici là, je te salue.

Il sortit, nous laissant seuls avec son molosse, qui n'attendait que cela. Renat m'adressa un sourire terrifiant puis se tourna vers Cécile, qu'il détailla lascivement en se pourléchant grossièrement les babines. Celle-ci le regarda avec l'arrogance typique des Foix, ne lui donnant pas la satisfaction de lui laisser voir sa peur.

Le tourmenteur étudia avec intérêt chacun de ses instruments, les soupesant à tour de rôle. Il arrêta finalement son choix sur une paire de pinces, s'approcha de Cécile et lui adressa un sourire pervers.

— Ne la touche pas, maudit chapon dépravé! m'écriai-je en tirant de tout ce qu'il me restait de forces sur mes chaînes. Tu m'entends? Je t'arracherai les yeux! Je planterai ta tête stupide au bout d'une pique!

Il ricana, mais ne me regarda même pas. Il saisit plutôt la main gauche de Cécile, immobilisa son index entre ses gros doigts et appliqua les pinces sur la première jointure, juste au-dessus de l'ongle. Puis il se retourna et posa sur moi son regard éteint.

— Monsieur le comte souhaite savoir où se trouve la Vérité, affirma-t-il. Dis-le-moi ou je coupe les doigts de la petite, un bout à la fois, très lentement.

— Mais je l'ai déjà dit, foutre de Dieu! À Montségur!

— Bon, comme tu veux. Ensuite, je crois que je lui tranche-rai le bout des tétins. Puis la langue.

Il reporta son attention sur sa victime, le regard rempli d'ex-pectative. Ce qui se produisit alors me prit totalement par sur-prise. Abandonnant tout prétexte d'être enchaînée, Cécile, d'un geste vif comme l'éclair, écarta sa cape et releva sa jupe de sa main libre, révélant un étui noué à sa cuisse. Elle en tira preste-ment un stylet fin et acéré, le remonta d'un geste vif et l'enfonça sous le menton de Renat. L'arme traversa la tête du monstre et émergea, maculée de morceaux de cervelle, au sommet de son crâne. Pendant un instant, il la regarda d'un air incrédule. Puis il vacilla et, comme un gigantesque arbre que l'on vient de couper, finit par basculer. Il s'effondra lourdement sur le sol, les bras en croix, et exhala un ultime et dernier soupir.

— Par le cul de la vierge… bafouillai-je.

Estomaqué, je la regardai s'accroupir et étirer autant qu'elle le pouvait son bras libre vers le cadavre, tirant sur sa chaîne jusqu'à ce qu'elle lui lacère le poignet gauche. Du bout des doigts, elle réussit à empoigner le trousseau de clés qu'il avait à la ceinture et l'arracha. Dès qu'elle l'eut bien en main, elle se défit de ses liens et vint me libérer une main. Je venais à peine d'ouvrir mes fers qu'elle s'effondra dans mes bras.

— Petite furie, dis-je en retenant difficilement mes larmes.

Je lui retirai sa cape et en déchirai des lanières, avec lesquelles je bandai ses mains. Puis je la serrai contre moi. Après un moment beaucoup trop court, je me détachai d'elle et me rendis près du cadavre de Renat. Je retirai le stylet de son crâne puis me retournai vers Cécile.

— Je ne connaissais pas cet aspect de ta personne, blaguai-je en testant du bout du doigt le tranchant de l'arme.

— Nous sommes en guerre, Gondemar. Je ne suis pas une Parfaite, comme tante Esclarmonde. Mon père et mon frère ont toujours souhaité que je sache me défendre.

Je l'essuyai sur le tablier de cuir du mort avant de la passer dans ma ceinture.

— Dire que j'ai caressé cette cuisse nuit après nuit…

— Il y a des circonstances où la présence d'une arme n'est pas souhaitable, rétorqua-t-elle en forçant un sourire.

— Tu saignes encore?

— Je ne crois pas, non.

— Tu peux marcher?

— Ai-je l'air d'une vieillarde usée? protesta-t-elle faiblement.

— Un peu, oui.

— Hmmm… À moins que nous voulions rester ici, il vaut mieux que je tienne debout.

Je la pris sous les aisselles et l'aidai à se relever. Puis je passai mon bras autour de sa taille pour la soutenir, chaque pas déchirant mes côtes brisées. De ma main libre, j'empoignai la torche. Elle avait beaucoup raccourci, mais elle nous donnerait bien encore une heure de lumière. Ensemble, nous nous dirigeâmes vers la porte de notre cachot.

CHAPITRE 20

Poursuite

J'appuyai Cécile contre le mur de pierre. Elle ferma les yeux d'épuisement. Son souffle était court et son teint, cireux. Elle avait perdu beaucoup de sang et elle était faible, mais je n'y pouvais rien. Je devais la remettre le plus vite possible entre les mains des Parfaits qui, eux, sauraient en prendre soin. Pour cela, il était essentiel de sortir de cet endroit, en espérant avoir ensuite le temps de rattraper le comte et de lui reprendre le message du *Cancellarius Maximus* avant que son contenu ne m'échappe pour de bon.

Je testai délicatement la porte et rageai intérieurement. Le loquet était tiré. Nous étions libérés de nos fers, mais toujours prisonniers. Par contre, on nous avait enfermés avec Renat. Cela ne pouvait dire qu'une chose : quelqu'un se tenait de l'autre côté, prêt à ouvrir sur l'ordre du tourmenteur. Je posai l'index sur mes lèvres pour signifier à Cécile de garder le silence, puis je frappai trois grands coups.

— Oui ? fit une voix.

— Laisse-moi sortir, dis-je en prenant ma plus belle voix de fausset, espérant que l'imitation tromperait le garde.

On tira le loquet et la porte s'ouvrit. Un garde apparut de l'autre côté. Croyant avoir affaire à Renat, il n'avait pas jugé bon de dégainer son arme. En m'apercevant, il écarquilla les yeux de surprise et porta la main à son fourreau. J'enfouis aussitôt le stylet dans son ventre, poignardant vers le haut, comme me l'avait enseigné Bertrand de Montbard, pour que la pointe de la longue lame transperce le cœur. Il s'écroula sur le sol dans le plus complet silence. Au prix d'un élancement atroce dans les côtes, je le tirai à l'intérieur et refermai la porte. Je le retournai sur le dos pour reprendre le stylet, que je rendis à Cécile. Puis je m'emparai de son épée, la passai dans ma ceinture et me relevai.

— Prête? demandai-je.

Elle hocha la tête. J'entrouvris à nouveau la porte et passai la tête dans l'embrasure.

— La voie est libre, chuchotai-je.

Nous sortîmes dans un long couloir sombre dont les deux côtés étaient parsemés de portes semblables à celle de notre cachot. Je regardai devant, puis derrière, et avisai un escalier à l'extrémité du couloir.

— Nous sommes dans les caves, dit Cécile. Il faut monter.

Nous gravîmes les marches jusqu'au sommet et nous retrouvâmes face à une lourde porte bardée de fer. Je l'entrouvris et glissai ma tête avec prudence dans l'entrebâillement. Je vis un autre passage orné d'écus, d'épées et de lances disposés entre des fenêtres en ogive percées dans un épais mur de maçonnerie. Dehors, la nuit tombait et je réalisai que j'avais passé presque une journée entière dans le cachot du comte.

J'allais sortir lorsque deux hommes en armes tournèrent le coin à une extrémité du couloir et s'y engagèrent d'un pas ferme. Leur discussion était animée et ils gesticulaient fort. Heureusement, ils ne regardaient pas dans notre direction. Je refermai prestement la porte et attendis que leurs pas s'éloignent. Soulagé, je laissai échapper un long soupir qui me fit grimacer de douleur. Il ne s'écoula que quelques secondes avant que j'entende d'autres hommes passer dans la direction inverse.

— On dirait un chemin de commerce, grommelai-je. Nous ne pourrons jamais sortir de ce côté.

Cécile s'approcha et m'écarta.

— Que fais-tu?

— Je veux voir où nous sommes exactement.

Elle entrouvrit à son tour et jeta un coup d'œil avant de refermer.

— Ce couloir mène à la salle des gardes, murmura-t-elle. Assurément, les hommes du comte savent que nous sommes ses prisonniers. Ses officiers, tout au moins. Nous ne ferons pas dix pas sans être découverts.

— Tu connais cet endroit, toi ? demandai-je, étonné.

— Mon père et le vieux bouc n'ont pas toujours été en aussi mauvais termes. Petite, Roger Bernard et moi l'accompagnions parfois ici et, comme leurs palabres duraient longtemps, nous passions le temps à explorer le château. Suis-moi. Je sais par où sortir.

Elle se retourna et, ses deux mains blessées blotties contre sa poitrine, s'engagea vers le bas de l'escalier d'un pas un peu chancelant. Interdit, je lui emboîtai le pas, la torche en main, en m'assurant de pouvoir la rattraper si elle perdait pied.

— Tu penses sortir par la cave ? demandai-je, incrédule.

— J'ai une idée, oui.

Nous revînmes dans le couloir des cellules, que Cécile longea. Une fois au fond, sans la moindre hésitation, elle prit à droite. Nous continuâmes ainsi pendant une bonne minute, puis elle tourna à gauche à l'intersection suivante. Elle finit par s'arrêter devant le mur d'un cul-de-sac. Elle me désigna une dalle de pierre carrée de deux coudées[1] de côté, enchâssée à la hauteur de ma poitrine.

— Tu peux la déloger ? demanda-t-elle.

J'approchai la torche de la dalle et examinai le mortier qui la retenait. L'humidité de la cave l'avait rendu friable. Je lui pris le stylet et je frappai à quelques reprises au centre de la dalle. Le son creux qui en monta me confirma qu'elle n'était pas très épaisse.

— Je crois, oui. Mais pourquoi ?

— C'est la sortie.

---

1. Une coudée représente la longueur de l'avant-bras.

Je la regardai, perplexe.

— Allez, fais vite. Tôt ou tard, on viendra relever le garde que tu as occis et on sonnera l'alarme.

Je me mis au travail, délogeant aisément le mortier avec le stylet. Après quelques minutes, la dalle bougea distinctement. Je glissai la lame dessous et la tirai vers moi. Lorsqu'elle bascula et me tomba dans les bras, je crus mourir de douleur en supportant son poids. Serrant les mâchoires, je parvins à la déposer sur le sol sans l'échapper. Aussitôt, une épouvantable puanteur nous enveloppa. Je me redressai en me tenant le côté.

— Bon Dieu de merde, grognai-je, qu'est-ce qu'il y a dans ce mur?

— De la merde, justement.

Je regardai Cécile, interloqué.

— Tous les châtelets de Toulouse sont équipés de latrines qui se déversent dans des conduites aménagées dans les murs, expliqua-t-elle. Leur contenu est rincé à l'eau de temps à autre et se vide au pied de la muraille, à l'extérieur.

— Et tu suggères que nous rampions dans la fiente? m'exclamai-je, horrifié.

— À moins de courir notre chance en haut, c'est la voie la plus sûre.

— Espérons qu'elle a été rincée récemment, maugréai-je.

Elle me tendit les bras.

— Aide-moi à monter.

Je la pris par la taille et la soulevai, tentant sans succès de rester indifférent aux craquements de mes côtes. Cécile passa la tête dans l'ouverture et y disparut.

— Tu viens? fit sa voix qui me parvint avec un écho. Nous sommes à la hauteur des caves. La sortie ne peut pas être loin.

— Oui, oui, grommelai-je.

Dégoûté, je me hissai dans l'ouverture. La conduite était juste assez large pour que je puisse avancer à quatre pattes, mes épaules frottant les parois. D'une main, je tendis la torche, dont la lumière éclairait les pieds de Cécile. L'autre s'enfonça dans une substance humide et poisseuse que j'essayai d'ignorer de mon mieux. Nous rampâmes pendant une bonne minute. J'avais l'estomac dans la gorge et je croyais vomir de répulsion lorsqu'un petit cri sec me fit frémir.

— Cécile ? appelai-je, anxieux.

Seul le silence me répondit. Inquiet, je brandis la torche à bout de bras, mais elle n'éclaira que le noir.

— Cécile ! hurlai-je, en jetant toute prudence aux orties, certain qu'elle était tombée dans une oubliette.

Indifférent au danger et à mes blessures, je me précipitai vers l'avant aussi vite que je le pouvais, les excréments volant dans toutes les directions, me maculant le corps et le visage. Soudain, les immondices n'avaient plus d'importance. Je rampais si vite que je fus pris par surprise lorsque le sol se déroba sous moi. Je chutai dans le vide et m'écrasai lourdement sur le sol.

———

Quelque part près de moi, la torche brûlait toujours, car je pouvais voir mes mains dans le noir. Quelque chose avait amorti ma chute, mais mes côtes me faisaient sauvagement souffrir et toute mon attention était consacrée à ne pas perdre conscience.

— Ouille… fit une petite voix sous moi.

Je tâtai fiévreusement au hasard et mes doigts touchèrent quelque chose de familier. Je reconnus le doux visage de Cécile.

— Je te serais reconnaissante de ne pas me badigeonner la face de crotte, gronda-t-elle.

Malgré la douleur, le ridicule de la situation était tel que je ne pus m'empêcher de m'esclaffer. Je compris que nous avions simplement atteint la fin de la conduite d'égout et que nous étions tombés à l'extérieur – sans doute dans la merde de tous les habitants du châtelet. J'avais atterri sur la pauvre Cécile. Je roulai sur le côté, incapable d'arrêter de rire.

— Quand tu auras fini de pouffer, je suggère que nous partions d'ici. On va nous remarquer, maugréa-t-elle.

Elle se mit debout et grimaça en regardant ses bandages de fortune.

— Comment vont tes mains? m'enquis-je.

— Elles font mal.

Nul doute que les excréments s'étaient infiltrés dans ses plaies. Je me souvins de la panse de Montbard, dont les tripes percées l'avaient mené aux portes de la mort, et de la façon dont Pernelle avait lutté pour le sauver. Je devais remettre Cécile entre les mains de mon amie avant que ses blessures ne se corrompent.

— Où sommes-nous? m'enquis-je.

Elle inspecta brièvement les alentours.

— Derrière le châtelet du comte de Toulouse. Viens, c'est par ici.

Je notai que la pluie avait enfin cessé et le déplorai amèrement. Au moins, elle nous aurait un peu lavés. Je repérai la torche, qui avait atterri à quelque distance de nous, et qui brûlait encore. Je la ramassai et l'enfonçai dans la fiente pour l'éteindre. Un peu de lumière eût été utile, mais mieux valait ne pas attirer l'attention. Nous devrions nous contenter du faible éclairage donné par le quart de lune.

Cécile se mit en marche et je la suivis. Situé dans Toulouse même, le châtelet du comte était entouré d'un petit muret, mais, comme la ville entière était protégée par la muraille, il n'était pas nécessaire de le garder. En quelques minutes, nous nous retrouvâmes dans des rues que je ne connaissais pas. Cécile, elle, savait parfaitement où nous étions et procédait d'un pas assuré.

Nous marchions depuis une demi-heure environ lorsque trois hommes à cheval surgirent au bout d'une ruelle. Dès qu'ils nous aperçurent, ils tirèrent leur arme à l'unisson.

— Halte! s'écria un des cavaliers.

— Putain de Dieu... grommelai-je. On a découvert notre fuite.

Avec toutes les misères du monde, je brandis mon épée tout en sachant que, dans l'état où je me trouvais, je n'avais aucune chance de tenir tête à trois hommes à cheval. De l'autre main, je poussai Cécile derrière moi.

Les trois cavaliers s'avancèrent lentement vers nous et je me mis en garde. Contrairement à mon habitude, je tenais mon épée à deux mains tremblantes, mes côtes meurtries ne me permettant pas d'en porter le poids autrement. À ma surprise, ils s'arrêtèrent à une vingtaine de pas et l'un d'eux nous dévisagea. Puis il se tourna et mit les mains en porte-voix.

— Sire ! Ils sont ici ! s'écria-t-il d'une voix forte.

Au loin, une voix répondit quelque chose et un bruit de galop retentit dans la nuit. Une minute plus tard, cinq autres cavaliers surgissaient au bout de la ruelle. Ils foncèrent droit sur nous. Je faisais maintenant face à huit hommes. Même en santé, je n'aurais eu aucune chance.

L'un d'eux descendit agilement de sa monture avant même qu'elle ne se soit complètement immobilisée. Il se précipita à grandes enjambées vers nous. Je crus que mes jambes allaient céder sous moi quand je reconnus Roger Bernard et abaissai mon arme. Il m'écarta brusquement de son chemin sans m'accorder la moindre attention et inspecta frénétiquement le visage de sa sœur, puis ses mains couvertes de bandages souillés. Comblé de la trouver vivante, il la prit dans ses bras, indifférent au fait qu'elle était couverte d'excréments, et la serra si fort que je craignis qu'il ne la casse. Lorsqu'il fut satisfait, il se tourna vers moi, l'air menaçant et le regard noir.

— Bougre de Dieu, gronda-t-il. Il suffit que ma petite sœur disparaisse en ta compagnie pendant une journée pour que je la retrouve estropiée et couverte de fiente. Ne t'avais-je pas prévenu d'y faire attention ?

Il leva une main et, instinctivement, je reculai d'un pas, certain qu'il allait me frapper. Il me la posa plutôt sur l'épaule.

— Heureusement, tu me la ramènes vivante, dit-il, et à te voir, tu as payé cher pour la protéger.

— En fait, répondis-je avec un mélange de soulagement et d'embarras, c'est plutôt ta sœur qui m'a sauvé.

— Voilà qui ne m'étonne guère. La petite démone est pleine de ressources.

— C'est le moins qu'on puisse dire. Et de courage aussi.

Je souris à Cécile, qui me le rendit. Puis je désignai les chevaux.

— Nous devons la faire soigner au plus vite.

Roger Bernard hocha la tête en guise d'assentiment. Il saisit sa sœur par la taille et la posa sur sa monture, puis se remit en selle derrière elle. Un de ses hommes me tendit la main et je montai derrière lui, le crissement de mes côtes m'arrachant un grognement de souffrance. Puis toute la troupe s'élança au galop vers le châtelet des Foix.

Une trentaine de minutes plus tard, nous étions dans la salle commune. Raymond Roger avait envoyé un éclaireur avertir les Parfaits, qui nous attendaient à notre arrivée, prêts à nous soigner. Dès lors, Cécile et moi fûmes pris en charge. Pernelle, qui semblait avoir tout naturellement établi son autorité sur le groupe, ordonna qu'on nous lave d'abord de pied en cap.

— Enlève-lui ses bandages et assure-toi de bien laver ses plaies, intima-t-elle au Parfait qui entraînait Cécile vers sa chambre. Il ne doit y rester aucune immondice.

— Oui, dame Pernelle, répondit l'homme avec ce respect que mon amie parvenait toujours à s'attirer.

Pernelle se chargea elle-même de moi.

— Tout nu! ordonna-t-elle de ce ton péremptoire que je connaissais bien.

Je retirai mes vêtements souillés en essayant de ne pas trop grimacer, tout en sachant que mon amie n'était pas dupe. *In naturalibus*, me tenant aussi droit que possible, je vis Ugolin apparaître avec des chaudières.

— Heureux de te revoir, dit-il. Tu sembles avoir vécu d'intéressantes aventures. Un jour, il faudrait bien que tu apprennes à les partager.

— Décrasse-le, ordonna Pernelle.

Sous le regard amusé de Roger Bernard, le Minervois prit grand plaisir à m'asperger d'eau froide, au point que j'en grelottai vite comme un nouveau-né. Puis je dus me frotter avec du crin de cheval et du savon, ne ménageant aucun effort jusqu'à ce que ma peau soit rose.

— Qu'est-ce qui se passe? me chuchota-t-il à l'oreille pendant qu'il m'astiquait le dos. Quelque chose à voir avec les Neuf?

— Hâte-toi, nom de Dieu, répondis-je sur le même ton. J'expliquerai tout dès que je pourrai. Le temps presse.

Lorsqu'il eut terminé, il me tendit des braies propres que j'enfilai aussitôt avant de remettre mes bottes, encore trempées par le rinçage subi. Puis j'attendis Pernelle, qui était allée inspecter les blessures de Cécile. Après de longues minutes, elle reparut enfin.

— Alors? s'enquit Roger Bernard d'un ton anxieux.

— Les plaies sont moins profondes qu'il n'y paraît, l'informat-elle. Tous ses doigts bougent encore. Vidau est en train de recoudre tout ça. Il lui donnera quelque chose qui la fera dormir.

— Merci, bonne dame, dit le jeune Foix avec une reconnaissance sincère.

Il se retourna vers un de ses hommes.

— Cours rendre compte à mon père, ordonna-t-il.

L'homme tourna aussitôt les talons et s'en fut transmettre le message. Pernelle me toisa, les bras croisés sur la poitrine et un air profondément contrarié sur le visage.

— Voyons cela, maintenant, soupira-t-elle. Allez, lève les bras.

D'une main experte, elle me tâta les côtes et je me crispai de douleur.

— C'est bien ce que je pensais. Espère de balourd, tu as trouvé le moyen d'en recasser deux.

— La prochaine fois qu'on m'attache à un mur et qu'on me frappe, je ferai plus attention, je te le promets, dis-je avec mon plus beau sourire.

— Je vais devoir les bander à nouveau. Cette fois, j'apprécierais que ce ne soit pas pour rien. J'ai d'autres patients, figure-toi.

Sans qu'elle ait à le lui demander, Ugolin partit quérir des rouleaux de bandages propres et elle se mit à m'envelopper la poitrine si fermement que j'avais du mal à respirer. Pendant qu'elle s'affairait, je pris une décision. J'avais encore une chance de récupérer le message du *Cancellarius Maximus* avant que le comte de Toulouse ne le remette à Montfort et ne me prive, par le fait même, de ma seule piste vers la seconde part de la Vérité. *N'oublie jamais que la protection de la Vérité est la seule raison d'être de l'Ordre et rien ne doit primer sur elle, pas même la vie des Neuf. Elle doit être le seul guide de tes décisions jusqu'à la réunion des deux parts*, disaient les instructions au *Magister* de l'Ordre des Neuf. L'abacus hérité de Ravier me donnait le pouvoir de décider selon mon jugement. La manière de protéger la Vérité m'appartenait. Or, la situation était urgente et je n'étais pas en état de sauver la mise par mes seuls moyens. J'avais besoin d'aide. Pour préserver le secret, mon seul choix consistait à le trahir un peu et personne ne serait jamais plus digne de le partager qu'un membre de la famille de Foix.

J'avisai Roger Bernard, toujours entouré de ses hommes.

— Je dois te parler.

— Je t'écoute, répliqua-t-il.

De la tête, je désignai ses hommes. D'un geste, il leur ordonna de sortir. Dès que je fus seul avec lui, Pernelle et Ugolin, je me lançai, pour le meilleur et pour le pire.

— Ce que je vais te révéler, Pernelle et Ugolin en savent déjà une bonne partie. Rien ne doit jamais sortir de notre groupe, l'avertis-je. Je sais qu'un cathare ne fait pas de serment, mais je te demande ta parole, sur l'honneur.

— Tu l'as, Gondemar de Rossal, fit-il gravement.

Je le dévisageai un moment. Il me regardait droit dans les yeux et je ne doutais pas un instant de son intégrité. Le *Magister* que j'étais devenu se dit que ce jeune homme, issu d'une des anciennes familles les plus glorieuses, ne déparerait nullement l'Ordre des Neuf.

Pernelle s'affairant toujours sur moi, je lui en révélai autant que je le pouvais sans trahir le secret dont j'étais en charge. Je lui appris d'abord l'existence de l'Ordre des Neuf. Je lui parlai de sa création en Terre sainte par Hugues de Payns et huit membres des anciennes familles, puis de son existence sous le couvert de l'Ordre du Temple. Il m'écouta sans m'interrompre, un pli de concentration lui traversant le front.

Pendant que je palabrais, Pernelle plaça ses mains à plat de chaque côté de mon nez, le saisit et donna un coup sec vers le centre de mon visage.

— Aïe! m'écriai-je, un éclair me traversant les yeux et le front.

— Tu avais les deux narines qui pointaient du même côté.

Elle se recula d'un pas pour admirer son travail.

— Voilà. Il est à peu près droit, dit-elle, satisfaite.

Puis elle sortit une aiguille et du fil et s'attaqua à mes coupures, dont une particulièrement profonde au-dessus du sourcil. La langue sortie, elle sutura. Je poursuivis mon récit à l'intention de Roger Bernard. Je lui parlai des documents qu'avaient découverts les fondateurs de l'Ordre, sous les ruines du temple du roi Salomon, et de leur renvoi final en terre ancestrale, entre les mains du jeune Bertrand de Montbard.

— Ton maître d'armes, remarqua-t-il. Et ce Raynal? Il faisait partie de l'Ordre, lui aussi?

Pendant que Pernelle achevait de me recoudre, je lui résumai brièvement ce qui s'était passé depuis deux ans : ma rencontre avec des membres de l'Ordre à Quéribus, l'attaque des croisés sur le chemin de Montségur, mon initiation, la tentative avortée de Raynal pour voler les parchemins, la mort de Ravier, puis mon élection comme *Magister* et les instructions qui l'accompagnaient.

— Mais qu'y a-t-il donc sur ces documents pour que les croisés les désirent tant? Tout ce secret n'a tout de même pas été organisé pour préserver une recette de civet de lapin.

— C'est ce que je ne pourrai jamais te dire, à moins que tu ne deviennes un jour un des Neuf. Mais sache qu'ils confirment ta foi. Pour le reste, tu devras me faire confiance.

Je cherchai du regard l'approbation de Pernelle et d'Ugolin. Leur air grave suffit à convaincre Roger Bernard que je disais vrai. Il considéra la situation en se frottant pensivement le menton. Puis il en vint à une décision.

— Si je comprends bien, il existe d'autres documents semblables quelque part, et seul ce *Cancellarius Maximus* sait où, résuma-t-il.

— C'est exact.

— Tout cela est fort distrayant, mais quel rapport avec le fait que je vous ai retrouvés couverts de merde, ma sœur et toi?

— C'est là que les choses se corsent.

Je lui fis le récit de ma décision de contacter le Supérieur inconnu, puis de mes tentatives une fois dans Toulouse, de sa première réponse et, enfin, des événements qui avaient entouré la deuxième, la veille, ce qui me conduisit à expliquer le rôle qu'avait tenu sa sœur à mon insu. Pernelle et Ugolin, qui ignoraient tout de ces développements récents, furent étonnés. Mon amie cessa net de suturer et m'adressa un regard incrédule.

— Tu pensais nous mettre au courant quand, au juste? demanda-t-elle d'un ton vexé.

— C'était ma prérogative de *Magister*, rétorquai-je. Et si tu ne t'étais pas mis en tête de m'accompagner, tu ne te serais pas retrouvée mêlée à tout ça. J'espérais arriver à Toulouse avant les croisés. Et crois-moi, s'il y avait eu la moindre chance d'occire Montfort en plus, je ne m'en serais pas privé. Les choses n'ont pas tourné comme je l'espérais.

Je reportai mon attention sur Roger Bernard, qui se frottait le visage de sa grosse main calleuse. Visiblement, ce qu'il venait d'entendre était beaucoup et il avait du mal à tout absorber.

— Ma petite sœur, impliquée dans cette histoire de fous, murmura-t-il d'un ton fatigué. Au fond, je ne devrais pas être surpris. Elle a toujours été proche d'Esclarmonde, et il est bien connu dans ma famille que ma tante vit davantage dans l'ombre que dans la lumière. Je comprends mieux, maintenant, tout ce qu'on raconte dans ma famille au sujet de la protection de notre foi.

Il s'ébroua comme un cheval impatient et se mit à marcher de long en large, les mains dans le dos. Ugolin me donna une chemise propre et je la revêtis en faisant attention à mes côtes.

— Donc, si je comprends bien ton histoire, c'est le comte de Toulouse qui s'est emparé du message que tu attendais? continua le jeune Foix.

— Exactement.

— Ce vieux ruffian ne reculera devant rien pour assurer la sécurité de ses terres. Pour lui, un document désiré par Montfort et Amaury est un avantage inespéré qui lui tombe du ciel. Ah! Je me doutais bien qu'il traitait secrètement avec Montfort pendant que ce sauvage nous assiégeait! gronda-t-il en frappant un poing rageur dans le creux de sa main. Il mériterait d'être pendu haut et court! Et tu sais le pire?

— Quoi?

— Alors même qu'il essaie de se gagner les faveurs des croisés, il monte une armée pour les affronter d'ici la fin de septembre. Depuis quelques jours, ses messagers parcourent tout le pays à la recherche d'alliances. Il a même approché mon père, le bougre.

— Et qu'a-t-il répondu?

— Raymond Roger voit loin. S'il faut s'allier provisoirement avec le diable lui-même pour vaincre les croisés, il le fera. Plus l'armée sera nombreuse, plus ses chances seront bonnes. Il sera toujours temps ensuite de régler les comptes.

Je me levai et fis quelques moulinets prudents avec mes bras. Mes côtes étaient fort sensibles, mais les bandages de Pernelle les tenaient fermement en place. Si j'étais loin de la grande forme, je pourrais cependant fonctionner pour un temps.

— Le comte est parti voilà quelques heures tout au plus pour remettre le message, dis-je. En me pressant, je peux encore le rejoindre. Tu sais où se trouve Montfort en ce moment?

— Aux dernières nouvelles, son camp était établi aux environs de Saint-Martin-Lalande, non loin de Castelnaudary.

— Alors c'est là que je dois me rendre.

Je me plantai devant Roger Bernard.

— Si je t'ai dévoilé tout ceci, c'est que j'ai besoin de ton aide. Seul, j'échouerai.

— M'est avis que cette histoire me concerne. Le vieux filou a malemené ma petite sœur et se mêle des choses personnelles de ma famille. Et puis, une fois encore, il trahit notre cause. Je t'accompagne.

— Merci. Je t'en suis reconnaissant.

Je me tournai vers Ugolin, qui se tenait un peu à l'écart, l'air penaud.

— J'aimerais aussi compter sur ton bras.

Son visage s'éclaira comme celui d'un enfant qui venait de recevoir un présent longtemps désiré.

— Il t'est acquis et tu le sais, Gondemar. Je cours prendre mes armes !

Il traversa la pièce et sortit. Je ramassai mon ceinturon et le bouclai en regardant dédaigneusement l'épée dont j'étais affublé. Non seulement je devais reprendre le message au comte, mais il était hors de question que je lui laisse Memento.

— Bon, allons-y.

— Et moi ? fit Pernelle.

— Tu restes ici, répliquai-je avec fermeté. Prends soin de Cécile. Et cette fois-ci, ne t'avise pas de me suivre.

Sans rien ajouter, je sortis avec Roger Bernard. J'avais pleinement conscience qu'une fois encore j'utilisais ceux qui m'étaient fidèles à mon propre avantage. Mais pouvais-je leur dire qu'il en allait du salut de mon âme ? Au-delà des Neuf, des Foix, des anciennes familles et du *Cancellarius Maximus*, j'étais l'ultime responsable de la protection de la Vérité et sa seconde part menaçait de tomber entre les mains ennemies avant que je ne découvre où elle était conservée. Dans un an ou dans cinquante, Montségur tomberait et la première part finirait par subir le même sort. Les parchemins seraient détruits par le pape et la supercherie règnerait sur les âmes. Je ne doutais pas que les cathares seraient vaincus et effacés de la surface de la terre. Mon seul espoir était d'arriver à préserver les bases de leur foi.

———

Quinze minutes plus tard, nous étions en route. Je tablais sur le fait que le comte de Toulouse devait être discret et qu'il n'était certainement pas parti avec un escadron. Une petite force de frappe m'apparaissait donc suffisante. En cas d'affrontement, cette approche aurait l'avantage de ne pas répandre la rumeur d'une guerre intestine dans le camp cathare, qui ne pourrait que nous nuire.

Saint-Martin-Lalande ne se trouvait qu'à dix-sept lieues de Toulouse et nous franchîmes les premières à toute allure. Je remerciai intérieurement Pernelle, dont les bandages maintenaient mes côtes bien en place malgré la façon dont Sauvage me secouait. Néanmoins, chaque élan de ma monture m'était un calvaire et j'étais trempé de sueur après la première lieue. Roger Bernard chevauchait avec Ugolin et moi à sa droite. Derrière nous suivaient cinq hommes bien armés. Ugolin avait suggéré un raccourci qui nous permettrait de croiser le chemin pris par le comte et je comptais sur sa connaissance du pays pour intercepter le mécréant avant qu'il n'atteigne sa destination.

Quand nous fûmes à six ou sept lieues de Saint-Martin, nous ralentîmes le pas et envoyâmes un éclaireur. Une heure plus tard, il revint, le pelage de son cheval ruisselant de sueur, mais porteur des informations que nous attendions.

— Le comte de Toulouse n'a pas encore atteint Saint-Martin, dit-il à Roger Bernard. Il est à deux lieues devant nous.

— Ses troupes ?

— Quinze hommes. Il voyage léger, comme vous l'aviez prévu.

— Ils sont bien armés ?

— L'épée au côté. Ni lances, ni écus, ni heaumes. Il s'agit plus d'une escorte honorifique qu'autre chose.

Roger Bernard me lança un regard complice, un sourire carnassier lui fendant le visage.

— Deux contre un. Qu'en penses-tu ?

— Nos chances m'apparaissent excellentes, rétorquai-je. C'est presque injuste pour le vieux fredain.

— C'est ce que j'espérais entendre.

Il se retourna vers l'éclaireur en lequel, visiblement, il avait une totale confiance.

— Quelle route suggères-tu, Privat ?

L'autre désigna une direction de la main.

— Le chemin suivi par le comte fait un long détour. En allant par là, nous lui couperons la voie.

— Nous ferons ainsi, alors. Donne à boire à cette pauvre bête, puis retourne en avant et reviens me faire rapport.

— Bien, sire.

Il fit aussitôt demi-tour et disparut dans la nuit. Nous tirâmes nos armes et fonçâmes à toute vitesse dans la plaine, nos montures négociant le trajet malgré la noirceur. Quand Privat reparut, nous nous arrêtâmes pour entendre son rapport.

— Ils sont tout près, nous informa-t-il. Ils avancent au trot. On les entend à une lieue. De toute évidence, ils ne se doutent de rien.

— Parfait, dit Roger Raymond en hochant la tête, l'air coquin.

Il se tourna vers moi.

— Gondemar ? Ton idée ?

— Quatre hommes de chaque côté du chemin. Nous les laissons passer pour les prendre à revers. Nous frappons vite pour égaliser les forces, puis nous nous occupons de ceux qui restent.

— Simple et efficace. Je reconnais bien là celui qui a semé la terreur autour de Cabaret.

— J'ai appris de Pierre Roger et il savait y faire, crois-moi.

Roger Bernard donna les ordres en conséquence et nous nous approchâmes en faisant le moins de bruit possible tout en nous hâtant pour devancer nos proies. Lorsque nous parvînmes au chemin, quatre des hommes de Foix restèrent d'un côté alors que Roger Bernard, le cinquième soldat, Ugolin et moi le traversions pour nous cacher dans le noir, à deux toises de la route. Puis nous dégainâmes et attendîmes.

Dans le noir, j'avais presque l'impression que Bertrand de Montbard était à mes côtés, aux aguets et sûr de lui, tel un loup guettant sa proie. Je pouvais l'imaginer sans peine, le visage dur, les lèvres serrées, le regard fixant le lointain, le corps tendu comme une corde de luth, l'arme au poing, prêt à bondir sur son adversaire et à le tailler en pièces. Je constatai avec étonnement que je me tenais exactement comme lui. Malgré moi, je souris. Encore une fois, le diable d'homme avait eu raison. *Ce que j'étais est en toi et le restera pour toujours.* Il m'avait fait et faisait partie de moi. J'en éprouvais une grande fierté, même si j'avais si souvent failli.

Le bruit de sabots qui approchaient me tira de ma nostalgie. À côté de moi, Roger Bernard me posa une main sur l'épaule pour m'indiquer qu'il avait entendu, lui aussi. Je sentis Ugolin se raidir sur sa selle, avide d'en découdre. Je n'avais nul besoin de voir de l'autre côté de la route pour savoir que les hommes de Foix, superbement entraînés et loyaux, étaient prêts, eux aussi. Après quelques minutes, sous la lune, nous vîmes les silhouettes du comte de Toulouse et de sa petite troupe passer lentement devant nous.

— Mécréant! pesta le vieillard de cette voix irritante qui me faisait grincer des dents.

Il adressait des reproches à l'homme qui chevauchait à ses côtés, la tête penchée, honteux.

— Je m'en excuse, sire. Le départ a été précipité et…

— Je ne peux croire que personne n'a songé à emmener quelques chevaux de rechange. Nous voilà avec non pas une mais deux bêtes boiteuses. Imbécile! Coquebert! Si ce n'était ton incurie, nous serions arrivés depuis une heure au moins.

— Nous y serons tout de même bientôt, sire, dit l'autre pour amadouer le comte.

— Trêve de contrition! Je réglerai ton cas à notre retour à Toulouse!

Nous laissâmes la petite troupe défiler devant nous jusqu'au dernier soldat. D'un toucher sur l'avant-bras, je fis signe à Roger Bernard que le moment de l'attaque était venu. Le jeune Foix mit deux doigts dans sa bouche et émit un sifflement aussi puissant qu'aigu qui fendit le silence de la nuit. Puis nous surgîmes à l'unisson.

Pris par surprise, les soldats qui formaient l'arrière-garde n'eurent même pas le temps de tirer leur épée que nous leur tombions dessus comme la vengeance divine sur Sodome et Gomorrhe. Je crois qu'Ugolin, qui ressemblait à un molosse lâché contre des lapins, serait aisément venu à bout de la majorité d'entre eux à lui seul. Tout en fonçant vers le comte de Toulouse, je l'aperçus qui tranchait et piquait à qui mieux mieux, les adversaires tombant de leurs montures comme autant de papillons trop près des flammes. Profitant de l'effet de surprise, les hommes de Foix ne se privaient pas, eux non plus. Foix me suivit. Nous les contournâmes sans nous arrêter.

Lorsque nous fûmes à proximité du traître, il ne lui restait déjà que cinq hommes. L'un d'eux se précipita vers Roger Bernard et en fut quitte pour une lame au travers de la gorge. Pour ma part, malgré mes côtes douloureuses, j'écartai sans trop de mal celui qui m'attaqua au moyen d'un revers qui lui arracha la moitié du visage. Les hommes de Foix se chargèrent des autres, si bien que le comte de Toulouse se retrouva seul. Avec satisfaction, je le vis tourner sur lui-même, en proie à la panique. La noirceur aidant, il était clair qu'il ne comprenait pas ce qui lui arrivait. Puis il sembla se ressaisir et réaliser que, s'il ne s'enfuyait pas, sa dernière heure était arrivée. Lorsqu'il reconnut mon visage, il comprit qui la lui apporterait.

Il allait éperonner sa monture lorsque, d'un serrement de cuisses, je poussai Sauvage et fondis sur lui. Allongeant mon bras libre, je frappai brutalement le vieux filou au torse et le délogeai de sa selle. Mes côtes me firent souffrir le martyre, mais je n'en eus cure. Certaines douleurs sont proches de la jouissance et celle-là en était. Il se retrouva sur le dos, sonné. Je fis un demi-tour brusque, revins vers lui et mis pied à terre. J'atterris près de lui et, amusé, je le vis tenter de tirer son arme. Mon arme. Memento. Je lui posai le pied sur le bras et l'écrasai cruellement, ce qui le fit gémir de douleur et de terreur à la fois.

— Cette épée est à moi, si je ne m'abuse.

Au son de ma voix, il cessa de se débattre.

— Mais… Comment…? Renat…? demanda-t-il d'une voix tremblante de peur.

— Renat est sans doute en enfer et te réchauffe une place avec son gros cul.

Je me penchai pour reprendre mon bien et remis l'autre épée à l'un des hommes de Foix, qui nous entouraient, victorieux et à peine essoufflés. Parmi eux se trouvait Ugolin, heureux comme un enfant qui vient de trouver la cachette de sucreries. Roger Bernard et lui vinrent me rejoindre pendant que je soupesais Memento, ravi de l'avoir enfin retrouvée. Puis je reportai mon attention sur le vieux comte, qui s'était rassis. Sans prévenir, je lui écrasai mon pied dans la poitrine et l'envoyai choir sur le dos, ce qui lui coupa le souffle. Je m'agenouillai près de lui, l'empoignai par la chevelure et lui ramenai la tête vers l'arrière. Je lui appliquai le tranchant de Memento sur la gorge. Je ressentis aussitôt l'indicible satisfaction que seul procure le fait de retourner la situation au détriment d'un tortionnaire que l'on sait lâche.

— Le message. Rends-le-moi.

— Oui… bredouilla-t-il d'une voix haletante. Tout de suite.

— Tout de suite qui? demandai-je, savourant son humiliation.

— Tout de suite… sire Gondemar.

Je relâchai un peu la pression pour lui permettre de fouiller dans sa chemise sans se trancher lui-même la gorge. Il en tira l'enveloppe de cuir qu'il avait exhibée avec tant de morgue lorsque j'étais enchaîné dans son cachot. Je l'arrachai sèchement de sa main tremblotante et me relevai.

— Surveille-le, ordonnai-je à Ugolin.

J'ouvris l'enveloppe et en tirai un parchemin plié en quatre. Il faisait trop noir pour que je le lise, mais, dans la faible lumière de la lune, je pus y apercevoir le contour du sceau du *Cancellarius Maximus*.

Satisfait, je remis le document en place et glissai le tout dans ma chemise.

— C'est le bon, annonçai-je.

Je revins vers le comte et lui repris la bague de Cécile. Puis, je mis la pointe de Memento contre sa gorge et appuyai lentement, anticipant le plaisir de la première goutte de sang qui coulait sans doute déjà dans les rides de son cou.

— Tu étais bien hardi lorsqu'il s'agissait de faire torturer un homme enchaîné. Ou mieux encore, une femme. Voyons si tu sauras affronter la mort avec le même courage.

J'appuyai un peu plus et il couina comme une femmelette. Je sentis qu'il essayait de rentrer dans la terre de la route pour éviter que ma lame ne lui perce le gosier. J'allais l'enfoncer quand une main, calme mais ferme, se posa sur mon avant-bras.

— Ne le tue pas, dit doucement Roger Bernard.

— Quoi?

— Tu m'as entendu.

— Après tout ce qu'il a fait? Après toutes ses traîtrises?

— Cet homme est une ordure, j'en conviens, et il mériterait mille morts et l'enfer par la suite, mais le maudit paillard a aussi été successivement le gendre d'Amaury II, roi de Chypre, d'Henri II Plantagenêt, roi d'Angleterre, et maintenant d'Alphonse II d'Aragon. Son assassinat nous apporterait une batterie de nouveaux ennemis puissants dont nous n'avons vraiment pas besoin en ce moment.

— La raison d'État...

— Elle nous prive parfois de plaisirs suaves.

Une éternité sembla s'écouler, pendant laquelle mon envie d'occire ce vil couard et le bon sens invoqué par le jeune Foix s'affrontèrent. La raison l'emporta enfin et, en exhalant bruyamment, je retirai Memento et la remis au fourreau.

— Remercie Dieu que ton sang ne soit pas digne de souiller cette lame, crachai-je d'une voix sépulcrale. Hors de ma vue avant que je ne change d'idée.

Le comte de Toulouse se mit debout avec une précipitation ridicule, puis bomba le torse en essayant de récupérer le peu de dignité qu'il lui restait. Il se dirigea vers un cheval, mais je l'arrêtai.

— Les traîtres vont à pied. Ainsi, Toulouse sera tranquille pour quelques jours de plus.

Je m'approchai et lui bottai violemment les fesses, ce qui fit s'esclaffer Foix et ses hommes.

— Ouste, vieux forban !

Au grand plaisir de tous, le comte se mit à courir aussi vite que le lui permettaient ses vieilles jambes et disparut bientôt dans la nuit.

— Il est allé du mauvais côté, non ? nota Ugolin, amusé.

— Grand bien lui fasse.

Nous remontâmes sur nos montures et filâmes vers Toulouse. Pour la première fois depuis des mois, les choses semblaient prendre une tournure favorable et j'avais le cœur léger. Juste un peu.

CHAPITRE 21

Contact

G uidé par Privat, qui semblait voir dans le noir comme un chat, nous filâmes vers Toulouse aussi vite que nos montures pouvaient nous mener. Intérieurement, je rageais. Toute mon enfance, j'avais entendu raconter des histoires qui parlaient de deux soleils brillant dans le ciel, de comètes aveuglantes qui traversaient le firmament, de la lune qui avait quatre fois sa grosseur habituelle et d'autres phénomènes de mauvais augure qui faisaient que la populace se précipitait à l'église pour prier et que les prédicateurs faisaient de bonnes affaires. Le diable semblait prendre un malin plaisir à terrifier les pauvres mortels, mais où était-il quand on avait besoin de lui, ce bougre cornu ? Je me serais contenté d'un lever de soleil hâtif qui m'aurait permis de prendre tout de suite connaissance du message du *Cancellarius Maximus*.

Les premières lueurs mauves, jaunes et roses de l'aube naissaient à l'horizon lorsque nous arrivâmes enfin devant les murailles de la cité. Les sentinelles, au courant de notre sortie, nous reconnurent de loin et le pont-levis fut abaissé à notre approche. Nous pénétrâmes dans la ville sans nous arrêter. Roger Bernard, Ugolin et moi filâmes vers le châtelet de Foix alors que les soldats nous quittèrent pour l'écurie. Aussitôt arrivés, nous démontâmes à la hâte et courûmes vers la salle où j'avais été confronté pour la première fois à Roger Raymond de Foix et à son fils, voilà ce qui me semblait une éternité. Là, des torches brûlaient en permanence et la lumière était bonne.

Pendant que Roger Bernard et Ugolin attendaient, nerveux, je sortis l'enveloppe et, d'une main qui tremblait légèrement, j'en tirai le parchemin. Je le dépliai et le lus. Puis je le relus, encore et encore, incrédule. Je dus pâlir, car le jeune Foix s'approcha et me posa la main sur l'épaule.

— Que se passe-t-il?

— Vois toi-même, rétorquai-je d'une voix éteinte en lui tendant le papier.

Il le lut et son visage se crispa.

— Putain de Dieu! éclata-t-il. Qu'est-ce que Toulouse espérait obtenir en livrant ce torchon à Montfort?

— Le comte ne connaît rien de la Vérité. Pour lui, le fait que Montfort désirait le message signifiait qu'il avait une valeur d'échange, rien de plus. Il a beau être noble, fondamentalement, il n'est qu'un marchand qui vend sa camelote au plus offrant.

Roger Bernard passa le parchemin à Ugolin, soupira et hocha la tête.

— Tu espérais mieux que ça, je le sais. Je suis désolé, dit-il avec sincérité.

— Pas autant que moi, répondis-je, dépité.

Livide, Ugolin me remit le message dont il venait de prendre connaissance.

— Il te chasse comme un manant. Toi, le *Magister* des Neuf, dit-il, toujours solidaire de ma pathétique personne.

— Il faut croire que le titre ne l'impressionne guère.

— Pour qui se prend-il, celui-là? Pour Dieu en personne?

Il cracha rageusement sur le sol.

— Pour mon supérieur, Ugolin. Et, par la volonté d'Hugues de Payns, c'est exactement ce qu'il est.

Je relus à nouveau les quelques lignes à l'écriture maladroite, espérant y trouver un double sens, quelque chose à quoi m'accrocher. Mais je n'y vis rien qui me donnât le moindre espoir.

Ta requête est rejetée. La seconde part de la Vérité demeurera cachée jusqu'au moment de la Révélation. Seul celui qui prouvera sa valeur pourra prétendre au titre de Lucifer. *Retourne à la mission qui est la tienne et ne te mêle plus des choses qui ne te concernent pas.*

Cancellarius Maximus

Toulouse, le neuvième jour de septembre de l'An du martyre de Jésus 1211.

La voie vers la seconde part de la Vérité m'était fermée. J'avais follement espéré regrouper tous les documents et assurer leur protection, mais cela n'était plus possible. J'allais replier l'inutile papier quand Pernelle fit irruption dans la pièce, essoufflée et le foulard noir de travers sur la tête. Elle accourut vers moi.

— On m'a annoncé votre retour. Alors ? Vous avez réussi ?

Je lui tendis le papier sans rien dire. J'avais la gorge nouée et, si j'avais parlé, je crois que j'aurais éclaté en sanglots tant j'étais anéanti. Elle lut anxieusement plusieurs fois, puis ferma les yeux et secoua la tête avec tristesse en me le rendant.

— La volonté de Dieu n'est pas à discuter, mais à accepter, déclara-t-elle d'une voix attristée. Et maintenant ?

— Rien.

— Le *Cancellarius Maximus* t'enverra peut-être un autre message.

Malgré moi, j'entrai dans une colère noire. Je saisis la table la plus proche et, indifférent à la douleur dans mes côtes, je la fracassai sur le sol. Puis j'empoignai les deux chaises qui l'avaient accompagnée et je les lançai à travers la pièce. Elles allèrent se briser contre le mur.

— Putain de Dieu ! Ne sais-tu pas lire ? C'est écrit noir sur blanc : ma requête est rejetée ! m'écriai-je en brandissant le message froissé sous son nez. J'ai tenté de lui forcer la main et il m'a laissé faire pour déterminer si j'étais digne de la demande que je lui faisais ! J'ai eu ma chance et j'ai échoué ! *Seul celui qui prouvera sa valeur peut prétendre au titre de* Lucifer. De toute évidence, je ne suis pas celui-là! La seule chose que j'ai réussi à faire, c'est de passer à un cheveu de perdre le message et de mettre la Vérité en péril! J'ai tout gâché! Il se tiendra loin de moi comme d'un pestiféré!

Pendant ma tirade, elle était restée devant moi, immobile, et ses yeux au regard serein n'avaient jamais quitté les miens.

— Je te le concède, le résultat n'est pas celui que tu souhaitais, dit-elle d'un ton apaisant. Mais réfléchis, mon ami. Rien n'est perdu. Rien n'a changé. La seconde part reste en sécurité, dans un endroit qui nous est inconnu. Et la première est toujours à Montségur, sous la garde des Neuf.

— De ce qu'il reste de l'Ordre.

— Soit, nous devrons remplacer Raynal. Et après. Ce ne sera pas la première fois qu'un nouveau frère est initié, non? Tout est comme avant, Gondemar. Ton seul échec est de ne pas avoir progressé. Mais tu n'as pas reculé non plus.

— Bien sûr, mais…

Ma colère tomba aussi vite qu'elle s'était levée. Pernelle avait raison, évidemment. La Vérité était toujours en sécurité. Pour l'Ordre des Neuf et pour les cathares, tout allait pour le mieux dans le meilleur des mondes. Mais pour moi? J'avais réussi à assurer la protection de la Vérité de Montségur, alors qu'elle était à un cheveu de tomber entre les mains des croisés. J'étais parvenu à récupérer le message du *Cancellarius Maximus*, aussi insignifiant soit-il. J'avais maintenu le *statu quo ante*[1], rien de plus. Cela signifiait-il que j'avais failli à la tâche que m'avait confiée Dieu par l'intermédiaire de son archange? Cette courte victoire suffisait-elle ou constituait-elle la fin de mon parcours? Les portes de l'enfer étaient-elles déjà ouvertes pour moi? Je ne pouvais le dire.

Je portai mon attention vers Roger Bernard.

— Merci de ton aide, dis-je. À cause de moi, ta famille aurait pu payer un tribut élevé. Pour rien du tout.

---

1. L'état où les choses étaient avant.

Puis je tournai les talons et sortis en trombe, laissant derrière moi mes compagnons, qui ne comprenaient pas pourquoi j'étais dans un tel état. Pour eux, tout allait bien. Pour moi, la fin du monde était proche.

———————

Pendant trois jours entiers, je restai enfermé dans ma chambre. Désespéré de ma situation et dégoûté par ma propre insuffisance, je ne voulais voir personne. Pernelle, Ugolin et Roger Bernard vinrent tour à tour frapper, mais je les renvoyai sans leur ouvrir. Tout au plus m'assurai-je auprès de mon amie que Cécile allait mieux, ce qu'elle me confirma à travers la porte.

J'avais dû relire cent fois le message du *Cancellarius Maximus*, sans y trouver le moindre espoir. Désabusé, j'avais fini par le chiffonner et le lancer avec rage de l'autre côté de la pièce. Il m'opposait un refus, clair et final, me laissant coincé entre la part de la Vérité que je possédais et celle que je devais retrouver. Après plus de deux longues années de tourment depuis ma résurrection, je me sentais las, vide, indifférent. Je m'attendais à tout moment à voir apparaître Métatron pour m'annoncer mon châtiment et je n'en avais cure. Il pouvait venir. Je retournerais en enfer avec lui sans résister.

Étrangement, le fait d'accepter enfin ma damnation éternelle me donnait l'impression d'être délivré d'un poids énorme. Ma voie avait été tracée dès ma naissance. Dieu m'avait voulu damné et m'avait formé en vue de ma quête. Tels étaient les faits et je n'y pouvais rien. Il est futile de se rebeller contre l'omnipotence.

J'étais dans cet état d'attente résignée lorsqu'une nuit, alors que je somnolais, la porte de ma chambre s'entrouvrit sans bruit. Je reconnus les pas dans le noir et le froissement d'une robe qui glisse le long d'un corps. Lorsque Cécile se glissa sous les couvertures, je l'accueillis dans mes bras, où elle se réfugia. Pendant longtemps, nous ne dîmes rien, goûtant le simple plaisir de nous retrouver seuls, nos corps blottis l'un contre l'autre.

— Je me demandais si tu étais toujours vivant, murmura-t-elle après un moment, en posant un doux baiser dans mon cou.

— Comme tu vois, je le suis. Comment vont tes mains ? demandai-je en caressant ses cheveux.

Elle les leva devant son visage, de sorte que je pus apercevoir ses bandages dans la lumière du ciel étoilé.

— Elles font encore mal, mais dame Pernelle m'assure qu'elles seront comme avant.

— Tu aurais pu laisser ta vie dans cette histoire, dis-je d'un ton amer en fixant le plafond.

— Je sais. Et après ?

— C'est par ma faute que tu y as été entraînée.

— Tu t'en veux ? C'est pour cela que tu es si triste ?

— Entre autres choses, oui.

Elle se redressa sur un coude. Comme je persistais à regarder le plafond, elle me saisit le menton du bout des doigts et tourna mon visage vers elle. Son expression était intense et grave.

— Eh bien, tu fais erreur, Gondemar, dit-elle d'un ton convaincu. N'as-tu vraiment rien compris de ce que je t'ai dit quand nous étions au cachot ? Cette affaire me concerne aussi, que cela te plaise ou non. Je suis une Foix. Depuis très longtemps, notre famille est liée à la même cause que toi. Tante Esclarmonde davantage que moi, je te le concède. Mais mon implication était écrite dans le ciel et tu n'es pas responsable de ce qui s'est produit. Nos destinées se sont croisées, tout simplement.

— Voilà une chose fort dangereuse pour toi.

Je sentis une boule me monter dans la gorge. J'éprouvais un besoin puissant de vider mon sac, de dire à quelqu'un, ne serait-ce qu'une fois, tout ce que j'avais fait. Elle m'en empêcha avec un baiser. Puis les choses suivirent leur cours. Ses mains étaient blessées, certes, mais sa bouche était vorace et son corps fervent. Avec reconnaissance, j'oubliai ma vie dans son étreinte, me perdant dans cette union de nos deux âmes. Cette nuit-là, je pris Cécile plusieurs fois, avec une tendresse que je ne me connaissais pas, cessant instinctivement les mouvements de mon bassin pour la regarder dans les yeux en caressant ses joues et arrêter le temps avant que le pire ne vienne. Et lorsque le plaisir nous prenait, il était doux, lui aussi, dénué de violence, serein. Parfait.

J'avais le sombre sentiment de lui faire mes adieux et elle le sentit. Alors que nous reprenions notre souffle, couverts de sueur, elle posa son menton sur ma poitrine et m'examina avec sérieux en caressant distraitement le poil roux qui la couvrait.

— Tu partiras, n'est-ce pas ? s'enquit-elle, une tristesse mal contenue dans la voix.

— Oui.

Que Dieu me rappelle en enfer ou qu'il me laisse sur terre, je devrais partir. C'était inévitable. Pour affronter ma damnation ou pour continuer à chercher la Vérité. D'une façon ou de l'autre, ma présence ici n'était que passagère. Au mieux, je pouvais espérer revenir. Mais, depuis deux ans, j'avais chèrement appris que l'espoir n'avait pas sa place dans la vie qu'on m'avait imposée. Pas plus que le bonheur.

— Tu espères un autre message du Chancelier ? s'enquit-elle, la déception perçant malgré elle dans sa voix.

— Non.

— Alors pourquoi partirais-tu ?

— Je voudrais rester, Cécile. De tout mon cœur. Mais la volonté est une chose, la destinée en est une autre.

Nous restâmes silencieux dans le noir, Cécile déçue et moi résigné. Au matin, elle était repartie. Je me dis avec tristesse que si elle ne revenait jamais, ce serait mieux ainsi. Pour elle.

Ironiquement, ce fut la raison d'État qui me tira de ma torpeur. Je venais à peine de sortir du lit, à l'aube, lorsque Roger Bernard fit irruption dans ma chambre, sans frapper.

— Bon, tu n'as pas réussi à obtenir ce que tu souhaitais. Fais-en ton deuil. Ou prévois-tu continuer à ruminer comme une pleureuse? demanda-t-il sans ambages, avec une bonne humeur un peu forcée.

— Je ne sais pas, répondis-je. Pourquoi? Ça fait une différence?

— Parce que le devoir t'appelle. Pleurnicher comme une vieille ne te va pas du tout, mon ami. Mon père requiert ton concours et, par Dieu, il l'obtiendra, même si je dois te traîner par le fond de tes braies! Allez! Habille-toi et suis-moi. Les choses se bousculent.

Il ramassa Memento, qui traînait par terre, et me la mis dans les mains.

— Le comte de Toulouse est revenu avant-hier, expliqua-t-il. Il n'était pas très heureux, tu peux l'imaginer. Mais la raison d'État a préséance sur les haines personnelles. Hier soir, il a convoqué mon père pour lui confirmer qu'il avait réuni suffisamment de troupes et qu'il entendait attaquer Montfort sans plus tarder.

— Évidemment, puisqu'il n'a plus rien à lui offrir. Et?

— Et les troupes de Foix y participeront. L'entraînement débute ce matin même. Ensuite, il y aura conseil de guerre. Tu y es attendu.

— Combattre aux côtés de ce maudit filou? rétorquai-je, sonné. As-tu perdu la tête? Après ce qu'il a fait à ta sœur? Après qu'il m'eut fait torturer comme un vulgaire brigand? Morbleu, plutôt dormir dans un lit de vipères!

— Crois-moi, je préfèrerais que les choses soient différentes, moi aussi. Mais nous sommes en guerre et, pour le moment, nos intérêts concordent. En défendant ses terres, nous protègerons aussi les nôtres.

Je considérai la situation, mais ne trouvai pas le courage de l'accepter. Je soupirai de lassitude et hochai négativement la tête. Je venais de prendre une décision.

— J'ai déjà trop combattu, mon ami, et cela ne m'a mené nulle part, dis-je d'une voix morne. Je dépose les armes. Aujourd'hui même, je quitterai Toulouse.

— Et ma sœur? demanda-t-il en jetant un regard sans équivoque vers le lit.

— Cécile sera bien mieux sans moi, je te l'assure. Elle a déjà trop souffert de ma présence.

— Mais, elle t'aime!

— Et moi aussi. C'est pour cela que je dois l'abandonner.

Roger Bernard me dévisagea pendant quelques secondes, incrédule. Puis il me gifla brutalement du revers de la main. Je ne réagis même pas.

— Tu étais bien content d'avoir notre aide quand tu en avais besoin! Tu ne te plaignais pas de profiter de l'entrecuisse de ma sœur! Et c'est de cette façon que tu nous remercies? Alors pars, maudit lâche! cracha-t-il. Et ne croise plus jamais mon chemin!

Il tourna les talons, sortit en coup de vent et fit claquer la porte. Je restai là, les bras ballants, tenant mollement Memento dans ma main. La colère et le désespoir m'enveloppèrent. Mon regard erra sur le symbole qui ornait la poignée. O IX. L'Ordre des Neuf, dont j'étais le *Magister*. Le responsable. Celui qui devait assurer la protection de la Vérité de Montségur.

Toutes les paroles prononcées par Métatron se mirent à s'entrechoquer dans ma tête, fortes comme le bourdon d'une église, leur écho me fendant la tête. *Tu devras protéger la Vérité et l'empêcher d'être détruite par ses ennemis jusqu'au moment où l'humanité sera prête à la recevoir... Ton âme est noire comme la nuit, Gondemar de Rossal. À toi d'apprendre à voir la lumière... Tu vivras jusqu'à ce que la Vérité soit préservée ou perdue. Tu vivras avec le souvenir de tes morts et de tes fautes. Tu tomberas plusieurs fois. Puis tu te présenteras à nouveau devant ton Créateur pour entendre son jugement...* Je le revis sur la fresque, dans l'antichambre du temple des Neuf, qui me regardait d'un air sévère, accusateur. *Fais maintenant ce que voudras avoir fait quand tu te mourras.*

Telle était la question, songeai-je sans quitter Memento des yeux. Que voulais-je avoir accompli avant ma mort? On m'avait ramené à la vie en me confiant une mission et je réalisais que j'avais un choix. Je pouvais abandonner ou persévérer. Désirais-je protéger la Vérité ou m'y sentais-je seulement contraint ? *Ta conscience t'accompagnera et te tourmentera sans cesse*, m'avait prévenu l'archange. Je comprenais maintenant ce qu'il avait voulu dire. J'avais vu là la promesse d'un châtiment perpétuel qui rendrait ma tâche plus douloureuse. Ma conscience pouvait aussi être le bâton de pèlerin sur lequel m'appuyer pour avancer. Sans que je m'en rende compte, la quête avait fini par transcender ma seule personne. J'avais pris fait et cause pour les cathares, que j'en étais venu à respecter et aimer. Peu à peu, depuis ma résurrection, j'avais cessé de m'appartenir. Mon sort était le leur. Il me revenait maintenant de décider de la suite des choses. Ce que je devais accomplir, personne ne pouvait le faire à ma place, ni Métatron, ni même Dieu. Je devais choisir d'assumer mon sort. Cesser de me lamenter tel un martyre. Cesser de porter ma quête comme une condamnation et plutôt voir en elle une occasion. Admettre que Dieu m'en avait chargé par amour et non par vengeance. Qu'il me donnait une chance. Pour la saisir, il y avait un prix à payer. Cela aussi, je devais y consentir.

———

Une heure plus tard, j'étais sur la place, près du châtelet de Foix, et malgré mes côtes encore sensibles, je me joignais à l'entraînement. Le premier à m'apercevoir fut Roger Bernard. Il était en pause et buvait une louche d'eau près d'une citerne lorsqu'il me vit. Il se contenta de hocher légèrement la tête pour reconnaître ma présence, mais je compris à ce simple geste qu'il était heureux de me voir. Peut-être même qu'il s'y était attendu. Ugolin, lui, ne fut pas si réservé. Dès qu'il m'aperçut, son visage s'éclaira de ce large sourire qui trahissait à la fois sa joie et son soulagement. Il était habitué à mes absences ponctuelles et inexpliquées, certes, mais son plaisir de me revoir ne se démentait jamais. Il planta là son partenaire pantois et se précipita vers moi.

Tout naturellement, il se mit en garde et nous nous entraînâmes avec enthousiasme.

Avec Ugolin et les autres soldats, je retrouvai un peu de joie de vivre. Je devais à Bertrand de Montbard cette capacité de sublimer les tourments les plus graves au contact des armes. Les mouvements répétitifs de l'entraînement, la concentration qu'ils exigeaient, le rythme particulier et presque hypnotique du combat, le plaisir viril de l'exercice avec un adversaire déterminé, tout cela avait la propriété de vider l'esprit et de ramener à l'essentiel. Après quelques heures d'effort intense, je me sentais à nouveau moi-même.

Roger Bernard me rejoignit près de la citerne et, en nage comme moi, s'abreuva en m'adressant un sourire franc.

— Prêt à affronter la vieille carne? demanda-t-il.

— Ai-je vraiment le choix? grognai-je.

— Alors viens, on nous attend.

Nous nous mîmes en route.

— Ainsi, tu as décidé de rester? s'enquit-il.

— Comme tu vois.

— Cécile en sera heureuse.

— Tu n'as pas l'air très surpris.

— Nullement.

Nous arrivâmes en vue du châtelet de Foix.

— La rencontre ne se tient pas chez le visage à deux faces? constatai-je.

— Mon père a pensé que tu préférerais ne pas y remettre les pieds.

— Délicate attention!

Nous entrâmes et nous dirigeâmes vers la salle où nous avions planifié nos sorties nocturnes contre les troupes de Montfort en juin. La porte était close et des voix au ton acerbe nous parvenaient depuis l'autre côté. Je m'arrêtai, hésitant.

— Je ne peux pas te promettre de ne pas le tuer, dis-je, mi-figue, mi-raisin.

— Si l'envie te prend, je te retiendrai, ricana Roger Bernard. Si tu me promets d'en faire autant pour moi.

— J'essaierai.

Il poussa la porte et nous entrâmes. Aussitôt, un silence sépulcral tomba. À une extrémité de la longue table, près de l'entrée, était assis Raymond Roger, arborant le visage crispé de celui qu'on forçait à boire du vinaigre. Il n'ignorait pas, évidemment, ce que son allié du moment avait fait subir à sa fille et, en d'autres circonstances, je ne doutais pas qu'il le lui aurait fait chèrement payer. À l'autre bout, au fond, se trouvait le comte de Toulouse, qui ne semblait pas plus heureux d'être là, mais qui, sa récente humiliation passée, avait retrouvé son air arrogant. Les deux comtes se guettaient comme chien et chat. En demi-cercle autour de Foix étaient disposés ses principaux officiers, avec lesquels j'avais combattu, et tous me saluèrent de la tête. L'autre moitié de la table était occupée par ceux du vieux rat, que je ne connaissais pas et qui me toisèrent avec hauteur.

Roger Bernard était entré le premier et il fallut un moment au comte de Toulouse pour réaliser que j'étais là. L'animal posa sur moi un regard où scintillait l'amusement et m'adressa un petit sourire narquois. Aussitôt, mes bonnes résolutions se dispersèrent comme fumée au vent et je vis rouge. D'un geste vif, je tirai ma dague de ma ceinture, la fis pivoter dans les airs, la rattrapai par la pointe et la lançai vers lui. Elle se ficha dans le mur, à quelques cheveux de son oreille gauche. J'eus le plaisir de voir son sourire s'effacer et son visage blanchir de quelques tons, malgré l'effort évident qu'il faisait pour garder sa contenance.

Ses hommes se levèrent d'un trait et tirèrent leur épée, prêts à m'occire. J'en fis autant, impatient d'en découdre. Roger Bernard me posa une main sur l'avant-bras.

— Doucement, Gondemar.

— Assoyez-vous, messires! tonna son père. Les animosités personnelles, malgré le fait que je les partage, devront attendre!

Il fallut plusieurs secondes avant que, un à un, les officiers de Toulouse obtempèrent. Je me fis un point d'honneur d'être le dernier à prendre place sur une chaise qui m'était réservée à la droite de Foix. De là, je faisais presque face au vil calculateur.

— Monsieur le comte, dis-je en inclinant légèrement la tête. Je ne croyais pas avoir de sitôt le plaisir de ta compagnie. On me dit que tu t'es absenté récemment. Tout s'est bien passé ?

— Sire Gondemar, répondit le vieillard d'un ton civil qui ne trompa personne. À la première occasion, je t'en ferai le récit. En privé…

Il s'esclaffa légèrement pour faire bonne figure.

— Et comment se porte le brave Renat ? ajoutai-je pour pousser l'insulte.

Le sourire disparut de son visage.

— Bien, maintenant que les heureuses retrouvailles sont choses du passé, venons-en à la raison de cette rencontre, coupa le comte de Foix.

Puis il céda la parole au faux jeton qui, de sa voix nasillarde et hautaine, nous confirma fièrement qu'il entendait livrer combat à Simon de Montfort avant que celui-ci n'attaque Toulouse de nouveau.

— Dois-je en conclure que les négociations que tu mènes depuis longtemps ont été infructueuses ? demandai-je innocemment, le sourire aux lèvres.

Il se contenta de m'adresser un regard noir sans relever l'allusion. Puis la discussion s'amorça dans une atmosphère pénible où la tension était à couper au couteau. Selon les informations obtenues, Montfort, qui n'avait pas digéré la défaite devant Toulouse, piaffait d'impatience et planifiait une nouvelle attaque pour la fin de septembre. Cette fois, il ne commettrait pas l'erreur de se présenter avec des forces insuffisantes. Déjà, Thiébaut Ier, comte de Bar et de Luxembourg, Guy de Lévis et Hugues de Lacy lui avaient promis des troupes nombreuses. À eux s'ajoutait Bouchard de Marly, son parent que j'avais connu à Cabaret, qui était maintenant libre et qui avait obtenu des hommes de l'évêque de Cahors, Guillaume de Cardaillac. Je ne connaissais aucun de ces individus, mais les autres oui et il était clair qu'avec leur appui

Montfort était plus dangereux que jamais. En ce moment même, il accumulait les provisions à Saint-Martin-Lalande, en prévision du prochain siège. Je détestais devoir l'admettre, mais le vieux fourbe avait raison : si nous n'agissions pas maintenant, il serait trop tard et Toulouse tomberait. Raymond Roger et son fils, aussi férus de politique que de combat, l'avaient compris bien avant moi.

Au cours des jours suivants, nous tînmes plusieurs conseils de guerre et, peu à peu, les plans se précisèrent. Il fut décidé que, d'abord et avant tout, il était capital de nous attaquer à l'approvisionnement de notre adversaire. À mesure que la faim s'installait dans son camp, le mécontentement augmentait et la discipline se relâchait, parfois jusqu'à la mutinerie. Une partie de nos troupes guetterait donc les convois et les harcèlerait sans merci. Pendant ce temps, la majorité se préparerait à un affrontement direct avec les croisés avant qu'ils n'atteignent Castelnaudary, à quelques lieues de Toulouse. Nous devions nous presser, car nos espions nous rapportaient que l'ennemi se mettrait en route dans une semaine tout au plus.

Quatre jours plus tard, tout était prêt. J'étais dans ma chambre, tard le soir, en train d'affiler Memento, songeur. Ma décision était prise. Je lutterais auprès des Foix tant qu'il le faudrait. Ensuite, si je survivais, je retournerais à Montségur pour y veiller sur la Vérité de mon mieux en espérant avoir un jour une autre occasion de mettre la main sur la seconde part. Avec un peu de chance, j'emmènerais Cécile avec moi. Peut-être Dieu jugerait-il mon devoir accompli et m'accorderait-il, pour quelque temps au moins, une vie simple et normale, avec une femme que j'aimais et les enfants que nous ferions ? Dans ces conditions, de seigneur, je deviendrais paysan sans aucun regret. Je réalisais que les vraies satisfactions étaient les plus simples.

Lorsque j'eus terminé, je vérifiai mon équipement à la lumière de la chandelle. Après mon passage récent dans les geôles du comte de Toulouse, j'étais encore dans un sale état. Pour protéger mes côtes blessées, je porterais sous ma chemise un gambison matelassé et une cotte de mailles. Un écu en amande aux armes de Foix préserverait mon côté gauche. Un casque à nasal couvrirait le gros des coupures que Pernelle avait recousues sur mon visage. Sachant que dans un combat à cheval, tout était possible, j'avais aussi accepté une paire de gants en cotte de mailles même si, depuis les premiers jours de mon entraînement avec Montbard, je préférais le cuir pour son confort. Je disposai le tout sur la table, prêt à être enfilé à mon réveil, et je m'étendis sur le lit, tout habillé. Je croisai les mains sur la poitrine et fermai les yeux. Je me sentais en paix avec moi-même. Je jouissais pleinement de la douce impression d'être en contrôle de ma vie. Au moins en partie.

Je dus m'assoupir, car le sentiment d'une présence près de moi m'éveilla en sursaut. Je me retournai brusquement sur la paillasse et aperçus Cécile debout près du lit. Je me détendis aussitôt et, sentant le désir désormais familier monter en moi, je lui tendis la main.

— Je suis heureux que tu sois venue. Viens, ma jolie, que le valeureux guerrier te fasse des adieux dignes de ce nom avant le combat, dis-je à la blague.

En temps normal, elle aurait laissé échapper ce joli rire cristallin que j'aimais tant et se serait serrée contre moi. À ma surprise, elle fit non de la tête et recula d'un pas.

— Tu vas partir, dit-elle d'une voix à peine audible et brisée par l'émotion.

— Seulement au matin. Et je reviendrai, je te le promets. Celui qui viendra à bout de moi n'est pas encore né. Allez, viens, insistai-je.

— Tu vas partir, répéta-t-elle. Ce soir même.

Dans sa main encore bandée, elle tenait une enveloppe. À la lumière de la chandelle, je vis qu'elle portait le sceau du *Cancellarius Maximus*.

CHAPITRE 22

Choix

Je restai là, pantois, mes envies charnelles s'étant évaporées comme le brouillard de l'aube. Je regardais l'enveloppe sans pouvoir me décider à la saisir. Le Supérieur inconnu m'avait clairement rejeté, me faisant comprendre en termes on ne peut plus clairs que j'étais indigne de la demande que j'avais formulée. Et voilà que, alors même que j'avais fait la paix avec la vie qu'on m'avait imposée, il se manifestait à nouveau. S'était-il ravisé et désirait-il me relancer sur la piste de l'autre part? Si oui, je n'étais absolument plus certain de vouloir reprendre la route. Pour la première fois de ma triste existence, j'avais une cause et des personnes qui m'étaient chères. Je ne tenais pas à les abandonner. J'étais responsable de la Vérité de Montségur. N'était-ce pas assez? Et puis, il y avait Cécile. Je tenais à cette femme qui donnait un sens à ma vie.

J'envisageai de brûler le message dans la cheminée sans le lire, mais je savais qu'un devoir dominait tous les autres: la quête. Je laissai échapper un long soupir résigné et tendis la main. À regret, Cécile y déposa l'enveloppe. Je brisai le sceau, l'ouvris à contrecœur et en tirai un parchemin en tous points semblable aux précédents. Je le dépliai et en pris connaissance.

Ce matin, à trois heures, sur la place.
CANCELLARIUS MAXIMUS

Je levai les yeux vers Cécile qui était restée immobile telle une statue et je l'interrogeai du regard.

— Je viens tout juste de le trouver dans ma chambre, expliqua-t-elle d'une voix éteinte par le découragement. On l'avait glissé sous la porte. J'allais sortir pour venir te rejoindre et…

Elle ne put en dire davantage et éclata en sanglots. Saisi par un élan de tendresse, je me levai et la serrai dans mes bras. Je n'en menais guère plus large qu'elle, je dois l'admettre. Après quelques minutes, elle se calma un peu.

— Qu'est-ce que le message dit ? demanda-t-elle en reniflant.

Je le lui montrai. Elle allait parler lorsque je lui posai mon index sur les lèvres.

— Nous irons tous ensemble. Je ne suis plus le seul impliqué dans cette affaire. Nous avons deux bonnes heures devant nous. Allons retrouver ton frère.

Une demi-heure plus tard, Roger Bernard, Ugolin, Pernelle, Cécile et moi étions réunis dans la salle du châtelet. Tous avaient pris connaissance du message.

— Il n'a encore jamais procédé de cette façon, expliqua Cécile. J'ai toujours reçu des directives claires qui m'indiquaient de déposer le message, mais pas cette fois-ci. On dirait qu'il souhaitait que je te le remette en main propre.

— Il te donne rendez-vous sur la place Saint-Sernin, remarqua Pernelle. Il veut te rencontrer. C'est bon signe, non ?

— Je crois, oui, répondis-je.

— Après tout ce qui s'est passé, il est hors de question que tu y ailles seul, déclara Roger Bernard.

— Foix a raison. Nous irons tous, dit Ugolin d'un ton décidé.

— C'est ce que j'espérais, confirmai-je.

— Je sais peu de choses de ton Grand Chancelier, intervint Pernelle, mais ce qui m'apparaît clair, c'est qu'il tient à son anonymat. S'il voit arriver un régiment, il tournera casaque et tu ne le reverras pas de sitôt.

— Seulement s'il nous voit, rétorqua Foix.

———

À trois heures piles, je me tenais sur la place Saint-Sernin. J'y étais venu seul, mais il avait été convenu que mes compagnons me précéderaient pour se tapir aux alentours. En ce moment même, je savais qu'ils étaient là, à me guetter, Pernelle sous la protection d'Ugolin, Cécile avec son frère, tous prêts à intervenir au besoin et aussi désireux que moi de connaître la suite. Foix avait insisté pour que nous soyons accompagnés de quelques soldats, mais j'avais décliné, craignant que le Chancelier ne s'aperçoive de quelque chose et n'en soit effarouché.

J'attendis, nerveux comme un jeune marié à l'idée de rencontrer enfin le mystérieux personnage qui, de l'ombre où il semblait vivre, tirait les ficelles de toute cette histoire. J'imaginais un homme assez âgé, rempli de sagesse, qui traverserait dignement la place pour venir à ma rencontre. Je ressentais un mélange de fébrilité et de tristesse à l'idée que j'apprendrais peut-être bientôt où se trouvait la seconde part de la Vérité, mais que ce savoir nouveau m'éloignerait irrémédiablement de Toulouse. Et de Cécile.

Je marchai de long en large pendant de longues minutes, attendant qu'il se présente. En vain. Il ne se montra pas. Je rageais intérieurement. Cherchait-il simplement à se jouer de moi ? À m'humilier ? Ou était-il reparti après s'être rendu compte que je n'étais pas seul ? Après une bonne heure d'attente, mes compagnons sortirent de leur cachette et vinrent me rejoindre sur la place.

— Il n'est pas venu, le bougre, grommela Roger Bernard, en tenant la torche qu'il avait emportée.

— Et si le fait de venir sur la place n'était qu'une étape ? proposa soudain Cécile.

— Que veux-tu dire ? demandai-je.

— Qu'il a pu déposer lui-même un message.

Sans attendre, j'empoignai ma dague et ouvris la cache. Comme de juste, dessous se trouvait une enveloppe. Intrigué, je la pris et l'ouvris. Le message portait le sceau. Aussitôt, Foix approcha sa torche pour l'éclairer.

— Il joue à cache-cache ou quoi ? rageai-je en serrant les dents.

— Qu'est-ce que ça dit ? demanda Pernelle.

— « Je t'attends dans la ruelle où tu as fait l'aumône. »

— Tu comprends ce qu'il veut dire ?

Je n'eus pas à réfléchir longtemps.

— C'est tout près. Suivez-moi.

— Si nous arrivons tous en même temps, il prendra peur, prévint Cécile.

— Alors qu'il aille se faire foutre, le bougre. J'ai assez joué.

Je m'élançai vers la ruelle où Métatron s'était manifesté à moi en possédant la vieille mendiante, les autres sur mes pas. Après quelques minutes de course effrénée, nous y parvînmes. Elle était noire et silencieuse comme un tombeau. Sans nous consulter, Roger Bernard, Ugolin et moi tirâmes doucement notre épée du fourreau, méfiants.

— Ce silence ne me dit rien de bon, chuchota Foix, aux aguets.

Nous avançâmes prudemment, guettant tous les côtés à la fois, en nous assurant de garder Pernelle et Cécile au milieu de nous.

— Alors, où est-il, l'animal ? maugréa le Minervois.

Nous étions à mi-chemin lorsqu'une voix geignarde et grinçante nous fit sursauter.

— L'aumône, messires, au nom de Dieu.

Le cœur battant, j'avisai un paquet de guenilles recroquevillé dans l'embrasure d'une porte. Une main décharnée en émergeait, tendant vers nous un petit plat de bois. Malgré le capuchon qui lui couvrait la tête, je reconnus aussitôt la mendiante que j'y avais croisée, voilà déjà longtemps. Je me rappelais comme si c'était hier son visage émacié, ridé et couvert de plaies, aux yeux aveugles. Cette pauvre vieille n'avait fait que demander l'aumône et elle s'était retrouvée possédée par un archange. Je m'arrêtai devant elle, craignant à tout moment que Métatron ne se manifeste à nouveau pour me terrifier. J'étais soudain très heureux d'être accompagné.

— Pas maintenant, grand-mère, dis-je distraitement. Et puis je t'ai déjà donné tout ce que j'avais. Il ne me reste que les hardes que j'ai sur le dos.

— Je connais cette femme, dit Cécile. Elle rôde parfois autour du châtelet.

Je fis mine de reprendre mon chemin, cherchant des yeux le *Cancellarius Maximus*. L'autre main de la mendiante sortit vivement de son manteau et me saisit par les braies pour m'immobiliser.

— C'est vrai, caqueta-t-elle. Tu m'as offert quelques pièces et je l'apprécie. Mais tu m'as donné beaucoup plus, Gondemar de Rossal.

Autour de moi, mes compagnons s'étaient immobilisés. Roger Bernard éclaira avec plus d'insistance le visage dont les yeux morts étaient rivés sur moi. Interdit, j'attendis la suite.

— *Seul celui qui prouvera sa valeur pourra prétendre au titre de* LUCIFER. En risquant ta vie pour récupérer mon message, pour aider les Foix et pour sauver la vie de ta douce, tu m'as donné la preuve de ta loyauté et de ta valeur, continua-t-elle. Sans elle, personne ne peut prétendre être le *Lucifer*. Maintenant, je sais ce que tu es vraiment. Alors permets-moi de te donner quelque chose à mon tour.

Sidéré, je restai là, la bouche entrouverte. Elle venait de citer un passage du message du Chancelier. Comment pouvait-elle le connaître? Était-elle une messagère, comme Cécile? Elle fouilla dans son manteau et en tira un pendentif en or dont elle passa le cordon de cuir par-dessus sa tête avant de me le tendre.

— Prends, *Lucifer*, dit-elle. Il te permettra d'accéder à ce que tu cherches.

J'étais tétanisé et j'eus du mal à avancer la main. Cette vieille femme sans importance, qui ne vivait que des oboles qu'autrui voulait bien lui consentir, venait de m'appeler *Lucifer*. Je finis par secouer ma torpeur et saisis le pendentif pour mieux l'examiner à la lumière de la torche. Je faillis défaillir de surprise. Le petit disque d'or portait le sceau du *Cancellarius Maximus*, sculpté en ronde-bosse.

Le moment venu, il remettra son sceau au Magister *de son choix, faisant de lui le* Lucifer, *porteur de la lumière divine*, disaient les instructions au *Magister*. Voilà que je tenais dans ma main l'objet tant convoité.

— Comment as-tu obtenu ceci? crachai-je. À qui l'as-tu volé?

— Il ne faut jamais se fier aux apparences, ricana-t-elle. Il m'appartient. C'est ma seule richesse, à part le secret que je protège.

Le choc était tel que j'en perdais la parole. Mes compagnons n'en menaient pas plus large. Il me fallut un long moment pour m'en remettre et retrouver un semblant de contenance. Si cette vieille femme était la personne que je cherchais, je devais, pour ma part, me comporter comme le *Magister* que les Neuf avaient élu – et le damné que Dieu avait chargé d'un lourd fardeau.

— Toi ? fis-je, médusé.

Elle ne dit rien. Elle semblait attendre la suite.

— La seconde part, parvins-je à articuler. Où se trouve-t-elle ?

La vieille considéra un moment ma question en mâchouillant ses lèvres avec ses gencives. Elle allait y répondre lorsqu'un grand vacarme retentit dans la nuit. Je me retournai pour apercevoir, aux deux extrémités de la ruelle, des hommes en armes qui fonçaient sur nous. Ils étaient une douzaine en tout, peut-être un peu plus.

Mon premier réflexe fut de pousser Cécile et Pernelle contre le mur afin que Roger Bernard, Ugolin et moi puissions les protéger. Lorsque les intrus furent assez près, je constatai que chacun d'eux avait noué un foulard sur la partie inférieure de son visage, ce qui rendait leurs intentions on ne peut plus claires. Sachant fort bien ce qu'ils cherchaient, je passai prestement le pendentif à mon cou. Je devrais le défendre de ma vie.

— Les hommes du vieux bouc, tu crois ? demandai-je à Roger Bernard.

— Qui d'autre ? cracha-t-il avec mépris.

Ugolin, lui, ne s'embarrassa pas de telles considérations. Il nous laissa protéger Pernelle, Cécile et la mendiante, et fonça avec enthousiasme à la rencontre de nos adversaires, l'épée au clair, son poing gauche volant comme une masse d'armes d'un crâne à l'autre. Visiblement, nos agresseurs n'avaient pas prévu être reçus par un taureau enragé et ils furent pris de court. Le temps de se remettre de leur surprise, il leur manquait déjà quatre hommes et le Minervois ne donnait aucun signe d'essoufflement. L'autre groupe fila droit sur nous. En un instant, Foix et moi nous retrouvâmes dans une furieuse bataille. Cette fois, nous n'avions pas affaire à une escorte de parade, comme sur la route vers Saint-Martin-Lalande. La manière dont ils bougeaient, dont ils maniaient leur arme, dont ils travaillaient instinctivement en unités, tout trahissait le fait que ces hommes étaient aguerris.

La raison de leur venue me parut vite évidente. Certes, ils nous attaquaient, mais ponctuellement l'un d'eux tentait de prendre avantage du fait que nous étions occupés à combattre pour notre survie pour nous contourner et tenter d'atteindre la vieille. À un certain moment, je vis Cécile enfoncer son stylet dans le ventre de l'un d'eux qui venait d'empoigner les hardes de la mendiante. Plus d'une fois, on essaya aussi de m'arracher le médaillon du cou. De toute évidence, ces hommes nous avaient observés en secret et savaient exactement ce qui s'était produit entre la vieille et moi. Ils n'avaient d'intérêt que pour elle et ce qu'elle m'avait remis.

Je combattis de toutes mes forces, sachant que la voie vers la seconde part était en jeu. Mes côtes ne me facilitaient pas la tâche. Mes mouvements étaient lents et maladroits et, malgré mes bandages, les raclements qui s'y produisaient m'arrachaient des rictus de souffrance. Je me sentais faiblir. Lorsque je me retrouvai face à trois agresseurs, je n'eus pas trop de mal à embrocher le premier, mais la force me manqua pour sortir Memento à temps de l'abdomen qu'elle avait traversé, de sorte que je ne pus parer l'attaque concertée des deux autres. Je dus me résoudre à écarter le tranchant d'une épée avec mon avant-bras gauche, dont la chair fut cruellement entamée, avant de pouvoir brandir à nouveau mon arme. Malgré moi, je tombai à genoux, à bout de forces.

Une voix de mon enfance retentit dans ma tête. *Lorsque tous tes muscles seront en feu et que tu croiras que tes bras sont en passe de se détacher de tes épaules, tu manieras encore ton arme.* Je me rappelai l'épuisement que Bertrand de Montbard provoquait chez moi alors qu'il avait entrepris de faire de son élève un homme. S'il m'avait tant fait souffrir, c'était pour que je puisse survivre à des circonstances comme celles-ci. Je me fis violence et me relevai, mes jambes me portant à peine et mon bras me faisant aussi mal que mes côtes.

J'eus tout juste le temps d'éviter d'avoir la tête décollée par mon troisième agresseur. Je saisis le bras du plus proche et le dirigeai vers le ventre de son compère, qui s'écrasa au sol en hurlant, transpercé. Puis je libérai l'assassin involontaire et lui abattis mon poing au visage. Pendant qu'il était sonné, je le repoussai juste assez pour permettre à Memento de décrire un gracieux arc de cercle qui se termina dans son gosier.

— Gondemar! hurla Roger Bernard, lui-même aux prises avec deux hommes. Attention!

Je pivotai sur moi-même, mais trop tard. Une épée allait s'abattre sur mon crâne. Une gigantesque main sortie de nulle part empoigna les cheveux de mon opposant et le tira vers l'arrière avec une telle violence que j'entendis sa nuque se rompre. Sans effort apparent et le sourire aux lèvres, Ugolin le fit tournoyer sur lui-même et lui fracassa la tête contre un mur. Je le remerciai d'un geste de la tête. Près de moi, un hurlement d'agonie me glaça le sang. Je me retournai juste à temps pour voir un des intrus se tordre de douleur en tenant son visage où Foix venait d'écraser la torche. Il enfonça sa lame dans la gorge de son adversaire, mettant fin au vacarme.

Puis, plus rien. Un calme surnaturel était retombé sur la ruelle jonchée de corps. Instinctivement, je fis le compte de mes compagnons. Ugolin soufflait comme un bœuf, mais à part quelques bosses, il semblait intact. Roger Bernard portait les marques de la bataille. Une entaille dans sa chevelure saignait abondamment et lui rougissait la moitié du visage. Il avait plusieurs coupures aux bras. Quant à moi, je n'osais même pas faire le décompte de mes douleurs.

— Eh bien, voilà un bel exercice, s'exclama le jeune Foix, à bout de souffle.

Il tituba jusqu'à un des morts et lui arracha son foulard. Sans grande surprise, je reconnus un des hommes qui avait été assis à la table près du comte de Toulouse lors de nos récents conseils de guerre.

— Et nous savons par qui il nous a été offert, constatai-je.

— Le vieux filou n'a pas abandonné l'idée de négocier avec Montfort, alors même qu'il se prépare à le combattre. Il jouera sur plusieurs tableaux jusqu'à son dernier souffle, celui-là.

Puis je cherchai les femmes. J'aperçus Pernelle, penchée sur les corps inertes de Cécile et de la mendiante. Je m'approchai, les jambes rendues raides par l'angoisse.

— Elles sont vivantes? m'enquis-je, ne sachant de laquelle je devais m'inquiéter le plus.

Un immense soulagement m'envahit lorsque je vis Cécile remuer. Elle se retourna sur le côté et me fixa, le regard un peu hagard. Son frère s'approcha à son tour et lui éclaira le visage avec sa torche. Pernelle lui inspecta la tête et examina ses yeux.

— Elle est seulement assommée, dit-elle.

Mes yeux se portèrent sur la mendiante.

— Et elle?

— Aide-moi à l'asseoir.

Nous appuyâmes délicatement la vieille contre le mur. Pernelle s'affaira aussitôt sur elle, cherchant une blessure sans éprouver le moindre dédain pour les plaies et les pustules. Elle respirait difficilement, mais ses yeux étaient braqués sur moi, comme si elle pouvait me voir. J'avais beau me raisonner, j'avais du mal à accepter que cette pauvre épave soit le *Cancellarius Maximus*. Je consultai mon amie du regard. Elle avait posé l'oreille sur la poitrine creuse et écoutait avec concentration. Quand elle fut satisfaite, elle se redressa.

— Elle n'a aucune blessure, mais elle est vieille et malade, dit-elle tristement. Son cœur ne bat plus que très lentement. La peur l'a sans doute achevée. Si tu as quelque chose à lui demander, fais-le maintenant.

La mendiante tendit des mains tremblantes dans ma direction.

— *Lucifer*, râla-t-elle d'une voix presque inaudible. Approche.

Je m'empressai de m'agenouiller à ses côtés.

— Je suis là, grand-mère.

Elle empoigna ma chemise à deux mains et m'attira vers elle, jusqu'à ce que ses lèvres soient plaquées contre mon oreille.

— La seconde part... de la... Vérité se... trouve... à Gisors, haleta-t-elle. Dans... une chapelle... qui... n'a jamais... vu... la... Lumière.

Je me reculai et la saisis par les épaules, en colère.

— Une parabole? éclatai-je en la secouant. C'est tout ce que tu as à me dire? Comment dois-je trouver l'autre moitié? Dis-le-moi!

— Suis… la lignée de… l'Ordre… des Neuf, répondit la vieille. 3, 5 et 7… Les Ténèbres et… la Lumière… Gare… au vitriol… et comprends… la marque… d'infamie… de Jésus…

Malgré mes agissements, elle passa une main décharnée sur ma joue et la caressa d'une façon presque maternelle.

— La Vérité… est… entre tes… mains, *Lucifer*.

Sa main retomba et sa tête roula sur son épaule.

À l'aube, j'étais prêt. Et résigné. J'avais eu le reste de la nuit pour me préparer. Ma destinée n'était pas à discuter, mais à suivre. Ma décision avait été facile à prendre. Le fardeau que je portais était le mien. Il n'avait pas à être partagé. J'avais déjà fait souffrir trop d'innocents. Désormais, je resterais seul, loin de tous. Ma douce Pernelle avait trouvé sa voie chez les hérétiques et je lui devais de la laisser la suivre en paix. Ugolin, lui, était un guerrier cathare; un bon chrétien dont la cause première resterait toujours sa religion. Son rôle était d'en assurer la défense de toute sa considérable force. Ensemble, avec Eudes, Jaume, Peirina, Esclarmonde et Véran, mes deux amis garderaient la Vérité à Montségur.

J'avais rédigé un message à l'intention d'Eudes, dans lequel je lui annonçais que je ne reviendrais pas dans l'immédiat et lui intimais l'ordre de voir à mon remplacement comme *Magister*. Il était là, sur ma table, à côté de ceux que j'avais laissés à l'intention de Pernelle et d'Ugolin. L'un d'eux le trouverait et le lui remettrait après mon départ. Il s'y trouvait aussi un dernier mot, destiné à Cécile. Il était bref. Je n'étais pas du genre à m'épancher longuement. Il disait tout simplement: *Tu es le cadeau le plus précieux que la vie m'ait accordé. Je t'aime, Cécile, et pour cette raison, je dois partir. Je pourris la vie de tous ceux qui me sont chers et, plus que tout, je souhaite ton bonheur. Pardonne-moi et conserve mon souvenir dans un coin de ton cœur. Il vaudra toujours mieux que moi.* Celui-là, j'avais eu du mal à l'écrire. Mais il devait l'être.

Je partais avec rien d'autre que les vêtements que j'avais sur le dos, une cape, mes armes, un peu de nourriture dans une besace et le médaillon du Chancelier à mon cou. C'est tout ce dont j'avais besoin. Le reste, je le trouverais en chemin. Je me dirigeai vers la porte, l'ouvris, puis regardai ma chambre une dernière fois en soupirant. Dans cette petite alcôve, j'avais découvert des sentiments dont je ne soupçonnais pas l'existence. J'avais goûté l'amour sous toutes ses formes. Maintenant, je le brisais.

Je quittai le châtelet sans être vu et me retrouvai dans les rues tranquilles. La tête basse, le cœur lourd et l'âme glacée, je me rendis à l'écurie. Aussitôt entré, j'entendis Sauvage s'ébrouer. Je forçai un sourire et me rendis à la stalle où il se trouvait. Je lui caressai les naseaux et la crinière, puis lui mis de l'avoine dans sa mangeoire pendant que je le sellais. À plusieurs reprises, il s'interrompit pour me pousser joyeusement le visage avec son nez, m'arrachant malgré moi quelques rires.

Lorsqu'il fut prêt, je l'entraînai vers la sortie. Je m'arrêtai brusquement. Dans la pénombre, quatre silhouettes bloquaient la porte. Une très grande et une immense, flanquées de deux toutes petites. Je fermai les yeux et secouai la tête, en proie à une colère résignée. Moi qui avais souhaité disparaître en douce, c'était raté. Toutes les personnes que j'avais voulu éviter me bloquaient la sortie.

— Tu ne croyais tout de même pas partir sans nous ? demanda Pernelle d'un ton presque amusé.

Je ne répondis mot.

— *Non nobis, domine ! Non nobis, sed nomini tuo da gloriam* et tout le reste, ajouta Ugolin. Après les événements d'hier, nous

nous doutions que tu essaierais de filer. Dame Pernelle et moi en avons parlé, et là où tu vas, nous irons.

— Et ce n'est pas à discuter, compléta mon amie.

Elle s'avança et brandit trois des lettres que j'avais laissées. Elle les déchira et les laissa tomber au sol.

— Si j'étais Bertrand de Montbard, je te dirais que tu peux te les fourrer là où même la lumière divine ne brille pas, dit-elle. Nous t'accompagnons, un point c'est tout. Et tu restes le *Magister* des Neuf, que cela te plaise ou non. Compris ?

Pour toute réponse, je soupirai, las. Puis je me tournai vers Cécile et son frère, qui n'avaient encore rien dit.

— Pas toi, Cécile, décrétai-je d'un ton ferme.

Elle hocha tristement la tête.

— Ton devoir n'est pas le mien, Gondemar. Je sais que tu dois partir. Je suis soulagée que Pernelle et Ugolin t'accompagnent. Moi, je t'attendrai. Si tu reviens jamais, je serai là.

Je m'approchai d'elle et pris délicatement ses mains blessées dans les miennes. Discrets, Ugolin et Pernelle s'écartèrent un peu.

— Puisque tu y tiens, j'essaierai. Je te le jure sur la tombe de Bertrand de Montbard. Mais ne m'attends pas. Mon malheur sera moindre si je te sais heureuse. Promets-moi seulement de ne pas m'oublier. Cela me suffira.

De grosses larmes coulèrent de ses yeux, mais elle ne les baissa pas.

— Je te le promets.

Je pris son doux visage dans mes mains et l'embrassai tendrement. Puis je la serrai longtemps contre moi, gravant à jamais dans ma mémoire la sensation de son corps. Jamais je ne me sentirais si entier, si homme qu'en ce moment. Je le savais. À contrecœur, je finis par m'arracher à ce petit morceau d'éternité. Elle tira de son corsage le mot que je lui avais laissé.

— Moi, je le garde, dit-elle. À défaut de le dire, tu l'auras écrit au moins une fois.

Je souris tristement et regardai Roger Bernard, qui se tenait un peu en retrait, l'air grave.

— Prends soin d'elle, mon ami, dis-je. Et merci pour tout.

Il fit un pas vers moi et me tendit la main. Je la pris et la serrai chaleureusement.

— Maintenant, va, dis-je à Cécile. Je ne veux pas quitter Toulouse en sentant tes yeux dans mon dos. Je ne le supporterai pas.

Elle acquiesça courageusement d'un signe de tête et sortit en compagnie de son frère, me laissant seul dans l'étable avec Pernelle et Ugolin. Je ravalai ma peine et toisai le Minervois.

— Bon, puisque c'est ainsi, tu protègeras Pernelle et moi je te protégerai.

— Et toi? Qui veillera sur toi?

— Le diable, sans aucun doute.

Nous étions le dix-septième jour de septembre de l'An du martyre de Jésus 1211.

À suivre

TABLE DES MATIÈRES

Les personnages historiques   9

PREMIÈRE PARTIE
Montségur

1. Incertitudes   13
2. Frères d'armes   31
3. Tribut   47
4. Succession   67

DEUXIÈME PARTIE
Péril en la demeure

5. Soupçons   87
6. Attentat   100
7. Enquête   117
8. Suspects   133
9. Confrontation   153

TROISIÈME PARTIE
Toulouse

10. Succession   179
11. Secret   199
12. Revirements   219
13. Alliances   238

14. Piste   255
15. Désespoir   270
16. Trahison   290

QUATRIÈME PARTIE

Cancellarius Maximus

17. Asile   315
18. Ruptures   339
19. Surprises   357
20. Poursuite   378
21. Contact   399
22. Choix   414

Réimprimé en mai 2011
sur les presses de Transcontinental-Gagné
Louiseville, Québec